普通高等教育规划教材

Jiaotong Yunshu Dili

交通运输地理

（第二版）

（交通运输类专业）

主　编　王任祥
副主编　蔡佩林　秦华容
主　审　王学锋

人民交通出版社

内 容 提 要

本书从地理学的角度研究铁路、水路、公路、航空和管道5种运输方式的特点、运输网布局和不同地域的物流结构。全书内容包括:铁路运输地理、水路运输地理、海上运输地理、公路运输地理、航空运输地理、管道运输地理、综合运输地理和客货流地理。

本书可作为高等职业院校或高等本科院校交通运输类专业和物流管理类专业教材,亦可作为相关学科研究和实践的参考用书。

图书在版编目(CIP)数据

交通运输地理 / 王任祥主编. -- 2版. -- 北京 :
人民交通出版社, 2013.8

ISBN 978-7-114-10788-7

Ⅰ. 交… Ⅱ. 王… Ⅲ. 交通运输地理学 Ⅳ.
①F511.99

中国版本图书馆CIP数据核字(2013)第161772号

书　　名：交通运输地理（第二版）
著 作 者：王任祥
责任编辑：富砚博
出版发行：人民交通出版社
地　　址：（100011）北京市朝阳区安定门外外馆斜街3号
网　　址：http://www.chinasybook.com
销售电话：（010）64981400，59757915
总 经 销：北京交实文化发展有限公司
印　　刷：北京鑫正大印刷有限公司
开　　本：787×1092　1/16
印　　张：16
字　　数：370千
版　　次：2008年2月　第1版　2013年8月　第2版
印　　次：2019年6月　第2版　第4次印刷　累计第9次印刷
书　　号：ISBN 978-7-114-10788-7
印　　数：21001—24000册
定　　价：42.00元

Preface 前言

交通运输地理学是研究交通运输在地域组合中的作用、客货流形成和变化的经济地理基础以及交通网和枢纽的地域结构的学科。现代交通运输是铁路、水路、公路、航空和管道各种运输方式相结合的综合运输体系，各种运输方式发挥着各自的优势，在不同地域又表现出不同的地域特征和交通运输网结构。本书主要从地理学的角度研究上述 5 种运输方式的特点、运输网布局和不同地域的物流结构。全书内容包括：铁路运输地理、水路运输地理、海上运输地理、公路运输地理、航空运输地理、管道运输地理、综合运输地理和客货流地理。在编写过程中，作者本着简明、实用、新颖、系统的原则进行了阐述。

本书作为交通运输学科研究和物流管理专业学习的重要基础教材，第一版被确定为普通高等教育国家级“十一五”规划教材，第二版遵从了第一版的体系，对各章内容进行了更新和增减。除修订了一些交通运输地理设施基础与经济数据外，重点修订了我国铁路运输地理和公路运输地理的内容，增加了海运地理中国际港口与航线方面的内容。书中汇集了教材使用院校教师意见、交通运输管理学科委员会专家学者的建议和编者多年的教学科研的成果。考虑到教材使用地域情况及各省市院校交通运输管理类和物流管理类专业培养目标，本书以铁路、公路、水路、航空运输地理作为主要章节全面介绍，但突出水路运输内河地理和海运地理，既便于全国各院校有选择地进行教学，同时更好满足原交通系统（水运）院校、特别是沿海地区院校的教学要求。

本书由宁波工程学院王任祥教授担任主编（编写绪论，第一、二、七、八、九章和第六章部分内容），并负责全书的统稿工作；广东交通职业技术学院蔡佩林副教授任副主编（编写第三、四章和第六章部分内容）；宁波工程学院秦华容任副主编（编写第五章）；参编宁波工程学院葛雪（编写第二章和第四章部分内容）。上海海事大学王学锋教授担任主审，对编写工作给予了大力支持，在此表示致谢！

交通运输地理所涉及的地理、交通、经济、文化等内容非常宽泛，所包含的理论知识和应用内容也较深广。本书定有疏漏或不妥之处，敬请读者提出宝贵意见并批评指正。

本书作者力求向读者介绍实用的、最新的交通运输地理知识，在编写过程中参考了有关的著作和论文，在此，对这些文献的专家学者谨表诚挚的谢意！同时对给予本书撰写和出版大力支持的各相关院校和人民交通出版社表示感谢！

编　者

2013 年 6 月

Contents 目录

绪 论

学习提要

交通运输地理学是从地理学的角度研究交通运输的科学。本书主要探讨交通运输在地域中的分布及其作用。通过本章的学习，学生应初步了解交通运输地理学科研究的对象、内容和基本特征；认识学习交通运输学科的目的和任务；掌握学习本课程的基本方法。

基本概念

交通运输地理学、经济地理学。

一、交通运输地理学的定义及其研究的内容

1．交通运输地理学的定义

现代人们认为：在地理学体系内，交通运输地理学是作为经济地理学的一个分支发展起来的，并逐步形成了一门独立的学科。经济地理学研究人类经济活动的地域组织，核心问题是生产力的地域组合；它为国家、区域、城镇和工业区的生产力布局提供理论和规划依据。生产力地域组合包括区内经济结构和区际经济联系两个方面，二者的实现都离不开交通运输这个环节。所以，交通运输的地理研究，历来是经济地理学必不可少的内容。除了独立的交通运输地理研究外，在理论经济地理学、农业地理学、工业地理学、城市地理学和区域经济地理的论著中，也含有大量交通运输地理学的素材和论述。

交通运输地理学的定义可概述为：它是研究交通运输在生产力地域组合中的作用、客货流形成和变化的规律以及交通网和枢纽的地域结构的学科。这门学科随着交通运输业的发展和经济地理学的发展而得到发展，并逐渐形成了自己的学科体系，成为一门密切结合我国现代化建设的理论性、实践性、地域性很强的独立学科。

2．交通运输地理学研究的内容

作为研究交通运输活动空间组织的学科，交通运输地理主要研究的内容可分为理论交通运输地理、部门交通运输地理、区域交通运输地理、城市交通运输地理4个部分。

1）理论交通运输地理

理论交通运输地理主要研究交通运输网的构成及其各种交通方式的地位，交通运输在生产布局中的作用，运输联系和客货流分布及其演变趋势，合理运输与货流规划的理论和方法，交通运输布局的经济效益计算和地域系统评述，交通网络和站场布局的类型和模式，交通运输

区划的原理和方法。

2)部门交通运输地理

部门交通运输地理分别研究铁路、水运、公路、管道、航空等运输方式的经济技术特点及地域的适应性。从自然、技术、经济的联系中把握它们各自的特点。这方面的研究既是交通运输地理基本理论的具体化,又是交通运输区域研究的先导。

3)区域交通运输地理

区域交通运输地理分别从国际、国家、国内经济行政区,或按河川流域、地形单元进行交通网络和客、货流的分析,通过对区域交通运输情况的描述,揭示区内经济结构的空间联系和区际物质联系的内在规律。

4)城市交通运输地理

城市交通运输地理主要研究和预测城镇内部道路交通网和客、货流与交通流的形成变化规律,城市对外交通线和站、港空间布局以及综合交通系统。

本书从实际应用出发,主要阐述部门交通运输地理和区域交通运输地理方面的内容。例如:我国铁路运输地理、海上运输地理、内河运输地理、公路运输地理、航空运输地理、管道运输地理、综合运输地理和客货流地理等。

二、交通运输地理学科的特性

交通运输地理学科明显地具有两大特性,第一是地域性特征,第二是综合性特征。

1. 地域性特征

同其他地理学科一样,交通运输地理学是地域性科学。由于各地区地理环境的差异,其工农业生产布局的特点及经济发展水平不一样,人口分布也不同。因此,在不同的地区内,各种交通线路、港站类型分布及客货流的流量、流向等,表现出明显的差异,都具有一定的地域性、地理分布性。这是交通运输地理学与自然科学、技术科学及其他经济科学区别的重要标志。

因此,在研究中要把交通运输现象作为生产力地域组合中的一个环节来考虑,特别注意地理环境同它的相互作用。大量采用空间地域的分析方法,如分析交通运输的地域差异、区域网型和运量结构、交通运输区划、交通点和线的区位以及交通网络分析、交通运输系统模拟等,按照国家和区域(经济行政区、吸引范围、流域等)对交通运输分布现状、发展趋向进行评述和预测。

2. 综合性特征

由于交通运输地理学是从自然、社会、经济、技术等因素的相互联系中来探讨交通运输布局和发展规律,在分析问题上,强调多因素和区域间相互联系的观点和系统综合的分析方法,并且注意区域的历史发展过程(动态的)、现状特点的形成以及和未来发展趋势预测的紧密结合。因此,无论从它所涉及的多因素上讲,或者从它在时间和空间的结合上讲,都具有十分深刻的综合性特点。

三、交通运输地理学的任务

交通运输地理学研究的目的是通过寻求自然条件有利、技术措施先进、经济社会效益最大的交通运输地域组合方案,使交通网的布局合理化,减少生产过程在流通中的延续耗费,节约居民用于交通的支出,从而提高社会劳动生产率。它的基本任务是参与有关生产的布局工作,例如:国土规划、区域规划、城市规划以及厂址选择等,解决有关交通运输的地理问题、交通网和客货流的调查和规划、运输区划、交通运输布局的条件分析和经济论证。同时,交通运输地理学是一门实践性较强的学科。它通过论证交通运输生产和生产力配置的关系和各种交通线路、港、站、货流的发展变化规律,使物流合理化,使货物供应链各环节协调运动。

研究、学习交通运输地理学的主要任务可总结为如下几个方面。

1. 为合理组织运输生产提供科学依据

交通运输生产的布局必须与工农业生产布局相协调、相适应,也就是使交通运输生产能满足生产力发展对运输货物的需要。因此,交通运输地理学必须对交通线网及港、站的区域性特点,运输能力大小进行分析评价,掌握客货流变化地理分布规律的特点,为运输生产选择适当的运输方式和合理的经济线路,为安全运输提供第一手资料。保证运送旅客和货物有最短的运输路径和花费最少的运输费用,从而为合理组织运输提供地理的科学依据。

2. 为综合运输网的合理布局提供科学依据

综合运输网的布局是表示交通设施建设条件地域差异和对运输网络进行合理地域布置。交通运输地理学要根据经济上的合理性、技术上的可行性以及自然条件上的有利性与相似性进行分析,为运输线路的合理化和交通线网的合理布局提供科学依据。

3. 为交通运输、物流及港口等行业培养专门人才

交通运输地理学是为运输生产和物流配送工作服务的基础理论和学科,是一门专业基础课程。它从地理学角度研究交通运输活动,弥补了交通运输管理及港口管理等专业课程教学中所不能涉及的有关地理学方面的问题。因此,学习交通运输地理,能更好地为学习专业课程做准备,也为今后从事交通运输管理工作奠定基础。同时也能帮助运输管理工作者解决与管理工作有关的交通运输布局、规划方面遇到的问题。所以说运输地理是运输(物流)管理专业学生必修的专业基础课程。对从事交通运输管理、物流管理和运输生产的工作人员来说,也是不可缺少的学习材料。

四、学习交通运输地理课程的基本方法

本课程是交通运输、物流管理类专业必不可少的一门基础课程,是指导交通运输、物流运作管理业务工作的基本知识。因此,我国各大专院校大多开设了该类课程。为学习好该课程,通过多年的教学实践,专业教师总结出如下 3 点经验:

(1)教学中可借助于交通地图(特别是电子地图),开展多媒体教学。有条件的院校可利用 GPS/GIS 信息技术在实验室组织教学,给学生展现地理空间和布局,从而达到直观生动的效果。

(2)学生在学习中应多运用交通地图、经济图和各种示意图,以便弄清交通运输布局的地理分布。还要注意不断补充新资料(必须十分重视阅读报纸和有关杂志,搜集交通及经济建设方面新成就的资料),以便及时了解国民经济各部门的迅速发展和交通运输生产布局改变

的情况，做到理论与实践的结合。

(3)教与学中应特别结合地域特点，例如：结合本地港口、铁路、公路和航空运输资源进行学习和研究。交通运输地理研究的地理网络相对比较广泛，可结合各自的院校培训目标有侧重地进行教学和研究。

第一章　交通运输概述

学习提要

交通运输是产生客货位移的特殊物质生产部门，是经济社会发展的基础，现代运输业是由铁路、公路、水路、航空和管道组成的交通运输体系，并在地域中合理分布。通过本章的学习，学生能够了解交通运输业的性质、特点及在国民经济中的地位和作用；重点掌握交通运输方式的分类及5种运输方式的特点；掌握交通运输的布局，交通运输网的构成，交通枢纽及我国运输网的特征。

基本概念

交通运输业、交通运输布局、综合运输网、运输枢纽。

第一节　交通运输业的性质与作用

一、交通运输业的性质

人们把为了各种目的，借助于运输工具将人或货物沿着既定线路由起运地到目的地的空间移动，称为运输。一般认为，凭借运输工具和交通线路、港口、场站专门从事人或货物位移的物质生产部门，称为交通运输业。交通运输是社会经济、政治、军事和文化活动的产物，它的形式、规模、范围受不同时代生产力水平的制约。

交通运输是生产过程在流通领域内的继续，是联系国民经济体生产、流通、消费诸环节的纽带。在人类社会的经济活动中，交通运输是不可缺少的环节，它在经济上具有二重性，即一方面是社会生产和生活的必要条件，另一方面又是一个物质生产部门。

交通运输活动是任何社会生产和再生产活动必须具备的条件。交通运输同其他社会生产和生活必要条件之间的区别在于：

(1)它不是社会生产和生活的外部条件，而是内部条件，因而它对社会的影响要比自然条件、人口密度等更为密切和直接。

(2)在社会生产和生活的内部条件中，它是一个从属的条件，其性质和发展水平，决定于该地区的工农业生产水平。

交通运输业作为物质生产部门，是因为交通运输业有自己的劳动产品，对货物(或旅客)运输来说，是货(或人)的位移，并以运输的货物量(或客运量)和货物周转量(或旅客周转量)

为计算单位。

二、交通运输业的特点

交通运输业是一个特殊的物质生产部门。它表现为生产过程在流通过程内的继续,并且为了流通过程而继续。交通运输是人类凭借自然条件和线路促使物质资料和人类本身实现定向位移的过程,同工农业等物质生产部门相比,有以下主要特点:

1. 运输产品的非实体性

运输产品——客货位移,不具实物形态,它不能脱离生产过程而单独存在。运输不会增加被运输的商品的数量,也不会改变商品作为独立使用价值所固有的属性。

2. 运输生产过程和运输消费过程同时存在

运输生产只能在生产过程中被消费,运输越多,消费就越多。

3. 运输产品的非储存性

运输产品在运输生产过程的当时和当地就被消费掉,不可能被储存来满足其他时间和空间发生的运输需求。

4. 运输产品的同一性

各种运输方式(公路、水路、航空、铁路及管道运输)生产的是同一的产品,即运输对象的位移,它对社会具有同样的效用。

5. 运输联系的广泛性

运输生产是一切生产过程的继续,通过各种运输方式,可以把原材料、燃料等送达生产地,又把产品运往消费地。因此,运输业和其他部门的联系要比其他生产部门更为广泛,它几乎和所有企业都发生直接或间接的联系。运输线路畅通与否,对企业的连续生产、充分发挥生产资金的作用及加速商品流通,都具有极其重要的影响。

三、交通运输业在国民经济中的地位和作用

交通运输是衔接生产和消费的一个重要环节,是保证人们在政治、经济、文化、军事等方面联系交往的沟通手段。因此,交通运输业在现代社会的生产和生活中起着十分重要的作用。近年来,随着交通运输技术的飞速发展和范围更广的交通运输服务的兴起,交通运输在一国国民经济和世界经济中的"先行官"作用也愈加凸显。

1. 交通运输是现代社会的生存基础之一

运输是人类文明的标志,是构成支持经济增长的基础结构中的一个重要组成部分。经济和社会的发展离不开人员和货物的空间位移,但各国在不同经济发展阶段所提供的人与物在空间上运动起来的能力在数量上和质量上有巨大的差别。这不但决定于社会所能提供的物质和技术手段,也决定于相应的生产和生活方式本身在数量和质量上所提出的运输需求。在运输业和交通运输服务贸易的发展历史上,轮船、火车、管道、汽车和飞机的出现,就是一次又一次地以规模更大、更廉价、更方便、质量更高的运输服务方式,去满足这种不断变化的需求。人员和货物的位移已经成为一个国家发达水平的重要标志和人类文明水平的标志。交通运输网的规模越大、越纵横交错,经济就越发达,技术就越先进。在当今世界上,没有一个经济大国不同时也是一个运输大国,发达国家的交通运输体系与交通运输服务水平和质量必然是相当先

进的。在某种程度上可以说，现代文明就是让更多的人和物以更快的方式和更节省的方法进行运动。另外，国际交通运输体系的形成和国际交通运输服务贸易的参与程度也决定了一个国家在国际经济中的竞争能力。

2. 交通运输是社会经济最重要的纽带和基础结构之一

交通运输业和交通服务贸易与农业和工业各个部门生产的配置以及国家地区分工之间是相互影响的。发达的运输业和交通运输服务贸易是实现合理的地理分工，实现企业专业化和协作的必要条件，是保证三大产业之间、国家乃至世界各个地区之间可靠、稳固的经济联系的必要条件。通过交通运输，一个国家才能把中央和地方、沿海和内地、工业和农业、城市和乡村、生产和消费及各个生产部门联结成为一个严密的有机整体。同样，通过国际交通运输服务贸易的开展，各国之间的经贸往来才得以加深，国际经济的全球化和区域经济的一体化才得以实现。

3. 交通运输是现代化工业的先驱

在工业社会中，交通运输起着双重的作用：一方面，它通过不断扩大人与物位移的规模刺激流通，并使自己成为现代社会生存的基础；另一方面，它通过本身提出的巨大需求，又刺激了其他部门生产的扩大，推动了现代工业和科技的进步。发展交通运输就是发展工业，100 多年来，西方国家不遗余力地扩大和更新其已有的运输网，结果随着交通运输业巨大进步，工业也以前所未有的速度发展起来。在现代工业社会中，铁路、公路、港口和机场的大规模修建，促进了建筑业的崛起；交通运输业巨大的能源消耗，促进了能源工业的兴旺；交通运输工具和交通运输基础设施对金属的需求，是采矿业和冶金工业取得迅猛发展的基本原因之一；而各种运输工具和辅助运输机械的大量生产，则有力地推动了机械加工工业的发展；此外，交通运输业还是各种成熟技术应用的广阔市场，在吸收新技术上有巨大的潜力。

4. 交通运输对国际货物贸易的开展产生重要影响

如果没有发达、便捷、全方位、立体化的国际货物贸易运输网络，国际贸易和世界经济是不可能发展到今天这种水平的。可以说，交通运输服务贸易就是伴随着国际货物贸易的产生、发展而逐步形成并壮大起来的。因此，交通运输服务贸易与货物贸易有着密不可分的联系。在国际货物贸易的一系列环节中，国际贸易运输是极其重要的一环。交通运输是随着商品的生产和商品的交换而产生、发展的，没有运输（即货物的位移），要进行商品的交换几乎是不可能的。在国际货物贸易中，进出口商品在空间上流通范围更为广阔，货物运输更是不可缺少的环节。商品成交后，通过交通运输，按照约定的时间、地点和交货条件把商品交给对方或者其代理人，国际货物贸易的全过程才最后完成。

随着商品生产的不断发展和商品交换范围的日益扩大，交通运输业也得到了相应的发展，而运输业的发展变化对开拓越来越远的市场提供了可能性。这是因为运输业的发展，加快了货物流转速度，增加了货物的运载量，缩短了货物流转时间，节省了货物流通费用，扩大了各国对外贸易商品的流通量，从而大力推动了国际货物贸易的发展。因此，交通运输和国际交通运输服务贸易在国际贸易、国际经济中所占的地位势必日益重要。

5. 交通运输是国防战斗力的组成部分

现代化国防建设、军备物资的运输，要靠现代化的交通运输作保障。战时运输业为军事服务，它是联系前方和后方，为机动部队运送武器和粮食等物质的保证。因此，交通运输业具有半军事性质,是国家战斗力的组成部分。

总之,交通运输业的发展影响着社会、流通、分配和消费的各个环节,对人民生活、政治和国防建设都有重要作用。

第二节　交通运输方式的分类及其特点

一、交通运输方式的分类

在一切交通运输类型中,主要由两部分设备组成:一是路线(包括铁路线、公路线、水运航道及航线、航空线及管道等)、站(包括车站、泵站等)、港(包括海港、河港、湖港、航空港等),它是运输工具流动的物质基础;二是运输工具(乘坐旅客及装载货物在路线上移动)。此外,还有运输的辅助设备,如飞机的导航站、铁路的通信设备。

目前世界上的交通运输类型有陆上交通、水上交通、空中交通和特种交通(管道)。通常,按照交通运输工具及运输设备的类型,现代化的交通运输方式划分为:铁路运输、水路运输、公路运输、航空运输和管道运输五大运输方式。5 种运输方式还可再细分,如图 1-1 所示。集装箱运输、大陆桥运输和多式联合运输则是在各种运输方式基础上的应用。

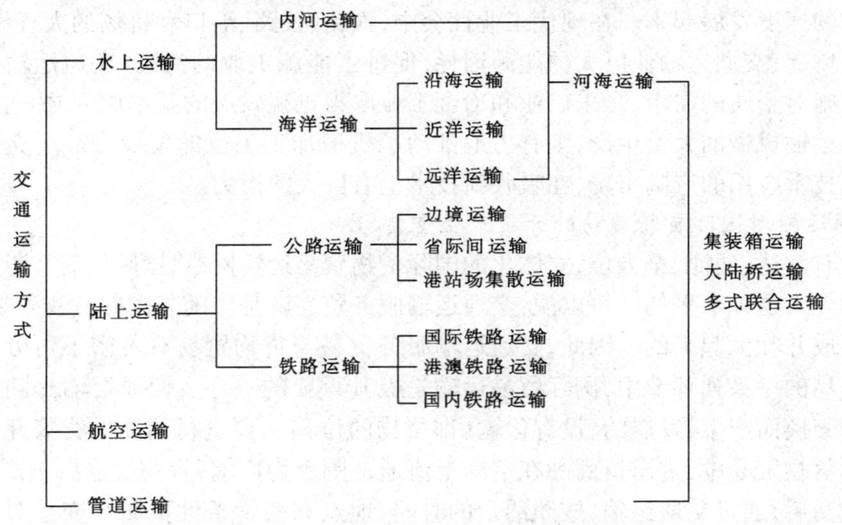

图 1-1　交通运输方式分类

我国目前有由铁路、水路、公路、航空、管道 5 种运输方式组成的统一的交通运输系统。各种运输方式的协调发展,才能全面地满足国民经济对运输的需要。

二、交通运输方式的特点

各种运输方式有其自身的特点,并且分别适合于运输不同距离、不同形式、不同运费负担能力和不同时间需求的物品。国民经济对交通运输的要求是:载运量大、成本低、投资少、速度快、受季节和环境变化的影响小。不同的运输方式,对上述要求的满足程度是不同的,因而其适用范围各异。各运输方式在某一方面占的优劣次序(以数字为代表,数字越小代表越优,数字越大代表越劣),如表 1-1 所示。

不同运输方式的特征对比 表 1-1

运输方式	载运量	运 价	速 度	连续性	空间灵活性
铁路	2	2	3	1	3
一般运河	3	3	5	5	4
江海运输	1	1	4	4	5
公路	4	4	2	2	1
航空	5	5	1	3	2
管道	—	—	—	—	—

从表 1-1 可以看出,不同运输方式的优缺点是相对的、互补的,因而它们在全国统一交通运输网中,各有其地位和作用,又各有其局限性。

1. 铁路运输

铁路具有载运量大、运价低(在我国,其运输成本仅次于水路)、受气候季节变化影响小、能源供应多样化、环境污染较低、稳定、安全、准确性高、占地面积少等突出优点。发展铁路运输已成为世界各国的共识。但由于受到铁轨、站点等条件限制,使其灵活性不高,不能实现"门到门"的服务等,这是它的缺点。

铁路运输最适宜于承担中长距离且货运量大的货运任务和旅客的运输。铁路运输是我国运输系统的骨干,在总货物周转量和旅客周转量中分别占 40% 和 60% 左右。

2. 水路运输

水路运输主要利用"天然的航道"来运送旅客和货物。水路运输的优点是:运输量大、运输成本低、投资省,它主要担负大宗、笨重货物的长途运输。但速度慢、受自然条件和气候条件的影响大是水路运输最明显的劣势;同时,由于水上航道的地理走向和水情变化难以控制,在运输的连续性和灵活性两方面,难以和铁路、公路比拟。

水路运输最适宜于承担运量大、运距长、对时间要求不太高、运费负担能力相对较低的货运任务。沿海航线是我国南北的主要运输干线之一,远洋航线是对外贸易的主要通道,长江干线航运是我国南方东西交通大动脉。内河的中、小航道在我国分布较普遍,特别是南方一些地区,密如蛛网,担负着地方短途运输和城乡物资交流的任务。

3. 公路运输

公路运输是一种中、短途运输方式,为铁路、水路、航空运输起集散客货的作用。它虽然载运量小、运价较高,但对不同的自然条件适应性很强,能满足多方面多种运输需要,因而机动、灵活、适应性强。汽车交通广泛服务于地方和城乡的物资交流和旅客来往,为干线交通集散客货,且便于实现"门到门"的运输。公路运输的缺点是:单位成本较高、运行持续性差、安全性较低,对环境保护有较大负面影响,旅客的舒适度较差。

公路运输最适宜于承担短距离,且运量不大的货运任务。

4. 航空运输

航空运输具有速度快、运输距离远、灵活性大、舒适等特点,它是速度最快的运输方式,但成本高、运量小,而且在一定程度上受气候影响比较大。它担负着主要的政治、经济、文化中心之间以及国际交往的快速旅客运输和报刊邮件、紧急物资的运输。随着生活水平的提高和高价值货物增多,人们对航空运输的需求越来越大。

航空运输最适宜于承担运量较少、运距大、对时间要求高、运费负担能力较高的货运任务。

5. 管道运输

管道运输是一种专用的运输方式,只能运送特定的液体、气体和浆状物品,主要用于石油及其制品、天然气、煤气以及生产和民用水等单向流体货物的运输。它具有大量的不间断运送、管理方便、受自然条件影响小等技术经济优点,但无法承担多种货物运输,且管道铺设时需大量钢材,而且在运输量不足时,很难调整其运力。

我国在相当长的时间内对各种运输方式采取的是综合利用和全面发展的方针,以促进各种运输方式协调、合理地发展。各种运输方式所完成的自生产地到消费地的运输过程,是一个统一的过程,有些是由一种运输方式完成,更多的则是通过几种运输方式联合完成。例如:大宗货物的水陆联运,干、支线的衔接配合等,因此,在实现运输合理化过程中,如何发挥各种运输方式的优势,合理利用与综合发展各种运输方式就具有重要意义。

第三节　交通运输布局与运输网

一、交通运输布局及其遵循的基本原则

交通运输布局又称交通运输配置,它是铁路、公路、水路、航空和管道5种现代化运输方式的线路、站、港的土工建筑物及相关技术设备和交通运输工具组成的交通运输网的地理分布。

交通运输布局是一项战略性、综合性的工作,它由交通运输地理、综合运输和运输经济学等多学科来承担。交通运输布局的原则,是决策者从事交通网建设和客货流规划的依据。从我国经济社会发展规律出发,交通运输布局应遵循以下基本原则:

1. 交通运输布局要促进国民经济和对外贸易的发展,要与社会环境相适应

由于运输生产不改变劳动对象的属性,它只改变运输对象(旅客、货物)的空间或时间上的位置。运输业的产品不具有实物形态而表现为旅客和货物的位移,因此运输业的产品的生产与消费是同时进行的。所以,运输业的产品既不能储存,做到以丰补歉;也不能调拨,在地区间调剂余缺。这就决定了交通运输布局要满足社会的运输需要,首先表现在交通运输布局要同国民经济和对外贸易的发展相适应,要同工农业布局和人口分布相协调,根据国民经济发展和人民的需要来合理安排交通运输网的布局。其适应和协调表现在交通运输网布局在地区分布、运输能力、建设时间等诸方面。为此,进行交通运输网的布局不仅要做到交通运输系统和综合运输网的协调,更要适应工农业布局,外贸发展,旅客、货物在国家和地区间的流动等方面的要求,交通运输布局最终要符合国家建设与国民经济发展的要求。

2. 交通运输布局要因地制宜,充分考虑各地区的自然条件

交通运输网以及港、站、码头、枢纽等是文化景观的重要组成部分。建造在地表上的人工建筑物和构筑物,或经过人工整治、开挖的航道和运河,都不同程度地受到自然环境的影响。这种影响不仅表现在线路的走向、港站的选址,还表现在线路、航道的技术标准和施工条件等方面。所以,因地制宜地处理好交通运输布局与各地区自然条件的关系,是搞好交通运输布局的前提。因此,在交通运输布局中,必须重视影响较大的地形、气候、水文、地质等自然条件的

研究分析工作。

自然因素对交通运输布局的影响虽然随着现代科学技术的发展而逐步下降,但自然因素对交通运输布局的选线,港、站、场的选址,建设投资,运输能力以及建成后的运输成本和运营费支出的影响仍然是不可忽视的,必须给予正确的估价,在弄清各种自然因素的基础上,采取相应的技术措施。对于我国来说,由于幅员辽阔,各地区自然条件差异较大,在交通运输布局中,就更要重视对自然因素的研究分析,充分利用各种有利条件,克服不利因素,因地制宜地进行交通运输网建设,促进交通运输的合理布局。

3. 交通运输布局要根据科学的客货运量预测结果进行

交通线网、车站、港口、码头、枢纽等是交通运输生产的物质基础,它们承担的客货运量的多少是国民经济和人民生活对它们需求的数量尺度。因此,它们布局和改造的标准与规模直接取决于客货运量的大小。同时,由于交通运输的生产活动是在广大的空间内进行,交通网和枢纽一经建成,就不能作地域上的调剂。因此,要求交通网运输能力的布局,在地区上、运输方向上、能力规模和形成的时间上都要适应客货运输的需要。同时,考虑到运输产品的非储存性特点,交通运输的储备只能以其运输能力形式出现。因此,为保证运输的畅通和国民经济的发展,在布局交通运输能力时,要有必要的能力储备,处理好需要和储备的关系,既要避免由于标准过高,运输能力储备过大、过早,造成运输能力积压和浪费;也要防止由于标准过低,运输能力不能适应客货运量的需要,造成再改造的浪费。所以搞好近、远期客货运量的预测,是做好交通运输布局的基础。

4. 交通运输布局要综合利用各种运输方式,加速综合运输网的形成

现代交通运输工具是由铁路、公路、内河、海运、航空和管道组成。它们在基本建设投资、金属需要量、货物送达速度、运输成本、能源消耗以及劳动生产率等方面具有不同的技术经济特点,适应着不同的自然条件和各种运输要求。在综合运输网中,各种运输方式都占有一定的地位和作月。此外,旅客从始发地到目的地,货物从产地到销地,往往要由几种运输工具共同完成。因此,建成综合运输网既是交通运输生产的客观要求,又是客货运输的实际需要。我国是一个幅员广大的国家,人口众多、海岸线长、河流较多,从我国各地资源分布和经济发展很不平衡以及我国交通运输的现有基础等特点出发,应逐步建立起以铁路、江海运输为骨干,以改善现有铁路薄弱环节、增加港口能力为重点,充分利用水路,做到布局合理、水陆相通、客货并重、各种运输方式紧密配合,建立协调发展的综合运输网。

在综合运输网的基础上,要综合利用各种运输工具,选择合理的运输线路,使生产、供应、运输、销售中的各个环节、各个工序的联系和配合更加密切,使物资从产地迅速、完整、简便、安全地运到需要的地方和消费者手中。

5. 交通运输布局要做到点、线、面合理分布和结合

交通运输的特点是在交通运输网上组织生产和服务,它是通过运输工具(车、船、飞机)在交通运输网上完成旅客和货物的运输任务。而交通运输网的畅通,要求构成交通运输网的点(站、港、场)、线(铁路线、公路线、水路航道及航线、航空线)、面(铁路网、公路网、水路网、航空网)的合理结合,协调发展,最终才能形成综合运输能力。如果只铺路修线、浚河辟航而不建车站、港口,则形不成有效的运输能力。同样,如果只修线而不联网,则运输亦不能畅通。我国实践表明:要特别加强"点"的建设,尤其是运输枢纽的建设,它对保证交通运输网的畅通,形

成综合运输能力十分重要。

运输枢纽是几种运输方式相互连接的结合部,它是组成运输网的节点。各种运输方式的交通线只有通过运输枢纽才能形成一个整体;因此,一方面交通运输网上相邻的运输枢纽要有合理的分工与协作,另一方面在运输枢纽内部既有各种运输方式的客货到发、中转,也有不同运输方式间的中转作业;此外它还与城市内部运输密切联系。运输枢纽布局合理与否,对于交通运输网的合理布局和综合运输能力的形成等都有十分重要的意义。

因此,要根据客货流的流量、流向规划综合运输网,在规划综合运输网的基础上安排好运输枢纽的分布与建设。要把客货流规划、运输网规划与运输枢纽规划结合起来进行整体研究,注意避免相互脱节、影响综合运输网的建设与发展。

6. 交通运输布局要尽量少占用耕地,注意对环境的负面影响,综合利用土地资源

土地资源是最重要的财富,特别在我国人多地少的条件下,要注意土地资源的合理利用。交通线(网)、站、港、场是建筑在地面上的土工结构物(管道、航空线除外),需要占用大量土地。因此,在交通运输布局中就更要注意节约土地。例如:充分利用我国丰富的水路资源(沿海和内河)就可节约大量农田。铁路、公路、港口、枢纽的不同布局方案占用土地数量亦不相同,应该在满足运输需要的前提下,尽量做到节约用地、少占农田、不占良田。

7. 交通运输布局要与城市建设规划相结合

交通运输是城市建设和发展的基本条件,交通运输条件的变化必然影响到城市的兴衰,而城市建设和发展反过来又促进了交通运输的发展。此外,交通运输布局与城市规划建设间也存在某些矛盾,例如:交通建设用地、噪声、环境污染等方面影响城市建设,而城市建设也常限制和影响交通运输布局方案的选择等。为此,必须处理好交通运输布局与城市规划、建设的关系。在安排线路的选线和车站、枢纽、港口、码头、机场的选址要与城市规划建设相结合。在现有交通线和运输设备的改造中亦要照顾到城市的建设与发展。在总体上要符合运输网的需要,在局部上又要适应城市的建设和发展。

8. 交通运输布局要适应巩固国防和加强战备的需要

交通运输布局对全国政治统一、巩固国防有着重要作用。无论是旧线改造或新线建设都要满足国家政治统一和国防安全的要求,处理好国防的需求同经济建设的关系,采取具体线路具体分析的方法进行合理的安排。例如:主要为经济建设服务的线路,应以满足经济要求为主,适当考虑国防建设的要求;对于主要为国防建设服务的线路,应以国防为主,亦要适当考虑经济建设的要求;对于平时、战时地位都很重要的线路,则应经济开发和战备需要同时兼顾,充分发挥其交通干线的作用。

二、交通运输网

1. 交通运输网的概念

交通运输网是在一定空间范围(国家或地区)内,通过计划发展与合理组织,由不同运输方式相互协作、彼此补充,组成的统一的综合运输网。它是一个紧密协调的整体,而由各种运输方式形成的部门运输网,则是这个整体的有机组成部分。各级运输枢纽,构成了这一网络的结合点。运输网是运输生产的主要物质基础,其空间分布、通过能力和技术装备体现了整个运输系统的状况与水平。一个层次有序、干支分明、运转灵活的综合运输网,是我国国民经济发

展和人民生活提高的重要前提条件。

2. 组成全国运输网的线路

根据运输网同国民经济和生产力地域组合的关系,可将组成全国综合运输网的各种交通线路分为以下几种功能类型。

1)骨干线路(主干线路)

骨干线路是全国运输网的骨干和大动脉。属于这一类型的铁路线有:贯穿南北的京广、京沪和宝成等线,横贯东西的京包、包兰、陇海、浙赣、湘黔等线。水运中的长江、珠江和松花江干线航道以及沿海航线也属这一类型。骨干线路把全国的主要工矿区、大城市和主要粮食、商品农产基地联系起来,把各个大经济区、省(自治区、直辖市)连成一个有机的整体。

2)开发线路

开发线路是主干线路向边疆地区和新开发地区的延长。这种线路对开发资源、改变原来生产力分布的不平衡性有巨大意义。同时,它们在国民经济中起的先行作用也最明显。

3)给养线路

给养线路是联系主干线路和工业、农业和矿业企业或地区的分支线路。这种线路一般运出农副产品和工矿产品,运入肥料、工矿设备、粮食和日用品等给养物资。给养线路可以是铁路、公路,也可能是大河的支流或人工运河。给养线路之所以重要,是因为许多工农业地区并不分布在三干线路上,因而就必须用短距离的专用线路将其连结起来。一般说来,工厂和矿山在开始建设以前,就要修建铁路或公路支线,或就近利用水路作为给养线。粮食和经济作物稳产、高产地区,也应优先考虑给养线的修建问题。

4)腹地线路

腹地线路是分布在广大农村和工矿区内部的交通线,本身往往呈网状分布,像毛细血管一样贯穿全国各地区。腹地线路一般为普通公路和内河航线,在城市工矿区有时也采用铁路和高级公路。这种线路在农村伸入最小的货物集散点和村镇等小居民点,对于物资交流和农业技术改革有直接作用。城市、工矿区的腹地线路则直接联系着厂矿和管理部门,通过它可以直接将原料或产品送货上门;同时,与职工生活也有着密切的关系。

5)企业线路

企业线路是为工业企业和乡镇、农场内部生产环节服务的交通线,其本身也是企业生产过程的组成部分。农村的田间道路、通航渠道和厂矿内部的各种道路(包括专用线)、吊车线、管道网等,属于此种类型。

以上5类线路是全国运输网的组成部分。实践中,它们的划分也不是绝对的。有些线路往往同时起着几种线路的作用;有些线路在全国范围内来看,可能只是给养线路或腹地线路,但对一定地区范围而言,又往往是主干线路;还有,随着线路在地区经济中作用的改变、里程的延长和装备水平的提高,其地位也会发生变化。

3. 运输枢纽

1)运输枢纽的含义

运输枢纽是在两条或两条以上运输线路的交汇、衔接处形成的,具有运输组织、中转、装卸、仓储、信息服务及其他辅助服务功能的综合性设施。服务于同一种运输方式的叫做单式运输枢纽,例如:我国目前的航空机场,铁路的车站,海运、内河的港口,公路的客货运输中心。服务于两种或两种以上运输方式的叫做复式运输枢纽。

运输枢纽是国家或区域交通运输大系统的重要组成部分,是运输网相邻路径的交汇点,是由若干种运输所连接的固定设备和移动设备组成的整体,共同完成着货物及旅客运输的中转与地方作业。各种引入枢纽干线的客货运输汇合点与分流点及大量市郊运输的终点站均属于运输枢纽研究的范围。

2)运输枢纽的功能

运输枢纽集中了交通运输系统的多种运输方式,其基本功能是将一个或几个方向各运输方式的客货流分送到另一个或几个方向和运输方式,具体体现在如下方面:

(1)运输枢纽是多种运输方式的交汇点,是大宗客货流中转、换乘、换装与集散地,是各种运输方式衔接和联运的主要基地。

(2)运输枢纽是同一种运输方式多条干线相互衔接,进行客货中转及对营运车辆、船舶、飞机等进行技术作业和调节的重要基地。

(3)从旅客到达枢纽到离开枢纽的一段时间内,为他们提供舒适的候车(船、机)环境及饮食服务;提供货物堆放、存储场所及包装、处理等服务;办理运输手续,货物称重,路线选择,单证填写和收费;办理旅客购票、检票;提供运输工具的停放、技术维护和调度。

(4)运输枢纽大都依托于一个城市,对城市的形成和发展有着很大的作用,是城市实现内外联系的桥梁和纽带。

从运输枢纽在运输全过程中所承担的主要作业任务来看,它的基本功能是保证完成直通作业、中转作业、枢纽地方作业以及城市对外联系的相关作业4种主流作业。

3)运输枢纽的分类

运输枢纽可按以下几种方法进行分类:

(1)按地理位置划分:

①陆路运输枢纽。例如:北京、郑州。

②滨海运输枢纽。例如:上海、大连。

③通航江河岸边运输枢纽。例如:长江干流宜宾—上海共有13个此类运输枢纽。

(2)按承担的客货运输业务划分:

①中转枢纽。以办理中转或直通客货运输业务为主,地方运量比例很小。

②地方性枢纽。以办理地方作业为主,中转运输量较少。

③混合枢纽。具有大量的地方业务,同时还办理相当数量的直通客货运输业务。

(3)按交通方式的组合划分:

①铁路—公路枢纽。这种由陆路干线组成的枢纽都分布于内陆地区,长期以来一直是运输枢纽的主要形式。我国运输枢纽目前有43%属于此类。

②水路—公路枢纽。这种运输枢纽由河运或海运与公路运输方式组成,一般水运起主要作用,公路以集散客货为主。

③水路—铁路—公路运输枢纽。由于水路有海、河之分,因此这类枢纽又包括:海运—河运—铁路—公路枢纽,海运—铁路—公路枢纽,河运—铁路-公路枢纽。前两种都以海运为主,并有庞大的水路联运设施系统,例如:我国的上海、荷兰的鹿特丹;后一种有些以铁路为主,有些以水路为主,例如:武汉,部分方向以铁路为主,部分方向以水运为主。

④综合运输枢纽。这种运输枢纽是交通运输发展的高级阶段。其具体组成方式有的由铁、公、水、空、管多条干线组成，有的无水而由其他4种方式组成。上海、北京、沈阳、天津、武汉等城市均已形成了多方式组合的综合交通运输枢纽。

(4)按交通运输干线与场站空间分布形态划分：

①终端式枢纽：分布于陆上干线的尽端或陆地的边缘处，例如：乌鲁木齐、青岛。

②伸长式枢纽：干线从两端引入呈延长式布局，例如：兰州。

③辐射式枢纽：各种干线可以从各个方向引入，例如：郑州、徐州。

④辐射环形枢纽：由多条放射干线和将其连接起来的环线构成，例如：北京。

⑤辐射半环形枢纽：分布于海、湖、河岸边。

三、我国运输网的构成和特征

目前我国综合交通运输网由铁路、公路、水路、民用航空和管道5种交通运输方式所组成，并已初具规模。依据《2011年中国交通运输统计年鉴》数据，截至2011年底，全国共拥有铁路营业里程9.3万km，公路里程410.6万km，内河航道12.5万km、输油(气)管道里程8.3万km、民用航空线里程349.1万km(含国际航线149.4万km)。此外，还拥有铁路车站5 700多个，内河港口1 800多个，沿海港口200多个，以及为数更多的公路车站等。已初步形成全国综合运输网体系，并向相互协调的方向发展。

我国运输网发展显现如下基本特征：

1．综合运输网的整体分布特征

我国综合交通运输网的总体分布特征十分明显，大致以黑龙江省的呼玛至云南省的腾冲一线为界，在该线的西北半部，国土面积虽占全国的54%左右，但交通线路长度仅约占全国交通线路总长度的20%。与此相反，在该线东南半部，尽管国土面积占全国的46%，然而交通线长度却占到全国交通线总长度的80%左右，即东南半部的交通线密度远大于西北半部。

2．运输网的分布密度特征

运输网的密度，一般指的是每单位面积上的运输网长度。如以L代表运输网长度(km)，S代表国土或地区面积(百km^2)，则运输网密度$D=L/S$。

我国综合交通网密度分布的总趋势特征是：越往东南越密集，越往西北越稀疏，而且由东南到西北，还存在交通网密度逐步递减的明显等级阶梯。

各种运输方式线路密度的分布又各具特征。铁路线路是以哈尔滨—沈阳—郑州一线及其两侧地区所组成的地带最为密集；内河航道则以长江中、下游各地，其中尤以长江三角洲以及珠江三角洲的密度为最大；公路线路密度较大的地区，又大多位于京广线及其以东的我国东、中部一带。

第二章 铁路运输地理

学习提要

铁路运输是交通运输体系中的骨干。我国南北、东西交错成网状的铁路线布局，构成了我国铁路运输的特征，对我国交通运输业发挥着主导作用。通过本章的学习，学生能够了解铁路运输的地位与作用、基本设施设备等基础知识；重点掌握我国铁路网布局及主要铁路运输干线地理走向、客货运输和经济建设作用；掌握铁路枢纽知识及我国主要枢纽布局情况；了解我国铁路运输未来发展趋势及建设规划的内容。

基本概念

铁路运输、铁路网、干线、铁路枢纽。

第一节 铁路运输

世界上第一条铁路于1825年在英国建造，并投入公共运输运送旅客和货物。从此以后世界各主要国家也相继修建铁路，在19世纪末至20世纪20年代期间，出现世界铁路大发展局面，铁路运输成为当时最重要的交通运输方式。20世纪三四十年代以后，一些工业发达国家开始纠正铁路发展中的盲目性，拆除了多余的铁路平行线和支线，并且封闭了一些营业亏损的铁路线和车站，缩减了铁路网。同时，由于公路运输和航空运输相继兴起，铁路运输不再独占优势地位。近年来，由于铁路运输具备没有严重的堵塞、事故、污染和能源消耗等优点，再度受到工业发达国家的重视。

我国幅员辽阔，但资源分布不平衡，比较适合发展铁路运输。铁路被认为是国民经济的大动脉，铁路运输在各种现代化运输方式中占有重要地位，主要担负着中、长途旅客和大宗货物的运输任务。我国铁路运输至今已有将近140年的历史。新中国成立60多年来，我国铁路运输有了很大发展，已在全国范围内建成了一个干支相连、四通八达的铁路运输网。

铁路运输是由铁路线路和沿线的各种车站、机车车辆及其各种技术设备的有机组合，在一定的行车组织方法下，通过铁路员工的劳动，形成铁路的运输能力，它一般用通过能力或输送能力来表示。

一、铁路运输的地位与作用

1. 铁路运输在我国综合运输中一直起着骨干作用

铁路运输是我国运输网中的重要组成部分，是5种现代交通运输方式中的主要方式，由于

铁路运输能力强、运量大、受自然条件影响小、成本和单位能耗都较低、运输速度快、时间准、连续性强、通用性好，长期以来，铁路一直是我国交通运输的主力，虽然今后公路、水路及航空运输将会有较大发展，但从我国的国情出发，并根据发达国家的经验，铁路今后仍将是我国中长途客货运输的主力。铁路虽然所需资金多、建设周期长，但仍会有更大的发展。

2. 铁路是国民经济的大动脉

我国幅员辽阔，南北间和东西间自然条件、社会经济发展差异甚大。对国计民生有着重要影响的主要资源，特别是煤炭、石油、铁矿石、木材等分布不平衡。因此，我国地区间的专业化分工随着经济发展更加深化、商品经济发展和人民生活水平的提高所引发的运输需求，都使得区际间客货流量越来越大，大宗货物长途调运和旅客长途旅行都需依靠铁路这种贯通全国、高度集中、能力强大的运输方式来承担。铁路运输的生产活动，展开在全国漫长的铁路线上，从南到北，由东到西，铁路线交织成网，把国家的沿海和内陆、内地和边疆、城市和乡村，连接成为一个整体。

3. 铁路干线网是我国生产力布局的主轴

我国生产力特别是工业生产分布的主轴——全国大中型工业，大部分分布在铁路沿线。新中国成立 60 多年来，随着铁路网的延伸，我国的生产布局得以展开，京广铁路以西经济落后、工业稀少的局面已经有了明显的改善。在西部大开发中，国家已经把中西部作为铁路新线建设的重点地区。

4. 铁路网是城市形成与分布的主轴

铁路线无论是已有线，还是新线，都对城市发展和新城市的兴起有着重要的促进作用。我国目前有 73% 的城市（全部是大城市和特大城市）分布在铁路沿线，80% 的中等城市都有铁路沟通。铁路网的延伸及其运能的强化，对我国的城镇化发展进程起着极其重要的推动作用。

根据铁路的特点以及铁路运输业在国家生活中所起的作用，确定了铁路运输在国家统一运输网中居于主导地位、起主导作用。以铁路为骨干，连接江海内河，公路，地方铁路，厂、矿等运输道路，相互衔接，紧密协作，组成了一个完整的运输系统。

二、铁路运输的基本设施与设备

铁路运输的设施与设备是铁路运输业进行生产的物质基础，主要有以下几类。

1. 线路

铁路线路是机车、车辆和列车运行的基础。铁路线路由路基、桥隧建筑物（桥梁、涵洞、隧道等）和轨道三部分组成。在没有桥梁和隧道的地方，线路横断面如图 2-1 所示。

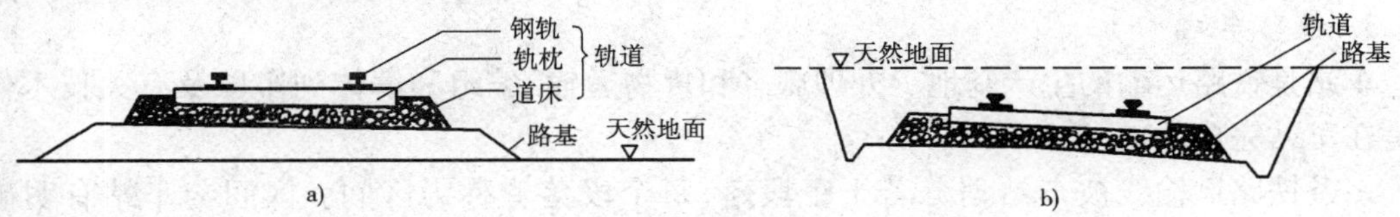

图 2-1 线路横断面

a）路堤；b）路堑

图 2-1a）中的路基是在地面上填土筑成的，称为路堤；图 2-1b）中的路基是开挖土石方构

成的，称为路堑。

在修建铁路的起终点之前，把铁路线路定位于地表（或地图）的工作，称为铁路选线。选线当然不可能是简单的起终点间的直线，它应根据线路的政治经济意义、在铁路网中的作用以及运输性质和数量、中间各大车站位置的要求以及自然条件、技术条件等多项因素进行调查研究，作出工程各运营方面的分析，经过多方案的比选来确定。我国铁路设计规范规定铁路划分为Ⅰ级、Ⅱ级和Ⅲ级，有利于统一规划、统一技术标准和协调管理。不同等级的铁路线，在平面、纵断面的设计和整个线路工程结构方面有不同的要求。

路基和桥隧建筑物都是轨道的基础，它们直接承受轨道的重量，承受轨道传来的机车车辆及其荷载的压力。路基必须坚实而稳固，才能承受沉重的压力，因此路基横断面各组成部分的形成，均要考虑怎样有利于排水。

当铁路线通过江河、溪沟、谷地和山岭等天然障碍或跨过公路和其他铁路线时，需要修建各种桥隧建筑物。桥隧建筑物包括桥梁、涵洞、明渠和隧道等。

轨道由钢轨、联结零件、轨枕、道床、防爬设备以及道岔组成。

一般线路上铺设的钢轨长度为 12.5m 或 25m。钢轨连续铺设时，相邻钢轨之间留有轨缝，以便适应温度变化时的胀缩。钢轨是用连接零件固定在轨枕（木枕或钢筋混凝土枕）上的。道床是为了传递轨枕载荷、固定轨枕位置、排除地表积水、增加轨道弹性、便于校正线路等目的而铺在路基面上的道砟层，主要材料为碎石。

2. 铁路机车和车辆

(1)铁路机车。机车是铁路运输的动力。列车的运行和机车车辆在车站上作有目的的移动，均需要机车牵引或推送。

从原动力来看，机车分为蒸汽机车、内燃机车以及电力机车。按在运输中的用途区分，则分为客运机车、货运机车和调车机车。

随着我国铁路技术设备的现代化，在铁路运输队中已广泛采用牵引性能好、运输能力大、热效率高的电力、内燃机车代替蒸汽机车。电力牵引负担的运量比重较大。

(2)铁路车辆。铁路车辆分为客车和货车两大类。

①客车：分别有软、硬席座车和卧车。另有编挂在旅客列车上的餐车、邮政车、行李车以及特种用途车。

②货车：主要是棚车、敞车，平车、罐车、保温车。根据载重的不同，货车又可分为：30t、50t、60t、90t 等多种。

按照有关规定而编挂在一起的若干车辆，称为车列。车列挂上机车，并配备乘务员和相应标志，就是列车。

3. 铁路车站

车站是铁路运输的生产基地。办理旅客和货物运输、编组和解体列车以及有关技术作业都是在车站完成的。

一条铁路运输线被车站划分若干个段落，每个段落皆称为区间。区间与车站有明确的界限。

(1)车站按其工作性质分。车站按其工作性质可分为货运站、客运站和客货运站。

(2)车站按其技术特征分。车站按其技术特征可分为中间站、区段站和编组站。

①中间站。又称中间分界点,设置于区段之间,彼此相距约 10km。主要功能是为列车进行会让和越行,也可办理小量客、货业务。

②区段站。是设置在机车牵引区段起点或终点的车站。它的主要功能是办理通过列车的技术作业,即机车的更换或整备与车辆的检查。区段站具有一定数量的客运业务,有一个专门的客运系统,包括旅客候车室、站台、专门的旅客列车到发线等。区段站的货运业务也较中间站大,有专门货场办理货运业务。

③编组站。是设置于铁路网上办理货物列车的编组和解体作业并设有较完善调车设备的车站。它的主要功能是进行大量的编解调车作业,一般不办理客、货运业务。它具有完善的调车设备。

4. 信号设备

信号设备是铁路运输中采用的一种自动控制与远程控制装置。其作用是保证行车安全和运输效率,并准确地组织列车运行及调车工作。

信号是指示列车运行和调车工作的命令。所有铁路有关人员必须按照信号的指示办理,方能保证铁路的运输安全。为此,铁路运输中配备有各种各样的信号设备和通信设备。

三、铁路的分级

为了建设和经营的方便,我国将铁路网内的铁路线分为若干级别。铁路分级的主要标准为:货运密度(一定时期内某段运输线上平均每千米通过的货物吨数)、客车对数和列车速度。

我国铁路按在国家经济中的性质和一般分级标准,分为 3 个级别:

(1) Ⅰ级铁路为国家干线,在全国铁路网中起骨干作用,货运密度超过 600 万 ~ 800 万 t · km/km,旅客列车高速运行的技术速度可达 100 ~ 160km/h,每昼夜通过旅客列车大于 7 对(包括长途和区间列车)。

(2) Ⅱ级铁路为区域铁路网干线,货运密度不小于 300 万 t · km/km,旅客列车每昼夜通过 3 对以上。

(3) Ⅲ级铁路为在方性铁路线,货运密度小于 300 万 t · km/km。

我国铁路网的框架已形成,国家铁路由 280 多条干支铁路线、5 500 多个车站和 45 个铁路枢纽组成,联结成为统一营运和调度指挥的完整体系。另外,还有 68 条地方铁路分别由地方政府经营管理,服务于地区性运输,并为国家铁路集散客货。这些地方铁路都与国家铁路的车站相靠近或接轨。合资和地方集资办铁路正大步增长。

第二节　铁路网的布局及主要铁路干线

一、我国铁路网的布局特点

铁路线网的发展和布局合理与否,直接关系到能否满足国民经济发展对铁路运输的需要。经过 60 多年的努力,我国铁路网地区分布的不平衡状况已经初步得到了改善。目前,青藏铁路建成通车后,现有的铁路网大多数和工农业生产布局密切配合,形成了全国以北京为中心和各地区以该地区的政治、经济、文化中心城市为中心伸展线路的铁路网骨架,连接着许多大型

和中小型的铁路枢纽。

我国铁路网分布的最基本特点是：

(1)东北地区铁路网已自成体系，截至2010年，东北地区共有干支线124条，营业里程达1.62万km，占全国铁路总通车里程的25%，铁路网密度①为每百平方千米1.54km，居全国之首；关内各省区的铁路网则纵横交错成网格状分布，以纵贯我国南北的四大干线和横贯我国东西的四大干线为骨架。另外，有三大干线把关内外的铁路网联结在一起。此外，还有贯通台湾岛南北的铁路，是我国台湾省重要的铁路干线。

(2)我国铁路网密度还很低。按面积计算，每1万km^2有铁路97.1km，不到美国(283km/万km^2)的1/4，而日本这个数据更高达722km/万km^2。按人口计，我国每1万人有0.59km铁路，美国为9.37km，日本也达到2.14km。

(3)我国三大经济地带中，铁路网密度分布差异性明显。以每百平方千米面积的铁路网密度计，依次为东部1.16km、中部0.84km、西部0.24km。按每万人平均铁路里程计，则中部最高0.65km、西部次之0.54km、东部最低0.35km。在七大行政区中，铁路网密度以面积计算，东北区和华北区居前位，华东、华南区和华中区居中位，西南区和西北区居末位。

(4)在我国铁路网中，铁路复线率②不高。复线里程3.9万km，复线率42.4%，与欧洲发达国家相比仍有差距。我国铁路运量集中于早期建设的铁路干线上，目前出现了越来越多的能力饱和区段，也大多分布在这些主干线上。加快既有线的技术改造是当前的迫切任务。复线插入段、局部复线、全线复线等措施是主要的技术改造措施之一。

二、我国主要铁路干线

近10年来，我国正加快步伐建设横贯东西、沟通南北、干支结合的具有相当规模的铁路运输网络。按我国铁路网分布的特点，分纵横方向作介绍。

1. 纵贯南北的铁路干线

我国南北有7条主要铁路干线，称为“七纵”。

1)哈大线

哈大线全长946km，全为复线，是东北地区的交通轴线。

其路线为：哈尔滨—长春—四平—沈阳—鞍山—大连。该线与大连港相连，形成我国东北通海的大通道。

东北铁路网以哈尔滨和沈阳为中心，形成哈大线与滨洲—滨绥线相连，构成了“丁”字形干线。以“丁”字形干线为中枢，通过牡丹江、哈尔滨、长春、四平、沈阳等大中型铁路枢纽，连接东北地区50多条干支线，把东北地区的工矿企业和城市连成一个经济整体。

哈大线北起哈尔滨南到海港大连，纵贯南北。哈大线、滨洲线和滨绥线这三条铁路不仅联结东北三省省会，而且与海港相通，构成了东北地区铁路网的“脊梁骨”。沿线物产丰富，经济发达，城市较多。例如：大兴安岭林海是我国重要的木材供应基地，呼伦贝尔市是我国著名的

---

① 铁路网密度，一般是指每一定面积或一定数量人口(千人或万人)内分摊的铁路线长度，研究铁路网的地理分布，线网密度是一个被广泛引用的指标。

② 铁路复线率，是指复线铁路里程占总铁路里程的比率。

良种牲畜与乳、肉制品基地；松嫩平原和三江平原是我国粮食、大豆和甜菜糖的生产基地；大庆、齐齐哈尔、长春、沈阳、抚顺、鞍山等城市，是全国驰名的石油、煤、钢铁、汽车和重型机器重要产地；南端的大连港是东北海运的咽喉和我国的对外贸易大港之一。因此，货运量十分繁忙，尤其是哈大线的货运密度很大，但上下行货流不平衡，以南运的煤、石油、粮食等物数量为最大。其中沈阳—鞍山间是客货运密度最大的区段。

2）京广线

京广铁路于1957年全线建成，全长2 324km，全为复线，是我国南北交通的大动脉和中枢。下行和上行的货物量都巨大。

其路线为：北京—石家庄—郑州—武汉—长沙—株洲—衡阳—广州。经过6个省市，与众多铁路相交。

京广线北起北京穿过华北平原、两湖平原、江南丘陵、南岭山地，跨越五大流域，经过6个省市，到达祖国的南大门——广州，是我国纵贯南北的交通大动脉。

京广线在北京枢纽与京包、京沈、京通、京承等线相接；在石家庄枢纽连接石德（州）、石太（原）两线，在郑州枢纽与陇海相交；在武汉交汇汉丹（江口）和武大（冶）线；在株洲与湘黔、浙赣相交汇；在它的南段衡阳，是湘桂铁路的起点，连湘桂线，接黔桂线；在广州又有广三（水）、广深（圳）可达香港，从而使全国铁路网脉络相通，成为我国南北交通的中枢。

京广线的货运量巨大，下行（由北向南）的货物主要有煤炭、钢材、机械、木材、石油以及我国由广州出口的物资。上行（由南向北）的货物主要有稻米、茶叶、桐油、蔗糖、亚热带水果、有色金属以及经由广州进口的物资。

京广线在1957年前被长江所隔，北段称为京汉线，南段称为粤汉线，以武汉轮渡衔接，联系极为不便。1955～1957年我国架设了长江的第一座现代巨型铁路、公路两用桥，从此“天堑变通途”。不仅直接联通了京汉、粤汉两铁路（已改称京广线），而且把武汉三镇连成一个整体，对我国国民经济的发展起着重要作用。

3）京沪线

京沪线于1968年建成，全长1 463km，全为复线。沿线是我国东部沿海，人口密集、经济发达的地区，运输量巨大，是我国客货运输最繁忙的铁路干线之一。已建成的京沪高铁，较大缓解了既有线上的运输压力。

其路线为：北京—天津—济南—徐州—蚌埠—南京—常州—无锡—苏州—上海。沿线工农业发达，聚集了我国不少重要工业和旅游城市。

自天津至上海称津沪线，长达1 325km。津沪线与皖赣线、鹰厦线这3条铁路组成了华东铁路网的骨干。津沪线沿线是我国东部沿海人口密集、经济发达的地区，不仅分布有不少工业基地，而且也是我国被称为“鱼米之乡”的著名粮棉产区。同时，又聚集不少重要的工业和旅游城市。因此，津沪线运输的物资数量巨大，成为我国客货运输最繁忙的铁路干线之一。下行的主要货物有钢铁、煤炭、木材、棉花、油料和杂粮等；上行的主要货物有机械设备、机电、仪表、布匹、百货、面粉和茶叶等。

皖赣线北起芜湖，中经屯溪、景德镇，南到贵溪。两端分别与浙赣、鹰厦、淮南、宁芜铁路相连，全长551km，是1981年建成通车的新线。它对减轻宁沪、沪杭和浙赣三线的运输压力，加强与鹰厦线的运输联系具有重要意义。

鹰厦线是我国“一五”期间建成通向东南沿海地区的重要干线，全长697km，北起浙赣线上的鹰潭，向东南越过闽赣边界上的武夷山，经南平东到福州，南到厦门。

4）京九线

京九线全长2 536km（包括两条联络线），1996年9月1日正式开通，年运力达1亿t，是我国历史上一次建成的最长的复线。该线是我国南北又一条干线，弥补京广线、京沪线之间的空白，主要穿越“老、少、边、穷”地区。

其路线为；北京（以北京西客站为龙头）—霸州—聊城—商丘—阜阳—麻城—九江—南昌—吉安—赣州—深圳—九龙。

京九铁路是我国铁路建设史上规模最大、投资最多、一次性建成、里程最长的南北大干线。它位于京沪、京广两大干线之间，北起北京，经河北、山东、河南、安徽、湖北、江西南抵广东，连接香港，全长2 381km，加上天津至河北霸州及湖北麻城至武汉联络线，总长2 536km。

京九线的建成意义重大，不仅大量分流南北客货流量，而且在京沪、京广两大纵向干线中开辟一条新干线，成为产业发展的聚集轴；同时，它连接京港两地，对促进内地与港澳政治、经济和文化的融合具有重要作用。

5）太焦—焦枝—枝柳线

该线全长2 038km，是我国中部一条南北交通大干线。

其路线为：太原—长治—焦作—洛阳—南阳—襄阳—荆门—枝城—怀化—柳州。与京广线平行南下，是我国晋煤外运的通道之一。

太焦—焦枝—枝柳线北起太原，南经长治、焦作、洛阳、南阳、襄阳、荆门、枝城、怀化到达柳州，全长2 038km。太焦线南段（五阳—焦作）和焦枝—枝柳线沿线地势险峻地质复杂，河湖港汊水道纵横，不少地段通过断层、溶洞、暗河、流沙和软土层，工程十分艰巨。以枝柳段为例，桥梁、隧道共达220km，占线路总线长度的1/4以上，其中隧道总长为172km。太焦—焦枝—枝柳全线通车后，使同蒲、京包、石太、京广、陇海、湘黔、黔桂、黎湛等铁路干线和横贯东西的水运交通干线——长江等水系沟通起来，这不仅加强了华北、中南二地区的紧密联系，而且使我国中部地区出现了同京广铁路平行的又一条纵贯南北的交通大动脉。对改善我国铁路交通布局、提高山西煤炭外运能力、发展地方经济，都具有极其重大的意义。

太焦—焦枝—枝柳线向北延伸连接同蒲线、集二线。

集二线：其路线为：集宁—二连浩特，全长339km，南起京包线上的集宁，越过海拔1 000～1 500m的霍林郭勒大草原和沙漠地带，到达我国与蒙古接壤边境的二连浩特。该线成为通往蒙古、俄罗斯和国际联运的交通干线。

同蒲线：其路线为：大同—太原—（南下）—孟塬，全长883km，中段同石太线、太焦线相接，客货运量较大，是纵贯山西全省的大动脉。

6）宝成—成昆线

该线是我国西南铁路网的南北干线。沿线地形复杂，路经崇山峻岭、悬崖峭壁、高山深谷、大川急流，是地质气候多变的地区。

其线路为：宝鸡—成都（长669km）—昆明（长1 093km）。

宝成铁路是我国“一五”时期建成的重要铁路干线，北起宝鸡，向南穿过阳平关到达成都，长669km，再从成都到昆明称为成昆线，长1 093km。全线总长1 762km。宝成—成昆线经越

剑门山和秦岭大巴山地，过川西平原，飞越大渡河，穿过大、小凉山，横跨金沙江。沿线地形复杂，工程艰巨，全线除20%的线路经过丘陵和平原地区外，其余地段均穿行在崇山峻岭、悬崖峭壁、高山深谷、大川急流、地质复杂和气候多变的地区。所经之地多是古人所谓"蜀道之难，难于上青天"的险要地带。

宝成—成昆线上有几百个隧道和1 000多座桥梁，桥梁和隧道总长度达511km。在隧道里或桥梁上建成很多"地下车站"或"空中车站"，工程之艰巨，为世界铁路建筑史上所罕见。这条铁路的建成，不仅对加强我国各民族之间的团结，促进西南地区的经济建设，改变沿海和内地的工业布局，提供了有利条件，而且进一步密切了西北、西南和全国各地的联系，同时，也大大有助于我国铁路网的进一步形成。

7）成渝—渝黔线

（1）成渝线。其路线为：成都—内江—重庆，该线全长546km，是连接西南中心的干线。

（2）渝黔线。其路线为：重庆—遵义—贵阳，该线全长463km，是四川、重庆南下的通道。

成渝线自成都经内江至嘉陵江的汇合处，西南的工业中心——重庆，是新中国成立后经济恢复时期修建的铁路。全线通过物产丰富、经济发达的四川盆地，并将富饶的盆地中心与长江相沟通。

渝黔线（原称川黔线）不仅是重庆与贵州省连接的干线，而且是四川、重庆南下，西南出海的大通道。尤其是重庆南下的必经铁路线。

宝成线、渝黔线和襄渝线的建成又使成渝与全国铁路网相连，从而使西北、西南和华东紧密联结，特别是对促进川、渝、黔三省之间的物资交流、经济繁荣，具有巨大作用。

2. 横贯东西的铁路干线

我国东西有8条主要铁路干线，称为"八横"。

1）滨洲—滨绥线

该线全长935km+548km，与哈大线构成"丁"字形铁路干线。

其路线为：满洲里—大庆—哈尔滨—绥芬河。

该线由滨洲线（长935km）、滨绥线（长548km）构成，横贯东西。西端在满洲里与俄罗斯西伯利亚大铁路接轨，中端连哈大干线北上南下，东端出中俄边界达俄罗斯远东港口符拉迪沃斯托克。该线是中俄边贸的重要干线。

2）京包—包兰、京沈线

（1）京包线。其路线为：北京—集宁—呼和浩特—包头，是连接华北与西北的我国北部铁路干线。该线全长833km。

（2）包兰线。其路线为：包头—银川—兰州。该线全长989km。

（3）京沈线。其路线为：北京—天津—唐山—秦皇岛—锦州—沈阳。该线全长841km，为复线，属旅客列车多、货运密度大的路线。

京包线起于北京，越冀北山地，过张北高原经大同盆地，出长城，经集宁、呼和浩特，到达钢铁工业基地包头市。北京—张家口段，建于1905年，是我国自行设计和修建的第一条铁路。沿线穿越崇山峻岭，地形复杂，尤其因南口—康庄间，坡度陡、弯道急，通过能力受到很大限制，所以"一五"期间，不仅新建了104km工程艰巨的丰（台）沙（城）铁路，且将沙城—大同间改为复线，提高了通过能力，对山西煤炭外运和对呼和浩特与包头两大工业基地的建设与发展，有重大意义。

包兰线由包头沿黄河西行,经宁夏、河套平原,过甘塘至兰州。为我国“一五”期间修建的主要铁路干线之一。另有甘塘至武威的铁路,把包兰线和兰新线就近联系起来。京包、包兰线共同组成了沟通华北与西北的第二条东西干线,使东北和北京至兰州的运输距离大大缩短,并分担了京广北段和陇海西段的运输压力,有力地支援了西北地区的经济建设和国防建设。

京沈线自北京经天津、唐山、秦皇岛出山海关,沿渤海湾北岸斜穿辽西走廊过锦州达沈阳。沿途地势平坦,新中国成立后全线铺设了复线和重型钢轨,并采用了自动闭塞装置和内燃机车,是我国通过能力最大的铁路干线之一,也是我国东北铁路网与关内铁路网相联系的主要干线。该线在北京枢纽连接京广、京包等线,在天津枢纽遇津浦线,在锦州枢纽连接锦承线,在大虎山与大郑线相接,在沈阳枢纽与哈大、沈丹(东)、沈吉等线相联系,通过沈丹线,可到达朝鲜首都平壤。

京沈线沿线是我国重要城市和煤、铁、石油等生产基地比较集中的地带,有首都(石景山)钢铁厂(即将迁至河北唐山曹妃甸),天津、唐山等钢铁厂,开滦、阜新、北票的煤炭,盘锦的石油,还有东北林区的木材、鞍山的钢铁和沈阳的重型机器设备等运输,多由该线承运。因此,它是目前全国旅客列车最多,货运密度最大铁路线之一。

3)陇海—兰新线

该线是横贯我国中部的最大动脉,全国铁路网的横轴,串联我国铁路网,沟通我国东部和西部、沿海和内地。

其路线为:连云港—徐州—豫、陕—兰州—新疆。

陇海线东起连云港,向西穿过豫东平原、豫西山地、关中平原,再越过西北黄土高原到达西北重镇兰州,全长1 736km,是我国铁路横贯东西的大动脉。该线在天水以东,是新中国成立前断断续续修成的,因其质量低、坡度大、弯道急,通过能力受到很大限制。尤其宝(鸡)天(水)段因选线不当,又有比较严重的滑坡、塌方以及地震现象,经常阻碍行车,素有我国“铁路盲肠”之称。新中国成立后,政府立即着手进行宝天段线路技术改造,并完成了电气化工程和宝鸡以东加铺复线的工程,大大提高了陇海线的运输能力。

兰新线是内地通往西北边陲新疆地区的唯一铁路干线,东起兰州,越过乌鞘岭(海拔3 000m),穿行河西走廊,出玉门关,经哈密、吐鲁番,过天山垭口至乌鲁木齐,全长1 904km。路经人烟稀少的戈壁滩(长150km),又遇无水区、苦水区和翻浆地带,工程十分艰巨。乌鲁木齐—阿拉山口的北疆铁路线,全长460km,于1990年建成通车,该线与前苏联铁道衔接,在前苏联友谊站接轨,西至荷兰鹿特丹港。

陇海—兰新线横跨亚欧两洲,连接太平洋和大西洋,是一条新的亚欧大陆桥。它是东亚通向西欧最便捷的大陆桥,对欧亚经济的联系有十分重要作用。东部起点连云港,是我国重点建设的港口之一,已成为我国新兴的国际贸易港。

兰新线向南疆延伸的铁路线,已经从吐鲁番铺轨到达喀什,全程1 446km。

陇海—兰新线上的开封、洛阳、西安、咸阳等市都是我国历史上的古都名城,文物古迹相当丰富,也是新兴的工业城市,因此吸引着国内外大量游客。徐州、商丘、郑州、洛阳、宝鸡、兰州则是重要的铁路枢纽,分别和京沪、京九、京广、焦枝、同蒲、宝成、兰青、兰新、包兰等几条重要干线交汇,与全国城乡息息相通,客货运输任务十分繁忙。

兰青线是我国主要的高原铁路，东起兰州枢纽的河口站，向西延伸，横跨黄河，沿湟水向西，跨越大通河到西宁市，全长187.4km。还有，横贯柴达木盆地至格尔木的青藏铁路北段（长达814km），也已建成通车。这条铁路沿线经过的地区，不仅是我国少数民族的重要聚居区之一，而且又是矿产资源石油、天然气、有色金属、盐、化工原料极为丰富的地方，对于繁荣少数民族地区经济，增强民族团结，均有重要意义。

4）襄渝—襄汉线（汉丹线）

襄渝线长916km，是进出蜀道的重要干道。

其路线为：重庆—达州—安康—襄阳。

襄阳—武汉段，称襄汉线，全长328km。

襄渝线起自重庆往东北，过嘉陵江大桥，沿华蓥山至达州，穿过大巴山，到安康，顺汉江东去，直达襄阳。襄渝铁路于20世纪70年代动工兴建，沿线地带自古以来被人们视为畏途。历史记载这一带"严谷峻绝，数时百折"、"峰有千盘之险，路无百步之平"。因此，全线建有隧道405座，其中长达300余米的隧道12座；桥梁716座，最高的达76m，最长的1 600m。桥、隧道长度占线路总长度41%。有36个车站建在桥上或隧道中，工程非常艰巨，与成昆铁路一样，是我国筑路史上的壮举。

襄渝铁路所通过的地区是川、陕、渝、鄂四省（市）毗邻地区，对沟通西南、华中、西北广大地区，具有十分重要作用，成为我国铁路网分布上一个重要的"链环"。它的东北端以襄阳为中心，与汉丹、焦枝铁路衔接，加强了华中、华北地区的联系，西南端以重庆为枢纽，和成渝、渝黔两线相接，使四川盆地东西部分连成一体，且通达云、贵两省，在中段，与安康和阳安铁路接轨，通过宝成线，与西北地区相联系，这样就使襄渝铁路成为我国东西走向的又一条重要交通干线。新建成的西康铁路、达万铁路，使襄渝线功能进一步增强。

5）沪杭—浙赣—湘黔—贵昆线

该线沟通了上海、浙江、江西、贵州、云南五省一市，并与北方陇海铁路线平行，成为我国横贯东西的一条江南的大动脉干线。

其线路为：上海—杭州—金华—鹰潭—萍乡—株洲—湘潭—怀化—贵定—贵阳—安顺—水城（六盘水）—昆明。

沪杭线东起上海，西至杭州，长189km，全为复线。

浙赣线起自杭州，西经金华、鹰潭、萍乡到株洲，全长947km。在萧山、鹰潭、南昌分别与萧甬、鹰厦、南浔（九江）3条铁路相交叉可通往宁波、厦门、福州和九江等重要港口。西端在株洲枢纽与京广、湘黔两线相通。前述两条铁路干线经过经济发达的长江三角洲，又穿过我国稻米、茶叶、蚕丝的主要产区钱塘江、赣江和湘江流域，沿线工农业比较发达、人口稠密，特别是西段，煤、铁等矿产资源丰富。因此，客货流运输繁忙，是我国东南各省的一条重要铁路干线。

湘黔线东起株洲，经湘潭、溆浦、冷水江、怀化、镇远、贵定到贵阳，全长902km，这条铁路的建成，不仅有利于加快湘西、黔东少数民族地区的开发，而且对湘黔两省的经济建设也有促进作用。

贵昆线自贵阳经安顺、水城、宣威到昆明的解放后新建的一条重要干线，全长467km。全线通过矿产资源丰富，特别是著名的六（枝）盘（县）水（城）煤田等地区。这条铁路除了负担煤外运,还有水城钢铁厂的矿石运输及云南磷矿外运等任务。贵昆线不仅是云南省对外联系的重要通道,且由于它同渝黔、成昆、黔桂等铁路线相接,故形成了我国西南地区铁路网的重要组成部分。

6)石太—石德和胶济线

该线连接晋、冀、鲁三省干线,是我国晋煤东运的一条通道。

路线为太原—石家庄—德州的称石太—石德线,以石家庄铁路枢纽为中心,在德州通过京沪线连胶济线,承担着晋中大量的煤炭输出任务。

路线为胶济南—潍坊—青岛的称胶济线,全长393km,是山东半岛重要交通干线,也是晋、冀、鲁三省出海港的通道。沿途经过山东经济文化发达的城市和地区。

7)南昆线

南昆线于1998年3月建成,是我国西南又一条干线,全长898.7km。

其路线为:南宁—百色—安龙—昆明。

南昆铁路东起南宁,西至昆明,北接红果,途经广西、贵州、云南三省区的19个县市,为国家一级单线干线铁路,一次建成电气化年输送能力近期为1 000万t,远期2 000万~3 000万t。经过数万铁路工人的昼夜奋战,历时6年多终于将这条西南大通道全线铺通。南昆铁路的建成,已形成背靠大西南,面对东南亚的新经济格局,为大西南资源开发和改变沿线贫困落后面貌起到重要促进作用。

8)湘桂—黔桂线

该线是连接贵州、广西、湖南的干线。

其路线为:贵阳—都匀—柳州—桂林—衡阳。

该线是我国铁路网中,连接中西部、西南部的组成部分,特别是西南铁路出海大通道的重要组成干线。同时也是通往我国著名旅游地桂林的铁路线。

3. 其他铁路干线和新建铁路线

我国其他新建的铁路干线主要还有:

1)大秦线

其路线为:大同—秦皇岛。

该线为双线,653km,是铁海联运干线,为大同煤炭直接出海南下的大通道。

2)侯月线

其路线为:侯马—月山。

该线全长253km,1995年完工,向东延伸至日照港,是一条新的东西出海铁路干线。

3)西康线

其路线为:西安—安康。

该线2001年3月1日全线开通,长268km,线上穿越秦岭的隧道长约18.46km,是我国目前最长的铁路隧道。该线使“南北之阻”畅通,是连接西北与西南的重要干线。

4)达万线

其路线为:达州—万州。

该线2001年6月全线通车,全长158km。这条铁路是规划中的西南铁路通道的组成部分,是三峡水利枢纽建设的配套工程。

5)渝怀线

其路线为:重庆—怀化。

该线为Ⅰ级单线,预留复线条件,一次建成电气化铁路,全线长625km。2000年12月16日正式开工,2005年建成通车。渝怀铁路是重庆市及西南地区一条通江达海的运输大动脉,使川渝地区与东南沿海地区的客货运输途径缩短270~550km。它是中国实施西部大开发战略的标志性工程之一,西起重庆,东至怀化,包括重庆枢纽配套工程,途经重庆、贵州、湖南三省市的长寿、武隆、涪陵、彭水、黔江、酉阳、秀山、松桃、铜仁等地。

6)广梅汕线

其路线为:广州—东莞—梅州—潮州—汕头。

该线2001年全线通车,长480km。广梅汕铁路是广东省和铁道部合资修建的路网性干线,位于广东省东部,从广深铁路常平站接轨,途经东莞、梅州、潮州、汕头等16个市县。该线在东南沿海网中具有重要地位,形成了从汕头、梅州经广州至湛江横贯广东省东西部地区的铁路运输大动脉。

7)青藏铁路线

其路线为:西宁—格尔木—五道梁—沱沱河—唐古拉山口—那曲—拉萨。

该线于2001年6月29日动工,2006年7月1日全线通车,全长1 956km,其中西宁至格尔木814km已于1979年铺通,1984年投入运营。青藏铁路是当今世界海拔最高、线路最长的高原铁路,是我国实施西部大开发战略的标志性工程,它的建成通车,改变了我国的省级行政区中只有西藏自治区不通铁路的历史,对地域偏远、交通不便的青海、西藏两省区经济发展发挥着重要的作用。

4. 铁路客运专线

根据我国《中长期铁路网规划》(2008年调整),我国将建立省会城市及大中城市间的快速客运通道,规划"四纵四横"铁路快速客运通道,以及经济发达和人口稠密地区的城际客运系统,建设客运专线1.2万km以上。"四纵四横"主通道的高速铁路,按时速300km建设;高速铁路延伸线、连接线及城际铁路按时速200~250km建设;客货并重的铁路以及中西部大部分铁路按时速200km以下建设。

我国"四纵四横"及其他客运专线网是指:

1)"四纵"客运专线

(1)北京—上海客运专线,包括蚌埠—合肥、南京—杭州客运专线,全长约1 318km,纵贯京津沪三市和冀鲁皖苏四省,连接环渤海和长江三角洲两大经济区。

(2)北京—武汉—广州—深圳客运专线,全长2 260km,连接华北、华中和华南地区。

(3)北京—沈阳—哈尔滨(大连)客运专线,包括锦州—营口客运专线,全长约1 700km,连接东北和关内地区。

(4)上海—杭州—宁波—福州—深圳客运专线,全长约1 600km,连接长江、珠江三角洲和东南沿海地区。

2)"四横"客运专线

(1)徐州—郑州—兰州客运专线,全长约1 400km,连接西北、华中和华东地区。

(2)杭州—南昌—长沙—贵阳—昆明客运专线,全长约2 070km,连接西南、华中和华东地区。

（3）青岛—石家庄—太原客运专线，全长约 870km，连接华北和华东地区。

（4）南京—武汉—重庆—成都客运专线，全长约 1 670km，连接西南、华中和华东地区。

同时，还要建设南昌—九江、柳州—南宁、哈尔滨—齐齐哈尔、哈尔滨—牡丹江、长春—吉林、沈阳—丹东等客运专线，以扩大客运专线的覆盖面。

第三节　铁路枢纽与布局

一、铁路枢纽

铁路枢纽是在铁路网点或铁路网端，由各种铁路线路、专业车站以及其他为运输服务的设备组成的技术设备总称。

在铁路网上，几条铁路相互衔接或相互交叉的地方，需要修建一个联合车站或几个专业车站以及连接这些车站的联络线、进站线路和线路疏解等设备。由一系列站场和设备有机联系构成的整体，就构成了铁路枢纽，仅有一个联合车站的铁路枢纽称为枢纽站。在路网上某些铁路干线的终端地点，虽然引入枢纽的铁路干线仅有一个或两个方向，但由于客货业务繁忙，也需修建几个专业车站以及相应设备，这也可形成铁路枢纽。

铁路枢纽内可以有各种车站，以便进行货运列车的解体和编组、货物的装卸、旅客的换乘，并作为以本枢纽为运行终点的旅客列车车列的整备、编组和停留之用。此外，还设有联络线、进站线路及其他设备，以保证客货列车在枢纽内能便捷地通行。

在大枢纽内，按不同作业的需要，可分设几个专门化的车站，其中最主要的是编组站、客运站和货运站，如图 2-2 所示。

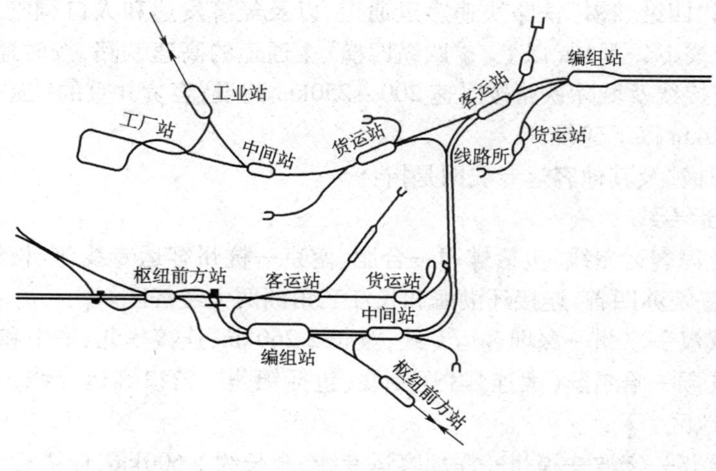

图 2-2　铁路枢纽示意图

二、我国铁路枢纽的布局

铁路网是由若干规模大小不等、性质具有差别的铁路枢纽，将铁路线联结起来组成的整体。铁路网中的枢纽布局是否合理及其技术装备的作业能力，直接影响到运量的大小和行车速度的高低。

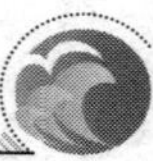

铁路枢纽是铁路运量的集中地和列车的交接点，是组织运输生产的中心环节；而且，铁路枢纽往往也是省（自治区、直辖市）的政治经济中心，工业基地和水陆联运中心。

目前，在我国铁路干线相互连接或交汇处已形成了45个铁路枢纽。这些铁路枢纽承担着全国铁路的绝大部分车流的汇集、解编任务和大量的地方客货集散任务。在枢纽内部已建设了互有分工的专业化车站——编组站、客运站、货运站等；并通过枢纽联络线将各种车站联结成有机整体。编组站是枢纽的“心脏”，各枢纽都有一个或数个编组站。在各铁路枢纽之间形成了互相衔接与配合的紧密关系。铁路枢纽已成为铁路运营活动的中枢。

我国铁路枢纽的布局均衡，华东区和中南区平均900km线路有一个枢纽，东北区和华北区约1 200km线路有一个枢纽，西北区和西南区则达约1 400km有一个枢纽。我国铁路枢纽概况如表2-1所示。

我国铁路枢纽概况　　表2-1

序号	枢纽	联结干线方向	编组站	序号	枢纽	联结干线方向	编组站	序号	枢纽	联结干线方向	编组站
1	北京	8	丰西、丰台、双桥	16	佳木斯	3	佳木斯	31	武汉	4	江岸西 武昌南
2	天津	4	南仓、新港	17	长春	4	长春	32	郑州	4	郑州北
3	石家庄	4	石家庄	18	吉林	4	吉林	33	柳州	4	柳州南
4	大同	3	大同	19	蚌埠	3	蚌埠东	34	贵阳	3	贵阳南
5	太原	4	太原	20	徐州	4	徐州北	35	成都	3	成都东
6	包头	3	包头西	21	芜裕	4	芜湖	36	重庆	3	重庆西
7	沈阳	5	苏家屯、沈西	22	济南	3	济南西、济南	37	昆明	3	昆明东
8	锦州	4	锦州	23	南京	3	南京东	38	西安	3	西安东
9	大连	2	大连	24	上海	2	南翔、新龙华	39	乌鲁木齐	2	乌鲁木齐西
10	本溪	4	本溪	25	杭州	3	艮山门	40	兰州	4	兰州西
11	四平	4	四平	26	南昌	3	南昌	41	洛阳	4	洛阳东
12	丹东	3	丹东	27	鹰潭	3	鹰潭	42	宝鸡	3	宝鸡东
13	哈尔滨	5	哈尔滨	28	衡阳	3	衡阳北	43	襄阳	4	襄阳北
14	齐齐哈尔	4	三间房	29	广州	2	广州北	44	怀化	4	怀化
15	牡丹江	4	牡丹江	30	株洲	4	株洲北	45	西宁	2	西宁

三、我国重点铁路枢纽

我国现有的铁路枢纽中重点枢纽是：

1．北京铁路枢纽

北京是全国的政治、经济、文化中心，也是全国最大、最复杂的铁路枢纽。北京枢纽北至昌平站，东至怀柔站和通州站，南至长辛店站和黄土坡站，西至三家店站，范围很大。它由20多个车站，一些联络线和支线所组成，是个巨大的混合枢纽。北京铁路枢纽是由京沈、京广、京包、京通、京承、沙通、丰沙、京原（平）等几条干线和一个环线组成的环形放射式枢纽。对内联结全国各省（自治区、直辖市），对外与朝鲜、蒙古、俄罗斯等国开展了国际联运。北京又是全国铁路、航空综合运输网的中枢。

2．天津铁路枢纽

天津是京哈、津沪两大重要干线的衔接点，扼关内外交通咽喉，并与北方重要海港——塘沽新港相连。这里还拥有海河及其支流的航运便利。因此，天津是北方最大的水陆交通枢纽，又是首都北京的门户。

3. 沈阳铁路枢纽

沈阳是全国著名的重要工业城市，也是东北地区南部的最大铁路交通中心，有京沈、沈吉、沈大、沈长和沈丹(东)等干线构成放射状铁路网。它的枢纽由10多个车站以及一些支线组成。沈阳枢纽的客货运量都很大，而又以过境的货物运输为大宗，因而编组站的任务很重。

4. 哈尔滨铁路枢纽

哈尔滨是重要的工业城市，也是东北地区北部最大铁路交通中心。有哈大、滨洲(满洲里)、滨绥(绥芬河)、滨佳、滨吉5条干线在此交会，并呈放射状分布。哈尔滨枢纽是由10多个车站以及站间联络线组成的环形枢纽。

哈尔滨枢纽的通过货物运量很大，主要有大小兴安岭的木材、鹤岗、鸡西、双鸭山的煤炭，东北平原北部的粮食，货流方向是从北向南。

5. 大连铁路枢纽

该枢纽是由铁路、海运、公路、航空和管道等运输方式组成的综合性运输枢纽，其中以海运和铁路为主要运输方式。哈大线与京沈线在沈阳交汇后，继续南下至大连与其港区相连。

6. 郑州铁路枢纽

郑州地处中原，京广、陇海两大重要干线在此相交。在全国铁路网上行驶的列车，很多都要通过郑州枢纽，沟通南北、东西货流，承担着10多个省市的运输任务，被称为我国铁路网的“心脏”。郑州铁路枢纽的客货运量很大，它的货运作业量中，中转运量约占80%，有煤炭、粮食、钢铁、木材、化肥、建筑材料等。郑州北站是全国有名的大型编组站。

7. 武汉铁路枢纽

武汉交通地位十分重要，为京广铁路和长江航运的交会中心，是自古就有“九省通衢”之称的水陆联运枢纽。汉水有船舶，陆上有襄(阳)汉(口)铁路，均可通达陕西和豫西。武汉枢纽的各车站，分别设于武昌、汉口和汉阳，是一种延伸式的枢纽。

8. 株洲铁路枢纽

株洲枢纽跨株洲、湘潭两市，连同湖南省会长沙市，都是新兴的工业城市，又是湘中的重要工业中心。枢纽内有京广线纵贯南北，浙赣、湘黔两线横贯东西，客货的中转量都很大。株洲、湘潭各设有一个大型客运站。

9. 广州铁路枢纽

该枢纽是京广、广深、广汕等铁路交会点。广州(黄埔)港是我国历史悠久的南方大港，珠江水系及沿海航运四通八达，是我国华南的水、陆、空交通中心。

10. 上海铁路枢纽

该枢纽是津沪线和沪杭线的交会点，是我国远洋航运和沿海南、北水运航线的中心，是国内最重要的综合交通枢纽之一。上海枢纽设有10多个车站，上海站为特等客运站，客流量极大。上海工业发达，经过铁路运入的原料、燃料、粮食等数量很大，所以中转运量的比重较小。制成的工业品外运数量也很大，但吨位不及运入的原料和燃料。

11. 徐州铁路枢纽

该枢纽是津沪、陇海两大铁路干线的交会点。它东邻出海口——连云港，背后腹地广阔，

是联结沿海、直达内陆地区的重要交通要冲;军事地位十分险要,历来为兵家必争之地。

12. 兰州铁路枢纽

该枢纽是陇海、兰新、包兰、兰青 4 条铁路干线的交会点,它地处全国的几何中心和西北的内陆的交通要冲,联结内地与边疆,战略地位十分重要。由于兰州市区位于黄河沿岸的河谷平原上,城市本身延伸很长,因而铁路枢纽也是延伸式的枢纽。10 多个车站布局在一条延长线上,从东到西,长达 40 多 km。

13. 成都铁路枢纽

该枢纽由成渝、宝成、成昆三大铁路干线衔接,也是解放后形成的铁路交通中心。成都枢纽为一环形枢纽,主要车站是东、西两站。成渝、宝成、成昆三大干线通向各方,所以成都枢纽接、发、中转的远道货物很多。又由于它位于富饶的成都平原上,所以承担的地方运量比较大。

14. 重庆铁路枢纽

重庆历来是西南地区的经济中心,有成渝、襄渝和渝黔在此与长江相交汇,是重要的水陆联运码头。

15. 贵阳铁路枢纽

该枢纽是黔桂、贵昆、渝黔、湘黔四大干线的交会点,也是解放后形成的铁路交通中心。贵阳枢纽规模不大,比较紧凑。贵阳站为客运站,贵阳南站为编组站,它们是枢纽的两个主要车站。

16. 昆明铁路枢纽

昆明是我国西南边陲多民族省份的政治、经济中心,有成昆、贵昆和昆河铁路相交会,也将是滇藏铁路的始发站。

此外,我国还有柳州、南昌、南京铁路枢纽等。

第四节 铁路运输发展趋势与建设规划

一、铁路运输主要发展趋势

我国铁路运输正不断向现代化发展,且体现出以下几大发展趋势:

1. 客运高速化

随着世界各国经济的发展和人民生活水平的不断提高,人们对于迅速、方便、舒适和安全的出行条件及旅行环境的要求越来越高。高速铁路对一些经济发达国家铁路复兴产生了积极影响。当今世界各国旅客列车时速达到 200km 及以上的高速技术已日臻成熟,现正在向时速 300 ~ 350km 的水平发展。目前,我国已实施客运第六次大提速,列车技术速度已达到 250 ~ 300km/h。

高速铁路的基本思路是:修建符合高速运行需要的高速客运专线和研制能作高速运行的机车车辆。我国对高速铁路和高速机车车辆的研究从 20 世纪 90 年代起正加速进行,21 世纪初开始修建我国自己的高速铁路。

当列车速度进一步提高到 400 ~ 600km/h 时,普通轮轨型的高速列车已很难适应,就应采用磁悬浮列车。磁悬浮列车利用磁场使列车悬离轨道,采用直流电机牵引列车,可以大幅度提高运行速度。国外400～500km/h的磁浮列车已试验成功，正在工程化阶段。高速磁悬浮技术已在我国开始应用，第一条磁悬浮商业线——上海磁悬浮列车已成功运营。

2. 运输重载化

自20世纪60年代以来，铁路重载运输得到世界上越来越多的国家广泛重视。普通列车容量约为3 000～4 000t，加大牵引功率、扩大列车编组，可使一列货物列车的容量增加到1万～2.5万t。开行一列重载列车可比普通列车多运几倍的货物，所以是提高铁路运能的重要措施。一些幅员辽阔、资源丰富，煤炭、矿石等大宗货物运量占有较大比重的工业发达国家和发展中国家，重载运输得到了很迅速的发展。到20世纪70年代中期，以客运为主的一些国家铁路，也结合本国的具体情况和实际需要，在某些线路上开行不同重量的重载列车。

3. 既有铁路线的运行速度不断提高

在已建成的铁路线上提高列车运行速度是铁路现代化的又一重要内容。我国自1996年以来，两次改编运行图，开行快速列车，大大提高了铁路的服务质量，使客、货运量不断上升。为此，必须适当改造线路和研制新型准高速列车。车体可倾摆的摆式列车，可使列车通过曲线的速度提高30%～40%，是一种正在迅速发展的列车新技术。与此相适应还要提高货物列车的速度。我国货车临界速度太低，只有80km/h左右，故货车提速运行后，常易发生脱轨事故，这是我国铁路提速后必须解决的一个问题。

4. 货物运输集中化和集装化

通过对整个路网布局进行合理调整，减少货运站和编组站的数量使作业相对集中，重点加强一些基地站（基点站）和编组站现代化建设，以提高货物装卸机械化和列车编组直达化的水平。世界铁路集装箱运输的发展方向是：提高装载量，实现大型化；采用新型材料，设计新结构，改善运营特性和参数；扩大通用装箱使用范围，适当发展专用箱；箱型规格标准化、系列化，以适应于国际联运的要求。

5. 运营管理自动化

运营管理自动化是铁路运输实现现代化的重要标志。铁路运输具有点多、线长、涉及面广，旅客、货物、车辆、列车流动分散不断变化，通信联络频繁、系统联系紧密的特点，必须采用先进手段进行组织和管理，建立起科学、有效的网络系统，及时掌握客流、货流、车流动态，快速传递并实时处理信息，实行集中指挥，统一调度管理。

二、我国铁路运输建设规划

目前，我国铁路用占世界6%的营运里程完成了占世界24%的换算周转量，换算密度为世界平均水平的4倍，是世界上最繁忙的铁路。尽管我国铁路发展取得了显著成绩，但目前铁路的发展还比较落后，总体上还不适应经济快速增长和社会和谐发展的要求。

据铁道部有关负责人介绍，当前我国铁路发展主要面临五大问题：

(1)路网密度相对较低。我国每万人仅拥有铁路0.58km，在世界上排100名以后。

(2)主要干线长期处于饱和甚至超饱和状态。京沪、京广、哈大、京沈和陇海五大干线的运输密度已接近1亿t·km/km。

(3)部分地区进出通道不畅。煤炭、石油等重点物资运输紧张。

(4)季节性运能紧张问题相当突出。每年春节、暑假等长假期的120天内运输能力全面告急。

(5)客货混跑、技术标准低,客货矛盾日益尖锐。

铁路作为国家重要的基础设施和大众化的交通工具,具有运能大、成本低、占地少、节能环保、安全性好等多种比较优势,是符合我国国情和可持续发展要求的绿色交通工具,迫切需要大发展和跨越式发展,在我国综合交通运输体系中发挥更重要的作用。

未来我国铁路建设将实现主要繁忙干线实现客货分线,主要通道实现复线电气化,从而使运输能力和运输质量满足国民经济和社会发展需要,主要技术装备达到或接近国际先进水平。根据我国铁路“十二五”发展规划,到2015年,全国铁路营运里程将达到12km,其中,快速铁路4.5万km左右,西部地区铁路5万km左右,复线率和电化率分别达到50%和60%。初步建成便捷、安全、经济、高效、绿色的铁路运输网络。其建设重点是:

(1)基本建成快速铁路网,营运里程达4万km以上,基本覆盖省会及50万人口以上城市,区域间时空距离大幅缩短,旅客出行更加便捷、高效和舒适;

(2)大运力区际干线和煤运通道进一步优化完善,煤炭运输能力达30亿t以上,重点物资和跨区域货运能力显著增强,大幅提升铁路对经济发展的支撑和保障能力;

(3)加快构建与其他运输方式紧密衔接的综合交通枢纽及综合物流中心,提高服务效率,促进综合交通运输体系建设。

因此 我国铁路的建设规划主要突出了以下重点:

(1)加快建设快速客运网络。通过建设客运专线、发展城际客运轨道交通和既有线提速改造,初步形成以客运专线为骨干,连接全国主要大中城市的快速客运网络。“十二五”期间重点建设“四纵四横”高速铁路、有序建设快速铁路和规划建设城际铁路。

(2)强化煤炭运输通道。重点围绕十大煤炭外运地区运输需求,结合客运专线建设和既有线扩能改造,形成运力强大、组织先进、功能完善的煤炭运输系统。根据铁路“十二五”规划,重点建设大能力通道,完善区际干线网。

(3)大力扩展西部路网。加强东中西部通道建设,在西北至华北及华东、西南至中南及华东间建设若干条便捷高效的通道,为西部大开发战略实施提供运力支持。

(4)优化和完善东中部路网。实施京沪、京沈、京九、沪杭等铁路电气化改造,实现京广线以东地区干线电化成网。另外,继续提高这一地区路网密度,大幅度提高既有铁路运输能力。

(5)加强港口和口岸后方通道建设,畅通对外口岸和重要港口运输,适应港口大进大出需求,促进对外贸易发展。加快集装箱运输网络建设,建设集装箱物流中心,并依托相关新线建设和既有线改造,推进双层集装箱运输通道建设,形成覆盖全国的集装箱运输网络;发展多式联运,提高运输效率和质量,开辟新的经济增长点。

(6)加强主要客货枢纽建设。结合快速客运网建设,新建一批大型客运站,形成干线铁路、城际轨道交通、城市地铁、公交系统等紧密衔接的现代化客货中心;以集装箱中心建设为契机,整合枢纽货运站布局,满足城市辐射区域大货流量集散需要;建设枢纽必要的联络线、疏解线,实现点线能力协调,保证客货运输灵活畅通,最大限度地发挥铁路运输优势,增强区域中心城市的辐射作用。

(7)加强国际通道建设,逐步实现与周边国际互联互通。根据铁路“十二五”规划,重点建设东北、西北、西南等进出境铁路和国土开发性铁路边境铁路,强化陆桥通道等。

第三章 水路运输地理

学习提要

水路运输是综合运输体系的主要方式之一，分为内河运输和海上运输，本章主要介绍内河运输。通过本章的学习，学生能够了解水路运输的基本特点，水路运输在国民经济中的地位；掌握我国主要内河资源分布，内河航线的地理布局，主要内河港口的基本概况；重点掌握我国长江水系、珠江水系航运地理布局及其主要港口情况。

基本概念

水路运输、内河运输、港口腹地。

第一节 水路运输

一、水路运输概念

水路运输是利用船舶和其他浮运工具，在江、河、湖泊、人工水道及海洋上运送旅客和货物的一种运输方式。

水路运输既是一种古老的运输方式，也是一种现代化的运输方式。早在4 000多年前，我国就有“伏羲氏刳木为舟，剡木为楫”之说。而后又知道使用帆，充分利用自然力——风。人类真正使用机械作船舶动力是1807年美国人罗伯特·富尔顿把锅炉、蒸汽机和明轮装到内河船“克莱蒙特号”上，并在纽约与奥尔巴尼之间的哈得孙河上进行了有实用价值的航行。1838年出现了装在船舶尾部的螺旋桨推进装置。1890年发明了内燃机，而后越来越多的船都利用内燃机（主要是低速柴油机）作为自己的主要动力设备。现在又出现了汽轮机动力装置和核动力装置等。

水路运输按船舶航行的区域，大体可划分为远洋运输、沿海运输和内河运输3种类型。

远洋运输通常是指除沿海运输以外的所有的海上运输。在实际工作中又有“远洋”和“近洋”之分。“远洋”是指我国与其他国家或地区之间，经过一个或数个大洋的海上运输，如我国至非洲、美洲、欧洲、大洋洲等国家或地区间的海上运输；“近洋”是指我国与其他国家或地区间只经过沿海或太平洋、印度洋的部分水域的海上运输，例如：我国与朝鲜、日本、东南亚等地区间的运输。这种运输是以船舶航程的长短和周转速度的快慢为依据，以便于组织管理和发挥营运效率。

沿海运输是指利用船舶在我国沿海区域各港口之间的运输。其范围包括：自辽宁省的鸭绿江口起，至广西壮族自治区北仑河口为止的大陆沿海，以及我国诸岛屿沿海及其与大陆间的全部水域内的运输。

内河运输是指利用船舶及其他浮运工具，在江、河、湖泊、人工水道上从事的运输。

二、水路运输的特点

水路运输与其他几种运输方式相比，具有运量大、成本低、效率高、能耗少、投资小的优点，同时也存在速度慢、环节多、受自然条件影响大、机动灵活性差等缺点。概括地说，主要集中表现在以下几个方面。

1. 水路运输的优点

1）运输成本低

水运可以实现大吨位、大容量、长距离的运输，特别适合于大宗货物的运输。例如：煤炭、石油等能源物资，金属矿石、建筑材料及散装粮食等。

2）投资小

船舶在江、河、湖泊及海洋上航行，主要利用天然航道运送货物和旅客。水上航道四通八达，它的通航能力几乎不受限制，而且用于水上航道建设的投资比其他运输方式要少得多，这就为水运事业的发展提供了良好的物质条件。

3）能源消耗低

由于水路运输基本上实行的是大批量运输，相对而言，运输1t货物至同样距离，水运所消耗的能源最少，水运的运输成本约为铁路运输的1/25～1/20，公路运输的1/100。

4）具有国际性

在国际远洋运输中，一是商船有权和平航行于公海和各国领海而不受他国管辖和限制，有权进入各国对外开放的，可供安全系泊的港口，故使海运在国际交通中极为方便；二是各国的商船可在国际海运上进行竞争。当然，海运是世界性的商务活动，除必须遵守各国的海运法规外，也要尊重国际法律。

5）环境污染小

相对其他运输方式而言，水路运输对周围环境污染较小。根据德国对运输所造成的污染测算，铁路运输造成的污染为内河运输的3.3倍，公路运输造成的污染是水路运输的15倍。根据荷兰计算数据，公路运输的二氧化碳排放量为35.1g/t·km，是内河运输的3倍，公路运输的氮氧化物的排放量为0.42g/t·km，是内河运输的2倍。

2. 水路运输的不足

（1）水运的运输速度较其他运输方式要慢，准时性差。一方面因为船舶航行于水中时的阻力较大；另一方面是因为要实现大运量运输，货物的集中和疏散所需时间也长。

（2）受外界条件影响较大。特别是海上运输，由于海运航线大都较长，要经过不同的地理区域和不同的气候地带，内河水道的水位和水流速度随季节不同变化很大，有些河段还有暗礁险滩，因而水运受自然因素的影响较大。而且水运具有多环节性，需要港口、船舶、供应、通信导航、船舶修造和代理等企业以及国家有关职能部门等多方面的密切配合才能顺利完成。因而，水路运输工作是较为复杂和严密的。

(3)机动性较差。由于船舶航行受航道影响,营运范围受到限制,水运在整个综合运输系统中通常是一个中间运输环节,它在两端港口必须依赖于其他运输方式的衔接和配合,为其聚集和疏运货物。

(4)航行风险大,安全性略差。

三、水路运输的分类

1. 按贸易方式分

水路运输可以分为国际运输和国内运输。

1)国际运输

国际运输是指本国同其他国家和地区之间的贸易运输。

2)国内运输

国内运输是指本国内部各地区之间的贸易运输。

2. 按船舶的航行区域分

水路运输可以分为远洋运输、沿海运输、内河运输。

1)远洋运输

远洋运输是指国际之间的运输,以外贸运输居多。

2)沿海运输

沿海运输是指几个邻近海区间或本海区内的运输,以内贸运输为主。

3)内河运输

内河运输是指在一条河流(包括运河)上或通过几条河流的运输,一般为国内运输。

3. 按运输对象分

水路运输可以分为旅客运输和货物运输。

1)旅客运输

旅客运输是指以旅客和部分货物为载运对象的运输,有单一客运(包括旅游)和客货兼运之分。

2)货物运输

货物运输是指以货物为载运对象的运输,按货类分有散货运输和杂货运输两类,前者是指无包装的大宗货物,例如:石油、煤炭、矿砂等的运输;后者是指批量小,件数多或较零星的货物运输,包括集装箱运输等。

4. 按船舶营运组织形式分

水路运输可分为定期船运输(即班轮运输)、不定期船运输和专用船运输。

1)定期船运输

定期船运输是指选配适合具体营运条件的船舶,在规定航线上,定期停靠若干固定港口的运输。

2)不定期船运输

不定期船运输是指船舶的运行没有固定的航线,而是按照运输任务或按租船合同所组织的运输。

3)专用船运输

专用船运输是指企业自置或租赁船舶从事本企业自有物资的运输。

四、水路运输在社会经济发展中的地位和作用

水运行业是国家战略性基础产业。远洋运输是我国外贸运输的主力，约占外贸总运量的85%；沿海运输是我国东部地区南北物资运输的大通道，为沿海地区的经济、社会发展提供运输保障；内河航运对沟通沿海与内地、东部与中西部起着重要的纽带作用，也是远洋和沿海运输的主要集疏运方式之一。水运除具有交通运输共有的作用外，还具有一些对我国社会经济发展的特殊作用，显示了它在国民经济发展中的特殊地位。

1. 水运是加入经济全球化的战略通道

目前，世界海运量约占外贸总运量的85%，海上运输业已成为支持经济全球化和本国或本地外贸事业发展的生命线。为满足国民经济发展的需要，我国每年需进口大量能源和原材料，同时为适应环境保护和社会可持续发展，需大量进口液化气，这些资源为我国经济发展、人民生活水平提高发挥了重要作用。为保证经贸发展和进出口战略物资的运输，防止国际经济环境变化对我国对外贸易运输的影响，我国必须建立一支强大的海运船队，形成一个安全、便捷、高效的国际贸易海运通道，在世界上以一个政治、经济大国地位独立行使自己的政策。

2. 水运可加快经济的发展

由于船舶运量大，运输成本低，在世界工业化过程中，大多选择沿江、沿海进行工业布局。我国长江三角洲、珠江三角洲和沿海地区经济的兴起，同样得益于水路运输之利。

3. 水运业有利于服务贸易的发展

航运创汇颇丰，航运业的发展有助于国家创汇和外汇收支的平衡。我国是世界海运大国之一，海运船队规模居世界第五位，航运是我国服务贸易最具竞争力的行业。同时航运业的发展带动了金融、保险、信息等服务贸易发展，对整个服务贸易的发展具有重要意义。

4. 水运对国民经济发展可产生直接贡献

水运业与国民经济其他产业相互依存、紧密联系，水运业的发展有赖于其他产业的进步，同时也促进其他产业的发展。这种相辅相成的密切关系，既说明国民经济其他部门的发展会对水运业和国民经济的发展作出贡献，也表明水运业的发展会对其他部门和国民经济的发展作出贡献。水运业作为交通运输业的重要组成部分，在整个经济活动中起着至关重要的作用，它对国民经济增长的贡献主要表现在两个方面：一是水运业对国民生产总值的贡献。它不仅表现为水运载运工具运营所创造的自身产值，即直接经济效益，还表现为与水运业相关的加工制造业、冶金行业、进出口贸易、国际保险与金融以及与之有关的其他行业等产值方面，即间接经济效益；二是水运业对劳动就业的贡献。

5. 水运业可产生综合社会效益

综合社会效益是指水运业发展对促进地区繁荣的巨大推动作用。它包括：由水运业的发展提高当地的运送能力，促进资源开发、商品交流而带来的经济结构变化和经济的迅速发展；由水运业发展吸引投资而带来的地区繁荣；由水运业的发展吸引投资而带来的当地税收的增加；由水运业的发展吸引投资而使腹地或是周边地区地价的大幅上升；由增加就业而使社会稳定并吸引外来人口而带来的地区发展。

6. 水运业是国家的政治稳定、国防保障的充分保证

在和平与发展成为当今世界主体的同时，国际政治、经济、军事斗争也日趋激烈，局部冲突和突发事件时有发生。由于航运公司的船只和网点遍布全球，因此其可在战时或突发时刻发挥重要作用，迅速进行对重要物资和人员的运输，保障国家安全利益，尽可能减少国家损失。美国称其商船队为仅次于海陆空军的"第四只臂膀"，世界许多国家在其航运法中明确规定，本国商船队除为其经济发展服务外，还应在紧急时刻保证为国家安全服务。尤其是内河航道在战时，是一条打不垮、炸不烂的运输线，对保障战时运输具有特殊作用。在发生洪涝灾害时，航运在抗洪救灾中发挥着其他运输方式无法替代的作用。

水运由于其自身的技术经济特点对国民经济特别是内外贸起着重要的支撑作用。水路运输的社会经济效益不仅表现在行业本身的收益，由于交通行业的外部型特点，它更表现于对整个社会和国民经济其他部门的贡献上。正确估计水路运输业在国民经济中的地位与贡献，是制定水路运输业发展宏观战略决策的重要依据之一，因此加深对水运业及其对国民经济的贡献的认识有着深远的意义。

第二节　我国水运资源及发展条件

一、我国水运资源基本状况

我国是一个幅员辽阔、江河众多、海域广大的国家，水运资源极其丰富，为我国水运业的发展创造了良好的条件。邻近我国大陆的海洋有渤海、黄海、东海、南海四大海域。它们都是北太平洋西部的陆缘海，四海相连，呈一东北至西南的弧形，环绕亚洲大陆的东南部。四大海域纵跨温带、亚热带和热带，面积为 470 多万 km^2。

渤海是我国的内海。它与黄海的分界线是辽东半岛南端老铁山角经庙岛群岛至山东半岛蓬莱角；黄海与东海之间以长江口北角至济州岛西南角的连线分之；而东海与南海之间的界线则经福建东山岛南端沿台湾浅滩南侧至台湾南端的鹅銮鼻。南海中南沙群岛南端的曾母暗沙为我国的最南界。表 3-1 所示为我国沿海四大海域基本情况。

我国沿海四大海基本情况一览表　　表 3-1

项目 海区	面积 （km^2）	平均水深 （m）	最大水深		注入的主要河流
			深度（m）	最深处	
渤海	77 000	18	70	老铁山水道	黄河、海河、辽河、滦河等
黄海	380 000	44	140	济州岛北端	淮河水系、鸭绿江、大同江
东海	770 000	370	2 719	冲绳海槽	长江、钱塘江、闽江等
南海	3 500 000	1 212	5 559	中部海盆	珠江、韩江、红河、湄公河等

我国大陆与岛屿海岸线绵延曲折，其中仅大陆岸线就有 18 000 多 km，是世界上海岸线最长的国家之一。在漫长的海岸线中，有的岸线平直、地形坦缓，是发展海洋渔盐业、农业围垦及开发海洋矿产资源的良好场所；有的则岸线曲折、水深湾长、很多是天然良港，为海上的交通运输提供了十分有利的条件。

沿海国家,从海岸线(一般是指最低低潮线)或选定一条基线向外延伸到一定宽度的水域,称为领海,它是处于该国主权管辖之下的海域。关于领海的宽度,国际上至今没有达成一致协定。沿海国家有权根据本国地理特点、经济发展和国家安全的需要,并照顾到邻国的正当利益和国际航行的便利,合理确定自己领海的宽度和范围。目前世界上沿海国家的领海宽度规定不一,有3n mile、12n mile、30n mile、50n mile、200n mile等。我国领海的宽度为12n mile。在领海之外,则称为公海,公海不受任何国家主权的管辖,各国有平等使用和享有船舶航行、资源开采以及渔业捕捞活动的权利。

从内河航运而言,在我国960万km^3的土地上,有可通航的大小湖泊900多个,天然河流5 000多条,总长约43万km,并且大多数河流水量充沛、常年不冻、适宜航行。主要河流有长江、黄河、珠江、淮河、黑龙江等。

长江发源于青海,流经西藏、四川、云南、重庆、湖北、湖南、江西、安徽、江苏、上海等省(区、市)汇入东海。全长6 300多km,水量充足、航运便利,是我国第一大河流,也是世界最大的河流之一。它的很多支流也是重要水道,例如:四川境内岷江、沱江、涪江、嘉陵江等;由贵州经四川和重庆流入长江的有赤水河和乌江;湖南境内有洞庭湖和湘、资、沅、澧四大支流;湖北有长江的最大支流汉江,全长1 577km;江西境内有鄱阳湖和赣、抚、信、饶、修五大河流贯穿全省;安徽有秋浦河、青弋江等;江苏更有多条支流与太湖、运河纵横贯通,形成了密集的水道网。

珠江是货运量仅次于长江的大河,它由东江、北江、西江汇合而成。东江、北江是粤东、粤北连接广州的水运干线;西江横贯粤桂两省区;珠江三角洲地区以广州为航运中心,水道密如蛛网。

黄河全长5 464km,是我国第二大河流。其上游多峡谷、水势湍急;下游水浅滩多、水位涨落不定,只能分段通航。

黑龙江在我国境内的干流长3 420多km,是我国第三大河,可通轮船,但封冻期较长。它的主要支流松花江,是东北的重要水运干线。

淮河是安徽、江苏北部的重要水道,航运条件较好。

我国的天然河流大多是自西向东的长流巨川,流经全国总面积的60%以上,把广大内地和海区直接联系起来,许多主要城镇,例如:天津、上海、广州、武汉、重庆、南京等,都是在河海沿岸发展起来的,可见水路运输对经济建设所具有的巨大影响。

二、我国水路运输的发展条件

1. 内河航道

凭借丰富的水运资源,我国水路运输业得到了很大的发展。2011年底,全国内河航道通航里程12.46万km,等级航道6.26万km,占总里程的50.3%。其中,三级及以上航道9 460km,五级及以上航道2.60万km,分别占总里程的7.6%和20.8%。

各等级内河航道通航里程分别为:一级航道1 392km,二级航道3 021km,三级航道5 047km,四级航道8 291km,五级航道8 201km,六级航道18 506km,七级航道18 190km。各水系内河航道通航里程分别为:长江水系64 052km,珠江水系15 995km,黄河水系3 488km,黑龙江水系8 211km,京杭运河1 439km,闽江水系1 973km,淮河水系17 264km。

另外,全国内河航道共有4 186处枢纽,其中具有通航功能的枢纽2 359处。通航建筑物中,有船闸 865 座、升船机 44 座。

2. 港口码头泊位

我国港口码头泊位保持继续增长势头。2011 年底,全国港口拥有生产用码头泊位 31 968 个。其中,沿海港口生产用码头泊位 5 532 个;内河港口生产用码头泊位 26 436 个。

全国港口拥有万吨级及以上泊位 1 762 个。其中,沿海港口万吨级及以上泊位 1 422 个;内河港口万吨级及以上泊位 340 个,如表 3- 2 所示。

2011 年全国港口万吨级及以上泊位(单位:个)　　表 3-2

泊位吨级	全国港口	沿海港口	内河港口
合计	1 762	1 422	340
1 ~3 万吨级(不含 3 万)	708	548	160
3 ~5 万吨级(不含 5 万)	311	216	95
5 ~10 万吨级(不含 10 万)	528	449	79
10 万吨级以上	215	209	6

数据来源:交通运输部 2011 年公路水路交通运输行业发展统计公报。

全国万吨级及以上泊位中,专业化泊位 942 个,通用散货泊位 338 个,通用件杂货泊位 322 个(表 3-3)。

全国万吨级及以上泊位构成(按主要用途划分,单位:个)　　表 3-3

泊位用途	2011 年	2010 年
专业化泊位	942	903
集装箱泊位	302	298
煤炭泊位	178	173
金属矿石泊位	52	46
原油泊位	68	69
成品油泊位	111	109
液体化工泊位	123	113
散装粮食泊位	33	27
通用散货泊位	338	299
通用件杂货泊位	322	310

数据来源:交通运输部 2011 年公路水路交通运输行业发展统计公报。

3. 水路运输船舶

2011 年底,全国拥有水上运输船舶 17.92 万艘、净载重量 21 264.32 万吨、平均净载重量 1 186.35t/艘、载客量 100.84 万客位、集装箱箱位 147.52 万 TEU、船舶功率 5 949.66 万 kW(表 3-4)。

2011 年我国水上运输船舶构成(按航行区域划分) 表 3-4

主要指标	计算单位	实绩
内河运输船舶:		
运输船舶数量	万艘	16.58
净载重量	万 t	8 780
平均净载重量	吨/艘	529
载客量	万客位	81.89
集装箱箱位	万 TEU	16.07
船舶功率	万 kW	2 771.27
沿海运输船舶:		
运输船舶数量	艘	10 902
净载重量	万 t	5 780.47
平均净载重量	吨/艘	5 302
载客量	万客位	16.9
集装箱箱位	万 TEU	20.32
船舶功率	万 kW	1 534.39
远洋运输船舶		
运输船舶数量	艘	2 494
净载重量	万 t	6 703.86
平均净载重量	吨/艘	26 880
载客量	万客位	2.05
集装箱箱位	万 TEU	111.14
船舶功率	万 kW	1 644

数据来源:交通运输部 2011 年公路水路交通运输行业发展统计公报。

4. 水路货物运输量

2011 年,全国完成水路货运量 42.60 亿 t、货物周转量 75 423.84 亿 t · km,平均运距1 770.65km。

在全国水路货运中,内河运输完成货运量 21.03 亿 t、货物周转量 6 564.88 亿 t · km;沿海运输完成货运量 15.22 亿 t、货物周转量 19 503.56 亿 t · km;远洋运输完成货运量 6.35 亿 t、货物周转量 49 355.40 亿 t · km。

长江干线货物承载量达 17.01 亿 t,其中煤炭、金属矿石、钢铁和矿物性建筑材料占总承载量的 66.8%。长江干线到干线货运量 3.86 亿 t,海上到干线货运量 7.51 亿 t。

西江航运干线(思贤滘以上航段)货物承载量达 1.75 亿 t,其中矿物性建筑材料占总承载量的 58.7%。西江航运干线到干线货运量 4 142 万 t,干线到珠江三角洲货运量 9 502 万 t。

水路客运方面,2011 年全国完成水路客运量 2.46 亿人、旅客周转量 74.53 亿人 · km。2011 年,两岸间海上运输完成客运量 160 万人,货运量 6 000 万 t,集装箱运量 174 万 TEU。

5. 港口吞吐量

2011 年,全国港口完成货物吞吐量 100.41 亿 t,其中,沿海港口完成 63.60 亿 t,内河港口完成36.81亿t。全国港口完成旅客吞吐量1.94亿人，其中，沿海港口完成0.80亿人，内河港口完成1.14亿人。

2011年，全国港口完成外贸货物吞吐量27.86亿t，其中，沿海港口完成25.44亿t，内河港口完成2.42亿t。货物吞吐量超过亿吨的港口由2010年的22个增加到26个。其中，沿海亿吨港口17个，内河亿吨港口9个。

全国港口完成集装箱吞吐量1.64亿TEU，其中，沿海港口完成1.46亿TEU，内河港口完成1 736万TEU。集装箱吞吐量超过100万TEU的港口由2010年的18个增加到19个。其中，沿海港口15个，内河港口4个。

全国港口完成液体散货吞吐量9.11亿t；干散货吞吐量58.55亿t；件杂货吞吐量10.18亿t；集装箱吞吐量（按重量计算）17.75亿t；滚装汽车吞吐量（按重量计算）4.83亿t。液体散货、干散货、件杂货、集装箱和滚装汽车在港口货物吞吐量中所占比重分别为9.1%、58.3%、10.1%、17.7%和4.8%。

2011年，全国规模以上港口完成货物吞吐量91.18亿吨，其中，完成煤炭及制品吞吐量19.43亿t，石油、天然气及制品吞吐量7.48亿t，金属矿石吞吐量13.85亿t（表3-5）。

2011年我国规模以上港口各类货物吞吐量 表3-5

货类名称	吞吐量（亿t）	外贸吞吐量（亿t）
煤炭及制品	19.43	2.13
石油、天然气及制品	7.48	3.16
#原油	4.1	2.41
金属矿石	13.85	8.19
#铁矿石	12.35	7.2
钢铁	4.19	0.67
矿建材料	13.57	0.28
水泥	2.21	0.09
木材	0.63	0.47
非金属矿石	2.14	0.52
化学肥料及农药	0.38	0.19
盐	0.13	0.04
粮食	1.66	0.58
机械、设备、电器	1.71	1.09
化工原料及制品	1.74	0.72
有色金属	0.09	0.08
轻工、医药产品	0.91	0.48
农林牧渔业产品	0.33	0.16
其他	20.73	8.79
总计	91.18	27.63

数据来源：交通运输部2011年公路交通运输行业发表统计公报。

三、我国水路运输的发展

随着我国经济的发展,特别是对外贸易的发展,水路运输在国家和地区经济的作用越来越重要,国家和各地地方政府均加大了对水路运输方面的投资。

2011 年,全国内河及沿海建设完成投资 1 404.88 亿元,内河港口新建及改(扩)建码头泊位 209 个,新增吞吐能力 8 418 万 t,其中万吨级及以上泊位新增吞吐能力 3 986 万 t。全年新增及改善内河航道里程 843km。沿海港口新建及改(扩)建码头泊位 440 个,新增吞吐能力 24 585万 t,其中万吨级及以上泊位新增吞吐能力 22 714 万 t。

"十二五"期间的发展重点是:加快以高等级航道为重点的内河航道建设,实施西江航运干线扩能工程,提高主要航段通航标准,建设贵港、桂平二线和长洲三、四线船闸,扩大船闸通过能力,加快推进右江百色、红水河龙滩枢纽过船设施建设。实施京杭运河苏南段和浙江段三级航道建设工程,结合南水北调东线工程实施济宁至东平湖段三级航道建设工程,继续实施船闸扩能工程。全面加快苏申外港线、长湖申线、湖嘉申线、杭申线、杭平申线、芜申线、大芦线等长江三角洲高等级航道建设,建成并完善珠江三角洲高等级航道网。积极推进嘉陵江、乌江、汉江、湘江、赣江、合裕线、右江、沙颍河、松花江、闽江等高等级航道建设。"十二五"时期要改善三级及以上航道里程 3 500km。到 2015 年末,长江干线以及西江航运干线、京杭运河和珠江三角洲高等级航道网全面或基本达到规划标准,长江三角洲高等级航道网 60% 达到规划标准。

推进主要货类运输系统码头建设,"十二五"时期沿海港口规划新增深水泊位约 440 个,重点推进煤炭、原油、铁矿石和集装箱码头建设。

(1)煤炭运输系统:结合国家煤炭铁路外运通道的扩能和新建,推进装船码头建设,提高保障能力;加快建设华东、华南地区煤炭公用接卸码头,结合国家煤炭中转储备基地布局、建设相应码头。规划新增北方煤炭装船港煤炭码头通过能力 3.1 亿 t。

(2)外贸进口原油运输系统:根据炼厂扩能与布局,以及原油管道建设、战略储备和能源安全供应的需要,相应建设大型原油接卸码头。规划新增大型原油码头接卸能力 1.0 亿 t。

(3)外贸进口铁矿石运输系统:加快建设环渤海地区、长江三角洲地区外贸铁矿石一程接卸码头。结合沿海大型钢铁基地布局,配套建设铁矿石码头。规划新增大型铁矿石码头接卸能力 3.9 亿 t。

(4)集装箱运输系统:把握建设节奏,充分发挥既有设施能力,稳步推进干线港集装箱码头的建设,相应发展支线港、喂给港集装箱码头。加快形成内贸集装箱运输体系。规划通过新建和挖潜,新增集装箱码头通过能力 5 800 万 TEU。

第三节　内河运输地理总论

一、内河运输概况及其主要特点

1. 我国内河运输概况

内河运输和海上运输同属水路运输业。我国有大小天然河流 5 000 多条,总长约 43 万 km,

其中流域面积在1万km^2的河流有80多条,流域面积在1 000km^2以上的河流有1 500多条。现已辟为航道的里程12万km,其中约7万km可通航机动船只,几乎是英、法、德三国内河航道总长的3倍;另有可通航的大小湖泊900多个(不包括台湾省),我国内河航运主要分布在长江、珠江、淮河、黑龙江等水系。这些河流、湖泊,水量一般都较充沛,尤其是南方大河流,年平均总水量达26 800亿m^3,且这些河流大多终年不冻。

河流的分布也是影响航运发展的重要条件之一。我国总的地势是西高东低,这种地形特点决定了大陆上的主要河流,除长江、黄河的若干支流和京杭大运河外,大多是自西向东奔流入海。我国全部河流中有2/3以上属外流河,可与海洋直接联系起来,所以我国主要通航的河流(长江、珠江、淮河、黑龙江等)的东西航道里程长、航道水深,并且与沿海航线联系一起,河海通航最为便利。这些较大的河流又都分布在我国经济发达、人口密集的地区,这就有可能最充分的利用内河航运来加强城乡物资的交流和区际间的协作,由于大河干流大多东西横贯,支流则南北汇入,保证了最广泛地吸引各地区的货物及旅客运输,将全国多数省(自治区、直辖市)组织在内河运输网中。我国西北地区由于资源缺乏、蒸发量又大、河流水量不足,所以航运比较困难。

我国主要通航河流大都分布在经济发达、人口稠密的地区,且都由西向东流入大海,极利于实行河海联运。我国又是世界海洋大国之一,有漫长的海岸线,港湾众多,尤其是横贯东西的大河入海口,有利于建立富于经济价值的河口港。早在4 000年前,中国就能制造舟楫,商代即已有帆船;夏、商、周时,黄河已成重要运粮干线。春秋战国时代开凿了鸿沟、邗沟,秦代修通了灵渠,至隋代则开通了南北大运河,从而形成中国古代水运的兴盛时期。明代郑和七下西洋,为世界航海史册增添了光辉一页。总之,在内河航运和远洋航海方面,我国在历史上都曾处于世界领先地位。但近百年来,我国水运事业日渐衰落,新中国成立初期,我国内河通航里程仅7.3万km。经过60多年建设,截至2011年底,全国内河航道通航里程12.46万km。其中等级航道6.26万km;内河运输完成货运量21.03亿t、货物周转量6 564.88亿t·km。我国一个以港口、航道为主体、种类比较齐全、设备基本配套、具有一定规模和水平的内河水运体系已基本形成。

2. 内河运输的主要特点

我国政府高度重视内河航运的发展,充分发挥内河航运占地少、污染小的特点,坚持保护生态环境,实施经济和社会可持续发展战略,制定了一系列促进内河航运发展的方针和政策。为实现"为建设资源节约型、环境友好型社会服务"目标,"十一五"期间,交通部在内河航运建设中树立了"发展内河航运就是综合利用水资源、就是建设节能型社会、就是在保护土地和环境"三个新理念。

树立"发展内河航运就是综合利用水资源"新理念,就是要在内河航运建设重视水资源综合利用的同时加强协调,在水电开发中保护好内河航运资源,着力发挥水资源的综合效益,提高我国水资源的利用效率;树立"发展内河航运就是建设节能型社会"新理念,就是要重视发挥内河航运运量大、耗能低、成本低的优势,着力改善综合运输结构,降低运输能耗;树立"发展内河航运就是在保护土地和环境"新理念,就是要重视发挥内河航运环境影响小、土地占用少的性能,着力优化运输功能和效能,为实现"生态环境恶化趋势基本遏制,耕地减少过多状况得到有效控制"目标发挥应有的作用。

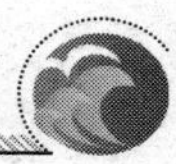

总体来说，内河运输具有以下几方面的特点：

(1)运输量大、运价较低。在内河运输中，世界先进国家如美国最大的顶推船队运载能力达到5万~6万t，我国大型顶推船队运载能力也达到3万t，比铁路列车高5~10倍。这一特征决定了内河运输综合运输能力大的特点，长江黄金水道通过能力大体相当于14条铁路。

(2)能源等资源消耗少。在各种运输方式中，船舶发动机功率热效率是最高的。船舶内燃机相同功率的运量是铁路的2~4倍、公路的50倍；水运成本相当于铁路运输的1/2、公路运输的1/5。所以船舶运输的单位能耗低于铁路，更低于公路。特别是在燃料价格上涨，运输成本居高不下的今天，内河运输具有其他运输方式无法比拟的优势。

(3)对环境影响小。与公路、铁路运输相比，水运对环境的影响最小。根据美国环境保护机构对各种运输方式造成污染的研究分析，公路运输用的汽车是造成污染的首要因素，在PM-10的污染方面占71%，有机化合物污染方面占81%，氮氧化物污染方面占83%，一氧化碳污染方面占94%。其次是飞机造成的铅污染最严重，约占96%。美国船舶运输除了在PM-10的污染方面所占比例为10%左右外，其他方面(铅污染、有机化合物污染、氮氧化物污染、一氧化碳污染等)都很小，几乎可以忽略不计。

(4)土地占用少。从世界各国实际看，公路、铁路建设都需占用大量土地(甚至耕地)，我国4车道高速公路占地约110亩/km(参照实际占地和《公路建设项目用地指标》)，国家Ⅰ级铁路双线占地90亩/km(参照实际占地和《铁路建设项目用地指标》)，而内河航运主要依靠天然河流和岸线，占用土地主要体现在码头建设上，与公路铁路相比，占用土地少，基本不占用耕地。有些航道的疏浚和码头建设，还可以利用疏浚的泥沙回填，增加沿岸的可利用土地面积。

(5)可发挥消闲、娱乐功能。由于船舶尺度结构与飞机、火车、汽车有着根本的不同，具有其他运输工具不可能具备的空间，可以提供舒适的房间和各种娱乐活动需要的宽敞场地，可提供其他运输工具不可能提供的服务，特别适宜经济发展到一定水平，人们旅游、消闲、娱乐的需要。

(6)航速较低、运输环节多、机动灵活性差。水是内河运输的基本资源，世界各国发展内河运输既有人工整治(河道整治、航道渠化等)，也在相当程度上依赖自然水运资源，这和公路、铁路通过人力在陆地上构筑路网有着本质的区别。船舶行驶于水中(水翼艇、气垫船等例外)，这一本质区别导致船舶航速较低，货物运达速度慢，同时海运受气候影响因素相对较大，内河在一定时期则可能受到洪水、枯水和河流封冻等的影响。除沿江、沿海布置的工厂和仓储等客户外，水运需要与其他运输方式有效衔接，才能将货物运达最终用户，运输环节相对较多，使得运输时间和经济性受到一定影响。

二、内河航道

1. 内河航道的概念

内河航道是指在内陆水域中用于船舶航行的通道。内陆水域包括江、河、湖、水库、人工运河和渠道等。内河航道可分为天然航道和人工航道。天然航道系利用天然水域提供的航道尺度行驶相应尺度的船舶。如果局部河段尺度不足，则通过整治与疏浚的手段可使之达到要求的尺度。人工航道包括渠化河流航道和人工开挖的运河、渠道。渠化河流是指在天然河流上分段筑坝，壅高水位，以提高航道水深，并在坝址处兴建过船建筑物(见通航建筑物)。按照航道对船行阻力的大小,内河航道可分为限制性航道和非限制性航道。人工运河和渠道属于限制性航道,天然航道大多为非限制性航道。

世界上很多国家为便于对内河航道管理和维护,都制定了航道(或通航)标准,将航道划分等级,统一航道尺度,使航道与船型、船队、通航建筑物和跨河建筑物等在尺度上、位置上协调一致。内河航道尺度包括水深、宽度和弯曲半径,在标准中给出最小值。

2. *船舶航行对内河航道的要求*

1)有足够的航道水深

船舶在内河航行,首先要求内河航道的水深条件能满足船舶安全航行的要求。航道的水深条件是否满足船舶安全航行的要求,主要取决于航行于此航道的船舶吃水量和船舶载重量两方面。

另外,为保证安全,要求船底与航道底部留有一定的安全距离,这个安全距离被称为为航道的富裕水深。富裕水深具体应留多少,主要取决于船舶的类型、航道等级、航道的河床的土质、船舶航行速度等因素。

船舶对航道深度的要求,可用公式表示:

$$h \geqslant T + \Delta T$$

式中:h——最小通航深度,m;

T——船舶吃水深度,m;

ΔT——富裕水深,应根据河床土质、船舶类型、航道等级来确定。一般沙质河床可取0.2~0.3m,砾石河床为0.3~0.5m。

2)有足够的航道宽度

航道的宽度要能保证在同一航道,相反方向行驶的两艘船或船队会船时,两艘船舶的宽度及两船之间的安全宽度之和。

内河航道宽度的大小,主要取决于航行此航道主要船型船舶的宽度、航道水流速度、会船时的安全距离等。

通常单线航行时应不小于最大船舶(船队)宽度的1.5倍;双线航行时则不小于最大船舶(船队)的宽度2.6倍。在运输繁忙的航道上还应考虑三线航行,可用公式表示:

所需航道宽度=同时交错的船队或船舶的宽度之和+富裕宽度

富裕宽度一般采用“同时交错的船队或船舶宽度总和”的1.5~2.5倍。

3)有安全的转弯半径

航道转弯半径是指航道中心线上的最小曲率半径。由于船舶航行中,其操纵性能明显没有车辆灵活,特别是在转弯时,需要更大的转弯半径,因此,内河航道在设计时,应考虑到船舶这一特点,使内河航道转弯半径要能保证船舶航行安全。

航道转弯半径的大小主要取决于船舶的长度大小。一般航道转弯半径不得小于最大航行船舶长度的4~5倍。若河流转弯半径过小,将造成航行困难,应加以整治。若受自然条件限制,航道转弯半径最低不得小于船舶长度的3倍。

4)有许可的水流速度

船舶航行时,航道的水流速度是影响船舶航行的重要因素,无论是纵向流速还是横向流速都有一定的要求,对于适宜船舶航行的水流速度,我们称为许可流速。航道许可流速是指航

线上的最大流速。

5)有安全的桥梁净空

现在大部分内河航道上空都修建了许多桥梁,跨越内河航道上空桥梁的孔径大小、桥梁的净高都应保证船舶的安全航行。

净空包括净跨与净高:

(1)净跨 B_m,是指相邻两桥墩内侧表面之间的最小距离,一般皆按单向船队通过(即不考虑在桥孔内错船)所需的宽度确定。其宽度可按下式确定:

$$B_m = B + L\sin\alpha + \Delta B_1 + \Delta B_2 (\mathrm{m})$$

式中:B、L——船队或船的宽度和长度,m;

α——船队偏角,一般采用2°~3°;

ΔB_1——航道富裕宽度,一般取 $\Delta B_1 = B$,m;

ΔB_2——保护桥墩的安全富裕宽度,一般取5~15m。

(2)净高 H_m,是指最高通航水位到桥梁上部结构最低部分间的垂直距离。其确定方法如下:

$$H_m = H + a$$

式中:H——最大船舶空载时在水面上部分的最大高度,m;

a——富裕高度,其值与水流速度有关,一般山区河流取1~1.5m,平原地区河流一般取0.5m。

3. 内河航道的分级

根据交通运输部的有关规定,我国内河航道共分7个等级,如表3-6所示。根据全国内河通航标准,航道分级的标准指标有:通航驳船吨数与船型尺度(总长、型宽和满载吃水);船队尺度(长、宽、吃水);枯水期最小航道尺度(天然及渠化河流、人工运河的水深;底宽和曲度半径);船闸闸室有效尺度(长、宽、门槛水深);桥梁净空尺度(净跨和净高)等。

全国内河航道主要通航尺度参考表　　表3-6

航道等级	驳船吨级(t)	船尺度(m)(总长×型宽×设计吃水)	船队尺度(m)(长×宽×吃水)	航道尺度(m)				
				天然及渠化河流			限制性航道	
				浅滩水深①	单线宽度	双线宽度	水深	底宽
一	3 000	75×16.2×3.5	(1)350×64.8×3.5	3.5~4.0	120	245		
			(2)271×48.6×3.5		100	190		
			(3)192×132.4.×3.5		70	120		
二	2 000	67.5×10.8×3.4	(1)316×32.4×3.4	3.4~3.8	80	150		
		75×14×2.5	(2)175×21.6×3.4		50	100		
			(3)180×14×2.6	2.6~3.0	35	70	4.0	55
三	1 000	67.5×10.8×2.0	(1)270×32.4×2.0	2.0~2.4	80	150		
			(2)238×21.6×2.0		55	110		
			(3)167×21.6×2.0		45	90	3.2	80
			(4)160×10.8×2.0		30	60	3.8	45

续上表

航道等级	驳船吨级(t)	船尺度(m)(总长×型宽×设计吃水)	船队尺度(m)(长×宽×吃水)	航道尺度(m)				
				天然及渠化河流			限制性航道	
				浅滩水深①	单线宽度	双线宽度	水深	底宽
四	500	45×10.8×1.6	(1)160×21.6×1.6	1.6~1.9	45	90		
			(2)112×21.6×1.6		40	80	2.5	75
			(3)109×10.8×1.6		30	50	4.0	
五	300	35×9.2×1.3	(1)125×18.4×1.3	1.3~1.6	45	75		
			(2)89×18.4×1.3		35	70	2.0	70
			(3)87×9.2×1.3		22	40	2.5② 2.0	30② 35
六	100	26×5.2×1.8	(1)361×5.5×2.0	1.0~1.2			2.5	20
		32×7×1.0	(2)154×14.6×1.0		25	45		
		32×6.2×1.0	(3)65×6.5×1.0		15	30	1.5	25
		30×6.4(7.5)×1.0	(4)74×6.4(7.5)×1.0		15	30	1.5	25
七	50	21×4.5×1.75	(1)273×4.3×1.75	0.7~1.0			2.2	15
		23×5.4×0.8	(2)200×5.4×0.8		10	20	1.2	18
		30×6.2×0.7	(3)50×6.5×0.7		13	25	1.2	23

注:①表示“天然及渠化河流”的浅滩水深适用于泥沙质河床,如系石质河床,另加0.1~0.2m。
②适用于拖带船队。

此外,为了保证航行安全,根据气象、水文资料和航行经验,将内河航道划分出航区等级。内河航行区域一般划分为A、B、C三级,其中某些水域,依据水流湍急情况,又划分为急流航段,即J级航段。

A级航区指大河流下游,B级航区指较大湖泊、大河流的中游及某些中等河流的下游,C级航区指大河流的上游及其支流以及其他小河流和小型湖泊。对在不同航区航行的船舶的稳性、结构、救生设备和无线电设备等方面,船舶规范对其均有不同的技术要求。

三、内河港口

内河港又称河港,是指位于江河沿岸的港口。在内河运输中具有重要的地位。它是船舶停泊、编队、补给燃料的基地,也是江河沿岸旅客货物的集散地。例如:我国长江沿线的重庆、宜昌、九江、芜湖港等。

位于运河上的运河港或位于湖泊和水库边的港口,一般都称为内河港。

我国绝大部分河港都是沿河分布,一般位于弯道凹岸的顺直河段,且有支流交汇。这是因为,这里水深较好,一般能满足船舶吃水要求,同时此处的水流,经过弯道抵冲以后,顺岸下流,水流较平顺,有利于船舶靠离码头时的操纵。因此,内河港的选址或港口的扩建、改建时,必须首先考虑河道的水文和地貌条件。

内河港口由港口陆域和港口水域两部分构成。大型内河港是内河城市重要交通枢纽。有铁路线与之连接，有主干公路与之相通。

四、内河船舶

内河船舶，是指符合内河船舶建造规范，仅在内河通航水域航行的各类船舶。内河航道的特点是水浅、宽度有限、弯曲度大、流速急，风浪小。因此，内河船舶吨位小，一般不超过 3 000 吨级，吃水不超过 4m。

与海洋船舶相比，内河船尺度小、船体结构轻、干舷高度较低、抗风浪能力相对较差。

五、我国内河运输的地理布局

1. 我国内河航运分布

内河运输的发展与地理布局，主要受河道的水文、水资源分布等条件的制约。我国水资源分布极不平衡，径流量分布不均，呈现东多西少、南丰北欠的基本特点。我国东部和西南部的外流流域，面积约占全国总面积的 63.7%，而年径流量占全年径流总量的 95.5%；西北内陆流域面积占全国的 36.3%，而年径流量却只占全国总量的 4.5%。在外流流域中，又以长江流域及其以南地区更为集中，约占全国径流总量的 83.5%，其中长江流域约占全国总量的 37.8%；长江以北，包括华北和西北等广大地区，径流量只占全国的 10%，其中黄淮平原径流只占全国的 3.8%。由此可见，南方水多而有余，而北方除东北地区由于干燥度小、缺水不多外，其余广大地区缺水现象相当普遍。

我国河网密度在地区上也有很大差异。一般来说与地表水的径流量相适应，即径流丰富的外流区大于径流贫乏的内流区。河网密度分布总趋势是由东南向西北减小。在外流区内秦岭—大别山以南、武陵山—雪峰山以东是我国降水量和地表径流量最丰富的地区，河网密度最大，一般都超过 0.5km/km^2。秦岭—大别山以北地区密度较小，一般不超过 0.3km/km^2，武陵山—雪峰山以西地区一般在 0.3 ~ 0.5km/km^2 之间。在内陆区，河网密度一般都在 0.1km/km^2 以下，而且存在着大面积的无流区。

从上述情况可看出，我国水资源的分布在地域上表现出极大的差异性，这就导致了我国内河航运的发展和地理布局的不平衡。一般来说，在外流区内，秦岭—淮河以南的河道水量充沛，流量大而稳定，水量约占全国总水量的 9/10，常年不冻，是全国内河航运发达的地区；秦岭—淮河以北的河道，流量小，且不稳定，又有冬季封冻等不利因素，因而内河航运发展受到一定的限制。我国西部和西北部内流区域的河道少，大河少而水量不足，是全国内河航运最不发达的地区。

2. 我国航道网分布

1）主要航道干线呈纬向分布

由于我国地形分布总趋势为西高东低，因此主要内河航道干线均呈纬向分布。例如：长江、珠江、淮河和黑龙江等水系。这一分布特点，与我国资源和经济的分布格局在空间上有较好的呼应关系，因而也具有很大的发展潜力。

2）绝大部分航道网都分布在南方各地

因受水系分布及其水文特征的影响，我国内河航道主要密布于南方各省区。我国分省区内河航道里程及密度状况如表 3-7 所示，其中航道里程在 2 000km 以上的省份有江苏等 16

个,除黑龙江和内蒙古外,均位于长江及其以南地区,这14个省份的航道合计里程为10.94万km,占全国航道总里程的93.8%。在上述省份中,以江苏省的航道里程为最长,达2.4万多公里,占全国总里程的19.7%,其次为广东、湖南和四川三省,其里程都在1万km以上。再从航道密度看,平均国土拥有10km/千km^2以上航道的省区共有14个,其中除黑龙江省外,也都分布在长江及其以南地区。它们又以上海的密度为最大(351km/千km^2),其次为江苏(237km/千km^2)和浙江(94km/千km^2)。

我国分省区内河航道里程及密度状况表　　表3-7

地区	里程(km)	密度(km/千km^2)	地区	里程(km)	密度(km/千km^2)	地区	里程(km)	密度(km/千km^2)
江苏	24 252	242.5	广西	5 433	23.7	内蒙古	2 403	2.3
湖北	8 260	50.0	福建	3 245	27.0	辽宁	413	2.7
安徽	5 596	43.0	上海	2 226	371.0	海南	343	10.0
四川	10 720	15.9	山东	1 150	7.7	山西	467	1.5
广东	11 850	63.7	贵州	3 442	24.0	甘肃	914	2.3
浙江	9 750	97.5	云南	3 158	8.2	天津	88	8.0
湖南	11 495	54.7	吉林	1 456	8.1	河北	75	0.4
江西	5 638	35.2	河南	1 267	7.9	重庆	4 331	52.5
黑龙江	5 098	11.1	陕西	1 066	5.6			

资料来源:《中国交通运输统计年鉴》,2012年10月,人民交通出版社。

3)通航条件较好的航道集中于"三江两河"

若以可通航百吨以上船舶的航道为通航条件较好的内河航道,那么这类航道绝大部分都集中分布在长江、珠江、黑龙江、淮河等水系和京杭运河(简称"三江两河"),其合计里程近3万km,约占全国该类航道总里程的80%多,其中仅长江水系的这类航道里程长度,就已占到全国相应总里程数的42%。"三江两河"的货运量和货物周转量,也都分别占到了全国内河水运相应总量的80%以上。其中也以长江水系所占的比重为最大,其次为珠江水系和京杭运河。

3. 河港的地理分布

我国河港数量众多,年吞吐量在20万t以上的港口,全国共有530多个。它们绝大部分(97.7%)也都集中分布在长江及其以南各省区,尤以长江中下游的河港数为最多,约占全国的3/4以上,其中长江下游沪、苏、浙三省市的港口数,就占到了全国的44%。若以省区为单位,则以江苏省为最多,共有140个港口,占全国河港总数的1/4以上。

在上述这些港口中,共有泊位21 000多个,其中千吨级及以上的泊位为1 100多个,占泊位总数的5.3%。河港泊位的分布比河港的分布更加集中,仅长江下游的泊位数就已占到全国河港泊位总数的67.2%,比长江下游河港数占全国的比重(44%)还高23.2个百分点,若加上长江中游河港的泊位数,其合计数可占到全国河港泊位总数的85.2%。从省区看,也以江苏省的河港泊位数为最多,达8 959个,占全国河港、泊位总数的42.1%。

由上述可知,目前在我国内河航运中起重要作用的是"三江两河",其中以长江水系更为突出。以下对主要水系的航运分别作介绍。由于淮河水系水利工程的建设,使其水量的

80%注入长江，实际上淮河已成为长江水系的一大支流，故将淮河水系放在长江水系中介绍。

第四节　长江水系航运地理

一、长江水系基本概况

长江发源于“世界屋脊”——青藏高原的唐古拉山脉各拉丹冬峰西南侧。干流流经青海、西藏、四川、云南、重庆、湖北、湖南、江西、安徽、江苏、上海11个省（自治区、直辖市）于崇明岛以东注入东海，全长6 300余千米，比黄河长800余千米，在世界大河中长度仅次于非洲的尼罗河和南美洲的亚马孙河，居世界第三位。长江同时也是中国水量最丰富的河流，年径流总量约1万亿m^3，约占全国河流径流总量的36%，为黄河的20倍。在世界上仅次于赤道雨林地带的亚马孙河和刚果河，居第三位。与长江流域所处纬度带相似的南美洲巴拉那—拉普拉塔河和北美洲的密西西比河，流域面积虽然都超过长江，水量却远比长江少，前者约为长江的70%，后者约为长江的60%。

长江干流自西而东横贯中国中部。数百条支流辐辏南北，延伸至贵州、甘肃、陕西、河南、广西、广东、浙江、福建8个省（自治区）的部分地区。流域面积达180.85万km^2，约占中国陆地总面积的18.8%。淮河大部分水量也通过大运河汇入长江。

长江水系是我国通航里程最长的水系，汇集了全国约40%的人口、18.8%的国土面积、超过40%的国内生产总值和约35%的外贸进出口额，是我国人口、经济、产业的密集带，也是对外开放、发展外向型经济的热点地区。

长江横贯我国东、中、西三大经济区，改革开放以来，尤其是20世纪90年代以后，在党中央“以浦东开发开放为龙头，带动长江三角洲及长江流域经济新飞跃”的战略决策推动下，长江流域社会经济迅猛发展，对外开放不断深入。长江依托丰富的水资源、矿产资源，流域内布局了运量、用水、耗能较大的钢铁、石化、电力、建材、各类加工业等产业，其中冶金、石化、汽车等产量约占全国的近40%，电力生产超过全国的30%，成为我国产业密集带。长江三角洲以全国2.2%的陆地面积、10.4%的人口，创造了全国22.1%的国内生产总值、24.5%的财政收入、28.5%的进出口总额。这里已经成为中国经济、科技、文化最发达的地区之一。

1. 长江上游段概况

长江干流宜昌以上为上游，长4 504km，流域面积100万km^2，其中直门达—宜宾称金沙江，长3 464km。

长江源于唐古拉山脉主峰，各拉丹冬峰（海拔6 621m）西南侧的姜根迪如冰川。姜根迪如冰川融水与尕恰迪如岗雪山融水相汇合，称纳钦曲，往北穿过古冰川槽谷，出唐古拉山区与切苏美曲汇合后，称沱沱河。此段河谷开阔，汊流发育呈辫状，北流至祖尔肯乌拉山区，折转东流，旁蚀发展，宽浅多汊，变化不定，为典型的宽谷游荡型河流，至囊极巴陇附近，与长江南源当曲汇合后，始称通天河，此段河道较宽，水流舒缓。

通天河向东南流河床逐渐束窄，两岸山岭相对高差可达500m左右，河谷呈宽“V”字形。登艾龙曲口以下入峡谷区，河槽归一，水深增加。至青海直门达，长江干流沱沱河和通天河全长 1 180km(其中沱沱河长 358km,落差 1 863m,平均比降 1.59‰)。

直门达以下称金沙江,南流至云南丽江石鼓,为金沙江上段,长 958km,平均比降 1.76‰,区间流域面积为 $7.6\times10^4m^2$。本段为典型的深谷河段,相对高差可达 2 500km 以上,除局部河段为宽谷外,大部分为峡谷。两岸人烟稀少,经济落后,矿产资源有铜、铁、云母、石棉、金等,大部分未开发。森林主要分布在玉树以下。水能理论蕴藏量达 $1\ 306\times10^4kW$,由于地势险峻,交通不便,高原气候恶劣,尚未开发利用。

石鼓—四川宜宾为金沙江下段,横跨川滇两省间,全长 1 326km,落差 1 570m,平均比降 1.2‰,区间流域面积 $26.8\times10^4km^2$。

南流的金沙江过石鼓后急转弯流向东北,形成“长江第一弯”,然后穿过举世闻名的虎跳峡大峡谷,南北两岸为海拔 5 000 余米的玉龙雪山和哈巴雪山。峰谷高差达 3 000 余米。峡谷全长 17km,落差 210m,平均比降 1.24‰,是金沙江落差最集中的河段。水落河口以下,又复南流至金沙街再折转向东,两岸山岭稍低,河谷有所展宽,但峰谷之间高差仍达 1 000m左右。

长江自宜宾至宜昌河段通称川江,流经四川与湖北两省,全长 1 040km,平均比降约 0.2‰,区间流域面积约 $50\times10^4km^2$。有岷江、沱江、嘉陵江、乌江四大支流汇入。

奉节至宜昌 200 余千米河段,为峰峦叠嶂、雄伟壮丽的长江三峡,举世瞩目的三峡水利枢纽兴建在西陵峡中。已建成的葛洲坝水利枢纽位于宜昌市区,是长江干流的第一坝,是三峡水利枢纽的航运梯级。川江水能理论蕴藏量 $2\ 467\times10^4kW$,其中三峡河段占 65% 左右。

宜宾至宜昌河段习称川江,长 1 040km。宜昌至湖口为中游,长 955km,流域面积 68 万 km^2。湖口以下为下游,长 938km,流域面积 12 万 km^2。

2. 长江中游段概况

中游段为湖北宜昌—江西湖口,长 955km,流域面积 68 万 km^2。湖北枝城—湖南城陵矶河段称荆江。其中枝城—藕池口为上荆江,长约 175km,属一般性弯曲型河道,洲滩汊河发育;藕池口—城陵矶为下荆江,长约 162km,属典型的蜿蜒型河道,素有“九曲回肠”之称。荆江以北为地势低平的江汉平原,汛期全靠平均高 10 余米的荆江大堤抵御长江洪水;荆江南岸有松滋、太平、藕池、调弦(已堵塞)四口分长江水入洞庭湖,水道繁杂。长期以来,又受长江从上游挟带来的泥沙沉积影响,河湖淤浅,荆江两岸地势“南高北低”,蜿蜒的荆江河床泄洪不畅,防洪形势非常严峻,故有“万里长江,险在荆江”之说。城陵矶以下至湖口,河道分汊频繁,主流摆动,航槽变迁,给航行带来不便。

长江中游段大支流较多,南岸有清江、洞庭湖水系的湘江、资水、沅江、澧水和鄱阳湖水系的赣江、抚河、信江、饶河、修水;北岸有汉江。

长江中游航运条件优越,内河航运发达,武汉以下可通行 5 000 吨级船舶,临湘以下可通行 3 000 吨级船舶。汉江、湘江、赣江拥有较重要的支流航道。

3. 长江下游段概况

江西湖口以下为下游,长 938km,流域面积 12 万 km^2。长江下游段江阔水深、多洲滩,河道分汊呈藕节状。江阴以下河段,河宽从 1.4km 至徐六泾处宽 5.7km,再向东南至崇明岛以东的长江口宽达 80km,呈喇叭形。安徽大通以下 600km 受潮汐影响,是坍岸最严重的河段。长江每年挟带 4.8×10^8t 泥沙至河口,因流速平缓和受海潮顶托影响而沉积,形成沙洲、沙坝,

使河口淤浅或“拦门沙”，河道分汊，两岸形成沙嘴，河口三角洲陆地向大海伸展。长江口河道在径流、海潮、泥沙和地转偏向力诸多因素的影响下及由此引起局部河床的冲淤变化，均会导致河道经常演变，长江主航道南北往复摆动，给海运事业带来不利影响。长江口河道被崇明岛分隔为南支和北支，南支又被长兴岛、横沙岛分隔为南港和北港，南港再被九段沙分隔成南槽和北槽。目前，长江口主航道已由原来的南支—南港—南槽演变为南支—南港—北槽。

长江下游段的主要支流有：南岸的青弋江、水阳江、秦淮河、黄浦江；北岸的巢湖水系、滁河和淮河入江水道（通过苏北里运河）。

长江下游地区是长江流域和全国的精华地区，农业集约化程度高，工业基础雄厚，科技文化先进，智力资源丰富，城镇化程度高，水陆交通发达。其中的上海是我国最大的工业城市和外贸港口，将建成为我国最大的国际经济、航运、金融、贸易中心。图3-1所示为长江水系分布图。

长江流域物华天宝、人杰地灵。长江流域的经济是我国经济的重要支柱，在国民经济中有着重要的地位。发达的经济为长江航运提供了稳定而量大的大宗货源，例如：煤炭、石油、矿石、建材等。当前全国大部分的内河货运量都集中在长江流域之中。随着我国西部大开发战略的实施及WTO后外向型经济的发展，长江的大宗货源将大幅度增加。

长江航运不仅是一条货物运输的“黄金水道”，在承担国家物资运输上有着极为重要的作用，而且也是流域内亿万人民的主要联系和交通线。在活跃人民政治、经济、文化生活，加强东西联系上有着重要的意义。

长江两岸名胜古迹很多，随着我国对外旅游开发和国内人民物质文化生活水平的提高，沿线的自然风光、名胜古迹，吸引着众多国内外游客前来观光。近几年来，长江旅游运输发展很快，游客量大幅度上升。长江航运在发展我国旅游事业、丰富人民的文化生活、增进世界各国人民交往与友谊中起着重要的作用。

长江有着十分巨大的发展前途。它具有得天独厚的水运条件，如能充分利用长江水运资源进行运输，就相当于国家多修建了十几条铁路。当前，在我国资金不足、人均耕地很少的情况下，充分利用长江水运资源，发挥其航运量大、价廉、能耗低的优势，对于我国经济建设及发展外向型经济具有一定的战略意义。今后，随着三峡水利枢纽工程的建成，长江将成为我国四通八达的水运网和综合运输网中一条更繁荣和更重要的大干线。

二、长江水系主要航道

长江航道，自古以来被誉为“黄金水道”，潜藏着巨大的航运资源。横贯东西的干流航道，是沟通我国西南、华中、华东三大地区的航运大动脉，并与辐射南北的主要通航支流构成我国最大的内河水运系统，航道里程有7万余千米，约占全国内河通航总里程的2/3。长江水系干支流航道与流域内铁路、公路相互沟通，在我国中部地区组成最重要的水陆交通综合运输网。

几十年来，长江航道部门每年对干流航道进行整治与维护，以保枯水季节航运畅通。仅在川江河段内共整治滩险200多处，整治工程量700余万立方米。葛洲坝工程蓄水运用后，使航行最危险的三峡河段，通航条件得到根本改善，仅几年时间，运价降低了23%。在中游“九曲回肠”的下荆江河段，对不利于行洪、航运的弯道，经过两次人工裁弯，加上一处自然裁弯，共缩短了航程78km。在中下游，结合水利工程建设，兴建了大量的护岸工程，有效地防止了江岸崩坍，稳定了航槽、保证了航深。

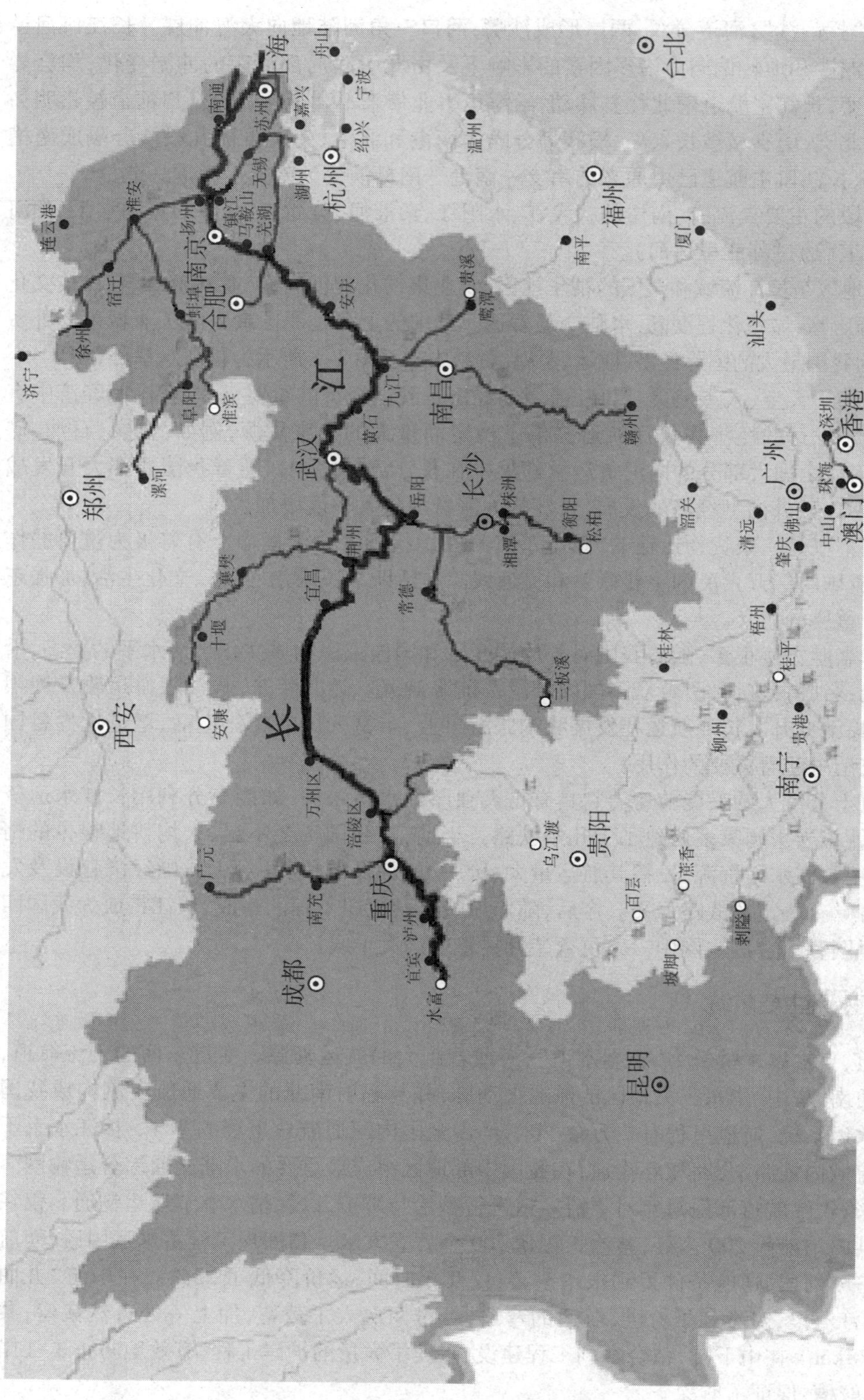

图3-1 长江流域水系分布图

在长江水系干支流上，中央和地方共建设了数以千计的闸坝电站，对于提高局部河段的航道水深、延伸支流航道里程起到一定作用。为了满足航运的需要，还修建了400多座船闸和30多座升船机。

目前，在全长6 300km的干流河道内，通航里程3 638.5km，航道起点为金沙江的其宗，由其宗至新市镇719.5km分段季节通航；新市镇以下至长江口2 919km为全年通航河段。新市镇至宜宾106km，水深1.8m，通航300吨级船舶；宜宾至重庆384km，枯季水深1.8～2.5m，通航300～800吨级船舶；重庆至宜昌660km，维护水深2.9m，通航1 000～1 500吨级船舶组成的3 000吨级船队；宜昌至临湘416km，维护水深2.9m，通航1 000～1 500吨级船舶组成的6 000吨级船队；临湘至武汉210km，水深3.2m，通航3 000吨级船舶；武汉至南京706km，航深4m以上，可通航5 000吨级船舶或10 000吨级船队；南京以下至长江口437km，可乘潮通航20 000吨级海船。

其主要支流岷江、赤水河、嘉陵江、乌江等下游航道，通航100～300吨级船舶；洞庭湖和湘、资、沅、澧四水以及汉江中下游航道，通航100～500吨级船舶；鄱阳湖和信江、赣江下游以及合裕线、江南运河、太湖水系主要航道可通航50～100吨级船舶。

长江水系的客货运输量随着国民经济发展，也有很大增长。在水系重点规划的33条河流上，港口吞吐能力为10万t以上的有156个，年吞吐能力2.96亿t。其中干流港口54个，主要有上海、南通、镇江、南京、芜湖、安庆、武汉、重庆等。

在“十五”期间，国家对长江航道累计投入17.24亿元，对长江部分航道进行了综合整治，其通航能力获得较大幅度的提升，带动了长江水运的快速发展。5年来，长江水系货运量、干线货物周转量、港口吞吐量均以2位数速度递增，运量目前已相当于9条京广铁路，并跃升为世界上运量最大、水运最繁忙的内河。但是，长江干线目前还没有获得全面系统治理，大部分河段仍处于天然状态，上中下游都存在迫切需要整治和建设的“瓶颈”河段。“十一五”期间，我国将加大对长江航道的建设，将累计投资100余亿元人民币，推动“黄金水道”迈向现代化，更好地满足沿江地区经济发展的需求。

未来几年内，国家将加大对长江航道的建设力度，使长江上游（水富至宜昌），水富至重庆、重庆至宜昌分别达到规划的内河Ⅲ级、Ⅰ级航道标准。长江中游（宜昌至湖口），宜昌至城陵矶河段航道为内河Ⅰ级、水深为3.5m；城陵矶至武汉河段的航道水深为3.7m；武汉至江西湖口河段的航道水深为4.5m，可通航由2 000吨级或5 000吨级驳船组成的2万～4万吨级船队，利用自然水深通航5 000吨级海船。长江下游（湖口至长江口），湖口至安庆段航道为内河Ⅰ级、水深为4.5m；安庆至南京段航道内河Ⅰ级、水深为6.0m；南京至太仓段航道逐步改善通航条件，适应大型海船运输需要，可通航由2 000吨级或5 000吨级驳船组成的2万～4万吨级船队和3万～5万吨级海船；太仓至长江口段航道水深12.5m，实现5万吨级集装箱船全天候双向通航，兼顾10万吨级散货船舶满载乘潮通航。

三、长江支流水系及其航道

长江支流水系及相关航道的基本情况如下：

1. 雅砻江

雅砻江是长江宜宾以上最大支流，位于青藏高原东南部，为一东西宽100～200km、南北长约900km的狭长地带，夹于金沙江—大渡河之间。雅砻江源于青海巴颜喀拉山南麓，自西北流向东南，其中在理塘河口河道转向北东再折回南流，绕锦屏山形成著名的雅砻江大河湾，于攀枝花汇入长江，是典型峡谷河流。干流全长1 571km，总落差4 420m，流域面积128 444km^2，河口多年平均流量1 914m^3/s，年径流量604亿m^3。主要支流自上而下有鲜水河、力丘河、理塘河、九龙河、安宁河等。由于其水流急、落差大，不适宜通航。

2. 岷江

岷江是水量最大的长江支流，源于岷山南麓，自北向南流经松潘、茂县、汶川、都江堰，穿成都平原，经乐山、犍为纳大渡河、马边河，在宜宾注入长江。干流全长735km，落差3 560m，流域面积133 000km^2。主要支流有黑水河、杂谷脑河、大渡河、马边河。大渡河是岷江最大的支流，长1 062km，流域面积9.1万km^2，青衣江是大渡河的支流，长284km，流域面积1.37万km^2。

岷江流域周界分水岭，西为大雪山与雅砻江分界，北为果落山、岷山与黄河为邻，南部为龙门山与沱江接壤。干流都江堰以上为上游，大渡河铜街子以上为上中游，青衣江飞仙关以上为上游。岷江干流上游、支流大渡河上中游和青衣江上游，大部分河段属峡谷型河流，岭谷相间，地形复杂，交通不便，两岸耕地、人口分布较少，其余河段流经丘陵平原区，地势平坦，两岸耕地、人口分布较多，舟车畅通，工农业发达。

岷江在成都以下为通航河段，航程348km。从成都到江口又称府河，航道里程71km，由于流量受上游影响，仅能季节性通航。江口至乐山全长115km，河道较宽，但水流分散，枯水期基本不适宜通航，中洪水期可通航50吨级驳船。乐山至宜宾长162km，河道较宽，水流量较大，可通航50~300吨级驳船。

3. 沱江

沱江主源绵远河源于四川茂县九顶山南麓，流经绵竹、清平、天池，在汉旺出峡谷进入川西平原，经德阳在广汉连山镇后汇石亭江、湔江并在金堂接纳岷江水系的青白江、毗河与岷江水系相连，穿龙泉山金堂峡进入丘陵区，再向南流经简阳、资阳、内江、富顺等市县，于泸州注入长江。干流全长629km，流域面积27 860km^2。沱江支流众多，与干流构成树枝状水系，主要支流有石亭江、湔江、绛溪河、资水河、球溪河、大清河、釜溪河、濑溪河等。

流域形状呈长条形、南北长、东西窄，地势自北至南逐渐降低。干流金堂以上为上游，称为绵远河。其中汉旺以上为山区，地势陡峻、水流湍急、河谷深切、比降大；汉旺至金堂属平原地河道，河渠交错、水网纵横，因有青白江、毗河在成部个原与岷江相通，形成沱江流域的不封闭性。金堂至内江为中游，内江至河口为下游，中下游河道弯曲、比降平缓、河岸高程低，沿岸城镇、耕地密集。

该流域内气候温和、霜期短、雨量丰沛、土地肥沃，是四川盆地主要农业区之一。由于降水不均，流域内洪涝灾害严重。灌溉、防洪是沱江治理开发的主要任务。其流域内交通便利，成渝、宝成、内昆铁路纵贯其间，公路四通八达。经济较发达，为蔗糖的主要产区。矿产资源主要分布在上游，有煤、磷、蛇纹矿等，煤炭储量较丰。另外，泸州地区的天然气和自贡地区的井盐在全国都占有重要地位。

沱江干流自金堂至泸州，航道里程508km，全年可通航。

4. 嘉陵江

嘉陵江源于陕西秦岭南麓，流经陕西、甘肃、四川、重庆四省（市），于重庆汇入长江。干流全长1 120km，流域面积16万km^2，是长江支流中流域面积最大的河流。流域包括嘉陵江干流、渠江、涪江三大水系，干流自北向南，渠江自东北向西南，涪江自西北向东南，三大水系在合川附近汇合，构成扇形向心水系。

各水系上游均为山区，河谷狭窄，两岸耕地少。干流自广元以下，河谷逐渐开阔，地形从深丘逐步过渡到浅丘，河弯、阶地和冲沟发育，与涪江、渠江中下游构成川中盆地，这里人烟稠密，农业发达。合川以下，地势复而上升为山区地形，构成俗称"小三峡"的狭谷河段。

该流域是四川、重庆主要的粮食产区之一，农业经济地位重要。流域内有重庆、南充、江油、绵阳、遂宁、广元、达州等城市，工业经济有较好的基础。主要矿产资源有煤、铁、天然气、铝，还有锰、铜、磷、石膏等矿藏。森林资源也比较丰富。流域内交通较发达，有宝成、襄渝铁路。嘉陵江干流从大滩至重庆，航道里程797km，全年可通航。干流广元以下和涪江、渠江干流均可通航机动船舶。流域内各县市均有公路相通，已构成水陆交通比较发达的交通运输网。

5. 乌江

乌江源于乌蒙山东麓，南源三岔河为正源，起于威宁盐仓，北源六冲河始于赫章妈姑，南北两源在化屋基汇合后，由西南向东北横穿贵州中部在重庆涪陵注入长江。干流全长1 037km，流域面积87 920km^2，涉及云南、贵州、重庆和湖北四省（市）的56个市、县、区，主要支流有猫跳河、清水河、洪渡河、濯河、郁江、芙蓉江。流域西面的乌蒙山、南面的苗岭、西北的大娄山及东面的武陵山等，构成了乌江与其他水系的天然分界。流域内高原山地面积达87%，丘陵区占10%，盆地及河流阶地仅占3%。干流化屋基以上为上游，化屋基至思南为中游，思南以下为下游。

流域内矿产资源十分丰富，特别是煤、磷、铝土、锌、锰、镁、汞、矾土矿等储量大，品质好，在全国占有重要地位。流域内森林资源也十分丰富。工业以能源、交通、冶金、轻工、建材为主，是贵州工业的主要集中地。交通情况除公路外，有渝黔、湘黔、贵昆、黔桂铁路通过。干流大乌江以下可通航20～180吨级船舶，但航道条件较差。

6. 湘江

湘江源于广西兴安海洋山龙门界，经兴安、全州到下江圩斗牛岭，进入湖南东安县，由南向北再经永州、祁阳、衡阳、衡山、株洲、湘潭、长沙至湘阴的濠河口注入洞庭湖。全长844km，流域面积94 660km^2，涉及湘、桂、赣、粤四省（自治区）。流域南以五岭山脉与珠江分流，东以罗霄山脉与赣江分界，四以衡山山脉与资水分界，北面为敞口的马蹄形地势。

干流永州以上为上游，长约234km，属山丘区，河道较直，水急滩多；永州至衡阳为中游，长约290km，属丘陵地区，河谷较开阔，台地发育；衡阳以下为下游，长约320km，属低矮丘陵及平原区，河道蜿蜒曲折，两岸多筑防洪堤，尾闾接洞庭湖。

湘江水系发育、水量丰富、支流众多，河网分布如树枝叉状，且大部分集中在右岸。沿湘江干流分布的县级以上城镇有16座，其中中下游的衡阳、株洲、湘潭、长沙四城中为湖南经济、文化、交通的中心，也是全省工商业最发达的地区。

湘江航道，全年可通航，其中从衡阳至长沙可通航300吨级船舶，其主航道株洲到城陵矶，经过整治，现可通航千吨级以上的船舶。

7. 资水

资水分南、西两源，南源夫夷水为主源，源于广西资源越城岭北麓的桐木江，出梅溪进入湖南新宁，蜿蜒北流于邵阳县双江口汇合西源赧水后始称资水。资水从双江口起向北流，经邵阳、新邵、冷水江、新化、安化、桃江等市县，于益阳以下的片溪港注入洞庭湖。全长713km，流域面积28 142km^2。流域地势西南高东北低，南北长东西面窄。西以雪峰山脉隔沅江，东以衡山山脉隔湘江，南以五岭山脉与珠江流域分界。

该流域多为山地和丘陵，上游武冈、洞口、隆回、新宁、邵阳一带为丘陵区，其间有若干大小盆地，这一地区西部边缘和南部一角为高山峻岭，东南边缘与湘江的分水岭则较低。中游地区（小庙头至马迹塘之间）大部为高山峻岭，仅新化附近地势较平缓，有丘陵和小块冲积平地。下游河谷开阔，两岸多近代冲积台地和丘陵，益阳以下属洞庭湖滨湖冲积平原。

流域林业资源和矿产资源十分丰富。锡矿山的锑闻名于世，煤矿在湖南也占有重要地位。湘黔铁路横贯流域中部，公路遍及各县城镇和工矿区。水运以干流为主要动脉，水陆交通十分便利。

8. 沅江

沅江源于贵州东南部，有南北两源，以南源为主。南源马尾河（又名龙头江）出自都匀云雾山鸡冠岭；北源重安江出自麻江、平越间的大山，又称诸梁江。两源在贵州炉山汊河口汇合后称清水江，复流经剑河、锦屏至銮山入湖南境，于黔城汇入㵲水后始称沅江。东北流经洪江、辰溪、沅陵、常德等市县，于德山入洞庭湖，全长1 022km，流域面积89 163km^2。东以雪峰山与资水为界，南以苗岭与柳江为邻，西以梵净山与乌江相隔，北以武陵山与澧水分野。洪江以上为上游，长537km，流经云贵高原，属山地，河谷深切；洪江至凌津滩为中游，长389km，为丘陵盆地相间。但沅陵至五强溪之间有90km的大峡谷段；凌津滩以下为下游，长107km，阶地发育，桃源以下为冲积平原。主要支流有渠水、㵲水、巫水、溆水、辰水、武水、酉水。

流域中下游地区人口众多，城镇密集，是湖南工农业生产较发达地区，是我国重要的商品粮基地。交通便利，湘黔、焦柳铁路穿越其中，公路通达各城镇，干流自贵州凯里以下可通航。

9. 澧水

澧水源于湖南桑植县杉木界，流经桑植、张家界、慈利、石门、澧县、津市等县市，于小渡口注入西洞庭湖。有南、中、北三源，以北源为主源。干流全长390km，流域面积18 496km^2，流域西、南以武陵山与沅江为界，北以湘鄂丛山与清江分流，东临洞庭湖。

干流河源至桑植为上游段，长94.2km，山高谷深，水流湍急；桑植至石门为中游段，长226.8km，多为低山和丘陵盆地；石门至小渡口为下游段，长69km，两岸为丘陵与平原地区，地势平缓开阔；小渡口以下属尾闾，湖泊、洪道、洲滩、港溪交错。主要支流有溇水、渫水、道水、涔水。澧水干流为常年通航河段，其中该干流河段的中、下游通航条件较好，能常年通航200吨级船舶。

10. 汉江

汉江属长江中游最大支流。源于秦岭南麓，干流流经陕西、湖北两省，于武汉汇入长江。流域涉及鄂、陕、豫、川、渝、甘六省（市）的20个地（市）区、78个县（市）。干流全长1 577km，流域面积159 000km^2。流域北部以秦岭、外方山及伏牛山与黄河分界；东北以伏牛山及桐柏山与淮河流域为界；西南以大巴山及荆山与嘉陵江、沮漳河为界；东南为江汉平原，无明显的天

然分水界限。流域地势西北高,东南低。地质构造大致以淅川—丹江口—南漳为界,以西为褶皱隆起中低山区,东以平原丘陵为主。

干流丹江口以上为上游,河谷狭窄,长约925km;丹江口至钟祥为中游,河谷较宽、沙滩多,长约270km;钟祥至汉口为下游,长约382km,流经江汉平原,两岸筑有堤防,河道蜿蜒曲折逐步缩小,泄洪能力越来越小。较大支流有褒河、任河、旬河、夹河、堵河、丹江、南河和唐白河等。

矿产资源较丰富,主要有:铅、锌、铜、锑、镍、铁、汞、金、银、铀、煤、石油、天然气;湖北境内磷矿、石膏在全国占有重要地位。汉江流域农业发展较早,江汉平原是我国主要商品粮基地之一;汉中盆地、南阳盆地也是重要的农业区。粮食生产以稻米、小麦为主;主要经济作物为棉花、油料作物、麻类、烤烟及桐油等。

流域内交通运输发达,铁路、公路、水运及航空构成了立体的交通体系。汉江干流为常年通航河段,其中丹江口至襄阳117km,可通航150吨级船舶;襄阳至武汉全长532km,经过整治,现可通航1 000吨级以上船舶。

11. 赣江

赣江源于江西、福建两省交界处的黄竹岭。流域东部与抚河分界,东南部以武夷山脉与福建分界,南部连广东,西部接湖南,西北部与修水支流潦河分界,北部通鄱阳湖在湖口连长江,全长766km,流域面积83 500km^2。

流域四周边缘与支流之间多山,山间与河侧盆地发育,中部为丘陵与盆地的复合体,下游尾闾则以冲积平原为主。赣州以上为上游,称贡水,长255km,在赣州城北与章水汇合后,始称赣江;赣州至新干为中游,长303km,新干至吴城为下游,长208km。主要支流有湘水、濂水、梅水、平江、桃江、章水、遂川江、蜀水、孤江、禾水、乌江、袁水、锦河。

流域内气候温暖湿润、日照充足,适宜农作物生长,以产粮食为主,经济作物有棉、油、蔗、麻、烟、茶、果、桑、药等,是江西商品粮的基地之一。矿产资源丰富,主要有钨、稀有金属、稀土金属、铀、钍、煤、铁等。城市工业较发达,省会南昌市位于本流域内。

流域内交通较发达,有京九铁路贯穿其间,浙赣铁路横贯东西,公路已基本形成以南昌、吉安、赣州为中心的辐射网,基本实现乡乡通公路。航道经过整治,会昌至赣州常年可通航20～40吨级浅驳船,赣州至吴城常年可通航50～200吨级轮驳船。

12. 抚河

抚河源于赣、闽边界的武夷山西麓广昌黎木庄,自南向北,流经广昌、南丰、南城、临川,又向西北流经南昌县境,在连港改道由青岚湖入鄱阳湖。全长349km,流域面积15 811km^2。河源至南城为上游,长158km,河道流经红砂岩地区,水土流失较严重;南城至临川为中游,长77km,是下游洪水主要来源和水能资源集中河段;临川以下为下游,长114km,平原渐见开阔,两岸是大片圩区。航运方面,干流航道经过整治、疏浚结合渠化,使南城以上能通航50吨级船舶,南城以下能通航100吨级船舶。

13. 信江

信江源于浙赣边境怀玉山玉京峰,由东向西流经上饶、铅山、弋阳、贵溪、鹰潭等市县,在余干瑞洪入鄱阳湖,全长328km,流域面积15 941km^2。流域西滨鄱阳湖,北以怀玉山脉与饶河流域分界,南隔武夷山脉与福建接壤,东与浙江毗邻。主要支流有丰溪河、铅山河、白塔河。

上饶以上为上游，长 115km，以中低山为主；上饶至鹰潭为中游，长 144km，为信江盆地；鹰潭以下为下游，长 69km，属鄱阳湖平原，地势平坦开阔。

流域为江西粮食及经济作物的主要产区，工业也有一定基础。流域矿产资源比较丰富，主要有煤、石煤、铜、银、磷、瓷土、石灰石。其中贵溪铜矿为我国铜主要生产基地。陆路交通较方便，有浙赣、鹰厦、皖赣铁路通过。公路四通八达，干流上饶以下常年可通航。

通过干流梯级开发及河道整治，现已使贵溪以下河段达到 3 级航道标准，贵溪以上河段达到 5 级航道标准。

14. 饶河

饶河由乐安江与昌江两支组成。东部与钱塘江流域相邻，东北部与青弋江流域接壤，西部濒临鄱阳湖，南部与信江流域为界。流域面积 15 428km^2，其中主流乐安江流域面积8 989km^2，昌江流域面积 6 439km^2，两河汇合于鄱阳县姚公渡后始称饶河，再流经鄱阳县城至龙口入鄱阳湖。

主流乐安江自婺源江湾镇至鄱阳姚公渡，全长 279km；昌江自安徽祁门至江西鄱阳姚公渡，全长 250km。

该流域粮食产地是鄱阳湖商品粮基地的重要组成部分；经济作物主要有棉花、油料、甘蔗、麻类、茶叶等。流域内矿藏资源十分丰富，主要有铜、金、银、铅、锌、锰、煤、石灰石、瓷土及硫铁矿等；其中景德镇的瓷器和德兴的铜闻名于世。流域内交通尚方便，乐安江和昌江上、中游可通航 15 ~20 吨级木（机）帆船，下游可通航 50 ~100 吨级客货轮船。有皖赣铁路穿越本流域，公路四通八达。

15. 修水

修水源于湘赣鄂边境的幕阜山，自西向东流经修水、武宁、永修至吴城汇赣江主支流入鄱阳湖。长 357km，流域面积 14 793km^2。

修水以上为上游，纵坡不大，临河分布有大块盆地，是流域产粮区；修水至柘林为中游，河道流经丘陵盆地，在柘林附近形成峡谷；柘林以下为下游，进入平原圩区，艾城以下则进入滨湖平原地区，圩堤纵横，河道交错。主要支流有潦河、东津水、山口水。

流域内交通较发达，有南浔铁路通过，公路四通八达。航运方面：干流修水以上河段不通航；修水至石渡段可季节性通航 30 吨级以下机帆船；石渡至柘林段为库区，可通航 100 吨级以下船舶；柘林至吴城段处于柘林水库下游，枯水季节航道水深受电站下泄流量控制，一般通航 50 吨级单船舶。

16. 黄浦江

黄浦江位于太湖流域东南端，为平原感潮河网地区。流域面积 3 653km^2。黄浦江自淀山湖至吴淞口全长 113.4km，米市渡以上为上游，闸港以下为下游。赵家村以下河长82.5km，河道宽一般为 400m，水深 7 ~9m。主要支流有吴湘江和蕴藻浜。

黄浦江是太湖流域主要排水河道，也是上海市排水、引水和通航骨干河道。黄浦江中上游的防洪、除涝、灌溉和航运与太湖流域综合规划关系密切，而其下游则在上海市区境内，与上海发展息息相关。上海市位于黄浦江下游，是我国最大工业基地和金融、贸易和航运中心。

长江水系主要航道情况如表 3-8 所示。

长江水系主要航道一览表　　表 3-8

序号	航道名称	全长(km)	通航里程(km)	通航起讫点	流经省(市)
1	金沙江	3 481	825.5	其宗—宜宾	滇、川
2	长江干流	2 813	2 813	宜宾—长江口	川、渝、鄂、湘、赣、皖、苏、沪
3	涪江	660	375	绵阳—合川	川、渝
4	嘉陵江	1 120	797	大滩—重庆	川、渝
5	清江	463.4	159	支洞河—宜都	鄂
6	汉水	1 577	1 313	洋县—汉口	陕、鄂
7	府河	339	205	浙河—湛家矶	鄂
8	湘江	844	826	全州—城陵矶	湘
9	资水	713	640	三元桥—欧资口	湘
10	沅江	1 022	996	凯里—茅草街	湘
11	澧水	390	465	五道水—茅草街	湘
12	汨罗江	253	123	平口—磊口	湘
13	赣江	766	524	站塘—湖口	赣
14	修水	357	244	渣津—吴城	赣
15	抚河	349	250.5	甘竹—梅溪	赣
16	青弋江	291	161	周家坦—芜湖	皖
17	滁河	227	178	晋集—大河口	皖、苏
18	申张线	231.9	106.5	青阳港—张家港	苏、沪
19	黄浦江	113.4	113.4	淀山湖—吴淞口	沪
20	苏州河	115.2	115.2	吴江—黄浦江	苏、沪
21	杭申线	245.7	245.7	杭州—吴淞口	沪、浙
22	湖申线	208.6	208.6	湖州—吴淞口	沪、浙

四、淮河水系基本概况

1. 淮河水系概况

淮河水系由 10 多条较大的支流及无数的小支流组成。淮河干流位于长江与黄河两条大河之间，发源于河南省桐柏山，东流经豫、皖、苏三省，到江苏省注入洪泽湖，出洪泽湖后转而向南，最后在三江营入长江，全长 1 000km，是中国中部一条重要的河流。它的流域范围，西面为河南的嵩山、外方山和伏牛山；西南为大别山和天柱山；北面直达黄河南大堤；东北以废黄河与汶河、泗水、沂河、沭河为界；东面直至黄海边；东南面以通扬运河和东串场河与长江流域相接。流域面积为 18.6 万 km^2。

淮河水系洪河口以上为上游，长 382km。上游的支流，大都从南岸以接近平行的流向自西南向东北汇入干流，例如：浉河、小潢河、竹竿河、寨河、潢河、白鹭河等。这一段淮河具有山溪性河流的特点，河床比降较大，从源头到洪河口，平均比降 2.6‰，水流比较湍急。

洪河口以下至洪泽湖出口中渡为中游，长 490km。淮河的 10 条重要支流都在中游汇入。这一段淮河的北岸与黄河之间，是一个地面向东南倾斜的平原，海拔高度在 20～50m 之间，洪河、颍河、西淝河、涡河、北淝河、濉河等支流都沿着这个倾斜面流向淮河。颍河是淮河最大的支流，它源远流长，上游支流众多，周口市以上有三源：主流的源头在中岳嵩山的西南，向东南流至周口市；北源贾鲁河，发源于荥阳与新密交界处的大周山，与源于嵩山东麓的双洎河汇合至周口市入颍河,长246km;南流沙河上源发源于鲁山县西尧山,向东流与北汝河相汇,至周口市入颍河。

从洪泽湖出口处的中渡到三江营,是淮河的下游。此段大都是借道湖泊,不成河形,也无较大支流汇入,长度不足150km。淮河的下游,现有三处去路。一处从洪泽湖流出后,向东经过江苏省金湖县入高邮湖,由高邮湖向南再流入邵伯湖,出邵伯湖向南经六闸穿过大运河,在扬州以东转向东南流,在三江营入长江,这是现今淮河下游的主要去路。另两条去路是,出洪泽湖向东北,一条经苏北灌溉总渠,通过高良涧闸向东北,在淮安市南穿过运河,在扁担港入黄海;另一条在特大洪水时通过淮沭新河,分洪入新沂河,从灌河口入黄海。淮河下游来自山东沂蒙山区的沂、沭、泗河等,现在通过新沭河和新沂河入黄海。

淮河流域面积26万km^2,人口1亿多,耕地2亿亩。流域内气候温和,雨量充沛,水流平缓,河床稳定,富有发展水运的自然条件。淮河最大流量11 600m^3/s,最小流量受人工控制。平均坡降0.018‰,最大流速1.2m/s。平均含沙量为8.23kg/m^3,比长江含沙量低48%,仅为黄河含沙量的22%。

淮河流域腹地辽阔,物产丰富。在中、下游横贯皖、苏九县二市,北岸阜阳和宿州两地区为全国商品粮基地,有全国著名的两淮煤炭基地,占华东地区煤炭储量60%,淮南煤矿基地的矿井大多在淮河或支流河边,近则数百米,远则数千米。在霍邱县有丰富的铁矿。它有工业城市淮南、蚌埠两市和九个县级城镇,这些城镇工业总产值占安徽省工业总产值的1/4。发达的工农业生产和储量丰富的煤矿,由于淮河横贯,支流伸入到市、镇、矿点,具有得天独厚的利用水运的条件,为发展淮河水运提供了充足的货源。

2. 淮河水系主要航道

淮河水系通航的航道主要分布在安徽省和江苏省苏北地区,重要干流航道,从淮滨以下515km均可通航。其中淮滨至赵集107km,可通50吨级以下轮驳船;赵集至正阳关52km,全年通航200吨级以下轮驳船;正阳关至红山头278km,全年通航500吨级轮驳船;红山头以下经龟山入洪泽湖至高良涧船闸78km,可通航60~100吨级轮驳船。高良涧船闸以下接苏北灌溉总渠至淮安连通京杭运河。运输主要货种是建筑材料、煤、粮食等。

沿线主要港口的布局,自西向东有风台港、田家庵港、怀远港、蚌埠港、五河港、临淮关港等。其中较重要的港口是蚌埠港和田家庵港。

淮河水系主要航道概况,如表3-9所示。

淮河水系主要航道概况 表3-9

航道名称	全长(km)	通航起讫点	通航里程(km)
淮河干流	1 000.0	淮滨—洪泽	515.0
大潜山总干渠	143.0	横排头—双墩集	143.0
颍河航道	619.0	界首—沫河口	206.0
涡河航道	368.0	岱桥—怀远河口	29.0
茨维新河航道	135.0	插花闸—河口	110.0
新汴河航道	148.0	七岭—新河头	148.0
老通扬运河航道	188.5	南通—邵伯	188.5
串场河航道	176.0	海安—阜宁	176.0
盐河航道	152.5	杨庄—新浦	152.5
苏北灌溉总渠航道	162.5	洪泽—六垛	162.5

五、长江水系主要内河港口

长江水系(包括淮河水系)主要港口共计25个,分别是:南通港、苏州港(含太仓、常熟、张家港)、镇江港、南京港、马鞍山港、芜湖港、安庆港、九江港、黄石港、武汉港、岳阳港(含城陵矶港)、荆州港、宜昌港、重庆港、泸州港、济宁港、徐州港、杭州港、嘉兴港、湖州港、无锡港、合肥港、蚌埠港、南昌港、长沙港。

截至2005年年底,长江干线对外开放港口(一类口岸,对远洋外轮开放的港口)19个,分别是:太仓、南通、常熟、张家港、江阴、泰州、镇江、扬州、南京、马鞍山、芜湖、铜陵、池州、安庆、九江、黄石、武汉、城陵矶、重庆。其中,重庆港可直接开提单将货物运往国外,但外贸远洋船不可能直接航行到重庆。这是一种比较特殊的对外开放方式。

长江沿线有关省市根据港口法公布了本省在长江水系中的重要港口:

(1)重庆市的重要港口7个:永川、江津、涪陵、万州、奉节、合川、武隆。

(2)湖北省的重要港口19个:巴东、秭归、宜都、枝江、石首、洪湖、嘉鱼、鄂州、黄州、武穴、阳新、丹江口、襄阳、钟祥、沙洋、潜江、仙桃、天门、汉川。一般港口28个。

(3)江西省的重要港口10个:赣州、吉安、樟树、鄱阳、瑞昌、湖口、彭泽、景德镇、鹰潭、乐平。

(4)安徽省的重要港口8个:铜陵、池州、巢湖、淮南、阜阳、滁州、亳州、六安。一般港口4个:宿州、淮北、宣州、黄山。

(5)江苏省的重要港口9个:扬州、镇江(内河部分)、泰州、江阴、常州、苏州(内河部分)、宿迁、淮安、盐城。一般港口5个。

以下对长江干线性几大主要港口作详细介绍:

1. 重庆港概况

1)港口地理位置及交通

重庆港地处我国中西结合部,位于重庆市长江与嘉陵江交汇处,是长江上游唯一的水陆联运对外贸易港口。水路可直达长江六省二市,顺流下行2 399km到上海,溯江而上384km达宜宾;陆路与成渝、襄渝、渝黔、渝怀铁路和成渝、渝黔、重庆至武汉、重庆至长沙等高速公路相连,是长江上游最大的内河主枢纽港,为全国内河主要港口。

重庆港的经济腹地主要包括重庆市辖九区十二县及四川、云南、贵州三省。腹地面积113.6万km^2。主要资源:磷矿、煤炭、铁矿及有色金属矿的储量分别占全国的58.8%、11.3%、19%及63.2%。木材资源仅次于我国东北。本港货物吞吐以煤炭、钢铁、非金属矿、建材、化肥、石油及粮、盐等为大宗。其中煤炭、钢铁及非金属矿为西南出口主要物资,石油为进川物资。

2)气象及水文条件

重庆港常风向为北,港口中心区年平均风速为1.1m/s,最大风力6级。瞬时极大风力可达11级。

重庆港历年最高水位193.50m,最低水位159.47m(以吴淞零点为基准)。洪枯水位最大变幅34.03m,常年为25m左右。猪儿碛河段枯水流速1.75~2.78m/s,中洪水流速为2.5~4.0m/s。最大水位差33m(洪水季节),最小水位差0.71m(枯水季节)。

港口水流流速方面,港口中心区平均表面流速,长江枯水位为0.9~1.95m/s,中洪水为

2.5～4m/s；嘉陵江枯水位为0.91～1.87m/s，中洪水为3～4m/s，最大流速为4～7m/s。

3）港口通航条件

进出重庆港的航道长江水深终年保持2.5m以上，嘉陵江枯水期深不足1m，航道吃水限制：2.7～2.9m。

重庆港锚地情况：有锚地16个，可进行船舶装卸、停泊及编解队作业。河心锚地，水深3m，可泊船舶最大吨位1 700吨级船舶。

4）港口现状

重庆港港区陆域面积910万m^2，水域面积1 222万m^2，自然岸线长度143km，泊位215个，总延长16 084m，最大靠泊能力3 000吨级。下面分别介绍重庆港几个主要港区的基本情况：

（1）九龙坡集装箱码头港区：位于长江北岸，距重庆朝天门沿江上溯12.5km，紧邻重庆铁路南站，并与成渝、襄渝、川黔三条铁路干线衔接，公路出港后直接与重庆市主干道贯通，水路可直达长江沿线各港，是集水路、公路、铁路于一体的货运集散中心。公司经济腹地辐射整个大西南，是长江上游西南地区最大的货物中转枢纽及外贸运输口岸。九龙坡集装箱码头是目前长江上游堆存面积最大、设施先进、功能完善、管理规范的集装箱专用码头，年通过能力为10万TEU，年外贸物资集装箱进出口占重庆口岸的90%以上。集装箱运输建立EDI系统，并与上海港和重庆海关联网，实现了长江快速通关，是长江上游外贸集装箱安全、方便、快捷的水路通道。

（2）重庆寸滩集装箱码头港区：寸滩港区位于朝天门下游6km的长江北岸，港区水域条件优越，陆域开阔，紧邻重庆北部新城货运站和铁路编组站，是建设长江上游航运中心的标志性工程和西南地区综合性集装箱枢纽港区，分三期建设。寸滩港区一期工程总投资6.4亿，占地800亩，于2003年6月动工，2005年12月建成，设计集装箱通过量40万TEU，滚装汽车通过能力15万辆。2009年12月，总投资约15亿元的寸滩港区二期工程投产，有3 000吨级集装箱泊位3个和汽车滚装码头1座，设计集装箱年吞吐能力42万TEU、汽车滚装能力15万辆，建设集装箱堆场面积29万m^2，可堆存集装箱4万TEU。三期工程全部完工后，规划建设集装箱泊位9个，滚装码头2座，设计吞吐能力为集装箱126万TEU/年，实际通过能力为200万TEU/年，滚装车辆30万辆/年。

（3）江津港区：地处重庆江津市，水路距重庆朝天门79km，公路距重庆朝天门52km，港区7km铁路专用线直接与成渝国道铁路古家沱车站接轨，公路四通八达，港区物流直接辐射重庆、四川、云南、贵州等整个大西南地区，是重庆港三大水陆中转联运港之一，也是西南最大的件散货集散中心和物流仓储基地。港区占地面积500余亩，拥有专业化码头5座，机械化程度达90%，年通过能力235万t，主要中转各种件货、散货、杂货，是西南地区件散货水陆联运枢纽和渝西重要水上门户。港区拥有仓库3万m^2，露天货场15万m^2，一次性堆存货物可达50万t以上。港区与上海港形成两点一线，是内陆通过长江黄金水道连接远洋的重要口岸，公路、铁路交通便捷，港区水域、陆域条件优越，长江上最大的8000吨级船舶可安全靠泊作业，是水陆联运中转、仓储的理想港口。

（4）猫儿沱港区：位于江津市珞璜镇境内，前临长江，紧临渝合公路，有铁路专用线与川黔铁路小岚垭车站接轨，交通十分便利，是长江上游天然的深水良港。现拥有机车、拖轮、驳船及各类装卸机械70余台（套），码头设计通过能力200万t，最大靠泊能力12 000t，公司现有散

货、综合、危险品码头三座，宽阔的货场一次可堆存货物15万t，是各类尤其是大宗散货理想的中转港口和集散地。

(5)江北港区：位于长江北岸，紧邻重庆市区渝中半岛，是重庆市水陆联运、水水联运的中心港区。现有各类装卸机械12台(座)，最大起重能力15t，拥有码头、泊位24座(个)。码头岸线近6km，作业水域7万m^2，年均完成自然吨45万t。该港区地理位置较特殊，梁沱是天然良港，四座岸壁式码头是川江段的唯一岸壁式码头和三级梯形作业平台，是市内物资和商品车水路运输的重要出口和通道。

2. 武汉港概况

1)港口地理位置及交通

武汉港位于长江干支流水系网的中枢，湖北省东部长江和汉水汇合处，依托华中特大中心城市武汉，是我国最大的内河港口之一。武汉素有"九省通衢"之称。港区铁路与京广、武大、汉丹铁路干线连接，与全国铁路联网。公路以107、316、318国道、京珠高速、沪蓉高速和8条省级干道为主，形成以武汉为中心的公路网，可直通8省、95个城镇。以长江为主的航运水系，连接我国中部的江河湖泊，构成庞大的水运网络。顺长江东至上海1 125km，连接鄱阳湖、巢湖、太湖支流；溯长江而上，至重庆1 370km，连接洞庭湖和湘、资、沅、澧支流，溯汉江西去襄阳532km，连接白河、唐河支流。先后开辟汉口至香港、日本、泰国、马来西亚等国家和地区的江海直达航线，及汉口经南京、南通、张家港、上海、广州、汕头、蛇口中转至香港、日本、东南亚的中转航线，外通近远洋130多个国家和地区。铁路有京广线、武黄(石)线、汉丹(江口)线，并通过或有支线连通汉阳、江岸、青山、舵落口、徐家棚、鲇鱼套港区。公路以武汉为中心向四方辐射，连通本省各市、县及邻省。

2)武汉港的经济腹地

武汉港经济腹地辽阔，包括湖北和周围各省以及长江上下游地区，是华中地区、长江中游特大中心城市和对外通商口岸，同时承担豫陕晋等省大宗煤炭中转和进口矿石接卸任务。武汉市在我国生产力总体布局中，位于国家重点开发的长江和沿海地区构成的"T"形主轴与京广铁路沿线的二级开发轴线的交会点上，地理位置的优势，使武汉市将发展成为以大运量、大耗水、大耗能工业为主的经济走廊的中心。武汉港作为通海港口，对发展外向型经济，沟通沿海与内地、东部与西部、发达地区与不发达地区，促进腹地经济的繁荣，具有重要意义。

目前，武汉在我国东部、中部、西部三个经济地带的发展格局中，成为东西推进的结合部，南北交流的传递站，开发大西南、大西北的前沿阵地。武汉港也已构成"中间开花"的经济腹地新格局，具有遍及长江水系和东北、华中、华南、西南、华北等19个省(区、市)的货源结构。武汉港口经济腹地的大宗货源有：豫陕晋每年经汉中转华东等地的煤炭400余万t；长江沿线各钢铁基地每年经汉中转及调进调出钢铁约200万t；经华东及南京调进的石油加工再销售湖北各地；云南、贵州及湖北荆襄在汉中转的磷矿；从湖北各地进口的矿建材料以及从澳大利亚、朝鲜及海南、湖北大冶等地调进的金属矿。进出武汉还有木材、水泥、化肥；两湖、江西的粮食；上海、南京的工业品；湖北及各邻省、云、贵的土特产。

3)气象及水文条件

武汉港区春夏多北风、东风，7、8月多南风，风力一般2~4级，大风多为5~6级，江面最大阵风 7 ~ 8 级。年平均风速 2.8m/s;年最大风速 19.1m/s;极大风速可达 28m/s,7 ~ 8 级大风年平均 8.2 天。

武汉段长江历年最高水位 27.86m(黄海高程,下同)最低水位 8.21m,主航道枯水期水深一般在 3.5m 左右,洪水期一般在 9 ~ 10m。最大流速 3.06m/s,平均最大流速 2.70m/s。最大流量 76 100m^3/s(1984 年 8 月),最小流速 4 830m^3/s(1951 年)。

4)港口通航条件

武汉港主要进出港航道为长江、汉水和江岸区港港地。港区航道标准水深,长江段为 4m,最深处 9m,最浅处为 1m;汉江段水深 1 ~ 1.8m。港区枯洪水位落差均在 12m 以上。航道宽度,长江段最窄处 80m,最宽处 1 060m,汉江段宽 60m,河口宽约 200m。江岸港区港池,长 2 000m,宽 200m,有进出河槽,枯水期挖泥量 200 万 ~ 300 万 m^3,保持通航水深 3m。

武汉港口锚泊基地 17 处,水域面积 499.58 万 m^2,一次可系泊 303 艘。其中:汉阳锚地位于汉阳丹江码头处,长 1 085m,宽 300m,水深 2m,主要用于锚泊、编解队;武昌锚地位于武昌大堤口,长 4 000m,宽 400m,水深 8m,主要用于锚泊、编解队;江岸锚地位于港口 32 号到 36 号码头处,长 300m,宽 200m,水深 3m,主要用于锚泊;天兴洲锚地位于武昌至天兴洲之间,长 10 500m,宽 230m,水深 3m,主要用于锚泊、编解队;王家屋锚地,位于青山洗仓站下,长 1 000m,宽 80m,水深 10m,主要用于放置木排;阳逻锚地,位于龙口过江电疑义下,长 500m,宽 400m,水深 11m,主要用于联检等。

5)港口现状

武汉港主要有汉阳、汉口、阳逻、沌口、青山、左岭等港区,各作业区分布在长江及汉江两岸,共计 13 个。港区自然岸线长度 89km,陆域面积 1 961 万 m^2,水域面积 4 337 万 m^2,码头泊位 250 个,总延长 1.4 万 m,最大靠泊能力 5 000 吨级。铁路专用线总延长 32.5km;港作船 83 艘;装卸机械 1 398 台,其小起重机 226 台,最大起重能力 500t;典型码头为钢质趸船浮码头,墩柱直立式及简易斜坡式。自然条件对港区的装卸作业及船舶航行有一定的影响。每年汛期货物堆场常被淹没(约三、五年一个周期),时间长达一个月,部分作业区,泥沙淤积严重。

武汉港汉阳港作业区是长江中游最大的对外开放水陆联运港,是武汉长江航运中心的主通道。码头水域总长 1 100m,水域面积 17.6 万 m^2,陆域面积 38 万 m^2。现有各类大型装卸设备 110 台(套)。机械化作业码头 8 座,泊位 11 个,主要承担煤炭、矿石、钢材、化工、建材、设备的中转和仓储业务,年设计通过能力 500 万 t。

武汉港青山外贸港作业区位于长江青山峡水道的南岸,距武汉关 18.4km,岸线长 423m,有 3 个 5 000 吨级海轮泊位,陆域纵深 505m,占地面积 21.5 万 m^2,港区总建筑面积 52 063.28m^2,年设计通过能力 90 万 t。武汉港青山外贸码头是国家一类开放口岸,为武汉港对外籍船舶开放的第一个港区。主要承担钢铁、机电设备、汽车滚装、沥青、件杂等货物的中转。

阳逻港区地处武汉市下游 32km 处,位于长江北岸,阳逻港区拥有运力近万吨,港区岸线 500m,5 座码头,港区面积 2.5 万 m^2,其中货场面积近 1 万 m^2,码头主要从事散杂货装卸业务。

武汉港集装箱有限公司位于长江中游武汉段北岸的汉阳鹦鹉洲头,在武汉长江大桥与白沙洲大桥之间,地处“武汉经济开发三角”的中心点,是长江中上游地区最大的专业国际集装

箱码头。拥有582m的岸壁式码头，常年水深在-4.5m以下，可同时停靠4艘5 000吨级船舶或6艘3 000吨级的船舶，船边作业机械已配备2台台架吊、3台装卸桥，集装箱专用货场17.1万m^2，堆场配有龙门吊、空箱堆高机、正面吊等设备，目前的集装箱年吞吐能力为50～60万TEU，已经成为湖北省及周边地区货物进出口的主通道和主口岸。

3. 九江港概况

1）港口地理位置及交通

九江港位于长江中游南岸，背靠风景秀丽的庐山，东临烟波浩森的鄱阳湖，地处赣、鄂、皖三省交界处，汉、宁两大港之间，属江西省九江市辖境。西距汉口269km，东距上海858km，南距省会南昌135km。

京九铁路横跨港区；105国道傍港区西行，可直达长江干线和支线以及内河一些港口。与香港、澳门、泰国、日本、韩国、新加坡等国家和地区有外贸运输往来，目前主要是直航日本大阪港。九江港是长江5个国家级主枢纽港、全国13个煤炭中转港口之一，也是江西省唯一通江达海的一类口岸。

九江港的经济腹地主要为江西省北部地区、湖北省南部地区及湖南省部分地区。腹地内矿产丰富，江西盛产钨、钽、铌等稀有金属，德兴铜矿储量丰富，此外还有铁、煤、锰、铝、锌等100多种矿藏。江西是我国商品粮基地，粮食作物以稻米为主，经济作物有棉花、油菜籽、茶叶、花生等。江西有富饶的森林资源，木材总储量达2.6亿m^3。同时，九江港又是闽、浙、赣三省水陆联运物资中转的枢纽。九江港每年进出口物资中，煤炭约占22%，石油约占42%，矿建材料约占19%，非金属矿石约占5%，其他约占12%。

2）气象及水文条件

九江港常风向为东北，频率20%，历年极大风速37.1m/s。全年平均水位12.09m（吴淞口海基准点），最高水位20.19m，最低水位4.58m。年平均流速0.8～1.0m/s。

3）港口通航条件

从武穴到马当为九江辖区航道，其常年维护水深为4m，宽120m，航道最大弯曲处在九江市永安大堤至九棉一厂处。5000吨级船可通航8个月以上，3 000吨级的可常年航行。

九江港目前有锚地5处：官牌夹锚地，位于九江港区内，上至姚港2号灯浮，下至九江市老供电局水泵房，全长1 625m，宽300m；九江港区内的锚地，水域范围上至二航局预制件厂，下至新港河口下700m，全长1250m，上宽250m，下宽300m，为油船驳危险品锚地。

4）港口现状

九江港长江岸线共有152km，长年可接卸3 000～5 000吨级的海轮，港区从过去单一的城区港区扩大到瑞昌港区、城西港区、城区港区、湖口港区、彭泽港区的“一港五区”。九江港具有国际货运直航功能，现已开通九江至日本、韩国、东南亚、欧洲、地中海等世界各地直达和中转航线。

九江港有生产性码头泊位116个，其中1 000吨级以上的深水岸线码头泊位102个，最大起重能力800t，现年货物吞吐能力近3 000万t。

4. 城陵矶港概况

1）港口位置及交通条件

城陵矶港位于湖南省岳阳市区的北端，地处长江中游南岸，洞庭湖的出口处，是湖南省唯一对外开放的港口，国家一类对外开放口岸。距武汉市232km，距荆州市323km，南下经湘江168km到达省会长沙。港区有铁路与京广铁路相连接，公路与107国道相连，是水陆中转和水水中转的物资集散地，是湖南对外贸易的北大门。

城陵矶港经济腹地广阔，辐射湘、黔、云、贵及广西、山西各省（区），是长江中游水陆联运和干支流中转到上海、江苏、江西以及本省的长沙、株洲、广东的韶关等地的重要港口。主要货种是：石油、煤炭、磷矿、锰矿、钢铁、粮食。

2）港口气象及水文条件

城陵矶港常风向与强风向一致，均为北北东，频率21.6%，最大风速28m/s。年平均风速7.8m/s。

城陵矶港最高水位32.52m（黄海基面），最低水位15.24m，平均水位22.33m；最大流量57 900m^3/s，最小流量377m^3/s，平均流量9 940m^3/s；最大流速2.6m/s，最大水位17.3m。

3）港口航道与锚地情况

城陵矶港航道吃水受限制，枯水季节水深3m，其他季节5m。

4）港口现状

城陵矶港自然岸线长度22km，陆域面积269万m^2，水域面积405万m^2，泊位46个，总延长633m，最大靠泊能力3 300吨级；码头34座，泊位50个，其中能停靠3 000吨级的泊位5个，1 500吨级的泊位5个，简易泊位5个，油罐24个，油库1座，总容量7.24万t；输油管道4条，总长度4 660m，铁路专用线28km；装卸机械79台，其中起重机械13台，最大起重能力30t，城陵矶港码头泊位情况如表3-10所示。

城陵矶港码头泊位情况　　表3-10

泊位名称	长度(m)	深度(m)	允许船舶吃水及全长(m)	装卸货种	岸吊
1号泊位	40	1.5	2.5/75	粮食	
3号泊位	24	1.5	2.5/55		
4号泊位	65	4.0	4.5/80	客运	
5号泊位	31	4.0	4.5/75	散货	
6号泊位	35	4.5	5.5/75	重件	1×30t
7号泊位	40	4.5	5.5/75	杂货	2×15t
8号泊位	40	5.5	6.0/75	杂货	2×15t
10号泊位		6.0			
11号泊位	60	6.5	7.0/80	煤炭	
12号泊位	75	7.0	8.0/90	油	

5. 芜湖港概况

1）港口位置及交通条件

芜湖港地处我国东部沿海经济发达地区和西部内陆地区的结合部，是长江煤炭能源输出第一大港和安徽省最大的货运、外贸、集装箱中转港，国家一类口岸，年通过能力5 000万t。

芜湖港经济腹地延伸到皖东西腹部，又有江北的无为、含山、巢湖等地区为依托。芜湖是

全国“四大米市”之一，粮食是最早的传统大宗货源。来自淮南、淮北、山西、河南、山东的煤由铁路运到裕溪口中转，其吞吐量占全港的60%左右。腹地内土特产、农产品、矿建材料货源充足，有茶、丝、木材、棉、钢铁、砂石、水泥、矿石等。

铁路有淮南线、宁铜线、皖赣线、宣杭线经过。公路以芜湖市为中心，有裕合（肥）线、宁芜线、芜屯（溪）线、芜南（陵、九华山、黄山）线等公路辐射至本省各市、县及邻省。芜湖航空港即将开通，届时可通北京、广州、厦门等地。水路溯江而上至铜陵、武汉、重庆、顺流而下至马鞍山、南京、吴淞口，经运楼河可达巢湖、合肥，往青弋江可达皖南各县。目前辟有芜湖—日本神户集装箱班轮航线，芜湖—日本、芜湖—香港货运班轮航线，并可办理北美澳新线等国际外贸货运业务。

2）港口气象及水文条件

芜湖港常风向为东北，平均风速2.4m/s，历年最大风速26.4m/s。港口历年最高水位10.96m，最低水位0.26m，平均水位4.45m。江水最大流量92 600m^3/s，最小流量4 620m^3/s，最大流速2.9m/s。

3）港口航道与锚地情况

芜湖港港域航道，水流平稳，江面航道宽度一般在400～500m，大潮时潮差一般为0.5m左右，小潮时0.2m左右。港区岸线顺直，水深稳定，陆域开阔，具有良好的锚泊、航行条件，常年可通航5 000吨级船舶。

芜湖港港区有锚地7处，面积117万m^2，并设有一座锚地趸船，最大可系泊5 000吨级船舶，设浮筒2个，可供5 000～7 000吨级船舶系泊。

4）港口现状及发展

芜湖港港口岸线顺直，水深流缓，可常年靠边泊5 000～10 000吨级船舶。芜湖港的港区范围，在长江南岸，上起双港过河标，下止东梁山架空电线塔，岸线长23.2km；北岸，上起山西嘴过河标，下止西梁山架空线塔，岸线长29km。芜湖港设芜湖、裕溪口、朱家桥3个港区。共有各类码头128座（不包括市区以外的各县港务站码头）。港管辖的码头42座，泊位57个，总长2 929m。

芜湖港是长江第一大煤炭能源中转港（芜湖港裕溪口煤码头）和安徽省最大的外贸、集装箱主枢纽港（朱家桥外贸码头）是芜湖港两大主业港区。芜湖港裕溪口煤码头目前年实际通过能力为1 280万t，最大年通过能力达1 580万t，煤炭堆场一次堆存能力达60万t；朱家桥外贸码头是安徽省最大的外贸、集装箱主枢纽港，对外贸易的重要窗口。目前码头年吞吐量为600万t，集装箱年通过能力达10万TEU，汽车年滚装能力为5万辆，是一座集散货、件杂货、集装箱、汽车滚装等中转运输一体化物流服务的综合性码头。

6．南京港概况

1）港口位置及交通条件

南京港依托华东重镇南京市，经济地位突出，交通条件优越，是长江三角洲地区的主枢纽港。经过改革开放以来的发展，今天的南京港已成为我国华东地区及长江流域地区江海换装、水陆中转、货物集散和对外开放的多功能的江海型港口。

南京港位于长江B类航道的终端，是万吨级船舶进入长江的最西端，成为长江中上游比较理想的货物中转枢纽。南京港位于我国南北交通大动脉的中部节点上，铁路和公路交通四通八达，

加之鲁宁输油管道、禄口机场及水运,5种运输方式齐备,交通优势比周边港口明显得多。

长江三角洲地区是我国改革开放的最前沿,且正朝着世界制造业的中心发展。南京市历年来是我国重要的大型城市,其经济发展在国民经济中占有重要地位,南京市和江苏省是南京港的直接腹地,长江中上游沿江省份也是南京港的主要经济腹地。江苏省自改革开放以来迅速发展成全国经济强省,在全国经济体系中占有不可替代的重要地位。沿江主要省份也是我国经济的强势地带。

2)港口气象及水文条件

南京港常风向东北,年平均风速2.6m/s;强风向西北,最大风速25m/s,瞬时极大风速39.9m/s。夏秋二季的热带气旋(台风)对港区有一定影响。

南京港属长江感潮段。历年最高水位10.22m,最低水位1.54m,年平均水位5.31m(吴淞零点为基准);枯水期平均潮差0.7~0.9m,洪水期平均潮差0.3~0.5m,最大潮差1.56m,最小潮差0.1m。

3)港口航道与锚地情况

长江下游从南京到长江口为通海航道,目前龙爪岩至燕子矶航道维护水深-10.5m,宽大于200m,航道转弯半径远远大于5倍通航船舶的船长。满载淡吃水水深-9.70m以下的海船可常年通航。因受南京长江大桥净空高度和航道水深限制,大桥以上5 000吨级船可到芜湖,在中洪水位时可达九江、武汉;3 000吨级船可到武汉、城陵矶。港区有航行标志82处,包括过河浮标15处,船浮60处,沿岸标志7处。另外还有5组桥涵标。

南京港锚地共有8处,分别是梅中锚地、梅子洲锚地、上元门锚地、新生圩锚地、栖霞山锚地、乌渔洲锚地、仪征锚地和联检锚地。

4)港口现状及发展

南京港具有悠久的历史,早在公元229年三国东吴时期南京港已成为"江道万里,通涉五洲,朝贡商旅之所往来"的通海港口。南京港又是一个新兴的现代化港口。特别是改革开放以来,南京港获得了突飞猛进的发展:1978年油港开业,南京港成为我国内河最大油港;1984年新生圩外贸港区建成,南京港成为我国内河最大的外贸港口;1987年中美合资的南京国际集装箱装卸有限公司成立,南京港成为我国内河专业化程度最高的集装箱港口;1990年南京港惠宁码头有限公司成立,南京港成为我国内河最先进的专业化散货装卸港口;2002年底商品汽车滚装泊位正式投入使用,南京港又成为长江上唯一拥有专业化滚装泊位的港口;2004年3月底,龙潭集装箱港区试投产,新增52万TEU吞吐能力。南京港在内河港口的地位更加显赫。

下面分别介绍南京港主要港区基本情况:

(1)南京港集装箱码头港区。该港区现拥有集装箱中转专用泊位4个;岸壁式集装箱起重机4台、集装箱轮胎龙门起重机6台,55m大跨度轨道式集装箱龙门起重机2台,重箱叉车4台,空箱叉车3台,场内集装箱牵引车20辆,其他各种专用配套机械近百辆;堆场面积15.4万m^2,CFS仓库1万多平方米;还拥有机械设备修理车间和集装箱修理厂等设施设备。年通过能力可达到30万TEU左右。

南京港现辟有多条航线,包括南京—香港、南京—日本、南京—韩国的定期国际航班;南京至上海中转的宁沪内支线共150余班/月,可及时将南京港出运货柜送达世界各地;同时有40

余班/月南京—广州、海口、蛇口、湛江、天津、大连、青岛航线的国内集装箱定期航班。

南京港集装箱业务发展后劲十足，2001 年 4 月，国务院正式批准南京港在南京市龙潭兴建新的集装箱专用码头。一期工程建设 3 个 2.5 万吨级和 2 个千吨级的集装箱专用泊位，设计集装箱年吞吐量能力 52 万 TEU。集装箱专用码头建成后，必将极大的促进南京港的集装箱发展。为配合龙潭集装箱码头建设，南京市还在其后方规划了一个 $2km^2$ 的物流园区和一条双向 8 车道的疏港公路。届时南京港的港口综合实力和服务功能必将再上一个台阶。

(2)南京港原油化工港区。该港区处于长江南京段黄金水域，岸线长 5 000 多米，总占地面积 50 万 m^2。现有码头 16 座，其中生产性码头 13 座，最大靠泊能力 5 万 t。江中过驳锚位 6 座，拥有种类齐全的储罐群，最大原油储罐 $50\ 000m^3$，总容积达 15 万 m^3。港区水、电、气、通信、消防、环保等生产辅助设施齐全，口岸联检方便快捷，外籍船舶可以直接靠泊公司码头装卸作业。主要从事胜利、任丘、中原三大油田管道原油和内外贸海轮进江原油、液体化工产品的储存、转运、分销业务，过驳、中转给沿江炼油、加工厂及地方化工、化纤企业。管道油年通过能力 1 500 万 t，海进江原油中转能力 2 600 万 t，化工中转能力为 200 万 t。现已发展成为集管道原油、海进江原油、成品油、乙二醇、对二甲苯、环已酮、液碱、磷酸、沥青和糖蜜等多种石油化工中转储存的综合港区，是长江中下游地区理想的石油及液体化工原料集疏换装基地。

(3)南京港专业从事煤炭装卸运输的港区(第三港务公司，俗称浦口煤码头)。该港区地处南京长江北岸的浦口，铁路专业线连接津浦铁路，是国内重要的煤炭运输枢纽之一，煤炭运输辐射面达华东地区三省一市及华南沿海地区。港区面积为 $273\ 300m^2$，岸线长 1 100m，目前港口最大堆存能力达 30 万 t，码头年设计通过能力为 800 万 ~ 1 200 万 t。来自江苏、安徽、山东、山西等地煤炭主要通过北京、郑州、济南、上海四大路局从津浦铁路源源不断的运至浦口，经翻车机、支带机、装船机等一条龙作业装船由水路运至长江下游沿江及华南沿海各用户。港区有 14 条铁路生产专业线(累计长度达 6 548.88m)、4 台检测精度达 0.2 级的轨道衡、4 台设计能力为1 200t/h的翻车机、1 台设计能力为 800t/h 的堆煤机、3 台设计能力为 1 250t/h 的斗轮式堆取料机、1 台设计能力为 1 250t/h 的门式斗轮堆取料机。岸线上设有 2 座生产码头、5 艘趸船和 1 座供水码头。2 座生产码头(35#、37#)均为 5 000 吨级，35 号码头配备了 1 台为直线摆动式装船机，37 号码头配备了 2 台设计通过能力为 1 250t/h 的固定回转式装船机。趸船的靠泊能力为 2 000 吨级。岸线常年水深在 -12 ~ 5.5m。

(4)南京港大宗散货作业港区。该港区位于新生圩外贸港区，自然条件优越，水域宽阔、航道顺畅，深水航道宽达 700m，码头前沿最枯水位仍达 -13m，可常年停靠 4 万吨级以上海船。疏港公路四通八达，港区通过尧新公路、太新公路与 312 国道、沪宁高速公路、芜新公路、南京长江二桥相连接；5 条港内铁路专线与华东最大的列车编组站—尧化门编组站相连接，相距仅 7km。港区生产设施设备先进，码头岸线总长 1 385m，拥有万吨级深水泊位 9 座，江中浮筒泊位 13 座；库场面积 21 万 m^2，库存能力 70 万 t；拥有我国目前内河港口最先进的专业化散货装卸系统。主要装卸机械 129 台套，其中进口机械 35 台，皮带运输机达 2 500m，装卸效率接近国内同类海港先进水平。多功能的港口设施设备形成了江海联运、陆水联运等综合高效的吞吐能力，年吞吐量达 1 000 万 t，是广大货主企业理想的中转港口。

(5)南京港现已建成专业汽车滚装码头，它已成为长江沿线唯一拥有专业汽车滚装码头的港口和长江流域最大内外贸汽车中转基地。码头的后方场地开阔，一次存车达 6 000 辆，年

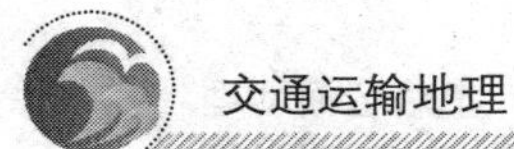

通过能力36万辆轿车。商品汽车滚装泊位位于南京新生圩外贸港区内,上游距南京长江二桥3km,下游距长江出海口340km。这里江面宽敞、深水近岸河势稳。深水航道长达800km,枯水期码头前沿水深保持在-11m以上。可常年停靠万吨级海轮。港区交通条件十分便利,存车场围墙外就是45m路幅的太新公路,通过其可与南京二环、三环、312国道、沪宁、宁杭、宁通、宁马等公路相连接,形成了四通八达、便利快捷的疏港交通网。

经交通运输部批准,新生圩商品汽车滚装泊位于2001年开工建设,总投资为8 000万元,建有万吨级泊位、千吨级泊位各1个,码头间设滚装平台。码头结构为浮式趸船形式,泊位长度为340m。趸船长120m、宽19m,为目前长江上最大的趸船。后方场地开阔,占地总面积12万m^2,其中存车场和通道面积为8.4万m^2,一次存车可达6 000辆,年通过能力为36万辆轿车。

7. 苏州港概况

1)港口位置及交通条件

苏州港地处长江入海口的江海交汇之处,具有江海联运的港口地理优势;苏州港是上海国际航运中心的重要组成部分,是“一体两翼”型组合港的北翼集装箱干线港;苏州港也是全国沿海港口和江苏省港口发展的重点。

苏州港有通畅快捷的水陆集疏运通道。沪宁铁路(包括规划中的沪宁调整铁路)、沪宁高速公路、沿江高速公路、苏嘉杭高速公路、沿江高等级公路、312国道、204国道、苏南五级航道网和规划中镇(江)南(翔)铁路构成了苏州港快捷通畅的水陆集疏运通道。

2002年6月,苏州市委、市政府结合国家港口体制改革,为充分利用苏州市长江港口岸线资源,发挥港口对国民经济发展的促进作用,做大做强苏州港口经济,按照“一城一港一政”的原则,作出了“将原太仓港、常熟港、张家港港三港合一建立苏州港”的决策,对外推出苏州港品牌,原3个港口分别更名为苏州港太仓港区、苏州港常熟港区和苏州港张家港港区。

苏州港有经济发达的港口腹地。直接经济腹地为常熟、昆山和苏州市,间接经济腹地为无锡、常州、杭、嘉、湖及皖南地区,并逐步延伸到苏北地区和长江三角洲的部分地区。长江三角洲经济最发达的苏锡常地区是苏州港的直接港口腹地,特别是苏州市的经济发展非常迅猛,外向型经济更是占了全省的半壁江山,为港口发展提供了有力的货源支撑。

2)苏州港各港区基本情况

苏州港拥有优良的长江港口岸线资源。全市拥有长江岸线139.9km,其中太仓港区38.8km、常熟港区37.5km、张家港港区63.6km;在所有长江岸线中,可用于港口开发的岸线53.3km,其中太仓港区20.2km、常熟港区8.5km、张家港港区24.6km。在3个港区中,又以太仓港区的深水岸线资源最为优良,其杨林口至浪港口9 700m岸线,为以集装箱码头为主的港口岸线和水运工业岸线,该河段深泓贴岸、岸线顺直、不冻不淤,码头前沿水深12.5m,主航道水深30~40m,宽度1 500~2 000m,5万吨级船舶可原地掉头,是国内绝无仅有的黄金岸线。

(1)苏州港太仓港区。整个港区岸线总长为38.8km,可形成生产性码头岸线19.9km,可建生产性泊位114个,其中万吨级泊位61个,全年港口吞吐能力达1亿t。

目前,已建成码头泊位21个,其中万吨级以上9个,千吨级泊位6个;辟有韩国、日本近洋支线2条,集装箱内贸线4条及长江内支线9条。

太仓港主要经济腹地为苏州地区,也可辐射到无锡、常州及长江中上游地区。太仓港目前

主要货种流量有:钢材,全年30万t,主要流向上海、苏州地区,预计将来可达到1 000万t;木材全年为60万m^3,主要流向为苏州、上海地区,预计将来可达200万m^3;煤炭主要流向为本港区发电厂,全年可达300万t,预计将来可达2 500万t(其中有一部分分流到长江中上游地区);集装箱全年流量为5万TEU,主要流向为上海、苏州、长江中上游地区,预计将来可达500万TEU;石化流量为250万t,主要流向为苏州、上海地区以及长江中上游地区,预计将来可达1 000万t。

(2)苏州港常熟港区。常熟港为长江下游的一个新兴港口。根据常熟港发展规划、建设规模、水域、陆域布置和建设秩序中作出的分期建设安排以及根据优化码头结构,提高港口使用功能和综合效益的原则,建设布局可分以下5个区:

①公共港区。以兴华公共港区为主。

②工业港区。位于金泾塘上游,占用岸线2 200m。主要与江苏常熟经济开发区引进的大型外资项目相配套,货主码头兼顾对公共货物开放。

③专用码头区。由常熟电厂和华润电力构成。

④拟整治开发白茆小沙。按初步方案可形成6.9km的深水岸线,建设2~5万吨级泊位24个,以公用码头为主,其他码头为辅。

⑤其他岸线规划区。从常浒河口至海洋泾口21km,规划为城市生活岸线、农业岸线、水资源保护岸线和待开发铁黄沙岸线。

(3)苏州港张家港港区。张家港港是长江三角洲的一个新兴港口。张家港港区位于长江下游水运口岸,东邻上海150km,西距南京219km,北与南通隔江相望,南离苏州106km、距无锡、常州均为57km。腹地富庶,交通畅达。口岸岸线全长63.57km(不含双山岛岸线),其中深水岸33.7km。口岸有对外开放泊位33个,江心浮筒15个,年吞吐能力超过3 000万t,可承接钢材、木材、粮食、化工、煤炭、集装箱、件杂货等不同货种的装卸、储运、中转业务。口岸有航线直达韩国、日本、香港等地,经上海、香港中转可与世界各地保持货运往来,成为长江流域重要的外贸大港之一。

张家港港区基本经济腹地是江苏省苏州、无锡、常州三市和所属9个县级市以及长江以北与港口隔江相望的有关市、县;间接经济腹地是长江及长江流域的苏、皖、赣、鄂、湘、川等各省。港口基本经济腹地内工农业生产较为发达,对外贸易兴旺,在全国占有一定的地位,拥有8个国家级开发区和全国唯一的内河港型保税区——张家港保税区。在港口集疏运量中,水运和公路分别占80%和20%。港口扼长江之喉、枕沪宁铁路、连京杭运河、通太湖水系。

①水路。溯江而上,距镇江135km,离南京219km,可直达长江上游各省(市);顺江而下,距吴淞口144km,可直抵全国南北沿海各港及世界主要港口,内河驳船可通达京杭运河。

②公路。连接沪宁高速和宁通高速的锡澄高速公路已接至港口,距上海150km,苏州106km,至常州、无锡均为57km。

③铁路。港口离新长铁路线仅5km,且与无锡站建有联运业务,镇南铁路张家港段正在筹建中。

④空路。四周有上海虹桥、浦东、常州奔牛、无锡硕放、南京禄口等机场,天南地北,任凭翱翔。

苏州港共建有生产性泊位106个,其中万吨级以上55个,码头最大靠泊等级54 000t。强劲的吞吐能力,吸引了世界上100多个国家和地区的400多个港口的通航通商。

8. 镇江港概况

1)港口位置及交通条件

镇江港地处中国两条黄金水道——长江和京杭大运河的十字交汇点,具有江海河、铁公水联合运输的独特优势,是中国主枢纽港之一。水路上距南京87km,下距吴淞口279km且有京沪铁路穿越、汽渡沟通长江南北的公路网。

镇江港交通方便,铁路有沪宁线穿过,市内在建的镇江至大港铁路支线可直达大港港区;港务处作业区及外运公司铺有铁路专用线。公路有宁沪、宁杭两条国道和宁沪高速公路穿越;港内上有镇扬汽车轮渡,下有大港汽车轮渡,沟通苏南、苏北的公路网。航空东距常州机场45km,西距南京机场60余千米,目前有开往北京、广州、厦门、汕头、西安、武汉、重庆、沈阳、哈尔滨、青岛、大连等国内主要城市及香港的定期航线。水路距南京87km,距吴淞279km;内河以京杭运河为南北主通道,北上船队可常年通航至山东济宁及苏皖鲁三省煤都南下穿越江南工业走廊常州、无锡、苏州、嘉兴、湖州和杭州市,沟通太湖、钱塘江水系;海运经长江入海口,可与国内外各港通航,目前常年开有至香港的件杂货和集装箱、至北仑的矿石中转、至独联体远东木材等货运航线及不定期的国际旅游航线。

镇江港经济腹地深广。直接经济腹地为镇江市和京杭运河沿岸的扬州、淮安、盐城地区、常州西部地区。间接中转腹地是长江沿线六省市、淮河流域及太湖地区。工业以电力、纺织、机械、电子、造纸、化工、铝制品、建材、造船等加工工业为主。镇江境内已探明的矿藏有30多种,其中石灰岩储量达34亿t之多,钢铁和建材工业原料亦很丰富。腹地内的经济特点,使所需煤炭、石油、钢铁、木材、糖等主要物资绝大部分靠外省调进。调出的主要产品有矿建材料、水泥、纺织品、纸、日用工业品、机械、粮食、棉花、冻制品等。

2)港口气象及水文条件

镇江港常风向为东,风力一般为3~4级,强风向为西北风,风速大于17m/s的风日年均15.6天。

镇江港历年最高水位6.48m,最低-0.66m(以1956年黄海平均海水面为基准);最大流速20m/s,平均为1m/s,最大断面平均含沙量为0.4kg/m^3:每日涨落潮2次,涨潮平均历时3h25min,落潮平均历时9h,最大潮差2.1m,最小为0m,平均为0.94m,枯水期涨潮时有明显逆江流,流速为0.5~1m/s;7级以上东北风时,最大波高为1.5m,其他风向波浪甚微。

3)港口航道与锚地情况

镇江港市区老港区航道已演变为长江干流南侧半封闭式港湾,进出港航道位于定易洲8号红浮上游,长4 012m,底宽120m,水深4.5m(黄海基准面),可通航3 000吨级以下船舶,航道两端设有标位灯桩标1座。涨潮时港池内呈顺时针流向,流速较快。港辖区共有导航标志49个,其中:灯桩6座,立标11座,浮标28只,灯塔2座,通行信号台2处。

全港有锚地6处,其中高资、和畅洲、高桥为无人驳基地;定易洲锚地是营运中心锚地,位于定易洲6~8号红浮联线南侧,长2 000m,宽350m,水深4~8m,底质为泥沙,为江船编解队用。青龙山锚地位于青龙山码头下游1km处,为浮筒式海轮过驳锚地,设有甲级浮筒3只,可同时系泊2.5万吨级海轮2艘过驳作业。落成洲锚地位于落成洲6~7号灯浮联线以北,长1 500m,宽350m,水深10~13m,底质为泥沙,是外轮联检待泊锚地。

4)港口现状与发展

镇江港辖区北岸上自泗源沟,下至三江营;南岸上自大道河,下至落成洲洲头,全长65km。

自然岸线长120.2km，港区总面积274.4km²，其中水域面积273km²，陆域面积1.4km²，现有生产泊位26个，其中2.5万吨级以上泊位8个，港区内铁路专用线1 477m。该港拥有以下3个港区：

(1)龙门港区。龙门港区位于镇江市主城与高资镇之间的长江南岸段，岸线长7 740m，靠近市区，背靠丹徒(高资)经济开发区、句容(宝华)经济开发区。龙门港区是为实施老港区搬迁还建工程而新辟的公用港区。规划中，其主要承担原老港区转移的货运量，同时泊位等级提高后，承担一部分市区西部地区工业江海中转货运业务。龙门港区在润扬大桥上游的公用港区，其功能主要是为腹地承担大宗散装水泥、非金属矿石、建材等出口以及煤炭、粮食、钢杂等进口的海江河中转、水公铁联运的综合性深水港区。

(2)大港港区。大港港区是20世纪80年代为适应对外开放和内外贸发展的需要而开辟的以海运为主的新港区。一期工程1985年底投产，二期工程1993年投产。现有2.5万吨级海轮泊位8个，5 000吨级江船泊位2个，2 000吨级江船泊位1个和内河100吨级泊位11个，1995年起又通过技术改造增配设备，扩大了通过能力，经交通部核查2000年年底通过能力为680万t(原设计通过能力为500万t)。大港港区重点发展、集中建设公用深水港区，其功能是以海江河联运、水公铁路转运的海轮内外贸港区，为镇江新区、镇江东部、常州西部和长江、运河沿线广大经济腹地经济建设服务。

(3)大港三期工程。大港三期工程正在建设之中，本工程设计总吞吐能力为1 390万t/y(含集装箱)，其中集装箱40万TEU/年，金属矿石1 000万t/年，钢铁、木材70万t/年。本工程拟建设3~7万吨级通用泊位4个，其中专用集装箱泊位1个，5 000吨级江船泊位2个，内河港池1座(15个内河泊位)。设计吞吐能力400万t，其中集装箱20万TEU。镇江港主要港区情况如表3-11所示。

镇江港主要港区情况一览表 表3-11

港区名称	港区主要业务	码头概况	泊位概况	可停靠船舶吨位
镇江港大港港区	可承接矿石、煤炭、木材、水泥、硫磺、磷矿、粮食、化肥、钢材、百货等多类货种的装卸及中转运输业务	拥有长约2 000m的优良深水岸线，长江主航道和码头前沿水深在-11m以下，深水航道宽达1 200m	现有装卸生产用2.5万吨级深水泊位7个，5 000吨级泊位3个，其中散货(矿石)专用泊位置2个，1万吨级浮筒泊位2个，港区内河百吨级泊位11个	2.5万吨级船舶可常年通航
镇江港龙门港区			规划建设2个3万吨级通用海轮泊位，1个2 000吨级江船泊位	
镇江港集装箱港区	能承接各种集装箱的装卸、仓储、拼拆、修理、公路运输和重大件的装卸仓储		拥有集装箱专用泊位，全长237m，常年水深-11m	
镇江港轮驳港区		水上锚泊基地7处	最大靠泊量5万t	

9. 南通港概况

1)地理位置及交通环境

南通港处在海、江、河的汇集处,离入海口195.5km(108n mile),下距吴淞口102km,上距南京264km,是水上中转的重要枢纽,港口交通比较方便。疏港公路与204国道 、苏北公路网衔接。水路从长江口出海可达我国南北沿海各省和世界各港;上溯长江,可通往苏、皖、赣、鄂、湘、川及云、贵等省;内河运输通过港口引河与通扬、通吕等苏北水系和京杭大运河贯通。

南通港是国家一类开放口岸,为国家沿海主要港口,是上海国际航运中心组合港北翼重要港口和国际港口协会成员港。1982年经批准对外国籍船舶开放,现与世界上65个国家和地区的199个港口通航。

南通港的直接经济腹地为南通市和苏北盐城、淮安、泰州三市部分地区,工业经济以轻纺工业为主,兼有电力、机械、电子、化工、造船等门类。

2)气象及水文条件

南通港常风向东南。强风向为东南东,最大风速26.3m/s。影响本地区的台风平均每年约2~3次,一般6~8级,基本不影响船舶正常航行。

南通港水域为感潮河段,潮型属不规则半日潮。最高潮位6.38m。最低潮位0.42m,平均潮差1.96m。其潮流涨潮时表面最大流速0.99m/s,最小流速0.77m/s,表面平均流速0.88m/s。

3)港口航道及锚地

南通航段指30号灯浮与老海坝灯桩联线到浏黔与施翘河口信号杆的联线总共为98.8km,该航段处于长江下游的A级航区,江面开阔、风浪较大、感潮明显。航行于南通航段船只主要经白茆沙、浏海沙、通州沙至南通港水域,最大通航船舶吨级在3万吨级左右,一般吃水不超过10.5m。

港区导航标志共27座,其中灯桩1座(任港口),浮标25座,灯塔1个。灯塔设在龙爪岩(北纬31°59′34″,东经120°43′00″)。

南通港锚地主要情况:南通港检疫锚地水深7~25m;可锚泊2.7万载重吨船舶。有待泊锚地2处;1号锚地区域40万m^2,锚泊船舶15艘,最大系泊能力2 000吨级,用作驳船及小海轮锚地;2号锚地区域400万m^2,锚泊150艘船舶,最大系泊能力5 000吨级。海船过驳作业锚地1处,区域在25号浮下延20 000m之间水域,允许锚泊3艘船舶,系泊能力为2.5万~3万吨级;联检锚地1处,区域150万m^2,水深10~25m,可锚泊船舶5艘,系泊能力为2.5万~3万吨级。油船锚地1处,允许停泊2艘油轮,最大系泊能力7 000吨级。

4)港区分布及泊位情况

南通港目前拥有15个泊位,其中1 000吨级泊位3个,3 000吨级泊位4个,5 000吨级泊位2个,25 000吨级泊位2个,码头岸线长1 941m,码头前沿水深4~10.8m。新港拥有实际生产作业码头长427m,前沿水深3.5m,共有9个泊位,其中400吨级货运泊位7个,400吨级客运泊位1个,300吨级港作船泊位1个。

仓储堆场及能力方面,南通港现有天生、南通、狼山3个港区和青龙、启东两个港站。全港共有4个装卸公司经营装卸业务,自上而下分别为天生港务公司、通州港务公司、姚港港务公

司和狼山港务公司。南通港现有码头岸线总长 4 110.8m，有万吨级以上货运码头 28 座（内货主 3 座），千吨级以上货运码头 72 座（内货主 15 座），客运码头 5 座（内货主 3 座）港作船和其他非生产性码头 5 座，内河 1 000 吨级以下码头 18 座。

装卸机械及能力方面，港口有机械设备 490 台（辆），其中起重机械 108 台，单机最大起重能力为 200t（浮式）。港作船舶 36 艘，最大功率 1 762kW，总功率 11.43 万 kW。港作船舶：工作船舶 27 艘，其中拖船 10 艘，交通船 9 艘。

随着港口新一轮的开发建设，特别是狼山港区三期 3 座 5 万 ~ 10 万吨级泊位的全面开工建设，将新增吞吐能力 3 000 万 t，集装箱 27 万 TEU。整个三期工程建成后，集团公司必将迎来又一个新的发展时期。

南通港码头泊位颁布及其条件如表 3-12 所示。

南通港码头泊位情况　　表 3-12

公　司	码头/公司性质	码头概况	泊位概况	可停靠船舶吨位
南通集装箱码头有限公司	苏北地区唯一的集装箱公用码头，也是上海组合港的重要成员	440m 深水岸线	码头泊位长 440m，宽 35m，泊位设计吞吐能力 25 万 TEU	可同时作业两艘第三代集装箱船舶，2.5 万吨级海船可随时靠泊作业
姚港港务公司	是长江港口中靠泊能力最大，装卸效率最高，吞吐、仓储能力最强，实际接卸中转量最多的铁矿石港口	拥有 825m 深水岸线，陆路纵深 444m，占地 40 万 m^2	有万吨级深水泊位 3 座，2 000 吨级长江泊位 6 座、300 吨级内河泊位 12 座，港区年设计吞吐能力为 840 万 t	近 2 年已成功接卸 20 艘 15 万吨级以上的减载矿石海船
通州港务公司	公司属散杂货并举兼顾水路客运的港口企业	5 万吨级码头 1 座，2.5 万吨级码头 2 座	千吨级长江泊位 1 座，可同时停泊 2 万吨级海轮 4 艘的水上过驳锚地 1 个	
狼山港务公司	是发展江海中转的重要枢纽	码头总长度为 547.8m，拥有 100 吨级内河船泊接卸码头 13 座	拥有 5 万吨级深水泊位 3 座	
天生港务公司	是南通港口集团下属装卸公司之一	两座木质栈桥趸船浮码头，发展成为拥有 3 000t 岸壁式固定码头 2 座及 3 000t 浮码头 2 座		

第五节　珠江水系航运地理

一、珠江水系概况

1. 珠江水系基本情况

珠江是中国仅次于长江、黄河、黑龙江的第四大河。珠江原来只是指广州到入海口96km长的一段水道，因为它流经海珠岛而得名。后以通称之由西江、北江、东江及珠江三角洲诸河组成的珠江水系。珠江水系分布于中国的云南、贵州、广西、广东、湖南、江西六省（自治区）和香港、澳门特别行政区及越南的东北部。全流域面积43.37万km^2，其中中国境内面积44.21万km^2。

珠江水系的主流是西江，发源于云南省境内的马雄山，在广东省珠海市的磨刀门注入南海，全长2 214km，总落差约2 130m。在三水以上流域面积约35.5万km^2。西江干流上游南盘江与北盘江会合后称红水河，会柳江过大藤峡后称黔江，黔江与郁江相会后称浔江，会桂江后在梧州市以下始称西江。西江经羚羊峡后在思贤窖处与北江沟通，以下流经珠江三角洲入南海。西江由南盘江、红水河、黔江、浔江及西江等河段所组成，主要支流有北盘江、柳江、郁江、桂江及贺江等。

北江主源称浈水，源于江西省信丰县西溪湾，干流全长468km，流域面积约4.6万km^2，绝大部分在广东省境内，总落差约310m，主要支流有武水、连江、绥江等。北江自中游经三水后流入三角洲河网区，与西江河道交错，注入南海。

东江源于江西省寻乌县大竹岭，也称“浔乌水”，与定南水相汇后称东江，流经广东东部，干流全长523km，流域面积2.8万km^2，总落差约440m，到石龙后分流形成东江三角洲。后分为北干流和南支流两大河，同注入狮子洋经虎门出海。主要支流有安远水、新丰江、秋香港、西枝江、增江等。

西北两江在广东省三水市思贤滘、东江在广东省东莞市石龙镇汇入珠江三角洲，经虎门、蕉门、洪奇门、横门、磨刀门、鸡啼门、虎跳门及崖门等八大口门汇入南海，构成珠江独特的“三江汇集，八口分流”的水系特征。

2. 珠江水系的特点

(1)水量充沛、径流量、水位流量变化和缓，有利于通航。珠江流域处于亚热带季风区。西为云贵高原，北有五岭山脉作屏障，东、南濒临南海，北回归线横贯中央。这里终年温暖多雨，流域内年降水量一般为1 200～1 800mm，东部广东省境内可达2 000mm，居全国各大河之首。因此，珠江的水量特别丰盈，大部分地区年径流深度均在800mm以上，平均每年入海的河水总量达3 412亿m^3，在全国仅次于长江，而为黄河入海河水总量的6倍。

珠江流域年均径流量为3 412亿m^3，水量居全国河流的第二位。其中西江年均径流量约2 670亿m^3，约占流域总量80%，北江为472亿m^3，东江为272亿m^3。珠江流域每年4～9月为汛期，流量占全年70%～80%，洪水多出现于夏季，下游及三角洲常有较大秋汛。

(2)珠江水系河流众多，通航里程较长。珠江水系现有通航河流905条，总长36 000多千米，通航里程15 891.35km，约占全国通航总里程的1/10；常年通航里程为14 000km（其中轮

驳船通航里程为 5 000km),广州黄埔港以下可通万吨轮,航运价值仅次于长江,居全国第二位。

(3)河流含沙量少。珠江是我国各大河流中含沙量最小的河流,流域年均含沙量为 0.126 ~ 0.344kg/m^3。

二、珠江水系主要航道

珠江水系河道纵横,河海相连,天然成网。经西江航运干线及其主要支流,其上游腹地可深入滇、黔、桂等西南地区,经北江、东江,其运输腹地可达粤北及粤东山区,经虎门、虎跳门、横门、崖门等八大口门,可实现至港澳和沿海地区的江海直达运输,内河水运自然条件十分优越。珠江水系主要航道分布如表 3-13 所示。

珠江水系主要航道一览表 表 3-13

航道名称	全长(km)	通航起讫点	通航里程(km)	流经省份
珠江正干	72.0	广州—虎门沙角	72.0	粤
西江	348.0	梧州—磨刀门	348.0	桂、粤
浔江	169.0	桂平—梧州	169.0	桂
郁江	424.0	三江口—桂平	424.0	桂
右江	634.0	百色—三江口	319.0	桂
左江	523.0	龙州—三江口	321.0	桂
红水河	1 534.0	八达章—三江口	807.2	桂、黔
黔江	116.0	三江口—桂平	116.0	桂
都柳江	344.0	三都—老堡口	267.0	黔、桂
融江	178.5	老堡口—风山	178.5	桂
柳江	192.5	风山—三江口	192.5	桂
桂江	387.0	桂林—梧州	340.0	桂
贺江	351.0	富川—封开	269.0	粤、桂
北江	460.0	坪湖—三水河口	399.0	粤
连江	262.0	连州—连江口	181.0	粤
绥江	213.0	眉田—马房	158.0	粤
东江	517.0	粗沙—东江口	429.0	粤
西枝江	173.0	新庵—惠州	109.0	粤

1. 西江水系航道

西江是珠江水系主干,主要位于中国广东省西部。从上源南盘江的发源地——云南省曲靖市乌蒙山脉的马雄山,到广东省思贤滘。河长 2 074.8km,流域面积 35.5 万 km^2。

西江从上源到下游各河段另有别称：从河源至望谟县蔗香双江口称南盘江，双江口至象州县石龙三江口称红水河，由三江口至桂平市称黔江，桂平市至梧州市称浔江，梧州市至思贤滘始称西江。从河源到三江口为上游，包括南盘江和红水河两段，长1 573km，河流穿行在高原盆地与峡谷相间的地形中，河道深切，平均比降0.85%，有急滩跌水。从三江口到梧州市为中游，包括黔江段和浔江段，长294km。黔江段中有著名的黄茅峡和大藤峡，其中大藤峡长44km，河中水急，枯水时最深处亦达85m，是西江干流最深处。在浔江段，两岸有低山、丘陵和平地。梧州至思贤滘为下游，长208km，河宽水深，河道平均比降0.09%，宽700～2 000m，最后由思贤滘进入珠江三角洲河网区。

西江水系年平均年径流总量为2 277亿m^3，水资源丰富，主要集中在上游。西江水系是两广交通运输的大动脉。随着西江水系的开发和整治，西江将成为贵州煤炭、西南磷矿外运广东和北方地区的重要通道。

近几年来，国家和地方政府加大了对西江航道的投资。在广西，共投资5.88亿元将西江航运干线贵港至梧州段共290km的航道，其中贵港段航道约190km。经整治后，贵港至梧州段将由目前的三级航道提升为二级航道，可以通行2 000吨级的船舶。

西江下游作为我国水运主通道之一，起自肇庆，终于虎跳门，全长168km，可通航3 000吨级海船（可通航5 000吨级江海船），航道尺度为水深6.0m，航宽100m，弯曲半径650m。

2005年，西江南江口至肇庆段全长103km航道，被交通部评为国家级“文明样板航道”，此段航道船舶的流量由10万艘/年，增加到13万艘/年，货运量由3 600万t/年上升到超过4 800万t/年。

2. 东江水系航道

东江是珠江水系三大河流之一，发源于江西省寻乌县桠髻钵，干流全长562km。通过开展东江下游航道整治工程，疏通了东莞水道、太平水道、东江、中堂水道等河道。东江下游（惠州—东江口）段，起于惠州市惠州大桥，止于东江口，全长116km。现在东江下游惠州—石龙铁路旧桥74km为四级，通航500吨级内河船舶；石龙铁路旧桥—东江口42km河段为三级，通航1 000吨级船舶。

3. 北江水系航道

北江在广东省北部，发源于南岭，有两个源头。东源浈水出江西省信丰县，西源武水出湖南省临武县。浈、武两水向南流在广东韶关市相会后始称北江。然后南流经英德、清远等市县至三水与西江汇合。三水以下经珠江三角洲水流分散，主流从洪奇沥入海。全长468km，流域面积4.67万km^2，占珠江流域总面积的10.3%。

北江上游流经红色砂岩分布区，这些坚实的红色砂岩被水流切割后，常常形成顶平、坡陡、麓缓等丹霞风景地貌，其中以仁化丹霞山最为典型。韶关以上两岸多丘陵，河谷比较开阔，水流缓慢，江中多沙洲；韶关以下中游，江水横切山岭，穿越飞来峡、育仔峡、清远峡等峡谷区，河床滩石颇多，这些峡谷在洪水期有卡水作用，常使其上游农田被淹；北江流出峡谷进入下游平原，河宽水浅，江面宽度一般可达400m，至三水后流入珠江三角洲。

北江下游航道（清远至河口）全长74km，河道浅滩达29处，这些浅滩在整治前，年年枯水期都成为船舶航行最困难的地方，并时常出现塞船现象。北江下游航道原通航标准为内河六级航道，近几年来对此段航道进行了整治，其中重点整治了太监洲河段、石角—芦苞河

段、清远至石角段，工程项目包括疏浚、抛丁坝、锁坝、边坡护岸、航标灯工程及支持保障系统。整治后航道水深得到了明显改善，常年可通航300吨级船队，通航保证率为95%，较好地解决了本河段枯水塞船的问题。整治后，300～500吨级大型船舶航行密度增大，300吨级船舶可直达清远港。

4. 珠江三角洲航道

珠江三角洲地区现有通航河流823条，通航里程5 823km，占广东省内河通航里程的49.1%，占珠江水系内河通航里程的36.6%。其中三级及以上航道626km，四级航道416km，四级及以上航道占珠江三角洲内河通航里程的17.9%，占广东省内河通航里程的8.8%。

珠江三角洲航道网规划建设方案是：以海船进江航道为核心，以三级航道为基础，由16条航道组成的“三纵三横三线”高等级航道网，规划航道总里程939km，如表3-14～表3-16所示。

珠江三角洲“三纵”航道　表3-14

航道名称	起 讫 点	里程(km)	现状等级	规划等级	备 注
一、西江下游出海航道	1. 西江下游出海航道： 思贤滘—百顷头 磨刀门水道：百顷头—挂定角 磨刀门出海航道：挂定角—横州 挂定角—九澳	89 46 28 25	三级 三级 三级 四级	一级	3 000吨级海船
二、白坭水道—陈村水道—洪奇沥水道	2. 白坭水道：渡槽桥—珠江大桥	44	五、四级	三级	
	3. 陈村水道：濠滘口—三山口	22	四级	三级	
	4. 洪奇沥水道：板沙尾—洪奇门	41	四、三级	三级	1 000吨级江海船
三、广州港出海航道	5. 广州港出海航道： 广州—黄埔的前航道 广州—黄埔的后航道 黄埔—虎门	20 28 52			1 000吨级海船 5 000吨级海船 5万吨级海船

珠江三角洲“三横”航道　表3-15

航道名称	起 讫 点	里程(km)	现状等级	规划等级	备 注
一、东平水道	1. 东平水道：思贤滘—广州	76	三级	三级	1 000吨级江海船
二、潭江—劳龙虎水道—莲沙容水道—东江北干流	2. 潭江：三埠—熊海口	58	四级	三级	1 000吨级江海船
	3. 劳龙虎水道：虎坑口—狗尾	16	六级	三级	1 000吨级江海船
	4. 莲沙容水道：南华—莲花山（含均安水道及八塘尾—大沙尾）	108	三级	一级	1 000吨级江海船
	5. 东江北干流：石龙—东江口	42	六级	三级	
三、小榄水道—横门出海航道	6. 小榄水道：莺歌咀—大南尾	30	四级	三级	1 000吨级江海船
	7. 大南尾—横门口	15	四级	一级	3 000吨级海船
	8. 横门出海航道：横门口—淇澳	36	三级	一级	3 000吨级海船

珠江三角洲三线航道　　表3-16

航道名称	起　讫　点	里程(km)	现状等级	规划等级	备　注
一、崖门水道—崖门出海航道	1. 崖门水道:熊海口—崖门口	25	三级	一级	5 000 吨级海船
	2. 崖门出海航道:崖门口—荷包岛	42	三级	一级	5 000 吨级海船
二、虎跳门水道	3. 百顷头—虎跳门口	46	三级	一级	3 000 吨级海船
三、顺德水道	4. 紫洞口—火烧头	50	四、三级	三级	

三、珠江水系主要港口介绍

据统计,在珠三角地区,33%的调进煤炭、50%的调进油气、66%的调进粮食都是通过内河运输;广州港货物吞吐量的1/3是由珠江水运进行集疏运;喂给香港的集装箱运量约占香港港集装箱总量的20%;西江干线长洲水利枢纽过坝运量3 600多万吨;珠江水系内河集装箱运量占到了全国内河集装箱运量的50%以上。截止到2012年底,珠江水系年通过能力1万t以上港口有98个,泊位年通过能力45 353万t。2012年,全年完成货物吞吐量3.5亿t、外贸货物吞吐量5 373.5万t和集装箱吞吐量664.4万TEU。

珠江水系主要港口综合概况如表3-17所示。本节对主要港口情况分别作详细介绍。

珠江水系港口汇总表　　表3-17

航道＼合计	港口数量(个)	码头总长度(延米)	泊位个数(个)	最大靠泊能力(万t)	年综合通过能力		
					货物(万t)	旅客(万人次)	集装箱(万TEU)
全水系	104	112 319	2 302	40 000	45 400	2 267	664
西江航运干线(南宁—广州)	27	30 718	539	2 000	11 000	1 200	120
珠江三角洲	31	54 833	1 062	40 000	18 700	412	500
中线通道(南北盘江、红水河)	8	1 524	28	500	300	25	0
南线通道(右江)	5	2 325	65	300	500	0	0
北线通道(都柳江、柳江)	9	3 408	88	500	900	120	0
其他河流(东江、北江、左江等)	24	19 511	520	500	14 000	510	44

资料来源:《2012珠江水运发展报告》。

1. 富宁港

富宁港位于云南省东南部,南与越南河江省接壤,东部和北部分别与广西百色右江、西林、田林、那坡、靖西五县(区)毗邻,西与文山州的广南、麻栗坡两县相连,地处两国三省十县结合部,国道323线贯穿县境,是云南通往广西、广东等沿海地区的重要门户,位于珠江水系右江上游那马河及甲村河上,三面环水,作为右江通道、珠江第一港,是云南省的第一大港。

交通运输部在《泛珠江三角洲区域合作公路水路交通基础设施规划纲要》中，将富宁港纳入珠江腹地9个重要港口之一。富宁港建成后，云南船舶可从富宁下水，沿珠江进入两广，到达粤港出海口。这将为西南腹地提供一条低碳环保、运价低、投资省、运能大的水运通道，对促进泛珠三角区域经济和北部湾经济区协作发展，构建沿珠江产业经济带和兴边富民具有重大意义。

2005年，富宁港经云南省发改委批准立项，2008年10月正式启动建设。根据规划，富宁港，规划总面积5.67km^2。其中，水域面积2.85km^2，陆域面积2.82km^2。建设内容为：新建客运、集装箱、件杂货、散货4个港区。港口计划建500吨级客运泊位2个，1000吨级集装箱泊位6个，1 000吨级件杂货泊位11个，1 000吨级散货泊位2个。

2. 贵港港

贵港港位于西南、华南两大经济区的结合部，是西南东向出海的主要中转港口和泛珠江三角洲经济区、中国—东盟自由贸易区物流通道的"桥头堡"。有郁江、浔江、黔江三大江河，拥有国家三级航道363km，常年可航行千吨级船舶。溯江而上西达南宁，北上柳州，顺江东去梧州、达粤港澳，开辟有珠江水系内河运输及香港、澳门等航线。在公路方面，通过209国道、324国道、南梧二级公路、南宁至广州高速公路与西南、华南、华中各地相通；在铁路方面，通过黎湛铁路、南昆铁路与全国各地相连。水路、铁路、公路这三大运输方式的高效衔接，使贵港港具有强大的发展实力。贵港港的货源腹地贵港、玉林以及贵州、云南、四川等地矿产、物产丰富，经水路中转的货物量大品种多，为港口运输迅速发展创造了条件。

贵港港是国家一类口岸，开辟有至香港和深圳集装箱定期班轮、广州港"穿梭巴士"广西贵港支线、贵港至南沙集装箱定期班轮、贵港至南沙"穿梭巴士"转关航线、贵港至粤港澳地区的水路常年货运航线，货物可直接转关出口东南亚国家，吸引了贵港周边地区、广东和云贵等省的货物到贵港中转。目前，贵港港承担了贵州煤炭南运量的80%，每年还有20多万t来自贵州、云南的金属、非金属矿石等货物经贵港中转运到广东各地，广东的瓷砖等产品也通过水路经贵港中转到西南各地。

贵港港目前已拥有城北、城南、桂平、平南4个港区。印尼爱凯尔股份有限公司将投资7亿元人民币对贵港港罗泊湾作业区、猫儿山作业区二期项目和贵港港三期散货作业区进行投资及建设。现已启动的贵港港罗泊湾作业区二期工程将新建1个千吨级件杂货泊位（2#泊位）、3个千吨级集装箱泊位（4#、5#、6#泊位），改建2个千吨级现有泊位（1#、3#泊位），完善原有7#泊位配套设施。设计年货物吞吐能力为件杂货180万t、集装箱20万TEU。

3. 梧州港

1）港口地理位置及交通条件

梧州港位于广西东南部的梧州市、珠江水系的中游，地处桂江、浔江和西江汇合处，东邻广东省封开县。

梧州港水陆交通方便：207、321国道在梧州港区交汇，东河达广东省的肇庆、广州、深圳，西可至柳州等地，南达玉林、贵港，西至南宁、北海，北通桂林、柳州及湖南省各地。水路顺西江而下，可通珠江三角洲各港口及香港、澳门等沿海各城市；向西溯浔江上行12km，抵苍梧县龙圩港，再沿江西上行可通南宁、贵港、桂平、柳州港；沿桂江上行154km，抵昭平县昭平港，季节性客船、货船可通山水甲天下的桂林市。客货船舶直通广州及珠江三角洲各港和香港、澳门等地，已成为珠江水系大港之一。

2）港口自然条件

梧州港常风向为东北，年平均风速 1.6m/s，最大风速 17m/s。年平均降水量 1 492.8mm。年平均水位 8.05m，最高水位 27.66m，最低水位 2.49m。年平均流量 6 970m^3/s。

3）港口现状及发展

梧州港的货物运输主要有内地集运和水运中转两种方式，内地集运约占总运量的 60% 左右。港口岸线长 96.1km，水域面积 2 898 万 m^2，陆域面积 33 万 m^2。专业和物资部门共有库场总面积 50 万 m^2。生产用码头的泊位 169 个。港内常年水深 2.3m，可泊 500 吨级船舶。码头泊位总长 6 467m，其中专业装卸部门泊位 65 个，长 2 768m。

《梧州港总体规划》指出，梧州港是广西东部最大的内河港口，梧州港规划分为三个港区，即中心港区、苍梧港区和藤县港区。

中心港区包括浔江、西江段从长洲岛尾附近至界首航标站，规划的桂江 25km 航段。重点发展李家庄作业区、富民码头作业区，以集装箱和城市生活物资运输为主，主要为梧州市经济发展和城市建设服务。

苍梧港区含表水、龙圩镇作业区到长洲岛尾部右叉主航道的出口。重点规划发展龙圩镇作业区，以通用散杂货运输为主，主要为梧州市经济发展和临港工业开发服务。

藤县港区涵盖了以赤水圩作业区为龙头、藤县境内的全部岸线，规划范围为白马圩到赤水圩整个航段。重点发展赤水圩作业区和西江作业区，以规划开发赤水圩作业区为主线，规划引进林浆纸一体化项目，逐步进行开发建设。该港区是以件杂货、集装箱和大宗散货运输为主的综合性港区，主要为腹地内大宗散货中转、外贸物资运输和临港工业开发服务。

4. 云浮港

云浮港地处两广航运节点，且航道水深优良，是广东西部最理想的建港位置，水陆铁交通十分便利。水路上溯梧州、贵港，下航穗、港、澳，距梧州 58n mile、肇庆 35n mile、广州 113n mile、澳门 149n mile、香港 177 海里；陆路与国道 324 线相连，广梧、云岑、江罗、阳罗 4 条调整公路和揭茂、南广铁路贯穿其中，距广梧云安县出口 7.5km、云浮市区 18km、广州 178km，是沟通沿海与内地、连接珠三角与大西南的交通要冲，是云浮建设两广交通纽带的重要载体。

云浮港位于珠江水系“黄金水道”的西江中游南岸云安县六都镇河段，是国家二类口岸，是珠江水系最具发展潜力和竞争能力的口岸。云浮外贸港区于 2010 年 1 月 6 日开始运营。占地面积约 22 万 m^2，码头使用长 420m，2 000 吨级泊位 7 个，最大可停靠 5 000 吨级船舶，设计年处理 40 万 TEU，年吞吐量最高达 1 000 万 t。云浮港内贸港区于 2010 年 3 月开始运营。总占地面积 51000m^2，码头岸线长 500m，千吨级泊位 5 个，最大可停靠 3 000 吨级船舶。目前，云浮港成为广东内河第一大港，是珠江水系重要港口。

5. 肇庆港

1）港口地理位置与交通条件

肇庆港地属珠江水系的西江下游，属广东省肇庆市辖境。肇庆港交通较为方便，水路沿西江及珠江三角洲水网可达珠海、广州、香港、澳门，逆西江而上可达广西梧州、贵港等地。肇庆港既面对珠三角等经济发达地区，又背靠广西、云南等丰富资源腹地，处于沿海与内地的结合位置，东引西连的区位优势明显，水陆交通便利。公路国道 321 线、324 线、四连线、广肇高速

纵横全境，公路运输畅通无阻。广茂铁路贯穿全境，在广州与京广、广梅汕、广昆、广成铁路并轨，构成完善的交通网络。

2）港口自然条件

肇庆港5～8月以东风较多，9月到第二年4月以东北风和东北北风较多，最大风速为17m/s。台风季节为5～10月，对港口作业有影响的台风每年平均约4次。年平均降水量为1 644.7mm，降水季节是5～10月。肇庆港地处西江下游，水位落差大，洪水期和枯水期的水位相差近13m。枯水期泊500吨级船舶，洪水期可泊1 000多吨级船舶。

3）港口现状及发展

肇庆港的港区范围包括北岸自龟顶山至羚羊峡口；南岸自青湾至新兴江口。港口下辖堤西和堤东2个作业区。堤西作业区为指定的外贸进出口装卸运输码头，陆域面积5 796m^2，水域面积1.3万m^2。有码头泊位2个，能同时靠泊500吨级船舶2艘，码头长度84m。堤东作业区承接集装箱和外贸超重货物进出口以及内河货物装卸运输业务，陆域面积1.2万m^2，水域面积为7.8万m^2。有泊位11个，码头长度520m，码头前沿水深5m，能同时锚泊500吨级船舶6艘及1 000吨级船舶5艘。

肇庆新港按国家一类口岸规划的内河枢纽港，项目主体投资达1.3亿元人民币，疏港专用铁路、仓库等配套工程的投资超过1亿元人民币，计划建设2个规模为3 000～5 000吨级的江海船泊位，2005年3月建设完工进入试运行。肇庆新港将成为粤西和广西东部地区物流的中转枢纽，年吞吐能力达75万t，3 000～5 000吨级江海船可直航肇庆，并使西江流域的广东肇庆、云浮、广西梧州、贵港、桂平等地实现南北直航。

6. 佛山港

佛山水网资源非常丰富，佛山市共有通航河流73条，通航里程1350km。佛山港共有码头182座，利用岸线总长24 365延米，长期码头生产泊位325个，港口货物年通过能力为9 415万t。主要有三山港区、三水港区、新市港区、紫南港区、高明港区、九江港区、北胺港区、勒流港区、容奇港区等重点港区。

根据佛山港的总体发展规划，按照各主要航道的宜港岸线资源分布、开发利用和佛山市城市发展对岸线利用的要求，佛山市共规划港口岸线48段，其中西江将形成港口岸线19.84km，东平水道将形成港口岸线5.35km，顺德水道将形成港口岸线11.90km，北江将形成港口岸线7.35km，容桂水道将形成港口岸线6.10km，陈村水道将形成港口岸线0.45km等，共形成建港岸线长度54 066m。

尽管佛山在2005年所有港口吞吐量合计已达160万TEU的总量，但因为多个港口分散、规模不大，未能进入全国十大集装箱名录，"十一五"期间，佛山将整合港口资源，建立"一城一港"的规模。"一城一港"，即是将佛山现有的229个港口，整合成8个重要港区和15个一般港区，统称为"佛山港"。其中这8个重要港区当中，有7个是对现有的三山港、高明港和三水港等港口的提升扩建，还有一个是即将新建的禅城港。规划中的禅城港区位于顺德水道上游的紫洞至南庄河段，面积1 400余亩，港区岸线总长度为1 710m，主要分为集装箱作业区、散杂货作业区两大作业区。其中，集装箱作业区岸线长1 110m，散杂货作业区岸线长度为600m。

整个港区建设预计在2020年完成，重点发展内河专业化集装箱码头。建成后的港区集装箱作业区将设置11个1 000吨级泊位、6个2 000吨级泊位，集装箱吞吐能力达到85万TEU；

散杂货作业区也将分别拥有 6 个 1 000 吨级泊位、3 个 2 000 吨级泊位，散杂货吞吐能力达到 410 万 t。

2010 年整合成“佛山港”之后，将有 461 个泊位，港口吞吐集装箱将达到 265 万 TEU，不断完善的水路集疏运输系统，为佛山的物流业提供更有力的港口依托。

7. 江门港

江门港位于珠江三角洲西南沿，地理位置优越，是珠江三角洲西部的中心城市。现有港区 6 个：江门港区、新会港区、三埠港区、鹤山港区、台山港区和恩平港区，全市现有港口泊位 360 个，年吞吐能力为 2 032 万 t。

江门港的深水港区主要集中在新会港区，新会港区的银洲湖 65km^2 水域已被国务院批准为一类货运口岸管辖范围。银洲湖南北长 35.1km，宽 1.5 ~ 2km，常年保持 -13m 水深，基本无淤积，且水域宽阔、风平浪静，是理想的避风深水良港。银洲湖南与中国南海相连，出崖门口可去往包括港澳在内的全国沿海城市及世界各地；西与西江、潭江两大水系相通，经江门水道、劳龙虎水道可沟通珠三角各城市，或溯西江而上可达广西梧州、南宁甚至贵州、云南等地，沿潭江水道可通达台山、开平，是珠江八大口门中最适合发展江海联运的理想水域。为了充分利用银洲湖的优势，目前交通部门已对银洲湖港口群进行统一规划，现新会港马天港区第一期建有 5 000 吨级泊位 2 个，为了满足江门地区和珠江三角洲中西部、西江流域的经济发展需要，马天港区新建万吨级泊位 2 个（兼顾 3 万吨级功能），新建码头泊位于 2013 年底建成投入使用。在 2015 年前，新会港区还将在天马港区建设 2 个 5 000 吨级泊位和 6 个万吨级泊位，在古井港区建设 12 个 5 000 吨级泊位和 2 个万吨级泊位，在崖门港区建设 6 个万吨级泊位和 6 个 3.5 万吨级泊位，在古井南港区建设 2 个万吨级泊位和 6 个 3.5 万吨级泊位。为了配合港口的建设，交通运输部门对崖门出海航道进行整治，其中 5 000 吨级出海航道整治工程已于 2008 年完成，目前崖门出海口通航水深 7.7m，崖门出海航道实现 5 000 吨级海船全潮通航、1 万吨级海船乘潮通航。

8. 虎门港

虎门港位于珠三角沿海产业带（虎门港开发区），处于广州—东莞—深圳—香港城市发展轴带的中间和珠三角经济区中心位置，通过虎门大桥与广州—顺德—中山—珠海城市发展轴带相连，并处于“A”字形框架的重要连接点上，具备优越的经济集聚的辐射优势。1997 年，虎门港经国务院批准成为对外国籍船舶开放的国家一类口岸。

虎门港交通优势十分明显，疏港道路体系十分完善。广深高速、虎岗高速、沿江高速、番莞高速四大高速公路枢纽贯穿港区；以港区为中心的 100km 覆盖圈、1 小时生活圈内，聚集了东莞、广州、深圳、香港、惠州、中山、佛山等大珠三角核心城市群，使虎门港直接对接和服务庞大的终端市场，有效扩大了港区的经济腹地。

虎门港扼东江和珠江水道出海之咽喉，拥有海岸线 115.94km，海域面积 79km^2，其中主航道 53km，纵向水深 5 ~ 15m，宽 2 ~ 4km，在珠江三角洲各水道中居首位。珠江口东莞河段丰水少沙，深槽靠岸，泥沙回淤少，是珠江河口建设深水港最优良的岸线之一。虎门港进港航道现宽 60m，水深 -11.5m，3 万吨级船舶可全天候通过，5 万吨级船舶可乘潮进出。虎门港现有 34 个深水泊位中，已有 25 个深水泊位分别获得核准，总吞吐能力达 7000 万 t。

虎门港划分为沙田、麻涌、沙角、长安和内河五大港区。其中沙田港区主要发展集装箱、物

流仓储、精细化工、临港工业、商贸配套等；麻涌港区主要发展粮食、煤炭以及建材等散杂货运输及粮油加工业；沙角港区主要发展旅游休闲的滨水商贸区；长安港区侧重发展大型深水泊位和临海工业，为远期发展区域；内河港区主要为东莞提供综合性传统运输服务。近期重点建设沙田港区的西大坦集装箱作业区、西大坦物流基地、虎门港中心服务区、立沙岛石化基地和麻涌港区新沙南散杂货作业区等区域。

第六节　其他内河水系航运地理

一、松花江—黑龙江水系航运地理

1. 松花江—黑龙江水系基本概况

黑龙江水系是我国最北部的水系，干流的北源为石勒喀河，发源于蒙古国北部的肯特山东麓；南源为额尔古纳河，源出中国大兴安岭西侧的吉勒老奇山，南北两源在黑龙江省的漠河县洛古河村汇合后称为黑龙江。黑龙江先向东南流，至萝北县附近折向东北，先后接纳松花江、乌苏里江等大支流，最后在俄罗斯境内入海。在中国境内全长 3 420km，流域面积近 89.7 万 km^2，径流总量达 2 709 亿 m^3，为黄河水量的 5 倍。

黑龙江有两个发源地，南源是我国内蒙古自治区的额尔古纳河，北源是蒙古国、俄罗斯境内的石勒喀河，两河于恩和哈达山脚下汇合，始称黑龙江。黑龙江两岸植物覆盖较好，河水含沙量少。由于两岸黑色土壤中植物根茎等腐烂后形成的腐殖质溶解于江水中，使江水显出黝黑的色泽，黑色的江水沿着弯曲的河床奔流，矫若游龙，人们就给它起了一个形象的名称——黑龙江。

黑龙江全长 4 370km，是中国北方民族的母亲河，也是中、俄两国的界河。干流自洛古河村至黑河市附近的结雅河口，为黑龙江的上游，长约 905km。结雅河口到抚远附近的乌苏里江口为中游，长约 982km。乌苏里江口以下为下游，长约 934km，均在俄罗斯境内。作为中、俄国界的界河是黑龙江上、中游的部分河段。漠河以上的上游河段，因大兴安岭逼近江岸，河面比较狭窄，两岸陡峻，多悬崖，河床坡降较大，滩多流急。漠河至爱辉段河水较深，河谷逐渐开阔，江面宽达 200m 以上，有些河段还出现分汊现象。爱辉以下的中游段，河道迅速展宽，在松花江入口附近，江面宽达 1 500 ~ 2 000m。抚远以东江面宽 4 000m，沿岸地势低平，河床坡度很小，水流逶延曲折，江中洲滩甚多。下游越近入海口江面越宽，形如长形湖泊。

黑龙江干流水量丰富、江宽水深、水流平稳，给航运带来了有利条件，小汽船可直达漠河镇，上源额尔古纳河也可以通航木船。但是，由于封冻期长，一年内一般只有半年可以通航。河面封冻后冰层很厚，江面上可以行驶车辆和雪橇。因此，黑龙江就成为一条“水陆两用”的运输线。

黑龙江支流众多，最大的支流是松花江，全长 1 927km，流域面积约为 54.5 万 km^2（均在中国境内），约占东北地区总面积的 44%。松花江虽然是黑龙江的支流，然而在经济意义和航运意义上却远远超过黑龙江。

松花江正源二道白河，源出长白山主峰白头山天池，两江口以下称二道江，与头道江汇合后称松花江。从河源到二道江汇合处落差约 1 000m，河水强烈下切，河谷多为幽深狭窄的 V

形峡谷，且流程短、坡降大、水源充沛。

松花江的江水含沙量较黑龙江大，水色淡黄。当松花江注入黑龙江后，在很长的一段河道内，水色呈现北黑南黄，因此人们把这段河道称为“混同江”。

松花江干流河槽宽而深，坡度比较平缓，水量丰富，对航行十分有利，全流域通航里程为2 600多千米。汽轮沿嫩江可上溯至齐齐哈尔，沿松花江可达吉林市，哈尔滨以下可通航千吨以上的江轮。松花江的航运量约占中国境内黑龙江流域总运量的95%，成为东北地区重要的水运干线。每年11月至次年3月，松花江约有5个月的封冻期，此时江面又成为陆上交通要道。松花江水力资源总蕴藏量约为6 010多万千瓦，目前已开发的水力资源还不及蕴藏量的1/10，所以潜力很大。

乌苏里江是黑龙江的另一大支流，其上游为乌拉河，发源于俄罗斯东部锡霍特山脉的西南麓，自南向北流至俄罗斯的列索扎沃茨克附近中国的泥口子处，与源出兴凯湖的松阿察河相汇，然后折向东北，在下游分两汊，分别在抚远和哈巴罗夫斯克（伯力）附近注入黑龙江。泥口子以上为上游，泥口子至饶河为中游，饶河以下至河口为下游。在中国境内的主要支流有穆棱河、挠力河等。流域面积总共18.7万km^2，其中中国境内为56 690km^2，干流长约890km。自河口上溯经松阿察河至兴凯湖西岸的当壁，全长764km，为中、俄两国的界河。

乌苏里江流域冬季漫长而严寒，夏季短暂而凉爽。河流封冻期长达6个月，冰层厚达1～1.3m，可通行各种车辆；畅流期汽轮可沿河口上溯700km左右，故乌苏里江也是当地水陆交通的要道。乌苏里江的下游地区地势平坦、排水不畅、积水成洳，有大片沼泽，这里就是有名的三江低地。

2. 松花江—黑龙江水系主要航道

1）松花江干流航道

松花江是黑龙江水系航运价值最大的河流，航运量占整个黑龙江水系航运量的90%，是东北地区最重要的水运干线。松花江有南、北两源。北源嫩江通航里程950km，可通航50～600吨级船舶。南源第二松花江通航里程657km，丰满以上三段库区航道可通航200吨级以内的船舶，丰满—扶余间可通航50～100吨级船舶，扶余—三岔河间航道条件最好，可通航300～600吨级船舶。松花江干流通航里程928km。嫩江、第二松花江汇合处的三岔河至肇源段42km可通航200～600吨级船舶，以下河道皆可通航1 000吨级以内船舶。

松花江干流从西南流向东北，经肇源、双城、肇东、哈尔滨、呼兰、阿城、宾县、巴彦、木兰、通河、方正、依兰、汤原、佳木斯、桦川、萝北、绥滨、富锦、同江等市、县，由右岸注入黑龙江，河口高程57.16m。自三岔河口至哈尔滨段为上游。迂回在平原上，河宽370～850m，水深4～7m；哈尔滨至佳木斯段为中游，两岸为小兴安岭和张广才岭低山丘陵区，河道狭窄、多浅滩，最窄处为200m左右，浅滩水深1.5m左右；佳木斯段以下为下游，流经三江平原，河道宽阔，河宽1 500～3 000m，水深2～3m。哈尔滨以下可通航较大客货船。

目前，松花江航线主要以运输煤炭、木材、建材、粮食为主，其中煤炭运量占60%以上。按目前航道状况计算，松花江干流通过能力可达1 500万t，现实际通过量仅有200万t，水运潜力巨大。哈尔滨位于松花江中游右岸，是松花江上最大的港口，吞吐量已达200万t，共有泊位9个，进港物资以木材、煤炭、粮食、建材为主，出港物资以机械、日用百货、水泥为主。是东北最大的水陆换装枢纽港，也是全国十大内河港口之一。

2)黑龙江干流航道

黑龙江干流自洛古河村至黑河市为上游,长905km,航程894km,属于山区性河段;从黑河至与乌苏里江汇流处为中游,长982km,穿行于山地、平原之间,中国一侧为小兴安岭山地和三江平原,江宽600~1 300m,一般水深1.5~2m,可通航500~1 000吨级船舶;乌苏里江口至入海口为下游,长934km,全部在俄罗斯境内。

3)乌苏里江干流航道

乌苏里江有东西两源,东源乌拉河发源于俄罗斯的锡霍特山之西侧,乌拉河长398km,在俄罗斯境内,西源松阿察河发源于兴凯湖。两河汇合后,由南向北流经密山、虎林、饶河、抚远等县,至抚远三角洲东北角,从右岸注入黑龙江。其中从松阿察河经乌苏里江干流至汇入黑龙江段492km,为中国与俄罗斯的边境界河,河道宽度。松阿察河口至饶河为200~500m,饶河至黑龙江口为500~1 000m。正常水位平均水深2~5m。多年平均封冻时间为148天,最大冰厚1.15m。中、下游可通航300~1 000吨级船舶。表3-18所示为黑龙江水系通航河流概况。

黑龙江水系通航河流概况　　　　表3-18

航道名称	全长(km)	通航起讫点	通航里程(km)	流经省份
黑龙江	2 820	恩和哈达—伯力	1 890	黑
松花江	1 752	大船口—同江口	1 226	黑、吉
嫩江	1 369	七站—三岔河	950	黑
乌苏里江	890	管明山—伯力	495	黑

3. 松花江—黑龙江水系主要港口介绍

1)哈尔滨港

哈尔滨港地处松花江中游右岸哈尔滨市区东北部,滨北铁路桥上游约1km处,是我国东北内河最大的水陆换装枢纽港和国家一类开放口岸。港口辐射全省沿江各地,地理位置优越,交通便利,集水、公、铁三边优势于一身。哈尔滨市是黑龙江省政治、经济、文化中心,哈尔滨港作为市区唯一港口,地缘、地域优势明显,经水路沿松花江上通黑龙江省北部市县,沿黑龙江与俄罗斯哈巴罗夫斯克、布拉戈维申斯克、共青城等远东重地相通;公路连接哈市二环北路,毗邻哈东火车站,扼市区北出口;港口拥有铁路专用线6条,5 870延米,与全国各地相通。

哈尔滨港所处纬度较高,为季节性封冻港口,全年有效生产期210天,封冻约140天。港区陆域面积53万m^2,直立式码头1 454延米,自然岸线2 459m,拥有千吨级泊位14个,年吞吐能力330万t,港口分为三棵树港区和阿什河港区。港口设施完善、功能齐全,担负着黑龙江、松花江、乌苏里江沿江市县所需物资运输和对俄进出口贸易的中转换装任务。装卸货种包括粮食、木材、煤炭、杂货、江砂以及外贸物资等。

2)佳木斯港

佳木斯港位于黑龙江省佳木斯市东北部,松花江下游南岸,是国家一类对外开放口岸。佳木斯港是黑龙江、乌苏里江和松花江三江水系的重要枢纽港,也是黑龙江省和佳木斯市的主要进出口口岸。港口辐射全省沿江各地,水运航线四通八达,沿松花江上行可达省会哈尔滨市,沿松花江下行至同江,便进入中、俄接壤的界江黑龙江和乌苏里江。距俄罗斯哈巴罗夫斯克582km。绥佳、鹤佳、双佳、牡佳、福俞等铁路在佳木斯接轨与全国铁路网连接。哈同、鹤大公路在佳木斯交汇与东北公路联网,并有航空班机与哈尔滨相通。

佳木斯港年平均气温 2.9℃，历史最高气温 38.1℃，最低气温 -41.1℃。年平均降水量为 535.4mm，年雨季集中在 7~9 月份。冬季多偏西风和西北风，夏季多东北和偏南风。佳木斯港属封冻型港口，年通航期 210 天左右。多年平均水位 75.838m，历史最高水位 79.988m，最低水位 73.718m，该段河道流速较小，枯水期一般为 1.0m/s，洪水期 1.5~41.8m/s。

佳木斯港的经济腹地辽阔，直接腹地是佳木斯市以及它所辖的县（市），间接腹地是黑龙江省以及俄罗斯远东地区。直接通过佳木斯港中转的物资主要有煤炭、木材、粮食、杂货、矿建等。

佳木斯港现有陆域面积 10 万 m^2，生产用千吨级泊位 5 个，专用线 740 延米，年设计吞吐能力 100 万 t。

3）吉林港

吉林市从 2006 年起投资 6 000 万元人民币建设一座综合性港口——吉林港。吉林港是集水路、公路和铁路运输为一体的综合性物流港，港口建成后，吉林省不仅中断了半个世纪的松花江航运可再次复苏，根据通航规划，船只还可同江直抵俄罗斯。

吉林港选址在吉林市九站地区，港口一期工程规模为年设计吞吐能力 200 万 t，泊位等级为 500 吨级。建设期为 2006~2007 年。随着吉林市经济的发展和物流量的增加，港口建设将预留出扩大端，分期扩建和实施。此外，位于哈达湾泊位原设计年吞吐能力为 15 万 t 的工程，将提高至年吞吐能力为 30 万 t。

吉林港所在地——九站经济技术开发区濒临松花江，周边公路网密集，同时聚集了吉林石化、吉林乙醇、吉林化纤等一大批重点工业项目，地理位置合理、服务区域集中，具备兴建天然良港的优越条件。港口建成后将成为公路、铁路、水运等多种运输方式交汇的物流中心和大宗工农业产品的集散地。

根据通航规划，吉林港建成后，松花江航道的通航将贯通吉林省中部及黑龙江粮食产区，可将东北经济区通过水路连接起来，成为东北中部城市群的联系纽带。船只从吉林港起航，向北可到松原、哈尔滨、佳木斯、鹤岗、双鸭山、同江至俄罗斯，向南可到辽宁营口出海口。

二、黄河水系航运地理

1. 黄河水系基本概况

黄河发源于青藏高原巴颜喀拉山北麓的约古宗列盆地，流经青海、四川、甘肃 、宁夏、内蒙古、山西、陕西、河南、山东 9 个省（区），在山东省垦利县注入渤海。干流全长 5 464km，总流域面积 79.5 万 km^2（含河套内流区）。

黄河水量少是它的突出特征之一。它虽然是中国第二大河，但水量却仅为长江的 1/20，珠江的 1/6，比闽江还少，只和钱塘江差不多。水量少的原因有两个：一是黄河流域位于干旱和半干旱地区，平均降水量仅 400mm 左右；二是从兰州至河口镇以及从郑州至入海口的 2 000 多千米河段内，黄河不仅得不到水量补给，反而损失了近 90 亿 m^3。

兰州以上的黄河干流，奔驰在青藏高原上，流域降水虽然只有 200~300mm，但地势高寒，蒸发量很少，30%~50% 的降水转变为径流。从河源到兰州干流长 1 600 多千米，控制流域面积 22 万 km^2，仅占全流域的 29.6%，但得到的水量达 340 多亿 m^3，占黄河入海水量的 70% 以上。可见，兰州以上的流域是黄河主要的供水区域。丰富的流域径流，发育了众多的支流，仅

在兰州附近100多千米的河段内，就有大夏河、洮河、湟水（包括大通河）3条大支流汇入黄河，使干流水量增加近120亿m^3。

洮河是黄河上游最大的支流，发源于甘肃省西斜山东麓，在刘家峡附近入黄河，全长669km，流域面积31 400km^2。流域内年平均降水量为500mm左右，每年注入黄河的水量达54.2亿m^3 占黄河入海水量的11.2%。

湟水发源于青海省海晏县的包呼图山，在兰州上游注入黄河，全长374km，流域面积32 000km^2，径流总量约50亿m^3。

兰州以下，黄河进入了宁夏、内蒙古。左岸虽是高大的贺兰山和阴山，但右岸却是丘陵起伏的腾格里大沙漠、浩瀚的乌兰布和沙漠以及茫茫的鄂尔多斯高原。因地势比较平坦，水流缓慢，泥沙沉积，在黄河两岸形成了带状平原，这就是著名的银川平原和河套平原。这一带属于荒漠和半荒漠地区，降水量只有200mm左右，气候干燥、蒸发量很大，因此几乎没有支流汇入，黄河得不到水量补给。银川、河套平原地势平坦，土地肥沃，大量引黄河水灌溉，使黄河在兰州至河口镇之间，水量损失近93亿m^3。但是，黄河把银川、河套平原哺育成了沟渠成网，绿树成行，稻花飘香的“塞外江南”。

河口镇至河南省的孟津是黄河中游河段。河水奔腾在陕山峡谷和豫西峡谷之中。中游流域降水量在400~800mm之间，并有吕梁山、秦岭、太行山等多雨中心，因此支流众多，水量丰富，使黄河干流水量从河口镇的247.8亿m^3，到郑州的花园口时增至496.9亿m^3，增加了1倍多。这一段较大的支流有：

（1）无定河：黄河的重要支流之一，以含沙量极高而著称。它发源于陕西省靖边县的白于山，流经内蒙古和陕西省榆林地区，在清涧县注入黄河，全长490多千米，流域面积约3万km^2，年水量达15.4亿m^3。无定河北岸是有名的毛乌素沙漠，南岸是黄土沟壑区，水土流失严重，平均每年输入黄河的泥沙达2.1亿t，最大含沙量达1 520kg/m^3。

（2）汾河：黄河第二大支流，发源于山西省北部的管涔山，自北向南灌溉了太原盆地、临汾盆地汇入黄河，全长695km，流域面积3.94万km^2，水量达16.7亿m^3。

（3）渭河：黄河最大的支流，发源于甘肃省渭源县的鸟鼠山，横贯八百里秦川的关中平原，在潼关汇入黄河，全长818km。泾河和洛河是渭河的两条支流，因泾河流域面积和水量较大，洛河又在渭河注入黄河的附近汇入渭河，因此习惯上常把泾、洛、渭并称，渭河若包括泾、洛二河，则流域面积达17万km^2左右，总水量约92亿m^3，不愧为黄河的最大支流。泾河发源于六盘山，长约450km，流域面积4.3万km^2，因流经水土严重流失的黄土高原腹地，平均含沙量达171kg/m^3，居黄河各支流之冠。而渭河流经水土流失轻微的黄土高原边缘，平均含沙量仅42.8kg/m^3，不及泾河的1/4。泾、渭二水在西安附近汇合后，泾浊渭清，在一段流程中清浊不混，泾渭易辨，因此人们常以“泾渭分明”这句话来形容两种截然不同的事或两种态度。

（4）伊洛河：伊河和南洛河的合称。南洛河发源于华山南麓，伊河源于豫西熊耳山，两河在偃师汇合。南洛河较长，应是伊洛河的正源。伊洛河全长447km，流域面积为1.9万km^2。流域内平均降水量在700~800mm之间，使伊洛河总水量达38.5亿m^3，在支流中居第四位，比汾河水量还多1倍多。

黄河在郑州以下的华北平原上，是地上“悬河”，河底高于两岸平原3~10m。华北平原上的降水量虽然比上、中游流域大,但平原上其他河流的河水是无法注入黄河的,只有发源于山东泰山的汶河,居高临下,借助于京杭大运河,它的一部分水量才能注入黄河。除此之外,黄河在华北平原上行程700多千米,一直无水量补给。相反,由于大量引黄灌溉以及向两岸渗透,水量损失达11.3亿m^3。

黄河干流的另一个主要特点是弯曲多变,素有"九曲黄河"之称。"九"在古代是形容多的意思,表明黄河弯曲很多。黄河自河源至河口由许多大弯构成一个大"几"字形,宛如一头半卧的雄狮,总的流向仍然是自西向东流去,实际流程5 464km,为河源至河口直线距离2 068km的2.64倍,其弯曲程度在全国七大江河中居第三位,仅次于辽河及松花江。在这许多河湾中,45°~180°的大弯曲有6个之多。

(1)唐克湾:位于黄河上游青海、四川、甘肃三省交界附近。黄河流出河源区后,大体由西北向东南流,再折转西北,构成180°大弯,弯顶在四川省若尔盖县的唐克镇,故称唐克湾,是黄河第一湾。

(2)唐乃亥湾:位于青海省东部。黄河流经第一个大湾后,沿阿尼玛卿山与西倾山谷地继续向西北行,受共和湖及其周围山地影响,逐渐转向东南,构成第二个180°的大弯,弯顶在兴海县的唐乃亥,故称唐乃亥湾。这里原是个古湖盆,称共和湖,于早中更新世,湖盆被拉开,水体流向银川湖,逐渐排泄疏干,演变为今日的旱台塬地。

(3)兰州湾:黄河在唐乃亥与河套湾之间,有4个小弯相连,总的流向是先东后北,大体成90°,其转折点在兰州附近,故称兰州湾。

(4)河套湾:位于流域北部,原为银川湖与河套湖,因受周围贺兰山、阴山、吕梁山和鄂尔多斯台地构造的制约,黄河出兰州湾后北流,经银川平原,在内蒙古境内转向东流,横贯内蒙古河套平原,至托克托折转南下,流入晋陕峡谷,在流域北部"几"字形头部构成又一个180°的大套湾。

(5)潼关湾:黄河出禹门口后,直流南下,进入汾渭地堑盆地(原为三门湖),至陕西潼关受阻于华山,急转东流,成90°大弯,然后沿秦岭北麓直趋三门峡。弯顶在老潼关县城,故称潼关湾。

(6)兰考湾:位于河南省兰考县东坝头。黄河下游是一条地上河,在明、清大部分时间,微向东南流,经开封、商丘、徐州夺淮河入黄海。今日之黄河,系清咸丰五年(1855年)洪水决堤所造成,当时河水骤涨,铜瓦厢堤防溃决,洪水夺大清河于利津县注入渤海,黄河改向东北流,在兰考附近折转成45°大弯。这个大湾的特点是两岸无山岳控制,仅凭堤防约束,与上述各大湾相比,无论在时间上或位置上,都不是长期不变的河湾。

2. 黄河航运概况

黄河由于水量小、含沙量大,与其他大江大河相比,黄河水系的通航条件有其特殊的困难和局限性。自1990年以来,随着黄河天然径流量的大幅度减少,下游断流发展态势令人十分担忧,黄河水系的航运业因此也受到很大影响。

黄河全水系能满足通航的河段并不很多,黄河中游托克托至禹门口段,全长725.1km,航道特点是狭而不险。在天桥至禹门口544km的河段内,共有滩碛67处,流速3~5m/s,枯水水深小于1m的急流段长度约占河段总长的28.1%。这一段航道局部险要河段是壶口瀑布和禹门口两段。托克托至禹门口段两岸是黄土高原,水土流失严重,支流汇入将大量泥沙带入河

道，使得河水含沙量大增。该段航道自1980年以来进行了试验性整治，通过一定的整治工程，第一期基本可达到六级航道标准。从禹门口到潼关，全长132.5km，是严重游荡河段，航道整治难度很大。潼关至三门峡段位于晋陕豫黄土峡谷之中，河道较为顺直。由于受潼关上游河道河床游荡以及三门峡水库自身运用的影响，潼关—大禹渡段（40km）浅滩密布，主流（槽）多变，行船困难；大禹渡—大坝段（92km）在三门峡水库蓄水期间水域宽阔，水深在1.2m以上，通航条件优越。三门峡至小浪底，河长131km，原来是峡谷河段，坡陡流急、险滩众多。但是随着小浪底水利枢纽的建成，为该河段的航运开辟了新的机遇。小浪底至古柏嘴，河长94km，属于峡谷向平原的过渡性河段，铁谢以下河道较为分散，通航条件较差。

3. 黄河航运的发展

黄河流域矿产资源丰富，交通比较发达，有陇海铁路、京广铁路、津浦铁路、京包铁路等贯穿其中。随着我国西部大开发，现有铁路、公路运输已不能满足经济发展要求，黄河内河航运未能得到充分发挥，开发黄河内河航运是促进西部大开发的重要措施之一。

现在中央和黄河沿线地方政府加大了对整治黄河通航工程的投入，并取得了阶段性成果。例如：交通运输部黄河水系航运开发规划的重要组成部分，同时也是甘肃省水运开发建设"十五"计划的重点项目。黄河白银段四龙至龙湾航运一期工程6个险滩的整治已全部完工验收，四龙码头及站房楼建设已完成水下部分的施工任务；3艘施工用船已完成主体工程，其余12个险滩和2个码头已进入招标阶段，工程已完成投资3 800万元，一期工程已于2006年全部完成。该工程上起白银区四龙平堡吊桥，下至景泰县中泉乡龙湾村，途经2县2区10个乡镇。工程总规划为整治航道110km，整治滩险31个，新建5个港口、10个码头泊位，总投资为11 981.09万元。一期工程采用五级航道技术标准建设，设计航道尺度为水深1.4m、航宽35m、弯曲半径260m；整治18个险滩；建设四龙、靖远、龙湾3个客位码头和3个客运站。

三、京杭大运河航运地理

1. 京杭大运河航运概况

京杭大运河全长1 794km，是世界上最长的一条人工运河，是苏伊士运河的10.4倍，巴拿马运河的22倍，纵贯南北，是我国重要的一条南北水上干线。它北起北京，南至杭州，经过北京、天津、河北、山东、江苏、浙江六省（市），沟通了海河、黄河、淮河、长江、钱塘江五大水系。在历史上，不仅便利了南北大量物资的运输交换，也有助于我国的政治、经济和文化的发展。由于年久失修，大运河的运输能力没有得到完全发挥。目前，京杭运河的通航里程为1 442km，其中全年通航里程为877km，主要分布在黄河以南的山东、江苏和浙江三省。京杭大运河是由人工河道和部分河流、湖泊共同组成的，全程可分为7段：

（1）通惠河（北京市区—通州区），18km，连接温榆河、昆明湖、白河，并加以疏通而成。

（2）北运河（通州区—天津市），148km，利用潮白河的下游挖成。

（3）南运河（天津—临清），394km，利用卫河的下游挖成。

（4）鲁运河（临清—台儿庄），463km，利用汶水、泗水的水源，沿途经东平湖、南阳湖、昭阳湖、微山湖等天然湖泊。

（5）中运河（台儿庄—淮安），185km。

(6)里运河(淮安—扬州),157km,入长江。

(7)江南运河(镇江—杭州),395km。

京杭大运河沿线是我国最富庶的农业区之一,工业生产也很发达。在兖州、济宁、枣庄、滕州、丰县、沛县、徐州及两淮等有大中型煤矿,并连接上海、南京、镇江、常州、无锡、苏州、杭州等工业城市。为了使"黄金水道"产生"黄金"效益,沿线的鲁、苏、浙三省纷纷下大力气对大运河各段进行了整治、扩建和渠化,使千年古运河重新焕发了青春,成为我国仅次于长江的第二条"黄金水道"。

2. 京杭大运河港口布局

运河沿线的主要港口有济宁、徐州、邳州、淮安、宝应、高邮、扬州、镇江、常州、无锡、苏州、吴江和杭州等。济宁段(山东济宁—江苏徐州蔺家坝),全长约130多千米,其整治扩建工程,被列为国家"九五"期间重点建设的内河工程,在2000年底全面竣工,此工程使济宁段主航道将由现在的六级航道标准提高到三级标准,底宽由目前的16m拓宽到50m,水深达到3m,现在千吨级船舶可由长江直达济宁,年通过能力将达到2 500万t,新增港口吞吐能力1 350万t,抵得上新建一条"京沪铁路"。

江苏段是整个京杭运河中通航条件最好、船舶通过量最大、社会经济效益发挥最为显著的区段。其中苏北运河是国家北煤南运的黄金水道,年货运量已接近1.2亿t;苏南运河年货运量超过1.5亿t。江苏境内的京杭大运河,全长628km。交通运输部和江苏省政府投入巨资,对苏北、苏南运河进行了整治扩建。投资10亿元,扩建了京杭运河上的谏壁、解台2座二线船闸和淮阴、淮安、宿迁3座三线船闸,消除了京杭运河江苏段的"瓶颈"制约,实现了京杭运河苏南、苏北全线畅通,为江苏及华东地区提供了一条南北水上快速交通大动脉。苏北运河(徐州蔺家坝—淮安—扬州六圩口),全长404km,纵跨徐州、宿迁、淮安、扬州等11个县(市),沟通了微山湖、骆马湖、洪泽湖、高邮湖等水系,是京杭运河上运输最繁忙的河段。本次整治,共耗资6亿元,基本建成二级航道,成为京杭运河上等级最高的航道,常年可行驶2 000吨级的船舶。目前有苏、鲁、沪、浙、湘、豫等10多个省市的船舶航行其中,年货运量可达3亿多吨。徐州段最大通过量已达5 500万t船舶吨位,其中货物通过量达3 500万t。苏南运河(镇江谏壁—常州—南浔),全长224km,贯穿江苏经济最发达的常州、镇江、无锡、苏州等市,沟通了长江、太湖水系,与上海、浙江等周边地区的省际河流相连。

苏南运河的整治,使航道全部达到四级标准,可通航500吨级船队。目前,该航道年货运量已超过1亿t,超过江苏境内长江航道的运量,相当于沪宁铁路单线货运量的3倍。航行船舶的密度超过了德国的莱茵河,是京杭运河上运量最大,密度最高的河段之一,建成的谏壁船闸日均船舶通过量已达10万t以上。浙江段(南浔—杭州),全长120多千米,沟通了太湖水系和钱塘江水系,分为东、中、西三条路线,一般以东线代表运河的位置,河道狭窄、弯曲,终年可通机动船舶。近几年来,经过交通运输部门的整治,改善了航运条件,目前可通行300吨级的船舶。

京杭运河江苏段尽管自20世纪90年代以来陆续进行过扩容和整治,但目前还是呈现出很大的不适应性,自1994年开始出现大规模堵航事件,1999年后逐年加剧,平均每年发生8小时以上堵航事件46次,受堵船舶每年都在10万艘次以上,其中以江南段的堵航情况最为严重。造成堵航的主要原因是京杭运河的航道基础设施状况已满足不了区域经济社会迅猛发展

的要求，部分航段、船闸明显不适应运力要求。近年京杭运河江苏段的航道技术尺度进一步恶化，徐扬段404km航道在二期整治中有近1/3的航段没有达到设计的二级航道标准，同时289km二级航道中也已有92km等级下降。

根据《江苏省干线航道网规划》的安排，重点对京高运河江苏段的整治，包括苏北运河“三改二”、苏南运河“四改三”及船闸扩容；呼应沿海开发，加快第二纵向水运通道连伸线的构建，使苏南运河运力将提高1倍，苏南运河四级航改造为三级航道，1 000吨级的船舶将能够畅通无阻。

另外，按照交通运输部和浙江省的规划，京杭运河将从目前的终点杭州三堡开始，借道钱塘江。流经浦阳江，萧绍内河、曹娥江、姚江和甬江入海，流程252km，京杭大运河延伸段将按国家干线四级航道规划，延伸后的京杭运河总长将达到5 000多千米，疏浚改造后的杭甬运河为长江中下游与宁波港之间的一条重要通道。

京杭大运河沿线主要港口有河北的沧州港；山东的德州港、济宁港；江苏的淮安港、淮阳港；浙江的嘉兴港、潮州港等。

第四章　海上运输地理

学习提要

海上运输是国际货物运输的主要方式，在国际贸易中发挥着重要作用。通过本章的学习，学生要了解我国海上运输的资源条件及运输的基本特点；掌握我国沿海运输的地理布局，主要海港的基本概况；掌握我国及世界远洋航线的布局，世界主要港口分布及基本概况。

基本概念

海上运输、海港、国际航线。

第一节　海上运输概述

海上运输是历史悠久的运输方式，目前国际贸易总运量中，2/3 以上的货物运输是利用海上运输完成的。

一、我国海上运输资源

我国海运资源丰富，大陆海岸线自鸭绿江口至北仑河口，长达 1.8 万多千米。此外，岛屿海岸线长 1.4 万多千米，海岸线总长 3.2 万多千米。我国海岸线曲折，较大海湾有 150 个，多宽阔水深的天然港口。我国大陆东南方濒临五大海区：渤海、黄海、东海、南海及台湾以东太平洋海域。其中，前四海区面积即达 472.7 万 km^2。

1. 渤海

渤海是我国的内海。三面环陆，在辽宁、河北、山东、天津三省一市之间。具体位置在北纬 37°07′~41°0′、东经 117°35′~121°10′。辽东半岛南端老铁三角与山东半岛北岸蓬莱遥相对峙，像一双巨臂把渤海环抱起来，岸线所围的形态好似一个葫芦。渤海通过渤海海峡与黄海相通。渤海海峡口宽 59n mile，有 30 多个岛屿，其中较大的有南长山岛、砣矶岛、大钦岛和北隍城岛等，总称庙岛群岛或庙岛列岛。其间构成 8 条宽狭不等的水道，扼渤海的咽喉，是京津地区的海上门户，地势极为险要。渤海古称沧海，又因地处北方，也有北海之称。

渤海的面积较小，大概只有 7.7 万 km^2。渤海平均水深 25m，渤海的总容量不过 1 730km^3。渤海沿岸水浅，特别是河流注入地方仅几米深；而东部的老铁山水道最深，达到 86m。

辽东半岛南端老铁山角与山东半岛北岸蓬莱角的连线是渤海与黄海的分界线。

2. 黄海

黄海位于中国大陆和朝鲜半岛之间，为一半封闭性的浅海。黄海北接辽东半岛，东临朝鲜半岛西岸，并以半岛西南端的珍岛至济州岛的西南角为其东界；西北以庙岛群岛为界；西界为山东半岛和苏北平原；南面以长江口北角启东咀与济州岛联线与东海相连。在黄海中部又以山东半岛的成山角与朝鲜半岛的长山串连线为界，将黄海分为两部分：北黄海和南黄海。黄海南北长870km，东西宽约556km，最窄处193km，总面积38万km^2，其中北黄海面积7.1万km^2，南黄海面积30.9万km^2。

黄海海底为一近南北向的浅海盆，西、北、东三面向中部及东南部倾斜，坡度较缓，平均坡度为0°01′21″，中部水深约60～80m，最大水深位于济州岛西北，可达140m。平均水深44m，具有西浅东深，北浅南深的特征。

3. 东海

东海是我国东部的一个边缘海，是由中、日、韩三国领土环绕形成的半封闭海域。东海大陆架位于三国之间，是中国大陆领土的自然延伸。东海总面积为77万km^2，平均水深370m，最大深度达到2 719m。它北面以长江口为界，与黄海接壤。南面以广东南澳岛至台湾岛南段的鹅銮鼻连线与南海分界。东海的海底地形比较复杂，基本上可以分为两部分；西部为宽阔的大陆架，成为东海大陆架，占东海总面积的66.7%；东部为大陆坡。

东海大陆架是世界上最宽阔的大陆架之一，北宽南窄，平均水深72m，但是大部分海域的水深为60～140m，陆架外缘在水深120～200m处。东海大陆架是我国大陆在海水下的自然延伸。大量资料证明，在更新世末期，东海大陆架曾经是中国大陆的一部分，是以黄河和长江为主的大陆水系冲积而成的三角洲平原。

4. 南海

南海是世界著名的热带大陆边缘海之一，面积辽阔、水体巨大、水域深渊；南海以闽粤沿海省界到诏安的宫古半岛经台湾浅滩到台湾岛南端的鹅銮鼻的连线与东海相接。整个南海几乎被大陆、半岛和岛屿所包围。北面是我国广东、福建沿海大陆和台湾、海南两大岛屿，东面是菲律宾群岛，西面是中南半岛，南面是加里曼丹岛与苏门答腊岛等。南海位于北起北纬23°37′，南迄北纬3°00′，西自东经99°10′，东至东经122°10′。南北横越约2 000km，东西纵跨约1 000km。整个海域面积约350万km^2，其平均水深为1 212m，最深处为5 559m。此外，在浩瀚的南海海洋上，散布着大小200多个岛屿礁滩，统称为南海诸岛。南海与南海诸岛地理位置非常重要、热带自然风光十分绮丽、资源蕴藏量巨大，是我国神圣领土不可分割的一部分。

南海海岸线曲折、港湾水道众多，南海沿岸的广东、广西大陆海岸线总长4 963km，占全国大陆海岸线总长的27.5%，加上两省的海岛岸线和海南岛的岛屿岸线，总长达9 542km，占全国海岸线总长的29.8%。沿岸港口众多，可建设开发的大小港口约有200多个，其中，共有万吨级泊位177个，占全国沿海港口万吨级泊位总数的26%。

南海自古以来就是东西方交流的主要通道，战略地位十分重要。在国际海洋交通上，它是西欧—中东—远东海运航线（世界最繁忙、最重要的海上航线之一）的重要组成部分，是我国联系东南亚、南亚、西亚、非洲及欧洲的必经之地。特别是南沙群岛，地处太平洋到印度洋的航道要冲，不仅扼制南海地区的海上交通线，而且对马六甲海峡、新加坡海峡等（海上交通咽喉）产生重大影响。

根据统计，世界一半以上的超级油船都要经过该水域，经过南海地区的油流，是经过苏伊士运河油流的5倍，是经过巴拿马运河油流的15倍；日本和韩国90%以上的石油，台湾98%以上的石油进口都必须经过该区域；同时南海也是世界液化天然气最大的产区和贸易区。

二、海上运输的特点

1. 运输量大

国际货物运输是在全世界范围内进行的商品交换，地理位置和地理条件决定了海上货物运输是国际货物运输的主要手段。国际贸易总运量的80%以上是利用海上运输来完成的，有的国家的对外贸易运输海运占运量的90%以上。这种情况的主要原因是船舶向大型化发展，如50万~70万t的巨型油船、15万~20万t的散装船以及载箱量为12 000TEU的超大集装箱船的出现。船舶的载运能力远远大于火车、汽车和飞机，是国际货物运输中，运输能力最大的运输工具。

2. 通过能力大，可实现长距离运输

海上运输利用天然航道四通八达，不像火车、汽车要受轨道和道路的限制，因而其通过能力要超过其他各种运输方式。如果因政治、经济、军事等条件的变化，还可随时改变航线驶往有利于装卸的目的港。同时，海上航道是相联通的，为实现长距离运输提供了保障。

3. 运费低廉、投资省

船舶的航道是天然构成、船舶运量大，港口设备投资一般回收期较长，船舶经久耐用且节省燃料，所以货物的单位运输成本相对低廉。据统计，海运运费一般约为铁路运费的1/5，公路汽车运费的1/10，航空运费的1/30，这就为低值大宗货物的运输提供了有利的竞争条件。同时，海上天然航道基本不需要投资建设，基本建设成本低。

4. 对货物的适应性强

由于船舶大型化和多样化，使海上货物运输基本上适应各种货物的运输。如石油井台、火车、机车车辆等超重大货物，其他运输方式是无法装运的，而船舶一般都可以装运。

5. 运输的速度慢

由于商船的体积大、水流的阻力大，加之货物在港口装卸时间长等其他各种因素的影响，所以货物的运输速度比其他运输方式慢。较快的班轮航行速度也仅30kn左右。

6. 风险较大

船舶海上航行受自然气候和季节性影响较大，海洋环境复杂、气象多变，随时都有遇上狂风、巨浪、暴风、雷电、海啸等人力难以抗衡的海洋自然灾害袭击的可能，遇险的可能性比陆地、沿海要大。同时，海上运输还存在着社会风险，如战争、罢工、贸易禁运等运输企业不可控制的因素的影响。

三、国际海上运输在国民经济中的地位和作用

1. 海上货物运输是国际贸易运输的主要方式

国际海上货物运输虽然存在速度较低、风险较大的不足，但是由于它的通过能力大、运量大、运费低以及对货物适应性强等长处，加上全球特有的地理条件，使它成为国际贸易中主要

的运输方式。我国进出口货运总量的80%~90%是通过海上运输进行的,由于集装箱运输的兴起和发展,不仅使货物运输向集合化、合理化方向发展,而且节省了货物包装用料和运杂费,减少了货损货差,保证了运输质量,缩短了运输时间,从而降低了运输成本。

2. 海上货物运输是国家节省外汇支付、增加外汇收入的重要渠道之一

在我国,运费支出一般占外贸进出口总额10%左右,尤其大宗货物的运费占的比重更大,贸易中若充分利用国际贸易术语,争取我方多派船,不仅可节省外汇的支付,而且还可以争取更多的外汇收入。特别把我国的运力投入到国际航运市场,积极开展第三国的运输,为国家创造外汇收入。目前,世界各国,特别是沿海的发展中国家都十分重视建立自己的远洋船队,注重发展海上货物运输。一些航运发达国家,外汇运费的收入成为这些国家国民经济的重要支柱。

3. 发展海上运输业有利于改善国家的产业结构和国际贸易出口商品的结构

海上运输是依靠航海活动的实践来实现的,航海活动的基础是造船业、航海技术和掌握技术的海员。造船工业是一项综合性的产业,它的发展又可带动钢铁工业、船舶设备工业、电子仪器仪表工业的发展,促进整个国家的产业结构的改善。我国由原来的船舶进口国,近几年逐渐变成了船舶出口国,而且正在迈向船舶出口大国的行列。由于我国航海技术的不断发展,船员外派劳务已引起了世界各国的重视。海上运输业的发展,我国的远洋运输船队已进入世界10强之列,为今后大规模的拆船业提供了条件,不仅为我国的钢铁厂冶炼提供了廉价的原料、节约能源和进口矿石的消耗,而且可以出口外销废钢。由此可见,海上运输业的发展,不仅能改善国家产业结构,而且会改善国际贸易中的商品结构。

4. 海上运输船队是国防的重要后备力量

海上远洋运输船队历来在战时都被用作后勤运输工具。美、英等国把商船队称为"除陆、海、空之外的第四军种",苏联的商船队也被西方国家称之为"影子舰队"。可见,它对战争的胜负所起的作用。正因为海上运输占有如此重要的地位,世界各国都很重视海上航运事业,通过立法加以保护,从资金上加以扶植和补助,在货载方面给予优惠。

第二节 我国海港的布局及主要港口

一、港口的概念及构成

港口,是指具有船舶进出、停泊、靠泊,旅客上下,货物装卸、驳运、储存等功能,具有相应的码头设施、由一定范围的水域和陆域组成的区域。港口可以由一个或者多个港区组成。港口是各种运输方式的结合点。现代港口是水路运输、公路运输、铁路运输等各运输方式的枢纽。

1. 港口的主要组成部分

(1)港口水域,是指港界线以内的水域面积。它一般须满足两个基本要求,即船舶能安全地进出港口和靠离码头;能稳定地进行停泊和装卸作业。港口水域主要包括码头前水域、进出港航道、船舶转头水域、锚地以及助航标志等几部分。

(2)港口陆域,是指港界线以内的陆域面积。一般包括装箱作业地带和辅助作业地带两部

分，并包括一定的预留发展地。装卸作业地带布置有仓库、货场、铁路、道路、站场、通道等设施；辅助作业地带布置有车库、工具房、变(配)电站、机具修理厂、作业区办公室、消防站等设施。

港口陆域纵深，则通常是指码头前沿线(突堤码头自根部起算)至后方港界线的平均宽度。港口陆域纵深主要受地形、地物的限制，在确定时一般考虑吞吐量、货种、装卸工艺要求、港口平面布置、铁路分区车场形式、港口的可能发展余地等多种因素的要求。目前我国沿海港口的件杂货港区一般在200~400m之间。

(3)港口工程建筑，包括陆上工程建筑(仓库库房、道路等)、水上工程建筑(包括航道、防波堤、护岸、码头、浮筒、航标等)。

(4)港口装卸、起重、搬运机械及其为装卸生产服务的各种配套设施

例如：机修厂、维修车间、港内运输设备、船舶航修站等。

(5)港口管理与装卸生产组织机构，主要分为两个部分：

①行政管理部门，包括港航管理部门、海事、边防、海关、检验检疫，还包括环保、规划等部门。

②港口生产管理部门，包括装卸公司、理货公司、仓储公司、运输企业等。

2. 港口在海上运输中的基本任务

(1)实现各运输方式的衔接，加速车、船、货的周转。

(2)实现货物在不同运输方式之间的装卸、换装作业。

(3)为货物的集散、存储等提供必要条件和服务。

(4)为船舶提供技术供应服务。

(5)在恶劣天气时，为过往船舶提供隐蔽场所。

(6)实施海难救助等。

3. 港口码头、泊位

(1)港口码头：指供船舶停靠、装卸货物和上下游客的水工建筑物。它是港口的主要组成部分。

①港口码头按其平面布置分，有顺岸式、突堤式、墩式等。墩式码头又分为与岸用引桥联系的孤立墩或用联桥联系的连续墩；突堤码头又分窄突堤(突堤是一个整体结构)和宽突堤(两侧为码头结构，当中用填土构成码头地面)。

②按断面形式分，有直立式、斜坡式、半直立式和半斜坡式。

③按结构形式分，有重力式、板桩式、高桩式、斜坡式、墩柱式和浮码头式等。

④按用途分，有一般件杂货码头、专用码头(渔码头、油码头、煤码头、矿石码头、集装箱码头等)、客运码头、供港内工作船使用的工作船码头以及为修船和造船工作而专设的修船码头、舾装码头。

(2)码头岸线：指码头建筑物靠船一侧的竖向平面与水平面的交线，即停靠船舶的沿岸长度。它是确定码头平面位置和高程的重要基线。构成码头岸线的水工建筑物叫码头建筑物。根据船舶吃水深度和使用性质等的不同，一般分为深水岸线、浅水岸线和辅助作业岸线等。港口各类码头岸线的总长度是港口规模的重要标志，表示它能同时靠码头作业的船舶数量。

(3)港口码头前沿作业地带：指从码头线至第一排仓库(或堆场)的前缘线之间的场地。它是货物装卸、转运和临时堆存的场所。一般设有装卸、运输设备；有供流动机械，运输车辆操

作运行的地带；有的还有供直取作业的铁路轨道。前沿作业地带的宽度没有统一的标准，主要根据码头作业性质，码头前的设备装卸工艺流程等因素确定。我国沿海港口、件杂货码头前沿作业地带的宽度在25～40m。前沿作业地带的面层，一般用混凝土、钢筋混凝土块体和块石进行铺砌，以满足运输机械行走和场地操作等要求。

（4）泊位：指一艘设计标准船型停靠码头所占用的岸线长度或占用的趸船数目。泊位长度一般包括船舶的长度 L 和船与船之间的必要安全间隔 d。d 值的大小根据船舶大小而变化，一个万吨级泊位为15～20m。泊位的数量与大小是衡量一个港口或码头规模的重要标志。一座码头可能由一个或几个泊位组成，视其布置形式和位置而定。

二、港口的分类

1. 按港口的地理位置划分

（1）海港：在自然地理条件和水文气象方面具有海洋性质的港口称为海港。它又可分为：

①海岸港：位于有掩护的或平直的海岸上。属于前者大都位于海湾中或海岸前有沙洲掩护。例如：大连港、湛江港和榆林港等，都有良好的天然掩护，不需要建筑防护建筑物。若天然掩护不够，则需加筑外堤防护，如烟台港。位于平直海岸上的港一般都需要筑外堤掩护，如塘沽新港。

②河口港：位于入海河流河口段，或河流下游潮区界内。历史悠久的著名大港多属此类。如我国的海港黄埔港。国外的鹿特丹港、纽约港、伦敦港和汉堡港均属于河口港。由于海港受风浪、潮汐、沿岸输沙等的影响，一般利用海湾、岛屿、岬角等天然屏障，或建造防波堤等人工建筑物作为防护；港内有广阔的水域和深水航道，可供海船进出停泊，进行各种作业，补给燃料、淡水和其他物品、躲避风浪等。它是沿海运输和各种海上活动的基地。优良的海港，通常是沟通国内外贸易的枢纽。

（2）河港：位于河流沿岸，且有河流水文特征的港口称为河港。如我国的南京港、武汉港和重庆港均属于此类。它可供内河运输船舶编解队、装卸作业、旅客上下和补给燃物料等。河港直接受河道径流的影响，天然河道的上游港口水位落差较大，装卸作业比较困难；中、下游港口一般有冲刷或淤积的问题，常需护岸或导治。

（3）水库港：建于大型水库沿岸的港口称为水库港。水库港受风浪影响较大，常建于有天然掩护的地区。其水位受工农业用水和河道流量调节等的影响，变化较大。

（4）湖港：位于湖泊沿岸或江河入湖口处的港口称为湖港。湖港的水位落差不大，水面比较平稳、水域宽阔、水深较大，是内河、湖泊运输和湖上各种活动的基地。

2. 按港口的性质和功能划分

（1）商港：以一般商船和客货运输为服务对象的港口称为商港。商港具有停靠船舶、上下客货、供应燃（物）料和修理船舶等所需要的各种设施和条件，是水陆运输的枢纽。例如：我国的上海港、大连港、天津港、广州港和湛江港等均属此类。国外的鹿特丹港、安特卫普港、神户港、伦敦港、纽约港和汉堡港都是商港。

商港的规模用吞吐量表示。按装卸货物的种类分，有综合性港口和专业性港口两类。综合性港口系指装卸多种货物的港口；专业性港口为装卸某单一货类的港口，例如：石油港、矿石港、煤港等。一般说来，由于专业性港口采用专门设备，其装卸效率和能力比综合性港口高，在货物流向稳定、数量大、货类不变的情况下，应多考虑建设专业性港口。

(2)工业港：为临近江、河、湖、海的大型工矿企业直接运输原材料及输出制成品而设置的港口称为工业港。例如：大连地区的甘井子大化码头、上海市的吴泾焦化厂煤码头及宝山钢铁总厂码头均属此类。

(3)渔港：为渔船停泊、鱼货装卸、鱼货保鲜、冷藏加工、修补渔网和渔船生产及生活物资补给的港口称为渔港。渔港是渔船队的基地，具有天然或人工的防浪设施，有码头作业线、装卸机械、加工和储存渔产品的工厂（场）、冷藏库和渔船修理厂等。

(4)军港：供舰艇停泊并取得补给的港口称为军港，军港是海军基地的组成部分，通常具有停泊、补给等设备和各种防御设施。

三、我国沿海港口布局

我国沿海港口的分布，由于受自然条件和建港条件以及社会、经济地域分布格局的影响，根据《全国沿海港口布局规划》，基本形成以长三角港口群、珠三角港口群、环渤海湾港口群、东南沿海港口群、西南沿海港口群5个港口群体的港口布局。

1. 长江三角洲地区港口群

该港口群依托上海国际航运中心，以上海、宁波港口的发展为重点，由苏州港等长江下游沿江地区港口共同组成上海国际航运中心集装箱运输系统；以宁波、舟山为主，相应发展上海、南通、苏州、镇江等港口的进口矿石中转运输系统；以宁波、舟山为主，相应发展南京等港口的进口原油中转运输系统；以上海、舟山和电力企业自用码头为主的煤炭卸船中转运输系统，服务于长江三角洲以及长江沿线地区的经济社会发展。

2. 珠江三角洲地区港口群

该港口群由粤东和珠江三角洲地区港口组成。在巩固香港国际航运中心地位的同时，该港口群以深圳、广州港为主的集装箱运输系统，按照利益共享、风险共担、优势互补、共同发展的原则，在努力巩固和保持香港国际航运中心的采购中心和结算中心地位的同时，充分发挥两地港口的资源优势，相应建设珠海、虎门等港口的集装箱码头，形成各展所长、共同发展的局面，尽可能减少港口资源的浪费；以惠州、深圳、珠海等珠江口外港口的进口原油、成品油、液化天然气(LNG)接卸码头为主，相应建设珠江口内的广州、东莞等港口的成品油、液化石油气(LPG)进口油气中转运输系统；以广州和电力企业自用码头为主的煤炭卸船中转运输系统，服务于华南、西南部分地区，加强广东省和内陆地区与港澳地区的交流。

3. 环渤海湾地区港口群

该港口群由辽宁、津冀和山东沿海港口群组成。其发展重点是大连、天津和青岛港，相应发展丹东、营口、锦州、秦皇岛、唐山、沧州、烟台和日照等港的集装箱运输系统，形成以大连、唐山、天津、青岛和日照港为主的进口矿石中转系统；以大连、天津、青岛港为主组成的深水、专业化进口原油中转系统，以及由秦皇岛、天津、黄骅、京唐、青岛、日照港等组成的煤炭装船运输系统。

4. 东南沿海地区港口群

该港口群的发展是以厦门港、福州港为主，相应发展泉州、莆田、漳州等支线港的集装箱运输系统和以电厂码头为主的煤炭接卸系统；以泉州港为主的进口石油、天然气接卸系统；以宁德、福州、厦门、泉州、莆田、漳州等港为主的陆岛滚装运输系统，以服务于福建省和江西等内陆省份部分地区的经济社会发展和对台“三通”的需要。

5. 西南沿海地区港口群

该港口群由粤西、广西沿海和海南省的港口组成。主要发展以湛江、防城、海口等支线港组成的集装箱运输系统；由湛江、海口、广西沿海等港组成的进口石油、天然气中转储运系统；由湛江、防城和八所等港组成的矿石转运系统，以及以湛江、海口、三亚等港为主的旅客运输系统。

四、我国沿海港口规模

至2011年底，我国沿海港口拥有生产用码头泊位5 532个，其中万吨级及以上泊位1 422个。沿海运输完成货运量15.22亿t、货物周转量19 503.56亿t·km，远洋运输完成货运量6.35亿t、货物周转量49 355.40亿t·km。

2011年，全国港口完成货物吞吐量100.41亿t，其中，沿海港口完成63.60亿t；全国港口完成外贸货物吞吐量27.86亿t，其中，沿海港口完成25.44亿t，沿海港口中货物吞吐量超过亿吨的港口有17个(表4-1)。

2011年我国沿海港口货物吞吐量超亿吨的港口　　表4-1

港口名称	吞吐量(亿t)	港口名称	吞吐量(亿t)
宁波—舟山港	6.94	日照港	2.53
上海港	6.24	深圳港	2.23
天津港	4.53	烟台港	1.80
广州港	4.31	厦门港	1.57
青岛港	3.72	连云港港	1.56
大连港	3.37	湛江港	1.55
唐山港	3.13	北部湾港	1.53
秦皇岛港	2.88	黄骅港	1.13
营口港	2.61		

2011年，全国港口完成集装箱吞吐量1.64亿TEU，其中，沿海港口完成1.46亿TEU。沿海港口中，集装箱吞吐量超过100万TEU的港口达15个(表4-2)。

2011年我国沿海港口集装箱吞吐量超100万TEU的港口　　表4-2

港口名称	吞吐量(万TEU)	港口名称	吞吐量(万TEU)
上海港	3 173.93	连云港港	485.19
深圳港	2 257.08	营口港	403.30
宁波—舟山港	1 471.92	烟台港	170.86
广州港	1 425.04	福州港	166.02
青岛港	1 302.01	泉州港	156.86
天津港	1 158.76	日照港	139.95
厦门港	646.50	汕头港	110.08
大连港	640.03		

五、我国大陆沿海主要港口概况

1. 长三角港口群主要港口概况

1)上海港

上海港位于中国大陆海岸线中部,长江与东海交汇处,东经121°29′04.5″,北纬31°14′18.8″。

(1)上海港的气象与水文条件。上海港所在地属亚热带海洋性季风气候,受冬、夏季风交替影响,四季变化分明。全年温暖多雨,以东南风为主,强风向为东北风。大多数情况下,雾的持续时间为2~3h,对港内航运、装卸影响不大。百年来航道没有发生冰冻现象,属全年不冻港。

长江口和黄浦江均属正规半日潮型。黄浦江自吴淞口至淀山湖长113km,均受潮汐影响,涨潮时从吴淞口向黄浦江里涌进81.5km,退潮时流入长江。通常黄浦江内水流平缓,仅在陆家嘴附近因河道过于弯曲,水流急时紊流。水流流速随季节而变化,最大涨潮流速为3.5n mile,最大落潮流速为2.9n mile。平均潮差为2~2.5m。

(2)上海港的主要经济腹地。上海港的交通发达便捷,集疏运条件良好。铁路干线有津沪线和沪杭线,港区的开平、北票、张华浜和军工路码头均有铁路专用线。公路通过204、312、318、320国道,分别通往烟台、乌鲁木齐、拉萨和昆明,并与国内其他主要公路干线相通。

上海港地处长江三角洲沿海与长江交汇处。以上海港为中心,北起连云港,南至温州港,西溯南京港,已形成了规模大、功能全、辐射广的长江三角洲港口群,在我国东部经济发展中,具有重要的战略意义。

从广义上看,上海港及其相邻港口的吸引范围广及整个长江流域及陇海、浙赣铁路沿线地区,这是长江三角洲港口群共有的腹地,对上海港来说,可谓第一层次的腹地。

从狭义上看,江苏、浙江、安徽和江西四省是上海港及其相邻港口交叉的腹地,对上海港来说,可谓第二层次的腹地。

上海港第三层次的腹地,也是直接的腹地,就是上海市。

上海港的腹地处于我国南北的中部,横跨东、中、西部3个地带,是我国经济发达和比较发达的地区。腹地经济的主要特点:①加工能力大,但矿藏资源少。这些省市的工业以加工工业为主,钢铁、石化、电力和纺织工业等都较发达,无论是品种、质量或规模,都在全国占有领先地位。但矿藏资源少,工业所需的燃料、原材料,大部分或全部要从区外或国外进口。②沿江设厂,充分利用水运资源。一大批大型骨干工厂,例如:上钢、宝钢等都位于或基本上位于沿海沿江,这对发展水运有利,水运将在上述三个地带滚动发展中起重要作用。③随着改革开放的深入,外向型经济发展迅速。腹地内上海、江苏、浙江、安徽、江西、福建五省一市的外贸出口金额都比上年增加。

(3)上海港现状及发展。上海港港区主要分为新港区和老港区两大部分。老港区主要分布在黄浦江沿岸,新港区主要集中于吴淞口。港区分布在长江口南岸和黄浦江两岸,岸线长173.1km,航道平均水深8m。上海港拥有各类码头泊位1 140个,其中万吨级以上生产泊位171个,其中上海港内河港区有码头泊位818个,最大靠泊能力3 000吨级。上海港新建的洋山深水港区位于上海南汇芦潮港东南,距离南汇芦潮港27.5km,距离国际航线104km。

2005年12月10日，上海国际航运中心洋山深水港区正式宣布“开港”。该港成为上海国际航运中心的主体。洋山港区西北距上海市浦东新区芦潮港约32km，南至宁波北仑港约90km，向东经黄泽洋水道直通外海，距国际航线仅45n mile，是距上海最近的深水良港，到2020年，洋山港布置集装箱深水泊位50多个。

洋山港港区规划总面积超过$25km^2$，包括东、西、南、北四个港区，按一次规划，分期实施的原则，自2002年至2020年分三期实施。

东港区为能源作业港区，包括LNG（液化天然气）接收站和海底输气干线，同时，东港区还是远东最大的成品油中转基地，规划建设1900m长的油品码头作业区，这是一座国家战略储备油库。

北港区、西港区为集装箱装卸区，是洋山港的核心区域。规划深水岸线10km，可布置大小泊位30多个，可以装卸世界最大的超巴拿马型集装箱货轮和巨型油船。

南港区以大洋山本岛为中心，西至双连山、大山塘一带，东至马鞍山。将作为洋山港2020年以后的规划发展预留岸线。

目前，上海港的进港主航道在长江口的南港北槽，进吴淞口后就是黄浦江航道。长江口航道能维持的水深为7m，吃水在10m以下的船舶可利用潮水乘潮进出。黄浦江内航道，自吴淞口至闵行全长67.2km，水深10m以上的航道占80%，8m以上的航道占90%。

上海港主要锚地共有8处，总面积有$1.29\times10^4m^2$。8处锚地分别是长江口候潮锚地，绿华山避风、过驳锚地，鸭窝沙候潮锚地，大型船舶临时候潮锚地，检疫联检锚地，宝山联检、候潮锚地，宝山临时大型铁驳编、解锚地，宝钢大型铁驳锚地。

2010年，上海港货物吞吐量完成6.5亿t，继续保持世界第一位置。其中，集装箱吞吐量2 905万TEU，超过新加坡港50万TEU左右，首次成为世界第一大集装箱港。

2011年，上海港完成货物吞吐量7.3亿t，其中，海港货物吞吐量6.24亿t，内河港货物吞吐量1.03亿t，集装箱吞吐量3 173.9万TEU，双双位居世界第一。

2）宁波—舟山港

为整合宁波、舟山港口资源，推进两港“一体化”进程，从2006年月1月1日起，原“宁波港”、“舟山港”名称不再使用，取而代之的是“宁波—舟山港”。

宁波—舟山港地处我国东南沿海、大陆海岸线的中部，我国东部沿海与长江“黄金水道”的交汇处，东濒太平洋，通过海运可联系世界各国，内陆可通过长江水道及公路、铁路网向内地辐射，在我国经济中具有重要的战略地位。港口所在区域属长江经济带与东部沿海经济带“T”形交汇处的长三角地区，是我国经济发展水平最高、最具活力和发展潜力的地区之一。

宁波—舟山港海域北起杭州湾东部的花鸟山岛、南至石浦的牛头山岛，三面环海，一处靠陆，以宁波北仑港所在大陆为依托，由定海、普陀诸岛环抱的广阔水陆域所组成。东西长约66km，南北平均宽度9km。这里是我国罕见的峡道型深水港口，港池内水深一般均在12～30m，深水水域可供锚泊作业的面积约有$82km^2$，能同时停泊1万～10万吨级船舶1 000艘以上。

宁波—舟山港南北长约220km，共有岸线总长4 000余km，其中近岸水深10m以上的深水岸线约303km。宁波港区的进港航道水深在18.2m以上，25万吨级以下船舶可以自由进出，25万～30万吨级超大型船舶可以候潮进港。而依托中国最大的群岛舟山群岛的舟山港区

更是拥有世界罕有的建港条件,水深 15m 以上的岸线 200.7km,水深 20m 以上的岸线 103.7km,穿越港区的国际航道能通行 30 万吨级以上的巨轮,宁波—舟山港目前已建成各类泊位 723 个。

(1)宁波港区概况。宁波港区位于浙江省宁波市,地处中国大陆海岸线中部,是国家重点建设的大陆沿海四个国际深水中转港之一。宁波港由北仑港区、镇海港区、宁波港区、大榭港区、穿山港区组成,是一个集内河港、河口港和海港于一体的多功能、综合性的现代化深水大港。现有生产性泊位 191 座,其中万吨级以上深水泊位 39 座。最大的有 25 万吨级原油码头,20 万吨级(可兼靠 30 万吨级船)的卸矿码头,第六代国际集装箱专用泊位以及 5 万吨级液体化工专用泊位。

宁波港潮汐属不规则半日潮。年平均最高和最低潮位分别为:宁波港 3.1m 和 1.43m,镇海港区 2.19m 和 1.16m,北仑港区 2.9m 和 1.12m;年平均潮差分别为:宁波港区 1.74m,镇海港区 1.71m,北仑港区 1.82m。

宁波港在甬江内外有虾峙锚地、马峙锚地、金塘锚地、七里锚地、镇海锚地、常洪锚地、白沙锚地等:3 000 吨级的外轮引航、检疫、待泊锚地为七里屿锚地,水深约 8m,淤泥质底;虾峙门口外设引航、检疫锚地,马峙西南设避风锚地,供北仑港区使用,面积为 16.6m $mile^2$;马峙是避风锚地。

(2)舟山港区概况。舟山港区位于浙江省舟山群岛舟山市,地处我国南北航线与长江航线的"T"形交界点,水运交通十分便利;背靠经济发达的长江三角洲,是江浙和长江流域诸省的海上门户。港口具有丰富的深水岸线资源和优越的建港自然条件,可建码头岸线有 1 538km,其中水深大于 10m 的深水岸线 183.2km;水深大于 20m 以上的深水岸线为 82.8km。

舟山全港有定海、沈家门、老塘山、高亭、衢山、泗礁、绿华山、洋山 8 个港区,共有生产性泊位 352 个,其中,万吨级以上 12 个。港域内海底平坦、水域开阔、水深适中,作为大型锚地和水水中转地,其深水资源几乎用之不竭。但舟山港最大的制约因素就是无大陆依靠,直接经济腹地小,陆域的集疏运条件不完善。

舟山港内潮汐类型为正规半日潮和非正规半日潮两种。最高潮位 5.04m,最低潮位 -0.05m,平均潮差 2.54m。最大潮差 4.32m,最小潮差 0.45m。

舟山港进出港域的口门众多,拥有不同水深的多条航道,有利于不同船型多方位自由通航。以舟山港为中心,目前可通行万吨以上船舶的有东、南、西、北 10 多条航道,水深稳定,终年不冻,主要航线航标设施完善,能够适应舟山港口全面开发及大型船舶通航。东航道,由螺头水道,经虾峙门往东海,最窄口门宽约 750m,航道口门外有一浅滩,最浅水深 17.9m,高潮水深 21.4 ~22.4m,15 万 t 船舶可自由进出,20 万 t 船舶可乘潮进港,如稍加整治,航道水深可达 23m;南航道,由螺头水道折向南,顺箬帚门进出,与浙、闽沿海港口相通,最浅处水深 16m,可通行 10 万 t 船舶;西航道,从金塘水道、西堠门水道向西,进入杭州湾,能通行 3.5 万 t 以下船舶;此外,还有乌沙门水道和福利门水道等可以通行 5 万 ~10 万 t 船舶;东端国际航线,往北经东亭、浪岗、嵊山和小板门水道,可以通行 20 万 ~30 万 t 巨型船舶。

舟山海域可供万吨以上船舶锚泊、装卸、避风的主要锚地有马峙锚地、野鸭山锚地、清滋门锚地、六横东北锚地、衢山南锚地、白节山锚地、绿华山锚地等;供外轮引航待命的有虾峙门锚地等。各航道与锚地相互衔接、集疏方便、遮蔽性能好,形成舟山港域独特的优越性。

(3)宁波—舟山港的发展。随着宁波—舟山港行政区域界限的打破,首先在与北仑港一水之隔的舟山金塘岛得到发展。作为舟山离宁波最近的深水岸线,金塘海域拥有长三角地区最丰富、最集中的深水资源,是建造集装箱深水港的理想之地。

2006年6月21日,由宁波、舟山以市场化的方式合资的金塘大浦口集装箱码头工程可行性研究报告通过专家预审查。该工程设计年吞吐量为250万TEU,总投资57亿元。工程建成后,将与宁波北仑四期、五期工程,大榭集装箱码头一起,大幅提升宁波—舟山港的集装箱吞吐能力。

2009年,《宁波—舟山港总体规划》获得了交通运输部和浙江省政府的联合批复,舟山跨海大桥全线建成试通车,这些都为宁波—舟山港的加速发展夯实了基础。

按目前发展态势,宁波—舟山港实现一体化发展后,港口的货物吞吐量有望得到提高,2011年,宁波—舟山港吞吐量达到6.94亿t,集装箱吞吐量1471万TEU。其中宁波港区完成货物吞吐量4.33亿t,集装箱吞吐量完成1451万TEU。

3)连云港港

(1)连云港港的地理位置。连云港港位于太平洋西海岸、中国黄海之滨,与韩国、日本等国家主要港口相距在500n mile的近洋扇面内。现为江苏最大海港、苏北和中西部最经济便捷出海口、新亚欧大陆桥东桥头堡,为横贯中国东西的交通大动脉——陇海、兰新铁路的终点港,是我国沿海主枢纽港和能源外运的重要口岸之一,以腹地内集装箱运输为主并承担亚欧大陆间国际集装箱水陆联运的重要中转,是集商贸、仓储、保税、信息等服务于一体的综合性大型沿海商港。新亚欧大陆桥即第二条亚欧大陆桥的开通运营,使连云港港已成为与荷兰鹿特丹同等重要的新陆桥东方的重要出海口岸。

(2)连云港港航道与港口概况。连云港港拥有生产性泊位30个,其中万吨级以上泊位25个,包括煤炭、集装箱、木材、粮食、危险品等专业码头,泊位岸线6 273m,目前已形成老港区、庙岭港区、墟沟港区三大港区,已经成为一个初具规模,大中小泊位配套,散杂货、集装箱并举,运输功能齐全,内外贸兼顾,以外贸运输为主的综合性国际贸易运输枢纽港。

连云港港潮汐为不规则浅海半日潮港,平均潮差3.39m,平均大潮高潮位4.93m,平均小潮高潮位4.61m,平均大潮低潮位-1.86m,平均小潮低潮位1.79m。

连云港港航道为淤泥质,总长20.35km,水深-9m,底宽160m,弯道段宽为160~270m;通航水深-9m,总长12.35km,3.5万吨级船舶可双向航行,5万吨级可单向航行。港湾内庙岭航道、老港区航道水深均为-9m,墟沟航道水深-7.5m,康云油码头航道-4.5m。庙岭港区已从1993年起供7万~8万吨级船舶乘潮进出。海底为软泥质且连云港潮差大,涨潮时,航道可供吃水13m以上大型船舶进出港。另外,各港区掉头区水深与各段航道水深保持一致。灌河口区陈家港和燕尾港自然航道长10.2km,宽80m,适于5 000吨级以下船舶通过。

(3)连云港港的发展。2003年连云港港口吞吐量完成3 752万t,集装箱量30.1万TEU。2004年集装箱吞吐量突破50万TEU,连云港港用了一年时间实现了集装箱吞吐量从30万TEU到50万TEU的迅猛增长,港口发展由此成为连云港市经济发展中耀眼的亮点。2005年集装箱吞吐量突破100万TEU,同比增长100.2%。2004年中海投资35亿元建设庙岭三期工程,该工程建设2万吨级泊位一个、7万吨级泊位两个和10万吨级泊位两个,可同时靠泊一艘2 000TEU、两艘6 000TEU和两艘10 000TEU的集装箱船舶。

连云港港在近5年内新建了16个生产泊位,初步建成深水型、多功能、现代化、国际性枢纽大港和集装箱干线港。2008年,连云港港货物吞吐量实现1亿t,集装箱完成300万TEU;2010年,货物吞吐量达到1.2亿t,集装箱突破400万TEU。港口等级达到15万吨级,并初步满足20万吨级船舶作业。连云港港将重点建设15万吨级深水航道,庙三突堤第六代大型集装箱码头,东港区25万吨级矿石、15万吨级氧化铝和10万吨级散化肥码头,大型天然气码头等工程。

2. 珠三角港口群主要港口概况

1)广州港

(1)广州港地理位置及交通条件。广州港位于东经113°36′,北纬23°06′。广州港濒临南海,毗邻香港、澳门,位于珠江水系的东、西、北三江交汇点,地处我国外向型经济最活跃的珠江三角洲地区中心。港区分布在珠江口水域及沿岸的广州市、东莞市等行政区域范围。从珠江口进港,依次为地南沙港区、新沙港区、黄埔港区和广州内港港区。

广州港潮汐属不规则半日潮混合潮港,最高高潮位3.87m,最低低潮位-0.24m,平均潮差1.64m。

广州港交通便利,铁路、公路、航空、水路运输发达,既是华南地区最大的国际贸易港,又是珠江三角洲水网运输中心和水陆运输枢纽。铁路有京广、广九、广湛线与全国主干铁路相连,形成铁路运输网;公路与汕头、湛江、深圳等省内重要市县均有干线连通,公路网络沟通闽、赣、湘、桂等省区。

广州港北距汕头276n mile,南距香港70n mile,西距湛江273n mile。经虎门出海可达沿海各港及世界100多个国家(地区)的600多个港口。至海口、厦门、上海、青岛、大连等港有定期客货班轮,内河可至珠江水系的东江、西江、北江各港。

广州港是中国华南地区最大的对外贸易口岸,国际海运通达世界80多个国家和地区的350多个港口、与国内100多个港口通航。同时利用珠江水系的便利条件,广州港开辟了19条“穿梭巴士”驳船航线,连通广州港与周边和广西的中小港口,降低了运输成本。

(2)广州港经济腹地。广州港经济腹地辽阔,以广东为主,并以广州市为主要依托,包括广东、广西、湖南、湖北、云南、贵州、四川以及河南、江西、福建的部分地区。广州港是珠江三角洲以及中南、西南、赣南、闽南等地区物资的主要集散地,便利的海、陆、空交通,使其成为上述地区客、货运输的集散中心,担负着国内和外贸物资的转口任务。

珠江水系腹地内矿产资源丰富,主要有煤、磷、硫、铁矿、重晶石、锰矿和铝土矿,沿江地区工农业比较发达,许多重要城市多分布于沿江两岸。进出口的大宗货物有:煤炭、石油、金属矿石、钢铁、矿建材料、水泥、木材、非金属矿石、化肥、农药、盐、粮食等。通过该港的国内外货物货种、流量、流向具有复杂多变的特点。

广州市是我国华南最大的城市,地处珠江三角洲。随着对外开放,经济不断发展,工业体系已初具规模,轻工业有纺织、造纸、制糖、医药、罐头、食品等。重工业有钢铁、化工、石油、造船、机械、橡胶、汽车制造、建筑材料等。新兴的电子工业发展很快。

在腹地经济持续快速发展的推动下,广州港货物吞吐量持续增长。1999年全港货物吞吐量突破1亿t大关,成为中国大陆第二个跨入世界亿吨大港的港口。之后,港口发展一年一大步,到2003年全港货物吞吐量达到2.5亿t,全港集装箱吞吐量468.3万TEU,港口货物吞吐量居世界港口前10位。广州港作为华南地区主枢纽港的地位得到进一步巩固和提升。

(3)广州港现状及发展。截至2010年底，广州港共有各类码头泊位823个(其中万吨级以上泊位64个)，泊位总长度63 666m；其中生产用泊位652个(生产用万吨级以上泊位62个)，泊位总长度53 073m，泊位年通过能力28 723万t，其中集装箱通过能力740万TEU，旅客通过能力3 131万人次，滚装商品汽车通过能力63万辆；非生产用泊位171个，泊位总长度10 593m。

广州港主要专业泊位分布情况：

①集装箱专业泊位65个(其中万吨级以上泊位19个)，泊位长度9 046m，设计通过能力650万TEU。

②石油化工专业泊位86个(其中万吨级以上泊位13个)，泊位长度9 977m，设计通过能力5 331万t。

③煤炭专业泊位30个(其中万吨级以上泊位7个)，泊位长度3 095m，设计通过能力4 882万t。

④粮食专业泊位18个(其中万吨级以上泊位3个)，泊位长度2 197m，设计通过能力1 178万t。

⑤商品汽车滚装泊位4个(均为万吨级以上泊位)，泊位长度769m，设计通过能力63万辆。

广州港主航道由出海主航道和内港港区主航道组成。

出海主航道自珠江口桂山锚地至黄埔港区，全长约153km，包括大濠水道、榕树头水道、伶仃航道、川鼻水道、大虎水道、坭洲头航道、莲花山东航道、莲花山西航道、新沙航道、赤沙航道、大濠洲航道、黄埔航道。其中黄埔港区西基掉头区至南沙港区段出海航道底标高为-13.0m，有效宽度160m；南沙港区至珠江口桂山锚地段出海航道底标高为-15.5m，有效宽度230m。

其他航道主要包括西河道、东河道、白沙河、沙贝海、南河道、沥滘航道、东洛围水道、小洲水道、官洲水道、仑头水道、三枝香水道、员岗南水道、新造水道、海心岗水道、汾水头水道、铁桩水道、浮莲岗水道、小虎沥水道、龙穴南水道、凫洲水道等。

广州港现有锚地88个，浮筒23个，最大锚泊能力30万t，主要功能为船舶候潮、联检、待泊、避风、船舶掉头和过驳作业等。其中桂山锚地为一般引航、检疫、防台锚地，蜘蛛岛以南锚地和大坦尾锚地为大型引航锚地，三门岛锚地为主要候泊、检疫、防台和过驳锚地。

“十二五”期间，广州港将继续扩大港口规模，提升港口能力，拓展港口功能，进一步增强港口服务经济、带动航运、促进外贸、保障民生的软硬实力。重点做好以下4项建设项目：①完成广州港出海航道三期工程和三期拓宽工程，实现10万吨级船舶双向、全天候通航，满足船舶大型化的发展需要；②建成南沙粮食通用码头，满足广州港粮食、饲料等物资的运输需求；③完成南沙三期集装箱码头的建设，强化广州国际集装箱干线港的地位，并向集装箱枢纽港迈进；④启动南沙散货码头等一批5万~20万吨级专业化深水泊位，为广州港进一步发展创造条件。

2)深圳港

(1)深圳港地理位置及交通状况。深圳港位于广东省珠江三角洲南部，珠江入海口伶仃洋东岸，毗邻香港。全市260km的海岸线被九龙半岛分割为东西两大部分。西部港区位于珠江入海口伶仃洋东岸，水深港阔，天然屏障良好。经珠江水系可与珠江三角洲水网地区各市、县相连，经香港暗士顿水道可达国内沿海及世界各地港口。东部港区位于大鹏湾内，湾内水深

-14～-12m,海面开阔,风平浪静,是华南地区优良的天然港湾。

深圳港潮汐及潮流,西部港区最大潮差3.44m,平均潮差1.36m;东部港区最大潮差2.57m,平均潮差1.07m。

西部港区水路距珠江口门约32n mile、距香港和澳门20n mile、距黄埔40n mile;陆路到深圳市中心30km;东部港区水路至香港53n mile、澳门75n mile、黄埔121n mile、距西部港区77n mile;陆路至深圳市中心22km。

深圳是我国南方对内对外的交通枢纽。铁路有京九线、广深线接京广线与全国铁路联通;我国第一条广深准高速铁路于1994年建成。公路有广深、深汕高速公路通往广州、惠州、汕头;深圳南有文锦渡、罗湖、沙头角和皇岗路口岸直通香港;盐田至惠州的一级汽车专用公路于1993年建成。深圳国际机场距西部港区仅22km,海空联运极为便利。

(2)深圳港经济腹地。深圳港口的直接腹地为深圳市、惠州市、东莞市和珠江三角洲的部分地区,转运腹地范围包括京广和京九铁路沿线的湖北、湖南、江西、粤北、粤东、粤西和广西的西江两岸。

货物以集装箱为主,兼营化肥、粮食、饲料、糖、钢材、水泥、木材、砂石、石油、煤炭、矿石等。

(3)深圳港主要港区概况。深圳港是以其无比优越的地理位置和良好的深水条件,用经济特区建港的特殊模式,与深圳市的经济同步发展,先后建立了蛇口、赤湾、妈湾、盐田、大铲湾、东角头、沙鱼涌、下洞、福永、内河10个港区。

①盐田港区。盐田港区位于大鹏湾海域西北部,距大鹏湾14n mile。大鹏湾口门宽10km,水域面积为250km²,湾内水深达10～20m。由于大鹏半岛与九龙半岛的环抱,形成天然屏障,湾内水深、浪小、不淤,是少有的天然良港。该港区主要企业有盐田国际集装箱码头有限公司、盐田港股份有限公司、深圳东鹏轮驳公司等,目前以经营集装箱为主。

盐田港区已完成了中港区一、二、三期集装箱码头,以及扩建工程的建设,投入运营的集装箱泊位16个,多用途泊位3个,可停泊10万吨级以上大型集装箱船舶,配置了21台超巴拿马岸吊,外伸距65m,可跨伸23排箱,具备装卸双箱的能力;另外还将配置78台"堆五过六"型轮胎式龙门吊,进一步提高堆箱能力。盐田港作为世界单港集装箱吞吐量最高的码头之一,已成为华南地区国际集装箱远洋干线运输枢纽港。每周有30多家船公司的100多条航线挂靠盐田港区,远洋集装箱班轮密度全国第一。

②蛇口港区。蛇口港区为深圳市重要的水、陆客货运输枢纽和设备齐全、综合性、多功能的对外开放口岸,主要经营散杂货、客运、集装箱、油气品和船舶维修。该港区内主要有蛇口招商港务股份有限公司、蛇口集装箱码头有限公司、深圳招商石化有限公司、深圳联达拖轮有限公司、友联船长有限公司等。

蛇口港区现有500吨级以上泊位43个,其中万吨级以上深水泊位13个,生产性泊位35个,非生产性泊位5个,修船泊位3个,最大靠泊能力为7.5万吨级,货物综合吞吐能力1 316.5万t,其中集装箱吞吐能力65万TEU。码头岸线长5 405m。已开通的水上客运航线有:深圳(蛇口)—香港、澳门、珠海、海口等。

蛇口港区进港航道有2条,浅水航道长6 100m,水深6m,宽80m,乘潮可进口5 000吨级船舶;深水航道长2 600m,水深10.5m,宽110m,乘潮可进出5万吨级船舶。

③赤湾港区。赤湾港区是条件优越的石油服务基地和重要的深水港。港区面积2.2km^2，西半部是商业码头区，东半部为石油后勤供应基地。港池面积56万m^2。该港区主要有赤湾港航股份有限公司、凯丰码头有限公司、赤湾集装箱公司、深圳赤湾石油基地股份有限公司、赤湾壳牌石油贸易联营有限公司、华英石油联营有限公司、深圳赤湾轮船运输公司。主要经营集装箱、散杂货、油气品等。

赤湾港区现有码头泊位21个，其中万吨级以上深水泊位8个，最大靠泊能力6.5万吨级，其中石油基地三用泊位7个，商用泊位12个，工作船泊位2个，货物综合吞吐能力1 091.9万t，其中集装箱吞吐能力55万TEU，码头岸线长3 039.5m。

赤湾港区进港航道，从口门至矾石水道785m，水深10.6m，宽120m，可通航3.5万吨级船舶，乘潮则可通航5万吨级船舶。候潮锚地在口门外4 000～8 940m范围内的主航道两侧，水深逾13m。

④大铲湾港区。大铲湾港区珠江口矾石水道东南部，东接深圳市宝安区中心城，北临深圳机场，南距香港20n mile，北至广州40n mile。地处广州—东莞—深圳—香港这一重要战略发展轴线的核心位置，地利优势得天独厚。根据《深圳港总体布局规划》，大铲湾港区是深圳市大型专业化集装箱港区，以集装箱远洋干线运输为主，兼顾近洋、内支航线和少量内贸运输，以后方物流园为依托，大力发展综合物流，将来有条件发展为综合性保税港区。

大铲湾港区建设总规划和开发用地14km^2，其中大铲湾港区集装箱码头将规划为-15.5m以上的深水岸线5 930m，-11.3～-8m水深岸线1855m，驳船岸线1 425m。

大铲湾港区陆域面积约10.2km^2，岸线总长约9.2km，其中，码头作业区采用大突堤与顺岸相结合的形式，面积约649hm。新建泊位约24个，设计年吞吐能力1 205万TEU，分四期建设。规划如表4-3所示。

大铲湾港区发展规划 表4-3

工 程	泊 位	码头岸线(m)	陆域面积(hm^2)	设计年吞吐能力(万TEU)
一期工程	8 000TEU泊位3个 6 000TEU泊位2个	1 830	112	250
二期工程	8 000TEU泊位4个	1 700	95	200
三期工程	2 000TEU泊位6～7个以及若干驳船泊位	4 476	270	350
远期工程	8 000TEU以上泊位6个	2 400	171	300
预留	4 000TEU泊位2～3个	1 206	—	100

2008年底，大铲湾港区一期工程5个泊位全部建成并投入运营，设计年吞吐能力250万TEU。目前，大铲湾港区码头每国际班轮航线周15条，其中欧洲航线5条、美洲航线4条，亚洲及中东5条、非洲一条；每周驳船航线135条，通达香港、福建、广西及广东省内26个码头。

⑤妈湾港区。妈湾港区面临珠江矾深水航道，以涨潮流为主，含沙量少，港区天然水深9～14m。

妈湾港区现有码头泊位11个，其中万吨级以上深水泊位6个，最大靠泊能力5万吨级，货物综合吞吐能力1 149万t，码头岸线长2 543m。其中妈湾港区一号泊位为3.5万吨级，高桩梁板结构，码头岸线长174m，前方承台宽18.9m。

妈湾港区航道长 7 200m，宽 500m，水深 11m，可通航 3 万吨级船舶。乘潮水深 13m，乘潮持续时间为 2h，乘潮可通航 5 万吨级船舶。

⑥下洞港区及沙渔涌港区。下洞港区为深圳东部地区油气品专用港区，沙渔涌港区位于深圳市东部大鹏湾中部龙岗区境内，为该地区提供日杂百货的运输服务。以上两港区内主要企业有深圳大鹏港湾集装箱货运码头有限公司、深圳市新鸿光码头有限公司、中鹏石油联营公司大鹏湾油库存、深圳华安液化石油气有限公司。主要以油、气品为主，有部分散杂货。

两港区现有泊位 15 个，最大靠泊能力为 5 万吨级，其中油气泊位 9 个，通用泊位 6 个。货物综合吞吐能力 473 万 t，码头岸线长 2 602.4m。

3）珠海港

（1）珠海港的地位及交通条件。珠海港是我国华南沿海主枢纽港之一。主要为珠海市、珠江三角洲西部地区和西江干流沿岸部分地区经济发展服务；随着综合运输网的建设和完善，还将为京广铁路沿线部分地区经济发展服务。随着我国国民经济、特别是珠海特区和珠江三角洲地区经济的发展，珠海港在华南港口群中的作用将日益加强，逐步发展成为以大宗散货和外贸物资中转运输为主，内贸与外贸、装卸与仓储、商业港与工业港、货运与客运相结合的多功能、综合性港口。

珠海市各港区的交通便捷，干线公路可直达中山、江门、广州市，前山港区有两条公路通香洲港区。水路前山港区至中山港 77km，距广州港 231km；桂山港区距香港仅 3n mile；珠海港区距澳门 23n mile，距离香港 45n mile。

（2）珠海港航道和锚地。珠海港潮汐属不规则半日潮，有日潮不等现象。最高潮位 2.27m，最低潮位 -1.90m，平均最高潮位 0.4m，平均最低潮位 -1.7m。

珠海港的航道分为西区、东区和市区三部分，西区、东区为深水航道，市区为 3 000 吨级以下航道。位于西区的高栏港区主航道是按通航 5 万吨级煤炭船舶设计的人工航道；桂山港区为天然水深航道；位于市区九州港区的航道原按乘潮通航万吨级船舶的标准设计，目前按乘潮进港 3 000 吨级船舶标准维护；香洲和唐家港区为天然水深航道。

珠海港锚地主要有九州、唐家港区利用头洲引航锚地、港澳小型船舶引航锚地、大头洲候潮和装卸锚地及桂山引航、检疫和装卸锚地 4 处锚地。桂山港区利用桂山国际锚地，高栏港区锚地是新开辟的，位于高栏岛南侧。

（3）珠海港布局及各港区概况。珠海港由高栏、桂山、唐家、香洲、九洲、洪湾、斗门、井岸 8 个港区组成。根据港口开发利用情况，结合城市规划、港口交通条件、水陆域条件、经济需求等，对各港区的功能进行划分，确定各港区的主要功能与作用。根据功能和定位分为西、东、中三片。高栏港区是主体港区。

珠海港已建成各种生产性泊位 115 个，其中万吨级以上泊位 13 个，根据珠海港总体发展规划，珠海港要建设成为华南主要的干散货集散中心，华南主要的油气化学品集散中心、珠江三角洲西岸集装箱干线港。其中高栏港区建设有 5 万吨级兼顾 10 万吨级的集装箱码头，10 万吨级煤码头、10 万吨级兼顾 15 万吨级的集装箱码头和 15 万吨级兼顾 20 万吨级的矿石码头，10 万吨级船舶可全天候进出港，15 万吨级船舶可趁潮进出港。

目前珠海港已形成由西部的高栏港区、东部的万山港区以及中部市区的九洲、香洲、唐家、洪湾和斗门等港区组成的总体格局，其中东部港区万山港、和唐家港以油品、化学品、危险品储

运、分装、调和为主。中部港区九州港、洪湾港、香洲港以集装箱和客运为主，兼顾旅游。西部港区高栏港和斗门港主要是石化产业和综合运输功能。

3. *渤海湾港口群主要港口概况*

1）天津港

（1）天津港地理位置及交通环境。天津港地处渤海湾西端，位于海河下游及其入海口处，是环渤海中与华北、西北等内陆地区距离最短的港口，是首都北京的海上门户，也是亚欧大陆桥最短的东端起点。

天津港是我国华北、西北和京津地区的重要水路交通枢纽，对外交通十分发达，已形成了颇具规模的立体交通集疏运体系。京哈、京沪、京津三条铁路干线在此交汇，并外接京广、京九、京包、京承、京通、京坨、石德、石太、陇海、包兰、兰新等干线与全国铁路联网。北达北京、内蒙古和东北，南抵华东、华南各地，西连西部和西北部内陆地区，进而连通蒙古、俄罗斯及欧洲各国。公路成网，四通八达，京津塘高速公路、丹拉高速公路、京津塘公路（103 国道）、津晋高速、海防公路等形成辐射状公路网络，连接了北京、天津及华北、西北地区各省市。管道纵横，有直通北京的航空煤油管线；有连接大港油田和天津石化的原油和成品油管线，并可通过天津至沧州的管线与中石化原油管网相通。

（2）天津港经济腹地。天津港经济腹地以北京、天津及华北、西北等地区为主。其中，直接经济腹地包括天津市、北京市、河北省和山西省，间接经济腹地通过综合运输网延伸至陕西、甘肃、宁夏、青海、新疆、内蒙古、四川、西藏等省区和蒙古国的部分地区。

天津港经济腹地横跨我国东、中、西部地区，地域辽阔、人口众多、资源丰富，腹地面积约 454 万 km^2，总人口 2.4 亿人。腹地经济在我国国民经济和对外贸易中均占有重要地位，但地区间经济结构和经济发展水平差异大。

（3）天津港水文及自然条件。天津港塘沽海区潮汐类型为不规则半日潮。最高高潮位 5.93m（以新港理论深度基准面起算，下同），最低低潮位 -1.08m，平均海平面 2.56m，最大潮差 4.37m，平均潮差 2.47m。涨潮流速为 0.4m/s，落潮流速为 0.24m/s，潮流流向基本与航道平行。

渤海湾常年冰期 3 个月，1 月中旬至 2 月中旬为盛冰期。沿岸固定冰宽度一般在 500m 以内，冰厚 10 ~ 25cm，最厚达 40cm，不影响货轮在航道及港口航行。流冰外缘线大致在 10 ~ 15m 等深线之间，范围 20 ~ 30km，冰厚 10 ~ 20cm。

（4）天津港现状及发展。天津港是中国最大的人工港。由海港和河港两部分组成，港区水陆域面积达 200km^2，其中现有陆域面积 100km^2。天津港主航道长 44km，航道底宽最宽已达 260m，航道水深最深已达 -21m，25 万吨级船舶可以随时进港，30 万吨级船舶可以趁潮进港。

天津港主要分为北疆、南疆、东疆、海河四大港区，拥有各类泊位总数 154 个，其中万吨级以上泊位 99 个。北疆港区以集装箱和件杂货作业为主；南疆港区以干散货和液体散货作业为主；海河港区以 5 000 吨级以下小型船舶作业为主；东疆港区为天津港的一个新港区，规划面积为 30km^2。

为推动天津滨海新区进一步扩大开放，2006 年 8 月 31 日，国务院批复设立了天津东疆保税港区，成为继上海洋山港区之后中国第二个保税港区。保税港将把港口与物流园区合为一体，实现保税区与港口合一。更具有国际中转、国际采购、国际配送、转口贸易、商品展示、出口加工等功能，实施保税区政策和出口加工区政策，做到进口货物入港保税、出口货物入港退税。功能的增加使保税港有别于一般保税园区，添加了自由贸易区意义。天津保税港区将形成大型集装箱码头区、物流加工区、具有城市功能的休闲旅游兼顾的港口配套服务区等“三大区域”、具备物流化、工业化和港城一体化特征和科技研发功能。

天津东疆保税港区面积 $10km^2$，由 $5.6km^2$ 的码头作业区和 $4.4km^2$ 的物流加工区组成。自2007年底首期 $4km^2$ 实现封关运作以来，包括2300m岸线的6个集装箱泊位、58座仓库和60余万平方米堆场的物流加工区，海关监管及口岸办公设施已投入使用，完成集装箱吞吐量已突破800万TEU，进驻中外企业达700余家。2012年，东疆保税港区 $10km^2$ 将实现整体封关运作。

2011年5月，国务院批复了《天津北方国际航运中心核心功能区建设方案》，明确天津港东疆保税港区作为北方国际航运中心的核心功能区和综合配套改革的创新平台，“推进船舶登记制度、国际航运税收、离岸金融业务、租赁业务试点，积极开展建设中国特色自由贸易港区的改革探索，用5~10年内，基本完善国际中转、国际配送、国际采购、国际贸易、航运融资、航运交易、航运租赁、离岸金融服务等功能，建设成为各类航运要素聚集、服务辐射效应显著、参与全球资源配置的北方国际航运中心和国际物流中心核心功能区，综合功能完善的国际航运融资中心。”

2）青岛港

（1）青岛港地理位置与交通条件。青岛港在我国北方沿海主要港口中，地理位置适中、自然条件优越、水陆交通便利，经济腹地辽阔、物产丰富、工农业生产发达。青岛港是我国重要的能源中转港，是晋中煤炭和胶济沿线煤炭的出口港，现为我国北方四大煤炭出口港之一。青岛港又是胜利油田东黄输油管线的装船港，是我国北方3个输油港之一。

青岛港具有良好的运输条件。胶济铁路和胶黄铁路、济青高速公路、烟青高速公路、环胶州湾高速公路与港区相连。青岛港客运站与青岛国际航空港、青岛火车站连成立体交通服务网络。发达的铁路、公路、水路、管道运输，使青岛港具有高效的疏港运输能力。海路可达国内外各港口，货运航线可至东北、华北、华东各省沿海；客运有至上海、日本下关、韩国仁川等航线。

（2）青岛港经济腹地。青岛港的经济为青岛市、山东省及河南、河北和山西省部分地区，纵横连接华东、华北、中南等地区。

青岛港腹地内工业发达，主要有轻工、纺织、石油化工、机械制造、采掘、冶金等工业。腹地内矿产资源、建材资源、海产品、农副产品较为丰富。山东、山西都是中国主要的能源基地。通过青岛港出口的主要货种有原油、煤炭、五金、矿产、工业原料、纺织品、食品、冻货和其他农副产品；进口的主要货种有矿石、木材、粮食、五金、机电设备、化肥、纺织品等。

（3）青岛港的现状与发展。青岛港主要由青岛老港区、黄岛油港区、前湾新港区、董家口港区四大港区组成。拥有营运泊位81个，其中生产性泊位75个，万吨级以上泊位59个。其中包括可停靠12 000~15 000TEU船舶世界最大的集装箱码头，可停靠30万吨级超级巨轮的矿石码头、原油码头，10万吨级煤炭码头。主要从事集装箱、煤炭、原油、铁矿、粮食等各类进出口货物的装卸服务和国际国内客运服务。与世界上130多个国家和地区的450多个港口有贸易往来。

青岛港潮汐为正规半日潮型，平均高潮位3.85m，平均低潮位1.08m，最高高潮位5.36m，最低低潮位0.70m。

在航道方面，进出青岛港的航道分湾内航道及外海航道两部分。湾内航道为进入胶州湾后驶往各港区的航道，外海航道为胶州湾外的进湾航道。外海航道主航道宽1.8~27n mile，长约45km，分别满足不同方向、不同等级船舶进入主航道需要。黄岛油二期工程开辟了20万吨级新航道，航道宽370m，主航道在湾口外有一浅水段，长约6km，规划20万吨级大型船舶使用现有深水油轮航道，其他船舶根据来船方向由各支线进入主航道。自外海主航道团岛转向点至各港区、锚地的航道为湾内航道，胶州湾内共有6条主要湾内航道，满足2万吨级船舶不乘潮，5万吨级船舶乘潮进出。油港航道可直接驶靠油一期码头或绕过浅礁进入23号油船锚地，自油船锚地至油轮一期码头为油轮一期北航道。20万吨级巨型油船可不乘潮进出油二期码头区。前湾港区航道目前为单航道，可满足近期前湾一、二期工程的要求，规划双向航道底宽400m。

根据青岛港的发展规划，青岛港将面向四大港区，以货物流向重新布局，确保四大港区功能互补、分工合理、组合发展，提升服务的专业化水平，扩大市场占有率，构筑起港口竞争发展的崭新优势。

加快建设董家口港区，建成矿石、煤炭、原油为主的大宗散货集散基地；兼顾件杂货发展。以此为依托，大力发展临港工业和物流产业，成为青岛港可持续发展的新空间。

把前湾港区打造成东北亚集装箱枢纽港，同时保持矿石、煤炭为主的散杂货适度发展。加快集装箱生产由前湾北岸向南岸适度转移，南北呼应，协调发展。内贸大船由老港区向新港区转移，着力开展内贸中转。在前湾港区新建两个5万吨级汽车专用码头，新增60万辆汽车吞吐能力。

在黄岛油港区着力建设油品、化工品的物流集散基地。青岛老港区实现绿色环保发展，重点发展粮食、化肥、钢材、铝锭、设备等件杂货、清洁货种以及袋装货，并加快推进国际客班轮、邮轮发展和滚装物流。

3)大连港

(1)大连港的地理位置和交通条件。大连港位于辽宁省辽东半岛的南端，是东北三省和内蒙古东部地区的进出口门户，也是联结华北、华中、华东等地区水陆联运的枢纽。大连港是一个天然深水良港，也是我国最大的散粮、石油进出口及对外贸易的口岸，在东北港口群体中处于枢纽和主导的地位。

大连港交通十分方便，哈大铁路正线与东北地区发达的铁路网连接。有沈大高速公路与东北地区的国家公路网相连接。经东北铁路网和公路网，大连港还连接着俄罗斯和朝鲜，可通过西伯利亚大铁路，成为欧亚大陆桥的起点。管道运输有输送大庆原油的专用管线，直通大连港鲇鱼湾码头。

(2)大连港的经济腹地。大连港依托大连市，经济腹地包括黑龙江省、吉林省、辽宁省及内蒙古自治区东部的呼伦贝尔市、通辽市和赤峰市。腹地通过港口进出的主要货种有石油、粮食、杂货(包括集装箱)。金属矿石、钢铁、煤炭、化肥和非金属矿石等每年吞吐量分别为100万~250万t。

目前黑龙江省的海运物资大约95%通过大连港，吉林省的海运物资约有67%通过大连港，内蒙古东部的海运物资中约有70%通过大连港。辽宁省除部分物资通过营口、丹东、锦州、锦西等中小港口运输以外，其余地区的海运物资基本上在大连港中转。

(3)大连港的水文及航道条件。大连港潮汐属半日潮混合型。历年最高潮位4.6m，最低潮位0.66m，平均潮位2.14m，平均海面1.63m。

①大连港潮流：大连湾和大窑湾的海流基本属于潮汐引起的往复流，湾口流速分别为0.64～0.32m/s、0.57～0.29m/s。最大潮差2.9m，最小潮差2.3m。

②大连港航道：大港区航道底为淤泥，设计水深为－10m，航道宽度270m，长度2 500m，吃水在10m左右的船舶可随时进出；香炉礁航道水深－8m，宽100m；甘井子航道底为淤泥，设计水深－9m，宽180m；新港原油码头航道为天然航道，水深－17.5m，宽300m；大窑湾航道为天然航道，水深－10.7m，宽210m；大连湾码头航道为天然航道，水深－9.5m，宽100m；寺儿沟一栈桥航道－9.5m，宽120m；寺儿沟二栈桥航道水深－9.5m，宽120m。

③大连港共有防波堤9座，总长7 000m。其中大港区的东、西、北三面有防波堤环抱，东口门宽度360余米，外国籍船舶主要在东口门进出港口。

④大连港水域内有5个锚地，其中货船检疫锚地3个，油船检疫锚地2个。另有锚泊点7个，最大系泊能力为10万吨级船舶。水域面积8 000多平方米，锚泊能力为157艘。

(4)大连港的现状与发展。大连港港阔水深，不淤不冻，自然条件非常优越，是转运远东、南亚、北美、欧洲货物最便捷的港口。大连港已与世界上160多个国家和地区、300多个港口建立了海上经贸航运往来关系，开辟了集装箱国际航线75条，已成为中国主要集装箱海铁联运和海上中转港口之一。大连港港口水域面积346km²，陆地面积约15km²；现有港内铁路专用线160余km、输油管线193.1km，仓库30余万m²、货物堆场180万m²、各类装卸机械千余台；拥有集装箱、原油、成品油、粮食、煤炭、散矿、化工产品、客货滚装等84个现代化专业泊位，其中万吨级以上泊位52个。

大连港拥有国内最大的45万吨级原油码头和国内港口规模最大的油罐群，以及国内水深条件最好、综合效率最高的矿石专用码头，可接卸40万吨级散矿船。

根据获批的《大连港总体规划》，大连市港口岸线共约370km，优良岸线主要分布在黄海一侧的大窑湾和大连湾地区、渤海一侧的凤鸣岛—长兴岛地区，其中已充分开发的岸线66km，已开发或起步开发的约103km，200km有待开发，具有广阔的港口开发空间。

大连港将以"一岛三湾"(大孤山半岛、大窑湾、鲇鱼湾、大连湾)综合运输港区和长兴岛临港工业港区为核心，相应发展大连湾西岸和普兰店湾诸港区、旅顺新港港区及庄河港等中小港站，形成重点突出、层次清晰的总体发展格局。构建集装箱、石油、铁矿石、粮食、商品汽车、陆岛滚装和旅客运输七大专业化中转运输系统，打造以石化、装备制造、船舶制造、电子信息产业为主的四大临港、临海产业基地，构筑综合物流、国际邮轮、航运商务三大服务中心。依托"两大核心港区、七大运输系统、四大产业基地、三大服务中心"，形成功能完善的现代化港口服务体系。

①"一岛三湾"核心港区：它包括大孤山半岛周边的大窑湾港区、鲇鱼湾港区、大孤山南港区、大孤山西港区、和尚岛港区等。核心港区通过各港区的功能分工和有机结合，集中发展港口中转综合运输及相关的物流、保税、信息等现代化的港口服务功能，构筑大连港综合运输体系的核心，为整个东北地区各类物资转运和对外贸易服务，使之成为现代化大连港的重要标

志，成为建设东北亚重要的国际航运中心的主要载体。

②长兴岛港区：它包括长兴岛、西中岛、凤鸣岛一带的葫芦山湾、董家口湾，是辽东半岛尚未开发的优良港口资源，其岸线、土地和交通位势等条件优越，具有发展成为大连港又一个大型深水港区的良好前景。规划长兴岛港区以葫芦山湾公共港区港起步，逐步形成大型临海石化、冶金、造船和装备制造产业基地；远景成为大连港公共运输功能进一步扩张和转移的主要承接地和新的港口发展重心，总体港口容量相当于或超过现有的"一岛三湾"核心港区，可以满足21世纪大连市港口的发展需要。

4. *东南沿海港口群主要港口概况*

1）厦门港

（1）厦门港的地理位置和交通条件。厦门港是我国东南沿海的重要主枢纽港之一。改革开放以来，随着厦门市"以港立市"战略的实施，港口生产建设不断发展，港口规模日益扩大，厦门港已经由地方小港发展成为一个以外贸运输和临海工业为主，兼有旅游、客运、国际中转、过境贸易、商贸多功能，配套设施较齐全的国家大型一类港口，并将成为祖国大陆对台"三通"的重要口岸之一，越来越为中外所瞩目。

厦门港拥有便捷的集疏运网络，公路连接全省路网，并通过319、324国道与全国公路网相连。我国沿海高速公路与厦门港相连，直达码头前沿的铁路专用线通过鹰厦线与全国铁路网相连。厦门高崎国际机场距东渡、海沧等主要港区仅半小时车程，70多条航线通达世界各主要港口。水运航线可通我国沿海、长江中下游和世界各港，内河可通九龙江干支流和乡镇码头。沿海航线北距上海561n mile、福州201n mile；东距台湾省基隆222n mile、高雄165n mile、台中130n mile、澎湖102n mile；南至广州389n mile、香港287n mile。

厦门港经济腹地以厦门市和闽南三角地区为依托，该地区工农业总产值年平均递增率为41.6%，腹地外向型经济发展迅速，未来10年将面向国际市场，逐步形成"贸工农"一体的外向型产业结构。

（2）厦门港水文和航道条件。厦门港潮汐属正规半日潮型。平均高潮位5.66m，平均低潮位1.74m，平均潮差3.96m。涨潮流最大流速0.46～0.57m/s，落潮流最大流速0.61～0.93m/s。洪水季节鼓浪屿南面的落潮流速可达2.57～3.08m/s。厦门港最大潮差6.0m，最小潮差4.50m。

进港航道全长约40.3km，水深达到－14m，10万吨级船舶可乘潮进出港。现有锚地面积18.99km^2，规划锚地面积52km^2。

（3）厦门港的现状与发展。厦门港自然条件优越。港湾外围大小金门等岛屿环绕，形成一道天然屏障；港内水域宽阔、水深、浪小、不冻、少淤。厦门港是我国沿海主要港口之一，是我国综合运输体系的重要枢纽、集装箱运输干线港、东南沿海的区域性枢纽港口、对台航运主要口岸。2006年1月1日，福建省政府决定将厦门湾与漳州港合并组成新的厦门港。整合后的厦门港将发展成以国际外贸集装箱运输为主、散杂货为辅的国际航运枢纽港。

整合后的厦门港港区为12个，深水岸线增加27km。其中包括原厦门港的东渡港区、海沧港区、嵩屿港区、刘五店港区、客运港区、招银港区、后石港区、石码港区8大港区，以及漳州的古雷港区、东山港区、云霄港区、诏安港区4个港区。目前，厦门港共有生产性泊位122个，深水泊位33个。

根据厦门港的发展规划，厦门港将形成“环两湾辖十区”的总体发展格局，即厦门港将环厦门湾、东山湾两湾发展，由东渡、海沧、翔安、招银、后石、石码、古雷、东山、云霄和诏安等10个港区组成。

①东渡港区：以集装箱运输为主，兼顾散粮、杂货、成品油和客滚运输，积极拓展邮轮经济，为大型豪华邮轮停靠提供服务，并相应发展保税和现代物流业务。规划形成码头岸线长9 500m，整合后生产性泊位49个，其中深水泊位24个，综合通过能力近3 040万t，其中集装箱通过能力230万TEU，形成港区陆域面积621万m^2。

②海沧港区：以集装箱干线运输为主，发展保税、现代物流服务，并兼顾液体散货和煤炭等干散货运输。规划形成码头岸线长13 500m，可建设生产性泊位44个，其中深水泊位38个，综合通过能力可达1亿t，其中集装箱通过能力为800万TEU，形成港区陆域面积1 419万m^2。

③翔安港区：以承接东渡港区货运功能外迁起步开发，逐步发展成为以集装箱干线运输为主，兼顾散杂货运输，大力拓展保税和物流功能。规划形成码头岸线长6 345m，可建设生产性泊位18个，其中深水泊位18个，综合通过能力达5 600万t，其中集装箱通过能力660万TEU，形成港区陆域面积626万m^2。

④招银港区：以集装箱和杂货运输为主，兼顾散粮、建材和客滚运输，积极拓展临港工业，发展水运工业。规划形成码头岸线长9 180m，约可建设各类泊位37个，综合通过能力达6 000多万t，其中集装箱通过能力为400万TEU，形成港区陆域面积644万m^2。

⑤后石港区：主要为后方临港工业服务，以石油化工、煤炭等大宗液体散货、干散货运输为主。规划岸线约9.2km，建设12个大宗散货泊位，形成设计通过能力约1亿t。

⑥石码港区：主要服务漳州龙海地方经济，以杂货和建材运输为主。规划形成码头岸线长约3 200m，可建设中小泊位50余个，综合通过能力达500万t。

⑦古雷港区：主要服务大型临港石化产业园，以石油化工运输为主，兼顾散杂货运输，是以工业港为特色的大型深水港区。规划形成码头岸线约22km，生产性泊位109个，其中深水泊位73个，初步预计可形成通过能力1.5亿t。

⑧云霄港区：以服务临港工业开发和周边地区经济发展为主的地区性港区。规划形成码头岸线总长6 000m，可布置万吨级以上泊位21个，设计通过能力可达5 000万t。

⑨东山港区：以服务临港工业和东山县地方经济发展为主，积极发展散杂货和对台客滚运输，并兼顾油品运输。规划形成码头岸线约8km，形成通过能力约1 600万t。

⑩诏安港区：服务临港工业和地方经济发展，以散杂货运输为主。规划形成码头岸线长2 500m，初步规划可布置3万~7万吨级泊位10个，年通过能力约2 500万t。

根据规划，厦门港在发展过程中将重点推进北部翔安、南部古雷两大深水港区的建设，引导并服务城市和产业布局的优化调整；稳步有序实施东渡、海沧两个港区运输功能的调整与优化，促进港口与城市之间的和谐发展；适时扩大海沧、招银、东山、石码等港区的基础设施规模，服务腹地经济和临港产业的发展；积极促使南部云霄、诏安、六鳌等中小港区的起步开发，服务临港产业发展和带动地方经济。

2）福州港

（1）福州港的地理位置和交通条件。福州港位于中国东南部，台湾海峡西岸，是福建省沿海两大商港之一，该港扼闽江入海咽喉，是全省最大的海、河港和水陆地运输枢纽，也是我国外

贸口岸和对外开放港口之一。福州地理位置十分优越，面对台湾，临近港澳与东南亚，是沟通东南亚各国发展经济往来的重要门户。

福州港交通便利，港内马尾港区、魁歧作业区铁路专用线与福马铁路衔接，通往全国各干线。公路经福州与104、324、316国道及全省公路网连接，并与上海、广州、深圳等地通直达客班车。水路可达我国沿海各港和世界各地及长江主要港口，北距上海433n mile，东距台湾基隆149n mile，南距香港420n mile。

福州港的直接腹地范围包括福州市和南平地区全部，三明市（除南部的永安、大田、清流、宁化4个市县）和宁德地区（除东北部的福鼎、柘荣、霞浦、寿宁4个市县）的绝大部分。间接腹地包括江西省东部和湖南省东部以及省内三明市南部地区和莆田市北部地区。腹地工业有造船、冶金、机械、化工、建材、电子、工艺品等。农业除粮油作物外，水产、水果产量甚丰。矿产资源主要有叶腊石、高岭土、花岗石料、石英砂等。

（2）福州港水文和航道条件。福州港的潮汐属正规半日潮。河口港平均高潮位4.51m，平均低潮位0.74m，平均潮差3.77m，涨潮最大流速1.55m/s，落潮最大流速1.99m/s。罗源湾平均高潮位4.99m，平均低潮位－0.15m，平均潮差5.14m，涨潮最大流速0.82m/s，落潮最大流速0.97m/s。福清湾、兴化湾平均高潮位4.76m，平均低潮位－0.46m，平均潮差5.22m。

福州港内航道自川石岛引航、检疫锚地至马尾码头，航道中有6处浅滩，万吨级海船可乘潮进出港，3万吨级海轮可乘大潮进出港。马尾至台江鳌峰洲航道（即北港航道）长16.4km，江面较窄，乘潮可通航1 500吨级以下海船，500～1 000吨级船舶可直接靠泊码头或锚地。淮安至湾边航道（即南港航道）为季节通航航道。

福州港区有外轮引航、检疫锚地1处，在闽江口内川石岛前，底质为泥沙，水深5～7m，可避东北风。避风和等泊锚地2处，在马尾码头以下10km的亭江锚地水深5～12m，底质为泥沙，可锚泊5 000吨级船舶2艘，3 000吨级和1万吨级船舶各1艘，有时亦作为装卸锚地使用；排头锚地，在排头角灯桩至大炉礁西南方，水深5～12m，底质泥沙，可泊5 000和3 000吨级船舶2艘。另有装卸锚地4处；罗星塔锚地，在大马礁和小马礁之间，底质为泥沙，可泊2 000～3 000吨级船3艘；营前锚地，在小马礁和江西礁连线以北水域，水深5～13m，底质为沙底，锚地有万吨级浮筒8个，可供7艘万吨级船锚泊；马江锚地，在马尾造船厂以西至赛歧船厂附近水域，水深3～9m，底质为泥沙，可供吃水3m以下船舶锚泊；台江锚地，在台江4、5、6号码头对面，底质沙底，可供300吨级船舶3～5艘锚泊。

（3）福州港的现状与发展。福州港是中国沿海主要港口之一和综合运输体系的重要枢纽，是福州市及闽江流域发展外向型经济和连接国际市场的重要支撑，是福建省对台“三通”的重要口岸。

根据福建省《港口体制一体化整合总体方案》，2011年福建省将宁德港并入福州港，组建一个新的福州港。发展为以集装箱和大宗散杂货运输相协调的国际航运枢纽港，服务中西部地区和福州、宁德、平潭经济社会发展，带动闽江口和三都澳高端临港产业高度集聚，成为海峡西岸经济区对外开放综合通道的重要门户。

新的福州港将整合福州市、宁德市、平潭综合实验区辖区内的所有港区，共下辖9个港区，分别是闽江口港区、江阴港区、松下港区、罗源湾港区、三都澳港区、赛江港区、三沙港区、沙埕港区、平潭港区。

整合后福州港九个港区功能主要为：

①闽江口内港区：为适应城市发展要求，规划期内主要进行功能调整和资源整合，以能源物资、矿建、滚装、沿海内贸及近洋集装箱运输为主。

②江阴港区：是重点发展的综合性港区，以集装箱、煤炭、散杂货和化工品等货类运输为主，兼顾商品汽车滚装运输。

③松下港区：主要服务福清元洪投资区和长乐松下工业区临港工业发展，以粮食、杂货等清洁货类运输为主，兼顾部分干散货运输。

④罗源湾港区：是以散货中转运输为主的深水港区，并为周边地区临港工业发展服务。

⑤平潭港区：主要服务平潭综合实验区开发开放，以对台客货滚装、散杂货运输为主，兼顾发展邮轮等旅游客运。

⑥三都澳港区：是宁德市近期重点发展的港区，以散货、杂货运输为主，并为周边地区临港工业发展服务。

⑦溪南港区：是重要的工业港区，以石化、装备制造等临港工业所需的原材料和产成品运输为主。

⑧赛江港区：主要服务地方经济发展，以散杂货和电厂煤炭运输为主，并为船舶工业发展服务。

⑨沙埕港区：主要服务地方经济发展，以散杂货、滚装运输为主，兼顾城市发展所需的成品油及液体化工品运输。

3）泉州港

泉州港位于福建省东南部，与台湾省一水之隔，1997 年，港口吞吐量首次突破 1 000 万 t 大关，进入全国沿海大型港口行列。泉州港现辟有泉州至日本、香港、两岸三地、韩国釜山等定期散杂货或集装箱班轮航线，与世界 60 多个国家和地区通航。

泉州港为河口港属泉州市辖境。泉州港水路北距福州港 157n mile，距上海港 589n mile；东距台湾省基隆港 152n mile；西南距厦门港 84n mile，距香港 357n mile。

泉州港现辖有 4 个港区 16 个作业区，即：湄洲湾南岸港区（沙格、鲤鱼尾作业区）；泉州湾港区（崇武、后渚、内港、石湖、祥芝作业区）；深沪湾港区（梅林、深沪作业区）；围头湾港区（围头、石井、东石、安海、水头作业区）以及正规划建设中的湄州湾南岸港区斗尾作业区和泉州湾港区秀涂作业区。经过几年来的不断建设，现已建成投产码头 32 座、泊位 54 个，其中万吨级以上泊位 10 个，年设计吞吐能力 1 921 万 t，包括集装箱 16 万 TEU，初步形成了以泉州湾为中心港区、大中小码头泊位优势互补、配套设施比较完善、功能比较齐全的港口体系。

由于泉州的特殊地理位置，泉州与台湾隔海相望，距高雄港 165n mile，距基隆港 152n mile，距台中港 105n mile，距澎湖马公港 90n mile，距金门料罗湾港 6.5n mile，是大陆对台海上直航的最佳港口之一，台湾和大陆之间的货物往来通过泉州中转，成本将大幅降低。因此，当前至今后一段时期，泉州港发展的重点之一，就是以对台经贸交流为中心，集中发展全方位对台海运直航和港口物流。

5．西南沿海地区港口群主要港口概况

1）湛江港

（1）湛江港地理位置及交通环境。湛江港位于中国大陆最南端的广东省雷州半岛东北

部，素以天然深水良港著称，港湾周围岛屿环绕，形成天然屏障，港内水深浪静、水域广阔。湛江港依托的湛江市居于粤、桂、琼沿海的中心位置，东接珠三角，南望海南岛，西靠北部湾，背靠三南（大西南、华南、中南），面向东南亚，是我国西南、华南地区货物进出口的主要通道，也是中国大陆通往东南亚、非洲、欧洲等国家和地区航程最短的港口。

湛江港海陆空交通方便。铁路有广湛铁路、粤海铁路和最重要的黎湛线连通湘桂、黔桂、南昆、洛湛、川黔、枝柳等全国铁路干线网。有 G325、G207 国道、渝湛高速、粤海高速公路通过，并与本省、市公路网连通，公路密度在全国各地区中名列前茅。有 115.5km 湛江港至茂名石油化工公司的原油输送管道。湛江港海、陆、空交通运输非常方便，集疏运畅通，为湛江港发展创造了外部交通条件。

湛江港是全国唯一的东、中、西三大地带共用的沿海主枢纽港，货源腹地横跨华南、西南、中南三大经济区域，主要包括广东、广西、云南、贵州、四川、重庆、湖南等省区，并辐射湖北、江西、安徽、福建、江苏等部分地区。腹地内物产资源十分丰富，采掘工业、冶金工业、石化工业、水泥制造业等都具备了雄厚的基础，磷化工品、有色金属、黑色金属、能源、水泥、机械产品、糖、烟、酒等在国内占有重要的地位。经湛江港中转的大宗货物主要有石油、金属矿石、化肥、非金属矿石、化工产品、煤炭、粮食等。

(2)湛江港水文及航道条件。湛江港地处北回归线以南，属亚热带气候，受海洋气候调节，暑季长，寒季短，终年无霜雪，四季通航。

湛江港潮型属不规则半日潮型。1 天出现 2 次高潮和 2 次低潮。湛江港是华南沿海海潮差较大的港口，受地形的影响，潮位由湾外到湾内逐渐增高，潮差自湾外向湾内增大。平均高潮位 3.20m，低潮位 1.33m。台风侵袭时，港内水位会比平时高 1m 多。刮东风时，湾口潮水较高；刮偏西风时，硇洲岛附近潮水比平时低。潮流方向基本依水道方向流动，为往复流。落潮流速大于涨潮流速。湾口附近流速最强，涨潮流速为 3kn，落潮流速为 3.8kn。

(3)湛江港的现状与发展。湛江港是新中国成立后自行设计和建造的第一个现代化港口，一期工程于 1956 年竣工投产，经过近 60 多年的建设，目前拥有各类生产性泊位 113 个，泊位总长度 11 866m，万吨级以上泊位 31 个，最大靠泊能力 30 万 t，码头前沿最大水深为 -19m。其中，30 万吨级陆岸原油泊位 2 个，25 万吨级矿石泊位 1 个，15 万吨级散货泊位 1 个，设计年通过能力约 6 000 万 t。主要经营石油、铁矿石、煤炭、化肥、硫黄、粮食、木材、集装箱、危险品及重大件等多种货物的装卸、仓储、中转业务。

湛江港自 1999 年开始实施 30 万吨级原油码头、20 万吨级矿石码头以及深水航道“三大工程”建设项目。目前，湛江港拥有全国第一座最大的 30 万吨级陆岸原油码头、华南地区最大的 25 万吨级铁矿石码头和亚洲地区最深的 30 万吨级航道，是华南通航条件最好的港口。

湛江港现主要有调顺岛、霞海、霞山三个港区，各港区现状情况如下：

①霞山港区：位于海滨长桥码头至中油奥里油库南端之间。霞山港区是湛江港最主要的港区，是湛江港第一分公司、湛江港第二分公司、湛江港股份有限公司和中海湛江港集装箱码头有限公司的所在地。

湛江港第一分公司共有生产性泊位 15 个，其中 3.5 万吨级散粮专用泊位 1 个，万吨级以上通用泊位 10 个，5 000 吨级杂货泊位 2 个，1 000 吨级客货两用码头 2 个，另有工作船码头和登陆艇码头各1个,年设计通过能力470万t。

湛江港第二分公司2005年7月成立,拥有一个20万吨级铁矿石码头和一次堆存能力为200万吨的现代化专用堆场,其年设计通过能力达850万吨,日装车能力超过600辆。

广东湛江港股份有限公司共有生产性泊位9个,另有供应船码头2个,污水处理码头1个,其中1.5万吨级散化专用泊位1个,2万吨级木片专用泊位1个,30万吨级原油泊位和5万吨级原油泊位各1个,3 000吨级的成品油泊位3个,2.5万吨级及500吨级成品油泊位各1个,年设计通过能力2 474万t。

中海湛江港集装箱码头有限公司现有生产性泊位2个,均为1.5万吨级的集装箱泊位,工作船泊位1个,年设计通过能力10万TEU(件杂货70万t)。

②调顺岛港区:位于湛江港湾北端(赤坎区),现有生产性泊位6个,登陆艇码头和工作船码头各1个,其中3.5万吨级磷矿泊位1个,万吨级以上金属矿石泊位3个,万吨级以上杂货泊位2个,年设计通过能力495万t。

③霞海港区:位于湛江市经济技术开发区滨海沿岸,现有生产性泊位3个,其中1万吨级杂货泊位1个,5 000吨级泊位2个,年设计通过能力73万t。

2008年,湛江港货物吞吐量首次突破1亿t,同时湛江港成为我国西南沿海港口群唯一的亿吨大港,近年来,湛江市加大了对港口建设力度,特别是加大港口基础设施建设,重点开发建设宝满、东海岛两个新港区,同时对老港区实施全面技改和功能调整,实施湾外港口资源整合,推进内陆无水港建设,基本形成港口能力适应度适中、布局层次分明、功能区划明确、码头结构合理、工艺设备先进、临港工业与物流业相对发达的现代化多功能大型港口。

2)海口港

(1)海口港的地理位置及交通条件。海口港是海南省目前最大的港口,是全省陆、海、空、交通运输的汇集点。水路可通往本岛及全国各主要港口,并且开通了至海安、湛江、广州、汕头、北海、蛇口、香港等地的客运航线。海口港疏港公路与岛内东、中、西3条干线公路相连,可通往全岛各地,南至三亚市270km,西达八所260km,中抵通什市223km。

海口港的直接经济腹地为文昌、琼山、琼海、定安、澄迈、临高等市县和海口市,间接经济腹地遍及全省。海南省森林、矿产、水产资源丰富,各类加工业发达。出口货物有金属矿石、橡胶制品(含成品、半成品)、糖(白砂糖和红糖)、涤纶丝和热带作物、农副产品等。进口货物为煤炭、化肥、粮食、油料、机械设备、建材、电器和日用百货等。

(2)海口港的现状与发展。海口港现拥有码头泊位15个,其中万吨级泊位2个,5 000吨级泊位2个,3 000吨级泊位3个,港内岸线长1 934.3m,码头前沿水深4~10.8m。

海口港潮汐属不规则半日潮型港口,月日潮15天,个别月份达18天,其余为半日潮,日潮时平均最高潮位2.4m,平均低潮位为0.5m。半日潮时,平均高潮位2m,平均低潮位1m。海域区内最大潮差3.6m,平均潮差1.1m。海域内区内最大潮差3.6m,平均潮差1.1m。

海口港从外锚地至港口门的主航道4 984m,宽100m,水深9m。自港口至港池航道长800m,水深9m左右,航道吃水限制6m。锚地位于港口的外海,总面积446万m^2,1~3号锚地水深8~10m;4号锚地为引航检疫锚地,水深17m;5号锚地为危险品装卸锚地,水深6~7m。锚地均不设置浮筒。新港外海装卸锚地长900m,宽180m,能停泊500吨级船7艘,港内装卸过驳和避风锚地位于人民桥下游至港池,长800m,宽200m,水深3~3.5m,能泊100

吨级船30艘。

海口港的发展将以立足海口、服务海南，以集装箱和滚装运输为重点，提供“全方位、多层次、宽区域”的港口服务，成为区域综合交通的重要枢纽。根据《海口港总体布局规划》，对主要港区的功能重新进行分区：

①秀英港区：规划为国际邮轮码头、国内客运、商品汽车运输和支持系统码头。近期以集装箱运输、国际旅游客运和国内长短途客运为主，以客滚运输和商品汽车专用滚装运输为辅，远期建成国际国内客运基地，成为海口市的特色滨海区和城市窗口。

②新港港区：用作城市综合开发，将进行城市化改造，建成游艇码头和渔人休闲区。

③新海港区：将建成海峡铁路、公路主通道，近期兼营少量的油气危险品货物，规划期内转移至其他港区。

④马村港区：未来海口港的中心港区，以集装箱运输为主，大宗散杂货运输为辅，建成油品、煤炭等能源物资的中转基地，建成全省综合物流中心，未来将发展成为设施先进、功能完善、文明环保的现代化综合性港区。

3）北部湾港

北部湾港，全称广西北部湾港，由原广西沿海防城港、钦州港和北海港三大港口合并而成。2009年3月，广西壮族自治区人民政府正式批准广西沿海防城港、钦州港、北海港统一使用“广西北部湾港”名称。整合后的广西北部湾港被纳入国家规划建设的五大区域港口群之一，其中防城港被列为全国沿海24个港口之一，钦州港、北海港被列为全国25个地区性主要港口。

北部湾港地处华南经济圈、西南经济圈与东盟经济圈的结合部，东临粤港澳，背靠大西南，面向东南亚，沿海、沿边、沿江，是中国对外开放、走向东盟、走向世界的重要门户和前沿，在中国与东盟、泛北部湾、泛珠三角、西南六省区协作等国内外区域合作中具有不可替代的战略地位和作用，是中国内陆腹地进入中南半岛东盟国家便捷的出海门户。

北部湾港拥有生产性泊位227个，其中万吨级以上泊位56个，港口吞吐能力1.37亿t，目前，北部湾港拥有集装箱班轮航线30多条，与世界100多个国家和地区200多个港口通航，2011年完成货物吞吐量1.53亿t。

（1）北海港域。北海港域地处广西南陲，南海北部湾畔，是广西对外开放的重要港口。北海市“一城系四南”背靠大西南，面向东南亚，处于“四南”（中国的西南、华南、海南和邻国越南）的中心位置，海路距防城港62n mile、海口124n mile、湛江255n mile、广州480n mile、香港425n mile，距新加坡1 295n mile、越南海防港157n mile。路上公路距南宁204km，钦州108km，玉林243km。由于北海港位置优越，自然要担负起西南地区外贸货进出口的重任，成为西南地区对外的重要口岸之一。

北海港域运输配套设施完善，在铁路方面，随着钦北、南昆铁路的全线通车，北海与大西南的运输动脉已经贯通，形成西联大西南各省，中联湘西、豫西、桂西，东联广东的铁路交通网络，使北海港与全国铁路网络连成一片。公路方面，随着中国西南地区到广西沿海地区高速公路的相继建成通车，北海港与西部主要城市相连。

北海港域主要包括北海老港区，石步岭港区，铁山港港区和大风江港区。北海港老港区现有生产用泊位5个，非生产用泊位2个。生产用泊位：200吨级2个，700吨级2个，1 000吨级

1个。北海港石步岭港区现有泊位4个:10 000吨级2个,20 000吨级1个,35 000吨级1个。铁山港港区:2个20 000吨级杂泊位。另外北海港货主码头有7个。

(2)防城港域。防城港位于广西南部北部湾北岸西端,北靠云、贵、川,东邻粤、琼、港、澳,西接越南,南濒北部湾,地处泛珠三角经济圈、西南经济圈与东盟经济圈的结合部,是中国内陆腹地进入中南半岛东盟国家最便捷的出海门户,也是中国通往西亚、欧洲、非洲、大洋洲海上运距最短的港口。

防城港港湾水深浪静,三面环山犹如内陆湖泊,航道短且不淤积,水域、陆域宽阔,可利用岸线长。港口交通便利,陆路交通有高速公路和铁路与全国干线联网,海路与100多个国家和地区的250多个港口通航。

防城港现拥有泊位41个,其中生产性泊位37个,万吨级以上深水泊位26个,泊位最大靠泊能力为20万吨级,包括4个15万吨级深水泊位和1个20万吨级深水泊位。

(3)钦州港域。钦州港位于我国南方沿海,北部湾北部的钦州湾内,其背靠大西南,面向东南亚,地理位置十分优越,是我国西南海岸上的天然深水良港,水域宽阔、风浪小、来沙量少、岸滩稳定,具有建设深水泊位的有利条件。

2008年5月,国务院批准在钦州港设立中国第六个保税港区——钦州保税港区,成为中国西部沿海唯一的保税港区。

钦州港目前拥有生产性泊位49个,其中10万吨级码头8个。钦州港天然深水岸线 长达63km,内湾深槽天然水深一般 -22 ~ -15m,最深处达 -28.5m,避风、回淤小、港池宽、潮差大,是我国非常宝贵的天然深水良港。规划10个作业区,可建1万~30万吨级深水泊位200个,其中10万~20万吨级大型深水泊位30多个,25万~30万吨级若干个。

六、香港、澳门及台湾地区主要港口概况

1.香港港

香港港是世界著名的天然良港,远东的航运中心。位于珠江口外东侧,香港岛和九龙半岛之间。香港港在采用系船浮筒进行船舶过驳倒载作业、集装箱装卸和客运方面都有较高水平,港口管理先进,港口费率在世界上属于最低的,是东南亚地区发展迅速的港口之一。香港港是自由港。有海上航线20多条,通往世界120多个国家和地区近1 000个港口。

香港港有15个港区:香港仔、青山(屯门)、长洲、吉澳、流浮山、西贡、沙头角、深井、银矿湾、赤柱(东)、赤柱(西)、大澳、大埔、塔门和维多利亚。

维多利亚港区最大,地处香港岛与九龙半岛之间,这里港阔水深,掩护条件良好。港区海底多为岩石星底,泥沙少,航道无淤积。港区水域辽阔,水域总面积达59km^2,宽度从1.2~9.6km不等,可以同时靠泊50艘巨型船。港区水深大,平均水深为12.2m,万吨级的远洋巨型船舶可以全天候进出港口。港内有3个海湾和2个避风塘能躲风避浪。另外,由于九龙半岛向南伸入海中,消减了风浪,使港区相对平静。

维多利亚港有3个主要出入水道,是进入香港的门户,维多利亚港目前有72个供远洋轮船停靠的泊位,其中有43个可供长达183m的巨轮停泊。整个港区开发的码头和货物装卸区总长度近7km,进出港的轮船停泊时间只需十几个小时,效率之高为世界各大港口之冠。香港港口的助航设施以及港口通信设备也是十分先进和完备的。

香港港有72个远洋船系船浮筒。其中44个可系泊137～183m长的船舶，28个可系泊长137m以下的船舶。57个为台风时系船浮筒。此外，还有香港当局和私人的系船浮筒2 000多个。这些浮筒可系泊待靠码头船舶，也可进行海上过驳倒载作业。浮筒作业周转期仅2.7天。葵涌集装箱码头位于维多利亚港区西北部，面积85hm^2，有6个泊位，岸线总长2 378m，水深12m。其中一个泊位设有可停靠滚装船的装卸设施。自1970年建成集装箱码头以来，集装箱装卸作业量平均每年增加11%，集装箱船的装卸时间为平均13.2h。葵涌溪的填筑工程完成后，集装箱堆场面积将扩大57%。港口设置航标290个，许多航标都装有雷达反射器。

2. 高雄港

高雄港位于台湾岛西南端，为全省最大的商港，也是军港和渔港，扼台湾海峡与巴士海峡交汇之要冲，是美、欧、亚海运必经之道。港口呈狭长条形，航道水深11～16m。第一港口宽120m，可通行3万吨级船舶；第二港口宽250m，可通行10万吨级船舶。两港口航道长18km，是台湾货物进出口的首要门户与集散中心。寿山、旗后山雄峙于第一港口两侧，外观壮阔，气势雄伟。自第一港口的旗后山至第二港口，有一条狭长沙洲，形成天然防波堤，港内水域宽敞、水面平静、水流稳定。高雄港潮汐属于不正规半日潮港，大潮升0.9m，小潮升0.7m。平均大潮潮差0.88m，平均小潮潮差0.49m，是一极具潜力的天然良港。

高雄港腹地范围很广，有纵贯线铁路、南北高速公路及省属公路干线与港区相衔接，经济发达，是台湾省最大的工业中心，并拥有100万吨级船坞的造船厂。高雄港是以工业港为主的综合性商港。主要出港货物为基本金属、化学制品、非金属矿物制品、纺织品、加工食品与木竹制品等；进口货物主要为能源矿产品（石油、煤炭、铁矿）、农产品（小麦、玉米等）、林产品与化学制品。

高雄港现共有118座码头，全长26.2km，可同时供154艘船舶作业；散货码头可泊13万载重吨的船舶；港外系船浮最大可靠25万载重吨的大型油船。

高雄港集装箱装卸量在20世纪90年代初期一度出现徘徊，在1997年高雄港与福建马尾、厦门港口实现“试点直航”后，集装箱装卸量开始稳步上升，2001年为750万TEU，2002年达到849.3万TEU。2008年达到历史记录967万TEU。不过，由于台湾总体经济形势大不如前，高雄港的货物装卸量增长赶不上大陆及韩国大港的增长速度，使得高雄港的集装箱装卸量的世界排名迅速后移，2000年被韩国釜山超过，从世界第三位降为第四位；2002年被上海港超过而降为第五位；2003年第一季度又被深圳盐田港超过降为第六位，高雄港衰落得很快。

高雄港地位的相对衰落的原因，一方面是由于高雄港口缺乏大陆这种庞大的经济腹地（韩国港口的崛起也是依靠大陆东北货物运输）；另一方面是由于大陆港口基础设施的改善，经济的快速发展，使得大陆港口货源充足，集装箱装卸量迅速增加。以及两岸不能直航，部分外商撤离高雄港，转运中心的地位受到挑战造成的。目前高雄港集装箱装卸量只有不足一半是岛内的货物，而转口量超过50%。

3. 基隆港

基隆港位于台湾省西北沿海的基隆湾内，濒临东海的南侧，本港三面环山，港外有社寮、中山、盘桶等岛屿，是一个天然良港，是台湾省第二大港，到20世纪70年代后期，台湾工业中心南移，1978年后为高雄港超越。

基隆港隔台湾海峡与福建省相望,东面和东北面隔太平洋西部海区与日本及其琉球群岛相峙,使其成为东海、台湾海峡、太平洋西部海区航运要道,为我国南北航线和太平洋航线及环太平洋航运要冲。航运地理位置,相当重要。它是离大陆最近的港口,距福州仅 149n mile。它还是重要的渔港,每年的产量占全省总产量的 1/2。基隆在以台北为中心的北部工业区内,集中了全省工商业总数的 1/3 以上。

港口距桃园国际机场约 80km。该港属亚热带季风气候,盛行东风,其次为西北风。年平均气温为 19 ~33℃。每年 11 ~3 月为雾季。全年平均降雨量 2 100mm,年平均雨日 135 天,最多曾达 210 天,成为有名的“雨港”。

基隆港分为商港、军港和渔港 3 个部分。港口水域面积 250 万 m^2,最大水深 15m。进出港航道宽为 300 ~360m,航道水深 10.5 ~13.5m,可允许 10 万吨级船舶进出港。港区水域设有系泊浮同 4 组,锚泊地 2 个,可同时系泊 3 000 ~30 000 吨级的船舶和舰船 80 多艘。该港拥有港作拖轮约 20 艘、驳船 30 多艘,港口工作船 40 多艘。全港拥有陆域面积为 750 多万平方米,现有码头 60 多座(万吨级以上码头 20 多座),营运码头 40 多座,其中包括集装箱码头 13 座,非营运码头 17 座。全港码头岸线共长达 10 余千米。另外,该港油码头可靠 3 万载重吨的油船,另有单点浮筒,水深达 30m,可泊超级油船。

基隆港是一个综合性港口,进口货物主要有煤炭、石油、矿石、粮食、杂货和集装箱等;出口货物主要有机械、化工产品、电子产品、轻工产品、纺织品、加工食品、集装箱和其他杂货等。目前该港货物装卸量约 9 000 多万 t,为台湾岛北部货物进出口门户、国际贸易港口和货物集散中心。

基隆港作为太平洋西海岸航运要冲之一,目前进港船舶约达 8 000 多艘次。台湾岛与大陆只隔台湾海峡,基隆于福州、温州、宁波、上海、厦门、汕头、香港和广州黄埔等仅一水之遥,航运交通便利。目前有货物来往于基隆—福州航线上。

4. 澳门港

澳门港位于中国东南部沿海,珠江三角洲的西岸,毗邻广东省,与香港相距 70km,与广州相距 145km。

澳门现有 42 个中小型码头,其中外港 1 个,内港 36 个,其他 5 个分布在离岛。

内港位于澳门半岛西面,由北向南延伸,从林茂塘至妈阁,与珠海市的湾仔隔岸相对,整个内港全长约 3 500m,人工疏浚航道水深为 3.5m,可通航 1 000 吨级以下的船舶。随着澳门与内地贸易的加强,内港与内地直航的货运港口有 40 多个。现澳门基本生活所需,例如:主副食品、蔬菜和日用品等主要从内地进口,货物的装卸均在内港进行。

澳门港外港航道宽为 120m,长为 4 000m,水深 4.4m,主要包括发电厂燃油码头和客运码头。电厂燃油码头位于澳门半岛东北面,专用于外港附近的发电厂油料的工作方法转驳。客运码头位于澳门半岛东面,专为往来澳门、香港和深圳的定期高速客轮上下旅客用。

九澳港位于路环岛的东北部,紧靠凼仔澳门国际机场,其航道宽 75m,长为 3 500m,水深约为 4.4m,主要包括九澳货柜码头、油库码头、水泥厂码头及发电厂码头。

其中九澳货柜码头位长 135m,主要从事集装箱装卸作业,年集装箱处理量约为 9 万 TEU。为保持九澳货柜码头的可持续性发展,九澳港区目前已预留了 29hm^2 的土地,作为发展九澳港第二期工程之用,同时九澳港的航道及港池中要稍加疏浚,水深可达 7m,5 000 吨级以上货船可直达港口。

第三节　国际航线的分布及主要国际港口

国际贸易货物运输,绝大部分是通过海洋运输,特别是远洋运输完成的。海运是以船舶为工具、以港口为基地、以海洋为行船载体来进行的。海运活动是在非常广阔的范围内进行的,国际海运航线是指船舶在两港间海上航行的路线。地球表面的水体是连为一体的,由于陆地的分隔,分为四大洋。现在,世界上国际航运意义较大的海域有:日本海、东中国海、黄海、南中国海、爪哇海、孟加拉湾、阿拉伯海、波斯湾、红海、地中海、黑海、北海、波罗的海、墨西哥湾和加勒比海等。海峡是船舶运输的重要通道,对国际航运具有十分重要的意义。

一、国际航线的类型

1. 按船舶营运方式划分

(1)定期航线:指使用固定的船舶,按固定的船期和港口航行,并以相对固定的运价经营客货运输业务的航线。定期航线又称班轮航线,主要装运杂货物。

(2)不定期航线:临时根据货运的需要而选择的航线。船舶、船期、挂靠港口均不固定,是以经营大宗,低价货物运输业务为主的航线。

2. 按航程远近划分

(1)远洋航线:指航程距离较远,从一个国家(地区)到另一个国家(地区)之间经过一个或数个大洋的国际海上运输航线。例如:远东至欧洲和美洲的航线。

(2)近洋航线:指本国各港口至邻近国家港口间的海上运输航线的统称。例如:中国各港至日本、东南亚各港口间的海上运输航线。

(3)沿海航线:指本国沿海各港之间的海上运输航线,一般又称为国内航线。例如:上海—广州、青岛—大连等。

3. 按行经水域划分

(1)大西洋航线。

(2)太平洋航线。

(3)印度洋航线。

(4)环球航线。

二、世界主要航线介绍

目前世界三大洋上的航线密布,其中,航运界和地理学界公认的国际大洋航线可归纳为以下几条。

1. 太平洋航线

太平洋是全球面积最大、最深、边缘海与岛屿最多的大洋。其面积为 1.796 8 亿 km^2,海岸线 13.56 万 km。

20 世纪 90 年代以来,太平洋沿岸国家经济发展迅速,特别是西岸的东亚地区经济增长速度加快,成为当前世界经济贸易最为活跃的地区和世界经济新的增长重心。在沿岸各个国家和地区经济发展的同时，其国际贸易及海运量也不断增长，经过巴拿马运河和马六甲海峡的船舶日益增多。太平洋地区的海运量占世界海运量的比例已由20世纪80年代初的20%左右，上升到21世纪初的40%左右。就集装箱港口的吞吐量而言，一直雄踞世界榜首，世界前10大集装箱港口中有8个位于太平洋区域。

1）远东—北美洲西海岸航线

该航线包括从中国、朝鲜、日本、俄罗斯远东海港到加拿大的温哥华，美国的西雅图、旧金山、洛杉矶和圣迭戈以及墨西哥的马萨特兰的航线。从我国的沿海各港出发，偏南的经大隅海峡出东海；偏北的经对马海峡穿日本海后，或经津轻海峡进入太平洋，或经宗谷海峡，穿过鄂霍次克海进入北太平洋。具体位置如图4-1、图4-2所示。

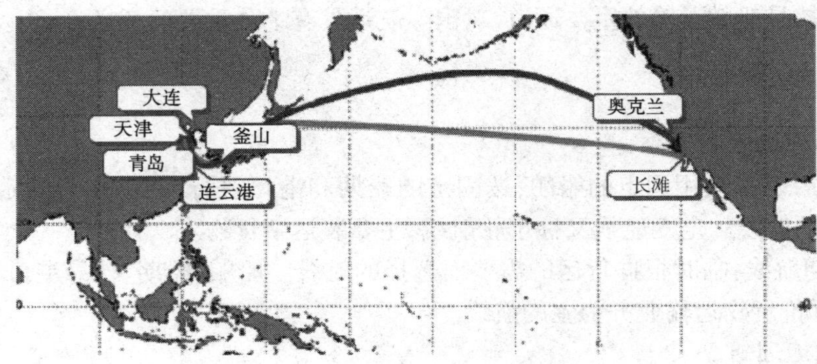

图4-1　远东—北美洲西海岸航线（一）

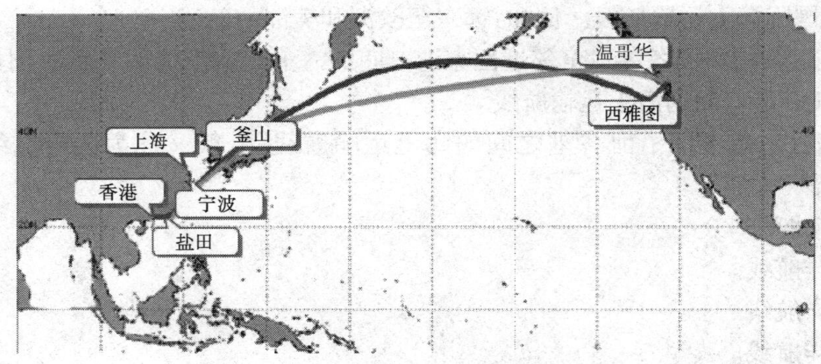

图4-2　远东—北美洲西海岸航线（二）

2）远东—加勒比、北美洲东海岸航线

从远东各港口出发，经夏威夷，过巴拿马运河，到加勒比海沿岸港口，例如：科隆、哈瓦那及美国、加拿大的大西洋岸的各港口。

该航线常经夏威夷群岛南北至巴拿马运河后到达。从我国北方沿海港口出发的船只多半经大隅海峡或经琉球庵美大岛出东海，如图4-3所示。

3）远东—南美洲西海岸航线

从远东各港口出发，向东经过琉球群岛等，到南美洲西岸的瓦尔帕莱索等港口。

从我国北方沿海各港出发的船只多经琉球奄美大岛。硫磺列岛、威克岛、夏威夷群岛之南的莱恩群岛穿越赤道进入南太平洋，至南美洲西海岸各港。

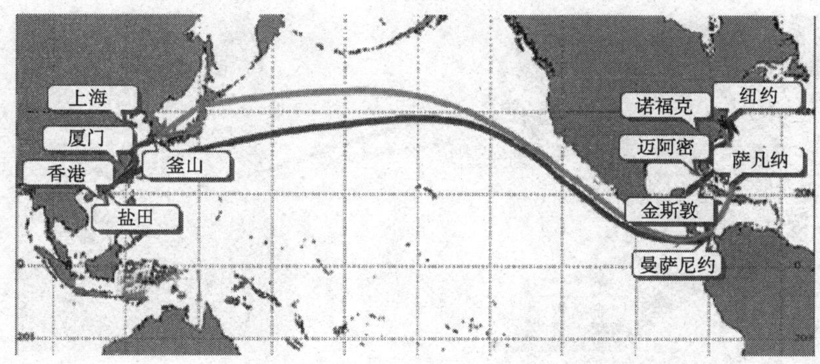

图 4-3　远东—加勒比、北美洲东海岸航线

4）远东—东南亚航线

该航线是中国、朝鲜、日本去东南亚各港以及经马六甲海峡去印度洋、大西洋沿岸各港的主要航线。东海、台湾海峡、巴士海峡、南海是该航线船只的必经之路，航线繁忙。

5）远东—澳新航线

从中国北方各港口出发，经琉球群岛、加罗林群岛到澳大利亚的悉尼、墨尔本、新西兰的惠灵顿、奥克兰等港口。一般集装箱船多在香港中转或加载。去澳大利亚西岸的弗里曼特尔港，需经望加锡海峡，进入印度洋。

6）澳、新—北美洲西岸及巴拿马—北美洲东岸航线

从澳大利亚、新西兰东岸各港口出发，经苏瓦、火奴鲁鲁（檀香山），至北美洲西岸或经巴拿马运河至北美洲东岸的航线。

2. 大西洋航线

大西洋面积 9 336.3 万 km^2，海岸线长 11.18 万 km，两侧分别有运河与太平洋和印度洋沟通。

大西洋沿岸是世界海运最发达的地区，特别是在北大西洋两岸，自 16 世纪以来就有两岸间繁荣的贸易和航运。北大西洋两岸是世界最发达的地区，是进出口贸易额最多和世界海运运力最集中的地区。大西洋提供了东西半球之间以及西半球内部最重要的海上运输线。

1）西北欧—北美洲东岸及加勒比航线

该航线是西北欧和北美洲两个经济发达地区之间的原料、燃料和产品运输线，两岸拥有全世界 2/5 的港口，运输繁忙。但冬季风大浪高，多浓雾冰山，对船只航行不利。航线从西北欧和北美洲东岸各港口出发，横跨或南下大西洋，经莫纳或向风海峡进入加勒比海沿岸各港，或过巴拿马运河至北美洲西岸各港口，如图 4-4 所示。

2）西北欧—北美洲东岸—地中海、苏伊士运河—亚太地区航线（环球航线）

这是北大西洋东西两岸至亚太地区的海上运输捷径，是运输最繁忙的航线之一，中途经过亚速尔群岛和马德拉群岛，如图 4-5 所示。

3）西北欧、地中海—南美洲东岸航线

该航线是指从西北欧和地中海沿岸各港，向南经加那利群岛、佛得角群岛跨大西洋到南美洲东岸的桑托斯、蒙得维的亚、布宜诺斯艾利斯等港口的航线。

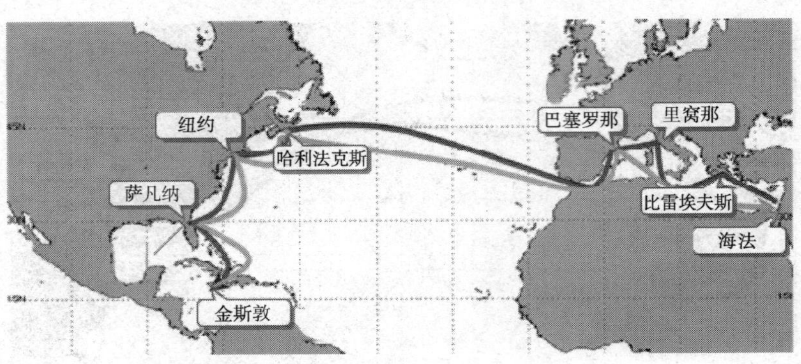

图 4-4　西北欧—北美洲东岸及加勒比航线

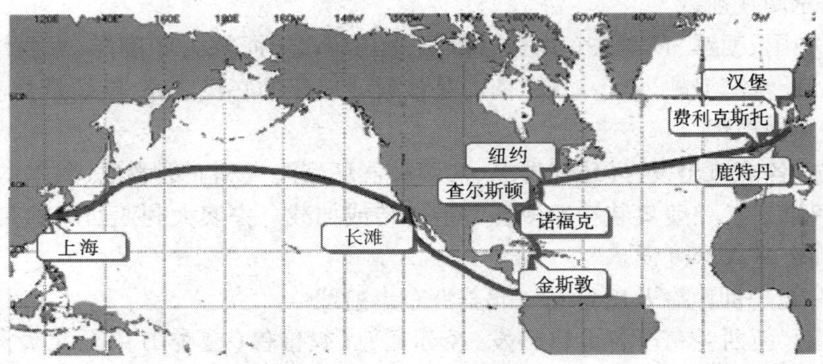

图 4-5　环球航线

4）西北欧—北美洲东岸—好望角—远东航线

这是一条巨型油轮航行的路线。佛得角群岛、加那利群岛是过往船只停靠的主要航站。

5）南美洲东岸—好望角—远东航线

该航线是从南美洲东岸各港向东跨大西洋，经好望角到远东各港口的航线，主要运送燃料和矿石。该航线处在西风漂流海域，风浪较大。一般西航偏北行，东航偏南行。

3．印度洋航线

印度洋面积 7 491.7 万 km^2，海岸线长 6.65 万 km。印度洋提供了中东至东亚、欧洲至东亚以及非洲至东亚的海上运输线。

印度洋航线以来自中东和印度尼西亚油田的石油运输为主，此外有不少是大宗货物的过境运输。

1）波斯湾—好望角—西欧—北美洲航线

该航线主要使用超级油船集团经营，是世界上最主要的海上石油运输线。

2）波斯湾—东南亚—日本航线

该航线东经马六甲海峡（20 万载重吨以下船舶可行）或龙目、望加锡海峡（20 万载重吨以上超级油船可行）至日本。

3）波斯湾—苏伊士运河—地中海—西欧—北美洲航线

该航线目前可通行载重大成 30 万吨级的超级油船。

三、国际航线中主要通航运河及海峡

1. 主要通航运河

通航运河通常是指横穿某个地峡从而缩短两个相邻海之间的航程的通道。国际航线中主要通航运河有苏伊士运河、巴拿马运河、基尔运河和科林斯运河，如表4-4所示。

世界主要运河一览表　　表4-4

运河名称	地理位置	沟通水域	建成年份	长度(km)	河宽(m)	平均水深(m)
苏伊士运河	西亚与北非间	印度洋—地中海	1869	172.5	160~200	15
巴拿马运河	中美洲	太平洋—大西洋	1914	81.3	150~304	20
基尔运河	德国北部	波罗的海—北海	1895 (1914年改建)	98.7	103	11.3
科林斯运河	希腊南部	伊奥尼亚海—爱琴海	1893	6.3	21~25	7

1)苏伊士运河

苏伊士运河(Suez Canal)位于埃及境内，是连通欧、亚、非三大洲的主要国际海运航道，连接红海与地中海，使大西洋、地中海与印度洋连接起来，大大缩短了东西方航程。与绕道非洲好望角相比，从欧洲大西洋沿岸各国到印度洋缩短5 500~8 000km；从地中海各国到印度洋缩短8 000~10 000km；对黑海沿岸来说，则缩短了12 000km，它是一条在国际航运中具有重要战略意义的国际海运航道，每年承担着全世界14%的海运贸易。

苏伊士运河全长172.5km，河面平均宽度为135m，平均深度为13m。苏伊士运河从1859年开凿到1869年竣工。

1976年1月，埃及政府开始着手进行运河的扩建工程。第一阶段工程1980年完成，运河的航行水域由1 800m^{2}扩大到3 600m^2(即运河横切面适于航行的部分)；通航船只吃水深度由12.47m增加到17.9m，可通行15万t满载的货船。第二阶段工程于1983年完成，航行水域扩大到5 000m^2，通航船只的吃水深度增至21.98m，能使载重量25万t的货船通过。

亚洲和欧洲之间除石油以外的一般货物海运，80%经过苏伊士运河。由于中东地区铺设了大量的输油管道以及公路和铁路发展迅速，苏伊士运河面临着过往船只、特别是运油船逐年减少的局面，埃及通过对苏伊士运河上的过往船只收取的过境费收入也开始下降。1993年2月14日，埃及决定拓宽和加深苏伊士运河，以增加外汇收入。运河加宽30m，加深1~17m，此项工程于当年底完工。1996年7月24日，苏伊士运河管理局决定进一步增加运河深度，从而吸引更多的大型油船和货船使用苏伊士运河，以确保埃及靠苏伊士运河所得的收入不会下降。

2)巴拿马运河

巴拿马运河位于巴拿马共和国中部，是沟通大西洋与太平洋的重要航运水道，它的开通大大缩短了两洋之间的航程，与苏伊士运河同样具有世界战略意义。

巴拿马运河全长81.3km，宽152~304m，水深13~15m不等，河宽150~304m。整个运河的水位高出两大洋26m，设有6座船闸。船舶通过运河一般需要9h，可以通航76 000吨级的船舶。

早在1826年,就曾有人提出开凿巴拿马运河的设想。1881年,法国运河公司首先获得巴拿马运河的开凿权,但由于自然条件恶劣,工程于1889年被迫中断。1903年,美国通过不平等的《巴拿马运河条约》即海—布诺—瓦里亚条约(又称“美马条约”),取得了单独开凿和永久使用占领并控制巴拿马运河和运河区的权利。1904年开始动工,1914年巴拿马运河通航。1977年美国与巴拿马签署归还运河主权协议。1999年底运河回归巴拿马。

巴拿马运河极大地促进了世界海运业的发展。目前,占全球贸易运输量5%的货物通过该运河被送往世界各地。据巴拿马运河管理方有关人士说,巴拿马运河的使用情况已经达到了容量的94%,并将在3年内达到饱和。面对日益繁忙的世界海运,有近百年历史的巴拿马运河已不堪重负,扩建可以说是早晚之事。

3)基尔运河

基尔运河,又名北海—波罗的海运河,是沟通北海与波罗的海的重要水道。位于德国北部,西起北海畔易北河口的布伦斯比特尔科格,向东延伸98km,到达荷尔台瑙(波罗的海的基尔湾)。运河全长98.7km,河面宽103m,深13.7m,建有7座高桥(约43m),可通行海船。1887年6月3日破土动工,1895年6月22日建成通航,该运河建成后,北海到波罗的海的航程缩短了756km之多。现为北海与波罗的海之间最安全、最便捷和最经济的水道。

4)科林斯运河

科林斯运河位于希腊南部伯罗奔尼撒半岛的科林斯地峡,运河全长6 300m,宽25m,平均水深7m,由水平线到岸上有90m高。科林斯运河位于科林斯地峡最窄处,两端分别连接萨洛尼克湾和利斯湾,是爱琴海群岛通往伊奥尼亚群岛及意大利的快捷方式,也是雅典通往伯罗奔尼萨半岛的大门。科林斯运河穿过被称为科林斯地峡的一小段陆地,它提供了一条从爱琴海到伊奥尼亚的海捷。从远处看,运河像一条狭窄细长的水道,但当船只逐渐靠近并进入运河以后,它的规模才显现出来。然而,对于容纳现代航运中的超级油船和集装箱船而言,这条运河还是太小了。

2. 主要通航海峡

1)马六甲海峡

马六甲海峡位于马来半岛和苏门答腊岛之间,自古以来就是联结太平洋和印度洋的航行要道,因濒临海峡的马六甲城而得名。

马六甲海峡是一条西北—东南向的狭长水道,长1 080km,如果包括东部出口处的新加坡海峡,则全长1 185km。海峡呈喇叭形,西北端出口处宽370km,东南部较窄,并分布有很多小岛,最窄处仅37km。海峡底部平坦,主航道水深约25~151m,由东南向西北递增,一般可供20万吨级的船舶出入。海峡因地处赤道附近,故全年大部分时间风平浪静,海流缓慢,适于航行。

除马六甲海峡外,在太平洋和印度洋之间还分布有一些海峡,但它们或者水浅多礁,或者位置偏僻,缺乏助航导航设施,又多位于印度尼西亚的领海之内,国际航线因此极少通过,这就使马六甲海峡在很长时期内实际上成了沟通两大洋的唯一通道,使其无论在经济上还是在战略上都具有极大的重要性。尤其是自20世纪60年代日本崛起为世界第三经济强国以及远东其他各国各地区得到迅速发展以来,东西方之间的贸易量大幅度上升,马六甲海峡的重要性因此更为突出,按其船舶通行的繁忙程度及其所载运的货物数量计算,仅次于英吉利海峡,在全

世界114个具有国际意义的通航海峡中居第二位。

在20世纪70年代初，每年通过马六甲海峡的船舶有4万艘。此后，海峡的航运又有了发展，近年每年的通航船舶已接近10万艘。尤其是船舶日趋大型化，自日本于1966年建造了世界上第一艘15万吨级巨轮“东京丸”以来，吨位更大的所谓超级油船成批涌现，近年通过马六甲海峡的18万吨级以上的超级油船就多达1 500～1 600艘。如此繁忙的航行，再加上船舶的大型化，使马六甲海峡变得愈加狭窄了，从而增大了航行中的不安全因素。此外，马六甲海峡内还有不少浅滩，其中水深不足23m的就多达37处，加上沉船、流沙、淤泥等使航道情况经常改变，更增大了发生事故的可能，对沿岸国家造成严重威胁。典型的如1975年发生了2起重大的油船搁浅碰撞事故，共流失石油8 900t，造成严重的污染。

为减少发生事故的可能性，从1981年5月起在马六甲海峡开始实施分航系统，沿岸国家在海峡中划出两条相反的航道，各3n mile宽(5.5km)，中间并有1条1n mile宽的隔离带。此外，载重28万t或吃水18m以上的巨型船舶禁止在海峡中通行。这些措施使得各类事故明显减少。

在马六甲海峡沿岸，坐落着一批重要港口，例如：新加坡、马六甲、巴生港、棉兰等。

2)直布罗陀海峡

直布罗陀海峡位于欧洲伊比利亚半岛南端和非洲西北端之间。全长约90km，西宽东窄，西部最宽处43km，东部最窄处仅14km。平均水深375m，西部入口处水深300m，东部有一深海区，水深1 181m。海峡中海流分上下两层，上层水(200m以上)由大西洋流向地中海，下层水(200m以下)由地中海流向大西洋。由于海峡西端水浅、海底有横槛，减小了地中海海水流入大西洋的水量，以致从大西洋通过海峡流入地中海的水量大于从地中海流向大西洋的水量。

直布罗陀海峡则是沟通地中海和大西洋的唯一通道，被誉为西方的“生命线”。尤其是在19世纪苏伊士运河通航后，直布罗陀海峡更成为大西洋与印度洋、太平洋之间海运的捷径。目前，直布罗陀海峡已成为世界上最为繁忙的海上通道之一。从西、北欧各国到印度洋、太平洋沿岸国家的船只，一般均经由直布罗陀海峡—地中海—苏伊士运河—曼德海峡这条航路。而从波斯湾运载石油的船只也通过直布罗陀海峡运往西欧和北欧各国。

3)霍尔木兹海峡

霍尔木兹海峡位于亚洲西部，介于阿曼的穆桑达姆半岛和伊朗之间，东接阿曼湾，西连波斯湾，呈“人”字形。由于是波斯湾进入印度洋的必经之地，因此有“海湾的咽喉”之称。

“霍尔木兹”原出波斯语，意为“光明之神”。海峡东西长约150km，最宽处达97km，最狭处只有48.3km。海峡的最深处为219m，最浅处为71m。

霍尔木兹海峡是盛产石油的波斯湾的门户，国际石油运输通道，是波斯湾通往印度洋的唯一出口，在战略上和航运上具有十分重要的地位。波斯湾沿岸产油国的石油，绝大部分通过这个海峡输往西欧、澳大利亚、日本和美国等地。这些产油国除了伊拉克和伊朗外，还有科威特、卡塔尔、阿拉伯联合酋长国、巴林和沙特阿拉伯，它们总共承担着西方石油消费国的60%的供应量。目前，每天都有近200艘油船运载这些国家的大约2 000万桶的原油通过海峡。由于它是油船来往的重要通道，它一旦被切断，西方经济就会遇到致命威胁，因此，它被视为西方国家的“生命线”，也历来是帝国主义列强企图控制的重要目标。

世界主要海峡一览表如表4-5所示。

世界主要海峡一览表　　表4-5

海峡名称	沟通海域	长度(km)	宽度(km)	深度(m)
马六甲海峡	南海与印度洋的安达曼海	1 080	37～370	25～151
鞑靼海峡	鄂霍次克海与日本海	633	40～342	30～230
白令海峡	北冰洋的楚科奇海与太平洋的白令海	60	35～86	35～50
津轻海峡	日本海与太平洋	110	18.5～78	131～521
朝鲜海峡	黄海、东海与日本海	390	180～200	80～230
新加坡海峡	南海与马六甲海峡	110	4.6～37	22～157
直布罗陀海峡	地中海与大西洋	90	14～43	301～1 181
达达尼尔海峡	爱琴海与马尔马拉海	65	1.3～6.4	53～106
麦哲伦海峡	南大西洋与南太平洋	590	3.3～33	20～1 170
霍尔木兹海峡	波斯湾与阿拉伯海	150	56～125	10.5～219
莫桑比克海峡	南、北印度洋	1 670	386～960	2 100～3 533

四、我国主要的国际海运航线

目前,我国远洋运输船舶已与世界上200多个国家和地区的港口之间开展外贸运输往来。我国现有近30多个港口担负对外贸易海运业务,其中以上海、大连、天津、秦皇岛、青岛、宁波、厦门、广州、深圳、湛江等港口为起点,开辟了到世界各国或地区重要港口的国际航线。根据船舶航行区域,我国国际海运航线可分为近洋航线和远洋航线。

1. 我国国际海运航线中的近洋航线

1)港澳航线

该航线主要是指从我国大陆沿海港口到香港(Hongkong)和澳门(Macao)地区。该航线是我国传统的近洋航线,虽然香港、澳门已经回归,但由于历史的特殊性,目前该航线仍为国际航线。

2)东南亚航线

如图4-6、图4-7所示,该航线从我国沿海港口出发南行,经南海可到达东南亚地区相关港口。我国长期以来与东南亚各国保持良好的贸易关系,近几年来随着我国经济的快速发展,该航线的运输量保持快速增长的势头。该航线主要包括以下几组:

(1)新马线:可到达新加坡(Singapore)和马来西亚的巴生港(Port Kelang)、槟城(Penang)和马六甲(Malacca)等港。

(2)北婆罗洲线:又称北加里曼丹(Kalimantan)线,可到达马来西亚沙捞越地区的古晋(Kuching)、米里(Miri)以及泗务(Sibu)等港;沙巴地区的山打根(Sandakan)、斗湖(Tawan)、哥打基纳巴卢(Kota Kinabalu)和拉布安(Labuan,又称纳闽)等港;文莱苏丹国的斯里巴加湾(Bandar Seri Begawan)。

(3)越南、柬埔寨、泰国线:可到达越南海防(Haiphong)、柬埔寨的西哈努克市(Sihanoukville))和泰国的曼谷(Bangkok)等港。

(4)科伦坡、孟加拉湾线:可到达斯里兰卡的科伦坡(Colombo)和缅甸的仰光(Rangoon)、孟加拉的吉大港(Chittagong)和印度东海岸的加尔各答(Calcutta)等港。

(5)菲律宾线:可到达菲律宾的马尼拉(Manila)港。

(6)印度尼西亚线:可到达爪哇岛的雅加达(Djakarta)、泗水(Surabaya)、三宝垄(Semarang)以及苏门答腊岛的巨港(Palembang,又称巴邻旁)、苏拉威西岛的望加锡(Makasar)等港。

图 4-6　东南亚航线(一)

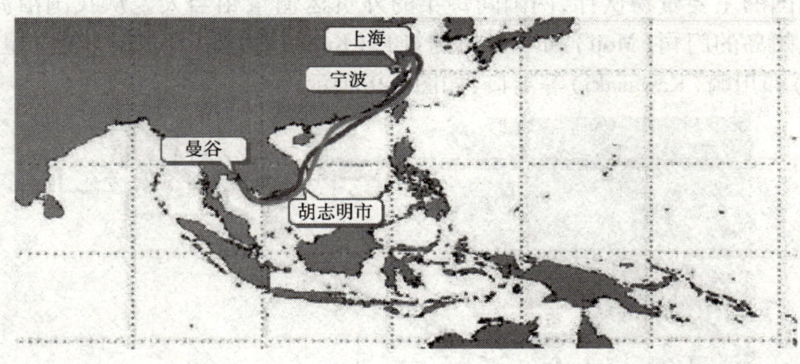

图 4-7　东南亚航线(二)

3)澳大利亚、新西兰及南太平洋岛屿航线

如图 4-8 所示,该航线从我国沿海港口南行,可到达澳大利亚、新西兰及南太平洋岛屿各港口,我国与该地区的外贸运输量近几年来有所增长,特别是我国每年从澳大利亚进口大量的铁矿石、小麦等产品。该航线主要包括以下几组:

(1)澳大利亚、新西兰线:可到达澳大利亚的悉尼(Sydney)、墨尔本(Melbourne)、布里斯班(Brisbarne)和新西兰的奥克兰(Auckland)、惠灵顿(Wellington)和利特尔顿(Lyttelton)等港。

(2)南太平洋岛屿线:可到达所罗门(Solomon)的基埃塔(Kieta)、霍尼亚拉(Honiara);瓦努阿图(Vanuatu)的维拉港(Port Vila)、圣图(Santo);斐济(Fiji)的劳托卡(Lautoka)、苏瓦(Suva);新喀里多尼亚(New Caledonia)的努美阿(Noumea);萨摩亚(Samoa)的阿皮亚(Apia)和东萨摩亚(又称美属萨摩亚)的帕果帕果(Pago Pago)等港。

(3)巴布亚新几内亚线:可到达巴布亚新几内亚的莱城(Lae)、马当(Madang)、拉包尔(Rabaul)、威瓦克(Wewak)和莫尔兹比港(Port Moresby)等港。

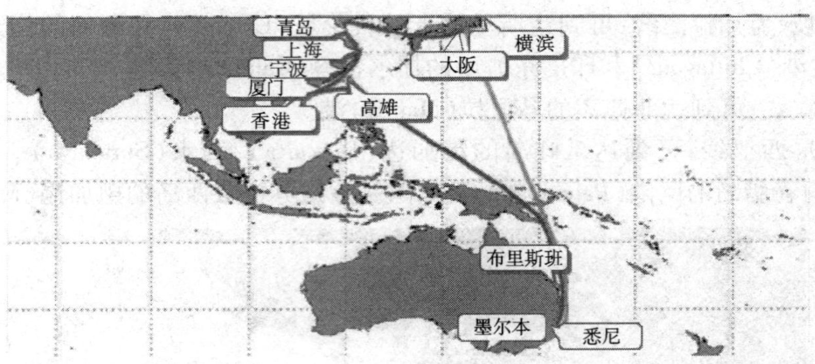

图 4-8　澳大利亚、新西兰及南太平洋岛屿航线

4）日本航线

日本是个群岛国家，海岸线总长 3 万 km，是世界上海岸线最长的国家之一，而且海岸线曲折，多优良港湾。日本海运相当发达，全国共有大小港口 1 100 多个，其中一级大港 19 个，中级大港 113 个。一级大港主要集中于太平洋沿线的“三湾一海”地带，其中大阪、神户、名古屋、横滨等为世界性大港。

日本是我国的主要贸易伙伴，两国间每年的外贸运输量相当大。从我国沿海港口到日本的港口主要九州岛的门司（Moji）和本州岛的神户（Kobe）、大阪（Osaka）、名古屋（Nagoya）、横滨（Yokohama）和川崎（Kawasaki）等港口，如图 4-9 所示。

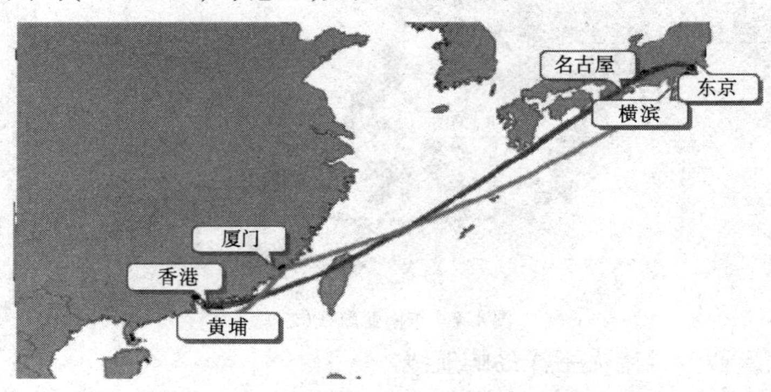

图 4-9　日本航线

5）朝鲜半岛航线

如图 4-10 所示，该航线主要从我国北方港口大连、秦皇岛、烟台、青岛等到达韩国、朝鲜东西海岸的仁川（Inchon）、釜山（Pusan）、南浦（Nampo）、清津（Chongjin）、兴南（Hungnam）等港口。

6）波斯湾航线（又称阿拉伯湾航线）

如图 4-11 所示，从我国沿海港口出发沿该航线可到达巴基斯坦的卡拉奇（Karachi）、伊朗的阿巴斯（Bandar Abbas）、霍拉姆沙赫尔（Khorramshahr）；伊拉克的巴士拉（Basra）；科威特的科威特港（Kuwait）；巴林的巴林港（Bahrain）；沙特阿拉伯的达曼（Damman）；卡塔尔的多哈（Doha）；阿拉伯联合酋长国的迪拜（Dubai）、阿曼的米纳卡布斯（Mina Qaboos，旧名马斯喀特）等港。

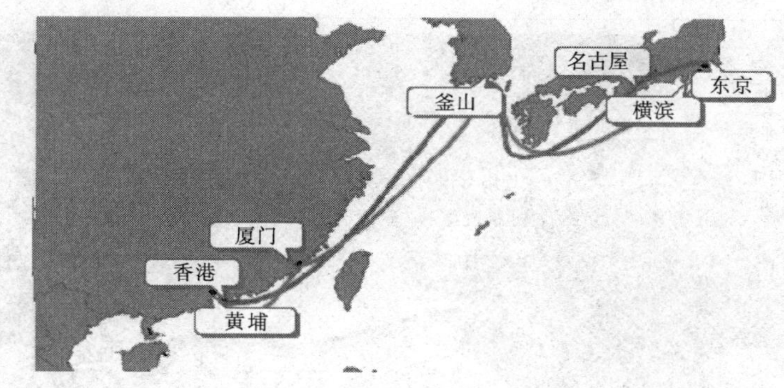

图 4-10　朝鲜半岛航线

图 4-11　波斯湾航线

2. 我国国际海运航线中的远洋航线

1)红海航线

从我国沿海港口出发沿该航线可到达也门共和国的亚丁(Aden)、荷台达(Hodeida);约旦的亚喀巴(Aqaba);吉布提共和国的吉布提(Djibouti);厄立特里亚的阿萨布(Assab);苏丹共和国的苏丹港(Port Sudan)和沙特阿拉伯的吉达(Jiddah)港等。

2)地中海航线

如图 4-12 所示,从我国沿海港口出发沿该航线可到达地中海东部黎巴嫩的贝鲁特(Beirut)、的黎波里(Tripoli);叙利亚的拉塔基亚(Latakia);地中海南部埃及的塞得港(Port Said)、亚历山大(Alexandia);突尼斯的突尼斯(Tunis);阿尔及利亚的阿尔及尔(Algiers)、奥兰(Oran);地中海北部意大利的热那亚(Genoa);法国的马赛(Marseilles);西班牙的巴塞罗那(Barcelona)和塞浦路斯的利马索尔(Limassol)等港。

3)西北欧航线

如图 4-13 所示,从我国沿海港口出发沿该航线可到达比利时的安特卫普(Antwerp);荷兰的鹿特丹(Rotterdam);德国的汉堡(Hamburg)、不来梅(Bremen);法国的勒阿弗尔(Le Havre);英国的伦敦(London)、利物浦(Liverpool);丹麦的哥本哈根(Copenhagen);挪威的奥斯陆(Oslo)、瑞典的斯德哥尔摩(Stockholm)和哥德堡(Gothenburg);芬兰的赫尔辛基(Helsinki)等港。

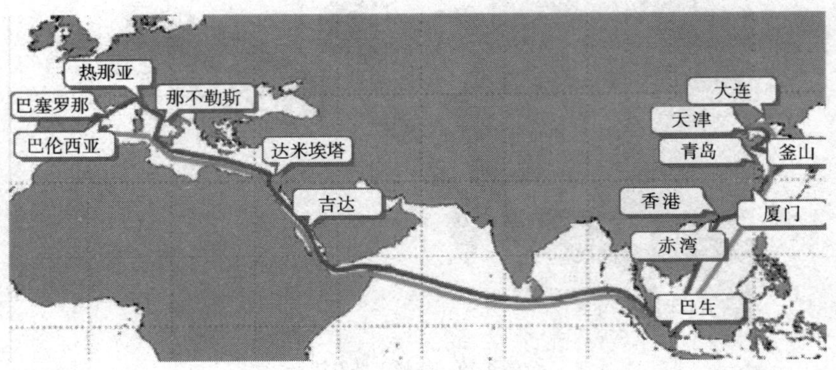

图 4-12 地中海航线

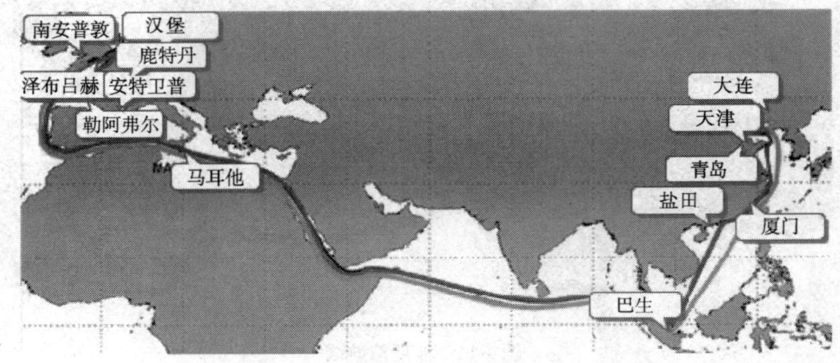

图 4-13 西北欧航线

4）东非航线

从我国沿海港口出发沿该航线可到达肯尼亚的蒙巴萨（Mombasa）；坦桑尼亚的达累斯萨拉姆（Dares Salaam）和坦噶（Tanga）；莫桑比克的贝拉（Beira）和索马里的摩加迪沙（Mogadiscio）等港。

5）西非航线

如图 4-14 所示，从我国沿海港口出发沿该航线可到达中塞内加尔的达喀尔（Dakar）；冈比亚的班珠尔（Banjul，原名巴塞斯特 Bathurst）；几内亚的科纳克里（Conakry）；塞拉里昂的弗里敦（Free Town）；利比里亚的蒙罗维亚（Monrovia）；科特迪瓦的阿比让（Abidjan）；加纳的特马（Tema）；多哥的洛美（Lome）；贝宁的科托努（Cotonou）；尼日利亚的拉各斯（Lagos）；喀麦隆的杜阿拉（Douala）；赤道几内亚的巴塔（Bata）；加蓬的奥文多（Owendo）；刚果的黑角（Pointe Noire）；刚果（金）的马塔迪（Matadi）；佛得角的明德卢（Mindelo）；加那利群岛的拉斯帕尔马斯（Las Palmas）等港。

6）美国、加拿大航线

如图 4-15 所示，从我国沿海港口出发沿该航线可到达加拿大西岸港口温哥华（Vancouver）；美国西岸港口西雅图（Seattle）、波特兰（Portland）、旧金山（San Francisco）、洛杉矶（Los Angeles）；加拿大东岸港口蒙特利尔（Montreal）、多伦多（Toronto）；美国东岸港口纽约（New York）、波士顿（Boston）、费城（Philadelphia）、巴尔的摩（Baltimore）、波特兰（Portland），在缅因

州和美国墨西哥湾港口的莫比尔(Mobile)、新奥尔良(New Orleans)、休斯敦(Houston)等港口。美国墨西哥湾各港也属美国东海岸航线。

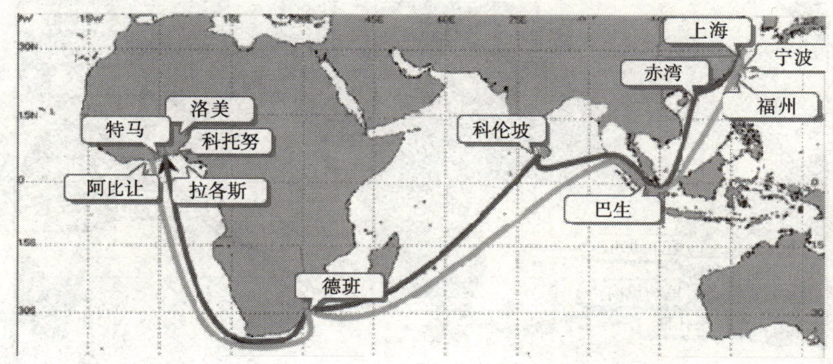

图 4-14　西非航线

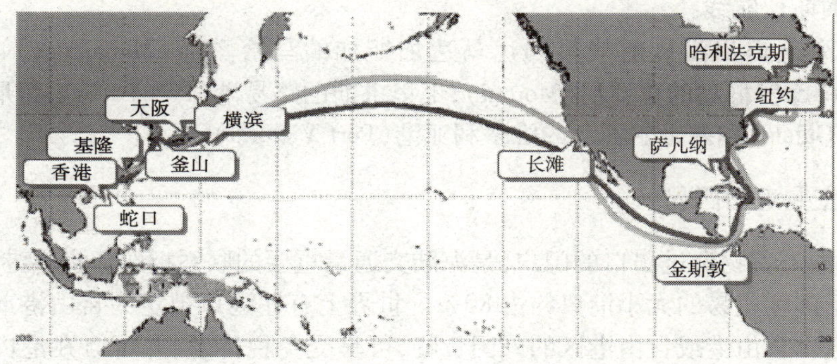

图 4-15　美国、加拿大航线

7)墨西哥、中美洲航线

从我国沿海港口出发沿该航线可到达墨西哥的曼萨尼约(Manzanillo)、阿卡普尔科(Acapulco);危地马拉的圣何塞(San Jose);萨尔瓦多的阿卡胡特拉(Acajutla);哥斯达黎加的蓬塔雷纳斯(Puntarenas)等港。

8)南美洲西岸航线

从我国沿海港口出发沿该航线可到达秘鲁的卡亚俄(Callao);智利的阿里卡(Arica)、伊基克(Iquique)、瓦尔帕莱索(Valparaiso)、安托法加斯塔(Antofagasta)等港。

9)南美洲东岸航线

如图 4-16 所示,从我国沿海港口出发沿该航线可到达巴西的里约热内卢(Riode Janeiro)、桑托斯(Santos)、里奥格兰德(Rio Grande)、巴拉那瓜(Paranagua);乌拉圭的蒙得维的亚(Monte video);阿根廷的布宜诺斯艾利斯(Buenos Aires)等港。

10)南美北岸和加勒比海航线

从我国沿海港口出发沿该航线可到达巴拿马的克里斯托瓦尔(Cristobal);委内瑞拉的拉瓜伊拉(La Guaira)、卡贝略港(Puerto Cabello)、马拉开波(Maracaibo);荷属安的列斯(Antilies)群岛中库拉索岛(Curacao)的威廉斯塔德港(Willemstad)、阿鲁巴(Aruba)岛的奥拉涅斯塔德港(Oranjestad);圭亚那的乔治敦(Georgetown);苏里南的帕拉马里博(Paramaribo);特里尼达和多巴哥的西班牙港(Port of Spain);哥伦比亚的巴兰基亚(Barranquilla)、圣玛尔塔(Santa Marta)、卡塔赫纳(Cartagena)等港。

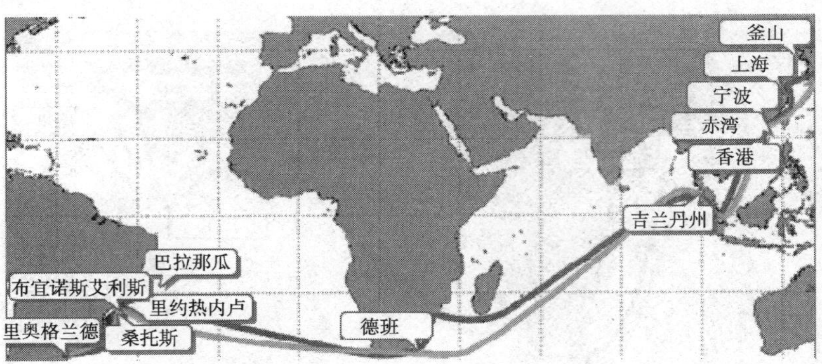

图4-16 南美洲东岸航线

11)马达加斯加航线

从我国沿海港口出沿该航线可到达马达加斯加的马哈赞加(Mahajanga)、图阿马西纳(Toamasina);科摩罗群岛的莫罗尼(Moroni);毛里求斯的路易港(Port Louis);留尼汪岛的加莱角(Pointe des Galets)和塞舌尔群岛的维多利亚港(Port Victoria)。

五、国际主要港口概况

港口是各国外贸物资进出口的门户,是海陆交通最重要的联系枢纽。世界港口共有3 000多个,其中用于国际贸易的大小港口约占80%。世界上有些港口被定为自由港或在港口划定自由港区,凡进出自由港或自由港区的外国货物,可享受免税待遇,并可以在港内或区内自由将货物进行整理、改装、分拣、加工或长期储存等作业,海关不得干涉。有些港口对某些商品收税或实行不同程度的管制,而对其他商品则免税。

世界港口在分布上,一些世界主要大港集中于东亚、西欧及北美地区。

(1)亚洲地区港口有世界著名自由港新加坡港、香港港等,另外,东北亚地区还有韩国的釜山港,日本的神户港、大阪港、东京港、横滨港,我国大陆地区的上海港、广州港、天津港等,我国台湾省的高雄港、基隆港等。东南亚地区有泰国的曼谷港、菲律宾的马尼拉港、马来西亚的巴生港、印度尼西亚的雅加达港等。南亚/印度洋地区有印度的孟买港和加尔各答港、巴基斯坦的卡拉奇港、斯里兰卡的科伦坡港、孟加拉国的吉大港等。中东地区(波斯湾和红海)主要港口有阿联酋的迪拜港、沙特阿拉伯的吉达港、卡塔尔的多哈港等。

(2)在地中海地区(从红海过苏伊士运河,就到了地中海),主要港口有土耳其的伊斯坦布尔港、埃及的亚历山大港和塞得港、西班牙的巴塞罗那港和巴伦西亚、西班牙的马德里、法国的马赛港、意大利的热那亚港和那不勒斯港等。西欧地区主要港有荷兰的鹿特丹港和阿姆斯特丹港、德国的汉堡港和不来梅港、比利时的安特卫普港、英国的伦敦港、利物浦港、费力克斯托港和南安普敦港、法国的勒阿弗尔港、葡萄牙的里斯本港等。

(3)美洲地区,在北美西海岸有美国有洛杉矶港、长滩港、奥克兰港、西雅图港等,加拿大有温哥华港。在美国东岸主要港口有纽约港、波士顿港、费城港、巴尔的摩港等。在南美西岸的港口有智利的瓦尔帕莱索港和圣安东尼奥港、秘鲁的卡亚俄港、厄瓜多尔的瓜亚基尔港等。

南美东岸则有巴西的桑托斯港、里约热内卢港;阿根廷的布宜诺斯艾利斯港、乌拉圭的蒙得维的亚港等。

(4)非洲地区,北非重要的港口有摩洛哥的达尔贝达港、利比亚的班加西港和的黎波里港,阿尔及利亚的阿尔及尔港和奥兰港。西非的基本港有尼日利亚的拉各斯港、科特迪瓦的阿比让港、贝宁的科托努港、加纳的特马港、喀麦隆的杜阿拉港等。南非的重要港口有:开普敦港和德班港。东非重要港口有坦桑尼亚的达累斯萨拉姆港、肯尼亚的蒙巴萨港、乌干达的坎帕拉港、莫桑比克的马普托港、毛里求斯的路易港等。

(5)大洋洲主要港口在澳大利亚和新西兰两个国家,主要有:澳大利亚的悉尼港、澳大利亚南端的墨尔本港、新西兰的奥克兰港。

1. 亚洲地区主要港口概况

1)新加坡(Singapore)港

新加坡港位于新加坡岛南部沿海,西临马六甲(Malacca)海峡的东南侧,南临新加坡海峡的北侧,是亚太地区最大的转口港,也是世界最大的集装箱港口之一,新加坡港至香港1 440n mile,至中国的上海2 186n mile。该港扼太平洋及印度洋之间的航运要道,战略地位十分重要。它自13世纪开始即是国际贸易港口,目前已发展成为国际著名的转口港。

新加坡港主要包括丹戎帕加—凯佩尔、巴实巴让、裕廊、森巴旺港区以及亚逸查湾、布孔龙岛等炼油厂码头。丹戎帕加—凯佩尔是该港的主要港区,也是该港的主港区,还是该港最大集装箱码头区,位于新加坡城南。

优越的地理位置是新加坡港迅速发展的重要条件。随着世界航运业的繁荣和马六甲海峡航运的繁忙,新加坡的作用和地位越来越重要。新加坡港内有3.4km的码头群,港区泊位可停靠35万吨级油轮,能同时容纳30多艘巨型船舶停靠。从新加坡港起航,有200多条航线通往世界各主要港口,无论吞吐量和集装箱装卸量都居世界前列。

2)马尼拉(Manila)港

马尼拉港位于菲律宾吕宋岛西南沿海巴石河口两岸,濒临马尼拉湾的东侧,是菲律宾最大的海港。它是菲律宾的首都和全国政治、经济、文化和交通中心,早在16世纪就成为著名的商港。这里集中了该国半数以上的工业企业,主要工业有制糖、榨油、碾米、纺织、肥皂、印刷、食品加工、制药、卷烟等,还有卡车制造及小型钢厂等。

马尼拉港主要分为南港、北港及国际集装箱3个港区,主要码头泊位有26个,岸线长达2 931m,最大水深11.6m。另有海上泊位系船浮筒6个,最大水深15m。该港主要出口货物为大麻、食糖、椰油、烟叶、酒精、椰干、皮张、菜油、木材及三合板等,进口货物主要有机械、纺织品、食品、药品、石油、水泥、大米及杂货等。马尼拉的进口货物约占该国进口货物的4/5。

3)曼谷(Bangkok)港

曼谷港位于泰国西南部湄南河下游的两岸,距河口约16n mile,濒临曼谷湾的北侧,是泰国最大港口,也是世界20大集装箱港口之一。曼谷是泰国的首都,该国政治、经济、文化和交通的中心,是东南亚第二大城市,也是该国最大的工商业城市。市区河道纵横交错,水上贸易称盛,有东方威尼斯之美称。它还是世界著名的米市。

曼谷港区主要由东、西2个码头组成,西码头停靠普通船,东码头以集装箱为主。港区主要码头泊位岸线长1 900m,最大水深为8.2m。本港由于码头水浅,只能靠1万载重吨的船舶及500TEU的集装箱船,因此,只有驶往日本、香港、新加坡等的集装箱支线船能靠码头,而驶往欧洲的2 000~3 000TEU集装箱船要在港外的锚地靠泊。大船锚地水深达16m。由于泰国全国有90%的外贸货物通过该港,而且老挝和柬埔寨部分进出口货物也经此转口,所以该港逐步启用曼谷湾东南岸的梭桃邑(Sattahip)港,以缓解曼谷港的拥挤状况。主要出口货物为大米、烟草、橡胶、豆类、锡、柚木、水果、黄麻及手工业品等,进口货物主要有机械、钢铁、汽车、药品、纺织品、食品、石油制品及化工品等。

4)三宝垄(Semarang)港

三宝垄港位于印度尼西亚爪哇岛北海岸中部,濒临爪哇海的南侧,是印度尼西亚的主要港口之一。它是印度尼西亚的第四大城市,又是爪哇岛的农产品和手工业产品的集散地。工业以制糖为主。

三宝垄港东距丹戎佩拉(泗水)港193n mile,西距丹戎不碌(雅加达)港236n mile,至新加坡港682n mile,北距香港1 857n mile。港区处在陆岸凹入的水域内,外有北伸的西—东向防波堤和西北—东南向的北防波堤掩护,船舶由西进港。港内现有西北伸的大突堤,沿边和东北岸计有码头线总长2 141m,但目前沿边水深都还较浅,仅1.5~4.1m。该港港池东北岸向北伸展605m,前沿水深挖至9m,建成新码头;然后向东发展,形成北伸的3座现代化突堤,并沿东防波堤向北延伸折转北防波堤中段,内壁均加宽形成深水码头。到时,深水码头线至少达5 000m以上,可成为大型的现代化深水港,前景广阔。

5)釜山(Pusan)港

釜山港位于韩国东南沿海,东南濒朝鲜海峡,西临洛东江,与日本对马岛相峙,是韩国最大的港口,也是世界十大集装箱港之一。釜山港是韩国海陆空交通的枢纽,又是金融和商业中心,在韩国的对外贸易中发挥重要作用。工业仅次于汉城,有纺织、汽车轮胎、石油加工、机械、化工、食品、木材加工、水产品加工、造船和汽车等,其中机械工业尤为发达,而造船、轮胎生产居韩国首位,水产品的出口在出口贸易中占有重要位置。港口主要出口货物为工业机械、水产品、电子、石化产品、纺织品等,进口货物主要有原油、粮食、煤、焦炭、原棉、原糖、铝、原木及化学原浆等。

釜山港共有生产性码头泊位50多个,码头岸线8 000余米,平均水深达12.5m。由于近年来中国华北地区港口的快速成长已威胁到韩国釜山港的发展,釜山港加快港口建设,集装箱设计吞吐量提升2倍达2 400万TEU。

6)神户(Kobe)港

神户港是日本第一大海港,世界大港之一,位于日本本州南部兵库县芦屋川河口西岸,濒临大阪湾西北侧,是日本最大的集装箱港口。自古以来神户就是日本的重要交通枢纽,公路、铁路及航空皆是现代化。它既是主要的国际贸易中心,又是日本最大的工业中心之一。现为阪神工业区的核心之一,主要工业有运输机械、钢铁、橡胶、电机、食品等,占全市工业总产值的一半以上,其次是化学、普通机械及烟草等工业。

神户港岸线长达30余千米,水域面积56.68km^2,防波堤总长13 448m。港区由中心区和东、西两沿海工业区的专业码头组成。中心区包括兵库码头、中突堤码头、新港突堤码头、摩耶码头、港岛和六甲岛。全港有码头泊位230多个,还有浮筒泊位,可同时停泊250多艘大型船舶。填海造地是神户港建设一大特点,也是发展港口的措施。港岛即是建设的第1座人工岛,面积为4.4km²,填土8 000万m³,岛内建有12个集装箱码头和15个杂货码头,水深12m,可停靠3万吨级船舶。杂货码头水深10m,可停靠1.5万吨级船舶。六甲岛比港岛大1/3,填土量达12 000万m³。神户港进一步发展将建设第3个人工岛。

7)大阪(Osaka)港

大阪港位于日本本州西南沿海的中岛川与大和川河口之间,濒临大阪湾的东北侧,是日本五大集装箱港口之一。该港自古以来就是京都的海上门户,市内河道纵横。现为阪神工业区之核心,轻重工业综合发展,其工业产值仅次于东京,居日本第二位。主要工业有石油化工、钢铁、金属加工、运输机械及电机等。

大阪港自北向南分为北港、内港及南港3个港区。全港中级以上主要码头泊位有150多个,岸线长19 000余米,最大水深12m。该港主要进口货物为煤炭、矿石、食品及工业原料等,出口货物以机械、纺织品及化工产品为主。目前大阪港以集装箱航线为中心,与世界100多个国家和地区的400多个港口有贸易往来。

8)孟买(Bombay)港

孟买港位于印度西海岸外的孟买岛上(目前该岛已与大陆连接),西濒阿拉伯海,是印度最大的港口。它是南亚大陆桥的桥头堡,东起加尔各答,西至孟买,全长2 000km,是印度海陆空的交通枢纽。孟买工商业发达,是全印度最大的棉纺织中心,纱锭和纺织机数约占全国的1/3。还有皮革、化工、毛纺织、炼油、制药、机械和食品等工业。

孟买港长约141n mile,宽约5n mile,有6 000m宽的港内水域可供锚泊或过驳装卸。港区有散、杂货泊位25个;集装箱泊位4个;油码头泊位3个,码头岸线总长约5 500m,最大水深14m。

该港主要出口货物为纺织品、黄麻、矿石、面粉、花生、棉花、煤、糖、植物油及杂货等,进口货物主要有石油、钢铁、粮谷、水泥、木材、机械、橡胶及化工品等。

9)加尔各答(Calcutta)港

加尔各答港位于印度东北部恒河三角洲胡格利河左岸,距河口约123n mile,濒临孟加拉湾的北侧,是印度东部的最大港口,因主要出口黄麻,又有黄麻港之称。它是印度的第一大城市,全印度经济、交通和文化的中心之一,又是黄麻工业中心。主要工业还有纺织、钢铁、机械、化学、造纸、皮革、印刷及陶瓷。加尔各答是内陆国家尼泊尔和不丹的出海口。

该港共有深水泊位13个,码头岸线长约2 800m,最大水深14m,码头最大可靠8万载重吨的船舶。有铁路线可直通码头。加尔各答港主要出口货物除黄麻,还有煤、矿石、茶叶、废钢、皮张、棉花及糖等,进口货物主要有石油、盐、面粉、水泥、钢铁、谷物、橡胶、机械、化工品、木材及烟草等。

10)科伦坡(Colombo)港

科伦坡港位于斯里兰卡西南沿海凯拉尼河口南岸,濒临印度洋北侧,是斯里兰卡的最大港口。它是斯里兰卡的首都和该国政治、经济、交通和文化中心,又是世界航道上印度洋的重要航站,是横渡印度洋过往船只的补给站。科伦坡是斯里兰卡的交通枢纽,有铁路和公路通往世界各地。主要工业有纺织、炼油、化肥、轮胎、机器制造及钢铁等。

科伦坡港共有码头泊位20多个,岸线长4 562m,其中集装箱码头泊位5个,最大水深13m,在港外6n mile的海上泊位可靠泊18万吨级的船舶。该港主要出口货物为茶叶、咖啡、可可、椰干、香茅油、橡胶、椰油及皮张等,进口货物主要有石油、煤、大米、铁器、棉制品、水泥及化肥等。这里每年的货物吞吐量约占斯里兰卡全国的90%以上。

11)巴林(Bahrain)港

巴林港位于巴林的东北沿海,地处沙特阿拉伯和卡塔尔半岛之间,距两国各约10n mile,是巴林国的最大港口。它是巴林的首都麦纳麦所在地,也是该国工商业中心。有年产1 250万t的大型炼油厂,每年可加工原油1 200万t以上,该处还有中东最大的炼铝厂。

巴林港主要有3个港区:

(1)米纳苏尔曼港区。是巴林最大的港区,共有18个泊位,其中主要有集装箱码头岸线长600m,最大可靠6.5万载重吨的集装箱船舶。

(2)锡特拉港区。又称西川港区,主要为油码头,最大水深为13.4m。

(3)麦纳麦港区。主要在锚地作业,水深达20m。该港自由贸易区位于米纳苏尔曼港区。巴林港主要出口货物为石油、石油制品、铝锭、珍珠及鱼产品等,进口货物主要有粮食、机械、运输设备、食品及工业制品等。巴林港同时可承担各种船舶修理,拥有较大的干船坞,可容纳55万吨级的巨型船舶。

12)迪拜(Dubai)港

迪拜港位于阿拉伯联合酋长国东北沿海,濒临波斯湾的南侧。又名拉希德港(Mina rashid),并与1981年新建的米纳杰贝勒阿里港(Mina jebel ali)同属迪拜港务局管辖,是阿联酋最大的港口,也是集装箱大港之一。该港地处亚、欧、非三大洲的交汇点,是中东地区最大的自由贸易港,尤以转口贸易发达而著称。它是海湾地区的修船中心,拥有名列前茅的百万吨级的干船坞。主要工业有造船、塑料、炼铝、海水淡化、轧钢及车辆装配等,还有年产50万t的水泥厂。长期以来该港还是波斯湾南岸的商业中心。

迪拜港区主要码头泊位有18个,岸线长4 265m,最大水深13.5m。油码头最大可靠7万载重吨的油船,有油管与油罐相接。

迪拜港的功能定位现已远远超过了原来的单一港口,因为它不仅是物资运往国内市场的中转中心,而且作为周边地区既包括海湾合作组织的各成员国(沙特阿拉伯、科威特、巴林、阿曼、阿联酋等),还包括印度次大陆、前独联体国家和南非、东非、北非的广大地区的物流基地,发挥了重要的作用。迪拜港的远期目标是把迪拜建设成为类似于远东的香港和新加坡的全球型航运枢纽。为此,在未来10年,迪拜将继续进行必要的港口基础设施建设,开辟第三座人工港口。

13)亚丁(Aden)港

亚丁港位于也门共和国西南沿海亚丁湾的西北岸,扼红海与印度洋的出入口,是欧洲、红海至亚洲、太平洋之间的交通要冲,地理位置非常重要。它也是也门的最大海港,并有世界第二大加油港之称,又是一个主要从事转口贸易的港口。

亚丁港分内港和油港:

(1)内港在亚丁半岛的西北部,主要码头泊位有27个,水深12.5m,可同时停靠30多艘万吨级船舶,其中包括2个集装箱泊位,岸线长900m,水深11m。

(2)油港在小亚丁半岛的东北部,有4个泊位,最大可靠泊6.5万载重吨的油船。大船锚地水深达16.5m。另有海底管道供装卸原泊使用。亚丁港是一个重要的加油港,有水下油管

直通岸上，能同时为15艘海船加油上水。目前亚丁炼油厂每年炼油800万t左右，能为500艘巨轮提供燃料，所以亚丁又成为供应国际远洋船舶燃料的重要基地之一。

该港主要出口货物有皮革、咖啡、盐、石油制品、鱼类、棉花、树胶及杂货等，进口货物主要有谷物、棉布、丝绸、家禽、金属、原油及各种食品等。

2. 欧洲地区主要港口概况

1）鹿特丹（Rotterdam）港

鹿特丹港是西欧和荷兰重要的外贸用港，位于莱茵河和马斯河的入海口处，年吞吐量可达到3亿t左右。鹿特丹港港区面积80多km^2，海船码头岸线长56km，江轮码头岸线长33.6km，总泊位656个，航道最大水深22m。鹿特丹港共分7个港区，40多个港池，码头岸线总长37km，可以停靠54.5万吨级的特大油船。鹿特丹港拥有世界上最大的集装箱码头——"ETC-DELTA"码头，全长1 600m，码头纵深900m，码头前沿水深15m。

鹿特丹从1947年起，先后建成3个大型港区。

（1）鲍特来克港区建于1947～1957年，总面积为12.50km^2，港池水深达12.65m，可接纳6万吨级船舶，主要用于装卸石油、矿石、散粮。该港区还有1座50万吨级的干船坞。

（2）欧罗港建于1958～1969年，总面积为36km^2，港池水深达21.65m，可停靠20万吨级油船，主要装卸原油和石油化工产品。

（3）马斯平原港区建于1960～1974年，港区面积为33km^2，港池水深达23.50m，可停靠25万吨级矿砂船和30万吨级油船。该港区还建有1个大型矿石码头和2个大型油船港池。到1980年，鹿特丹港港口面积已达到100km^2，其中水域21.48km^2，陆域78.52km^2，港池47个。码头岸线长度为1 215 371m^2。

鹿特丹港作为西欧地区散货、原油、集装箱的最大集散中心，是整个欧洲的物资流通基地。美国向欧洲出口货物的43%，日本向西欧市场出口货物的34%，都经鹿特丹港中转。鹿特丹港后方集疏运条件极为发达，在以鹿特丹为中心，半径为500km范围内的区域，24h便可将货物送至目的地。

2）汉堡（Hamburg）港

汉堡港位于德国北部易北河下游的右岸，距入海口约76n mile，濒临黑尔戈兰湾内，是德国最大的港口，也是欧洲第二大集装箱港，是世界上最大的自由港，在自由港的中心有世界上最大的仓储城，面积达50万m^2。同时，汉堡港有别于其他海港，那就是它位于欧盟、欧洲自由贸易联盟和经济互助委员会这个欧洲市场的中心，从而使它成为欧洲最重要的中转海港，它是德国重要的铁路和航空枢纽，市区跨越易北河两岸，市内河道纵横，多桥梁，在易北河底有横越隧道相通。工商业发达，是德国的造船工业中心，主要工业除造船外还有电子、石油提炼、冶金，机械、化工、橡胶及食品等。目前汉堡港已建立了欧洲一流的港口情报系统——DAKOSY（数据通信系统）。该系统不仅能在港内进行数据交换，而且可用于各种运输手段之间的协作。

汉堡港现主要拥有码头泊位75个，码头岸线长17 109m。该港主要进口货物为煤、木材、矿石、原油、棉花、粮谷、水果、羊毛、烟叶、菜油、冰肉、蛋白、橡胶、咖啡、可可及杂货等，出口货物主要有焦炭、水泥、钢铁、机器及零件，车辆、电气用品、石油、人造肥料、糖、盐、粮食、瓷器、玻璃器皿、纸张及化工品等。

3）阿姆斯特丹（Amsterdam）港

阿姆斯特丹港位于荷兰西部沿海的北海运河上，距运河出海口艾默伊登约10n mile。有艾默伊登港的船闸与北海沟通，是荷兰的最大城市和第二大海港，也是世界上第一可可装卸大港。阿姆斯特丹的工业主要有造船、电子、化学、钢铁、机械、食品及纺织等。

阿姆斯特丹港水域面积达618hm^2，码头岸线总长为23km，港区最大水深达15m。港区主要码头泊位如下：

（1）西港池：有10个泊位，岸线长2 174m。

（2）苏伊士港池：有5个泊位，岸线长1 108m。

（3）沃尔特港池：有10个泊位，岸线长2 318m。

（4）汉德尔斯卡德：有8个泊位，岸线长1 885m。

（5）苏马特拉卡德：有6个泊位，岸线长1 383m。

（6）斯普威格：有7个泊位，岸线长1 504m。

阿姆斯特丹港主要进口货物为谷物、矿砂、煤、化肥、原油、可可粉、咖啡、纸张、机器、化工品及杂货等，出口货物有焦炭、油、小麦、化肥、金属器皿、运输设备、化工产品、肉及日用品等。

4）安特卫普（Antwerp）港

安特卫普港位于比利时北部沿海斯海尔德河下游右岸，有2条河底隧道相通，西距北海约50n mile，东有阿尔贝特运河直通马斯河，是比利时的最大海港，为欧洲第二大港，也是世界著名的亿吨大港之一。它是比利时第二大工业中心，主要工业有炼油、化学、汽车、钢铁、有色冶炼、机械、造船等。

安特卫普港码头分为沿河与船坞两大部分，有6个船闸与河道相连。港区主要有散货码头泊位54个，杂货码头泊位20个，集装箱码头泊位36个，油码头泊位14个。码头岸线总长31 304m，最大水深15.8m。

安特卫普港作为欧洲第二大港，杂货运输尤为繁忙，主要包括钢铁制品、林木产品、汽车及水果等。该港的杂货吞吐量已超过鹿特丹位居欧洲之首，而集装箱吞吐量则名列鹿特丹和汉堡之后，位居第三。

为了适应吞吐量日益增长的需要，安特卫普港的第3个河滨集装箱码头已于2001年1月动工兴建，设计吞吐能力为65万TEU。新码头竣工并启用后，将大大缩短船舶过闸和停泊时间。新码头将沿着1 300m长的沿岸深水码头线上建造多用途泊位。

5）伦敦（London）港

伦敦港位于英国东南沿海泰晤士河下游的南北两岸，从河口开始向上游伸延经蒂尔伯里港区越过伦敦桥，直至特丁顿码头，长达80n mile。沿河两岸有许多用于装卸货物的船坞、油码头、河岸码头及修船坞等。伦敦港18世纪已发展成为世界大港之一，19世纪成为该国贸易和金融中心，而且是世界航运中心，集中了世界各地的船舶和船公司的代表机构。伦敦是英国的首都，是该国政治、经济、文化、交通的中心，又是该国最大的海港，并且是该国最主要的制造业城市，以通用机械与电机著称。另外，其飞机、精密仪器、汽车、炼油、化学、服装、造纸、印刷、食品、卷烟等工业均很发达。

伦敦港整个港区包括印度及米尔瓦尔、蒂尔伯里、皇港区，水域面积达207万m^2，大量的封闭式港池群是该港的一大特色。主要有散、杂货码头泊位21个，集装箱码头泊位9个，油码

头泊位12个,滚装船泊位6个,码头岸线总长9 400余米,港区最大水深14.6m。

伦敦港河口北岸的科里东码头宽有300余米,可靠20万载重吨的大型油船,往上到伦敦塔桥收缩到100余米,5 000载重吨的船舶可自由直达伦敦式中心。两岸泊位可同时停靠150多艘海船。在20世纪80年代末,伦敦港将蒂尔伯里改为一个独立港,目前它是英国主要集装箱英国主要集装箱码头之一,也是欧洲现代化集装箱码头之一。该港主要进口货物为石油、煤炭、钢铁、木材、矿石及粮谷等,出口货物主要有水泥、机械、车辆、石油制品、化工产品及日用杂货等。

6)利物浦(Liverpool)港

利物浦港位于英国西部沿海的默西河口,利物浦湾的东岸,濒临爱尔兰海的东南侧,是英国主要海港之一,也是英格兰中部兰开夏工业区的出海门户。利物浦是英国主要的造船和修船中心。主要工业有电器仪表、化学、柴油机、喷气发动机、食品和纺织工业等。该港地处交通枢纽,有铁路、公路、运河通往利兹及曼彻斯特等港,与内陆腹地经济联系密切。

利物浦港有杂货码头泊位9个,散货码头泊位15个,集装箱码头泊位4个,油码头泊位6个。码头岸线总长8 000多米,港区最大水深达21.6m。该港主要出口货物为钢铁制品、机器、汽车、化工品、玻璃、精制糖及肥皂等,进口货物主要有粮谷、煤、矿石、木材、石油、糖、棉花、羊毛、肉、面粉及饲料等。

7)马赛(Marseilles)港

马赛港位于法国南部沿海利翁湾东北岸,濒临地中海的西北侧,包括福斯及布克等港区,是法国最大的海港。该港背山面海,没有强劲的潮汐和海流,航道安全、昼夜通航,是一个天然良港,是地中海的最大商港,也是欧洲第四大港,又是世界大客运港之一。该港不仅是公路、铁路和航空的枢纽,而且工商业发达。

马赛港包括4个港区:马赛、福斯、布克及圣路易罗拉港区。码头岸线总长70余千米,主要码头泊位122个,岸线长21 830m。

马赛港区主要为散货和滚装码头,最大可靠8万载重吨的船舶。福斯港区在1965年新建的深水港区,是世界上第一流的天然气运输港,港区宽阔,现代化程度高,水深达24m。在港区附近有大型炼油厂、钢铁厂及石油化工企业等,港区最大可靠泊30万载重吨的超级油船。布克港区主要为液化气码头,另有散货及成品油码头。马赛港是法国最大的修船港,有10个干船坞,最大可容纳80万吨级的船舶,能承接各种修理。该港主要进口货物为石油、煤、粮谷、木材、面粉、矿石、羊毛、蔬菜、水果、皮革、糖、硫磺及金属制品等,出口货物主要有水泥、机械、成品油、石灰、肥皂、酒及咖啡等。

8)哥本哈根(Copenhagen)港

哥本哈根港位于丹麦西兰岛东北沿海厄勒海峡的西侧,与瑞典南部的马尔默隔峡相望,相距约14n mile,有火车轮渡可通,是丹麦的首都和最大港口。哥本哈根地处北欧海、陆、空交通枢纽,是丹麦的政治、经济及文化中心,也是北欧最大的贸易城市,主要工业有造船、机械制造、冶金、化学、食品加工和纺织等。

哥本哈根港有2个防波堤围护,包括北港、外港、南港和内港4个港区,其中北港区是远洋港区,自由港也在内。该港主要出口货物为粮谷、肉类、纺织品、貂皮、机械、船舶、酒、水果、动植物油、牛奶制品、糖及化工产品等,进口货物主要有煤、原油、生铁、木材、饲料及工业品等,其

中貂皮出口约占全世界的60%。

9)康斯坦察(Constanza)港

康斯坦察港位于罗马尼亚东南沿海,濒临黑海西侧,是罗马尼亚最大港口,罗马尼亚的外贸货物有60%经过此港,该港又是黑海西岸的最大海港。康斯坦察是罗马尼亚重要的工商业中心,主要工业有造船、化肥、食品加工、纺织、造纸、建材、家具、酿酒及石油加工等,并且是全国造船工业中心。

康斯坦察港有较多突堤码头伸向海中,岸线长达6km,是一个优良港。港区主要分3部分:

(1)老港码头:有大小泊位46个(其中2个为油船泊位),最大水深为11.5m。

(2)新港码头:有33个泊位,最大水深13.5m,可装卸钢材、矿砂、化工器材、集装箱及滚装货等,其中5个油船泊位,最大可靠9万载重吨的船舶。

(3)系船浮:在南防波堤南侧,有卸原油用的大型系船浮可泊20万载重吨的大型油船。

10)里斯本(Lisbon)港

里斯本港位于葡萄牙西海岸特茹河入海口处,濒临大西洋的东侧,是葡萄牙最大的港口,也是世界上最大的软木输出港。里斯本是葡萄牙的政治、经济、文化中心。其主要工业有化学、石油、机械制造、造船、纺织和食品等。全世界年产软木40万t,葡萄牙占1/2。该港有铁路和内地相通,并与西班牙相连。

里斯本港有杂货码头泊位15个,散货码头泊位9个,集装箱码头泊位3个,滚装船码头泊位5个,油码头泊位8个,码头岸线总长10 600余米,港区最大水深达17m。位于阿尔肯塔拉(Alcantra)港池的新码头,主要装卸水果、蔬菜及各种包装的果制品,是欧洲大陆现代化水果码头之一。

里斯本港有横跨特茹河的架空大桥,位于港区入口处,其中间跨长为1 103m,净空高为69.7m,是欧洲最长的吊桥。该港主要进口货物为燃油、矿砂、机械、水泥、花生、压缩油、五金及化工品等,出口货物主要有木材、大理石、软木、松脂、水果、蔬菜、葡萄酒、轻沥青及沙丁鱼罐头等。

11)伊斯坦布尔(Istanbul)港

伊斯坦布尔港位于土耳其西部沿海伊斯坦布尔海峡西南岸,濒临马尔马拉海的东北侧,是土耳其的最大海港。它是一个跨越欧、亚两洲的历史名港。伊斯坦布尔港控制了从地中海经马尔马拉海去黑海的通道,扼欧亚大陆交通要冲,地理位置相当重要,全港主要码头泊位共有26个,码头岸线长5 171m。

伊斯坦布尔港主要进口货物为煤、铅、铜、锡、木材、牛油及工业品等,出口货物主要有羊毛、棉花、干木、烟叶、丝、水果、皮张及地毯等。

3. 北美地区主要港口概况

1)洛杉矶—长滩(Los Angeles-Long Beach)港

洛杉矶—长滩港位于美国西部加利福尼亚州西南沿海圣佩德罗湾的顶端。濒临太平洋的东侧,是美国第一大集装箱港。它是北美大陆桥的桥头堡之一,是横贯美国东西向的主要干线圣菲铁路的西部桥头堡,东部大西洋岸的桥头堡为费城,另一条铁路干线是南太平洋铁路,从洛杉矶开始经过新奥尔良(New orleans)港向来延伸直至大西洋岸的杰克逊维尔(Jackson-

ville)港。洛杉矶是美国西海岸的最大工业城市,著名的工业为飞机制造业和石油工业。

洛杉矶港共有泊位65个,其中散、杂货泊位15个,集装箱泊位36个,油码头泊位14个,码头岸线总长12 686m,最大水深15.2m。

长滩港是北美西海岸最大的物流中心,美国最大集装箱港。主要泊位共有65个,码头岸线总长12 081m,最大水深23.1m。其中集装箱泊位30个。

2)奥克兰—旧金山(Oakland-San Francisco)港

奥克兰—旧金山港位于美国西部加利福尼亚州西海岸,在金门海峡的东南端,地处圣弗朗西斯科湾口的东西两岸,东侧为奥克兰港,西侧为旧金山港,有13km长的海湾大桥(桥高65m)相连。

奥克兰港是美国第四大集装箱港。该港北有西雅图、塔科马,南有洛杉矶、长滩港,地理位置十分优越。交通运输发达,有横贯美国东西的太平洋铁路线及主要公路干线,并可通行双层集装箱列车,对实行多式联运方面有较大的有利条件。奥克兰港包括内、中、外港区,主要码头泊位有29个,岸线长6 332m,最大水深为12.2m。

旧金山港是北美大陆桥的桥头堡之一,是横贯美国东西的主要干线——联合太平洋铁路的终点,该干线的东部起点是纽约。旧金山港港区分为东部、北部、南部、阿拉梅达油码头几个港区,共有泊位68个,码头岸线长14 617m,最大水深15m。

3)西雅图(Seattle)港

西雅图港位于美国西北部华盛顿州西部沿海普吉特湾的东岸,濒临太平洋东海岸的胡安·德富卡海峡,是美国第二大集装箱港,也是美国距离远东最近的港口。该港交通运输发达,是北美大陆桥的桥头堡之一,即横贯美国东西向的主要干线北太平洋铁路的终点站,东部的桥头堡为纽约。该港的主要工业有钢铁、铝制品、服装、机械、木材加工、造船、罐头食品及汽车装配等。

西雅图港共有各类码头泊位48个,其中集装箱泊位12个,码头岸线总长8 748m,最大水深达15m,大船锚地水深达36m。最大可靠泊20万载重吨的船舶。

西雅图港主要出口货物为谷物、鱼、牛油、机械、小麦、纸浆及废纸等,进口货物主要有纺织品、木材、新闻纸、轿车、胶合板、石膏、香蕉及杂货等。

4)温哥华(Vancouver)港

温哥华港位于加拿大西南部不列颠哥伦比亚省南端的弗雷泽河口,在巴拉德湾内,濒临乔治亚海峡的东南侧,是加拿大最大的港口,也是世界主要小麦出口港之一。温哥华现为加拿大西部的工商业、交通、科技和文化的中心。主要工业有造船、木材加工、造纸、汽车、鱼类加工、纺织、飞机制造及石油加工等。公路与加拿大、美国各地相通;铁路可达美洲大陆各地。

与北美西海岸其他港口相比,温哥华港与亚洲之间的海上距离最短,使其在缩短航行时间与降低海运成本方面独具优势。因此,在加拿大与亚太地区,特别是与中国的贸易发展中,温哥华港起到了重要的桥梁作用。

温哥华港共有码头泊位47个,码头岸线长10 774m,最大水深15.5m。该港最大可泊25万载重吨的船舶。主要出口货物为小麦、机械、纸浆、铜矿、粮谷、面粉、林木产品、煤、肥料、焦炭、鱼、水果及硫磺等,进口货物主要有盐、茶叶、水泥、钢材、糖、铁及磷酸石等。

5)纽约(New York)港

纽约港位于美国东北部纽约州东南沿海哈得孙河口东西两岸,在长岛西端的上纽约湾内,濒临大西洋的西北侧，是美国第一大城市和主要海港之一。它是美国第三大集装箱港，又是美国出口废金属的最大港口。纽约是美国最大的交通枢纽，是两条横贯美国东西大陆桥的桥头堡，即北太平洋铁路东起纽约，西至西雅图；联合太平洋铁路东起纽约西至旧金山。纽约还是全美最大的工商业和世界金融中心。

纽约港是世界上天然深水港之一，有2条主要航道。一条是哈得孙河口外南面的恩布娄斯航道，长16km，宽610m，维护深度13.72m，由南方或东方进港的船舶经这条航道进入纽约湾驶往各个港区。另一条是长岛海峡和东河，由北方进港的船舶经过这条航道。哈得孙河入海口的狭水道，水深30余米，东河水道大部分河段水深在18m以上，最深处近33m。港内淤积量小。纽约港腹地广大，公路网、铁路网、内河航道网和航空运输网四通八达。

纽约港有水域约700余km^2和陆地1 000余km^2。全港有16个主要港区：纽约市一侧10个，新泽西州一侧6个。全港深水码头岸线总长近70km，有水深9~14m的远洋船泊位400多个，其中集装箱码头37个，是世界上港区面积最大的港口。早期是沿哈得孙河建设突堤式狭栈桥码头，布置紧凑，后方陆域小。近期建设的伊丽莎白港区和纽瓦克港区的码头是顺岸布置，陆域面积宽敞。

纽约港主要出口货物为废金属、钢材、机械、纸张、有机化学制品、废纸、纺织废料及杂货等，进口主要货物有车辆、木材、塑料、橡胶、酒精、咖啡、香蕉、蔬菜、碳化氢、纺织品、服装及畜产品等。

6）巴尔的摩（Baltimore）港

巴尔的摩港是美国大西洋沿岸重要的海港城市，它位于切萨皮克湾顶端的西侧，离美国首都华盛顿仅有60余千米，港区就在帕塔帕斯科河的出海口附近。从这里经过海湾出海到大西洋还有250km的航程，但由于港口附近自然条件优越，切萨皮克湾又宽广，航道很深，万吨级远洋轮可直接驶入巴尔的摩港区。巴尔的摩港同时是美国五大湖区、中央盆地与大西洋上联系的一个重要出海口。

巴尔的摩港现有纵深的港湾、口袋形的入口、很长的码头和适中的地理位置，港湾内潮差小，港区水深15m，航道水深达20m，冬季最冷时也因受大西洋暖流影响从不结冰，不影响船只出入港口。

7）新奥尔良（New Orleans）港

新奥尔良位于美国路易斯安那州的东南部，密西西比河下游入海处，北临庞恰特雷恩湖，濒临墨西哥湾，腹地深广，是美国的重要的河海、海陆联运中心。

新奥尔良港有3个港区：密西西比河港区、排洪渠道港区，其他运河、水道和庞哈特伦湖、鲍恩尔湖港区，全港以密西西比河港区为主。全港码头线总长约50km，有泊位150多个。所有码头几乎都是顺岸式的。新奥尔良港同欧洲和太平洋沿岸（包括远东）之间有载驳船往来。载驳船所载驳船可上溯密西西比河、伊利诺伊河到达芝加哥。港口划出专用水域作为载驳船停泊区。

8）蒙特利尔（Montreal）港

蒙特利尔港位于加拿大东南部圣劳伦斯河与渥太华河交汇处，是加拿大最大的集装箱港，也是世界最大的河港之一。蒙特利尔港拥有优良的铁路联线，可以在10h内将货物运往多伦多，25h运往底特律，到芝加哥只需30h。蒙特利尔港共有码头泊位57个，码头岸线长约 101km。

蒙特利尔港是加拿大著名的农作物输出港，主要是输出小麦，每年小麦出口量达 1 000 万 t，是世界上最大的小麦输出港。蒙特利尔的工业十分发达，以钢铁、电子仪器、飞机、造船、石油加工、纺织、机车车辆、电器等新兴工业和木材加工、酿酒等传统工业为主。

4. 中南美地区主要港口概况

1）科隆（Colon）港

科隆港位于巴拿马北部沿海巴拿马运河的大西洋出口处，濒临利蒙湾的东侧，是巴拿马最大港口。克里斯托瓦尔（Cristobal）为其外港，科隆是巴拿马的第二大城，也是仅次于新加坡、香港的第三大自由贸易城市，自由贸易区的面积达 50 万 m^2，外国企业和公司可以自由地进行转口业务，将商品在区内加工、制造，然后免税输出，主要经营电器、机械产品、车辆及化工产品等。

科隆港共有生产性泊位 23 个，码头岸线长 3 295m，港区最大水深 13.7m，码头最大可靠 5 万载重吨的船舶。主要出口货物为香蕉、蔗糖、咖啡、海虾及石油产品等，进口货物主要有食品、石油、机械、运输设备及工业品等。巴拿马科隆自由贸易区目前已与世界上 120 多个国家和地区有贸易往来。

2）布宜诺斯艾利斯（Buenos Aires）港

布宜诺斯艾利斯港位于阿根廷东部沿海潘帕斯平原东南端，里亚丘埃洛河和拉普拉塔河的汇流处，是阿根廷最大的国际贸易港。布宜诺斯艾利斯港系人工港，进港主要航道印第安角水道长约 200km，经过不断疏浚，水深保持在 10m 左右，万吨船舶可直达。该港有 7 个设施完备的港区，码头总长 9 000m，港区最大水深 13.5m，为南美最大的港口之一。

布宜诺斯艾利斯主要有肉类加工、食品工业、纺织、制革、机械、汽车、化工、造船等。布宜诺斯艾利斯港主要输出的货物与其经济腹地的产品密切相关，输出有牛肉、谷物、羊毛、皮革、亚麻籽等，输入机械、钢铁、燃料和工业品等。该港承担着阿根廷对外贸易货运量的 3/4，成为该国最大的贸易港。

3）里约热内卢（Rio De Janeiro）港

里约热内卢港位于巴西东南瓜纳巴拉湾南岸，瓜纳巴拉湾腹宽口窄，湾内风平浪静，里约热内卢港为世界三大天良港之一，为巴西第一大港。该港主要港区在跨海湾大桥西端南沿岸顺岸布局，仅东南有莫亚突堤长 400m，周边有 4 个水深 7.3 ~ 9.8m 的泊位。其他码头泊位自南而北有：甘博亚 1、2 号码头（南岸），岸线总长 3 325m，前沿水深 7.2 ~ 9.2m；圣克里斯托巴奥码头（南岸），岸线总长 6 325m，前沿水深 7.0 ~ 9.5m；朱卡码头（北岸西段），岸线总长 1 300m，前沿水深 6.4 ~ 15.2m；煤、铁矿石码头（北岸东段），岸线总长 765m，前沿水深 11.7 ~ 12.0m。全港码头岸线总长 7 500m，共有 50 个泊位。

里约热内卢港主要出口货物有咖啡、蔗糖、皮革、钢铁、矿石等，进口货物主要有石油、机械设备、日用品等。

4）瓦尔帕莱索港（Valparaiso）

瓦尔帕莱索港位于智利中部沿海瓦尔帕莱索湾南岸，濒临太平洋的东南侧，是南美太平洋沿岸的最大港口。该港交通运输发达，是南美地区的重要交通枢纽，也是南美大陆桥西部桥头堡。

瓦尔帕莱索港三面环山，一面临海，有坚固的防波堤，是一个天然良港，港区主要码头泊位有10个，码头岸线长1 685m，最大水深9.5m。

5）卡亚俄（Callao）港

卡亚俄港位于秘鲁西部沿海的卡亚俄湾内，濒临太平洋的东南侧，是秘鲁最大的海港，也是南美太平洋沿岸大港。

卡亚俄港有圣洛伦索岛作为天然屏障，港内中部和南部有从陆岸向西北伸展的大突堤和向西伸展的4个小突堤。大突堤两侧各有1个泊位，水深9.7～10.9m；小突堤南有4个顺岸泊位，水深10～10.9m。此外，从南防波堤向东北伸展的突堤两侧有4个泊位，水深9.1～10.6m；西北防波堤内还有2个油轮泊位，水深10.9m。全港总计有23个泊位，该港是南美两岸最现代化的港口，秘鲁全国3/4的进口和1/4出口物资经由此港。

6）布兰卡（Bahia Blanca）港

布兰卡港位于阿根廷南部纳波斯塔河口，临大西洋布兰卡湾，地理位置优越，是南部地区重要的海运中心和铁路枢纽，有纺织、造船、肉类加工和冷藏、石油提炼、石油化学等工业。

布兰卡港有5个港区，主要泊位集中于英杰尼埃罗怀特港区和格乃尔港区。其中英杰尼埃罗怀特港区东南伸展有21个泊位，东部港池有2座向南伸的突堤，各长300m，两侧各有2个泊位，前沿水深9.0～9.4m，两港池码头东西向，西部有3个杂货码头泊位，长450m，水深7.8m，东部为渔港区。格乃尔港区在西部格乃尔河口，有10多个泊位，主要用于杂货、石油的装卸。该港主要输出的货源是小麦、皮革、羊毛、石油等。

5. 非洲地区主要港口概况

1）亚历山大（Alexandria）港

亚历山大港位于埃及北部沿海尼罗河口西侧，在阿拉伯湾东岸入海处，濒临地中海的东南侧，是埃及最大的港口。亚历山大为著名的棉花市场，也是埃及重要的纺织工业基地。此外，造船、化肥、炼油等工业亦很发达。

亚历山大港分东、西港，港外有2道防波堤和狭长的法罗斯岛作屏障。西港为深水良港，全港面积达6km^{2}以上。港区主要码头有60个，岸线长10 143m，最大水深为10.6m，包括煤炭、粮食、木材及石油等专用码头。

该港主要出口货物为棉花、矿石、水果、糖浆、盐、纺织品、粮谷、轮船、棉纱、黏土及农产品等，进口货物主要有钢铁、汽车、茶叶、咖啡、木材、轻重型机械、烟草及工业品等。埃及每年有80%～90%的外贸货物都经本港中转。

2）达尔贝达（Darel Beida）港

达尔贝达港位于摩洛哥西北沿海，濒临大西洋的东侧，是摩洛哥的最大港口，还是一个重要的渔港。达尔贝达是摩洛哥经济及交通的中心，拥有全国约4/5的现代工业，工业产值约占全国总产值的2/3。主要工业有炼油、炼铁、化工、纺织、鱼类加工、水泥、烟草、汽车制造、橡胶、罐头及木材加工等。

达尔贝达港主要码头泊位有44个，岸线长达7 000m，最大水深12m。油码头最大可泊6万载重吨的油船。大船锚地水深为24m。

该港主要出口货物为磷酸盐、柑橘、鱼产类、铅锌矿及农产品等，进口货物主要有粮食、钢铁、木材、水泥、煤炭、石油、机械及电子产品等。

3)达累斯萨拉姆(Dares Salaam)港

达累斯萨拉姆港位于坦桑尼亚东部沿海的达累斯萨拉姆湾内,濒临印度洋的西侧,东北距桑给巴尔岛约35n mile,是坦桑尼亚最大的海港,也是东非的著名港口之一。

达累斯萨拉姆港交通运输发达,有横贯坦桑尼亚的中央铁路,东起达累斯萨拉姆,西迄坦噶尼喀湖畔的基戈马。还有1975年9月在我国政府的援助下建成的坦赞铁路,以达累斯萨拉姆为起点,全长1 860km(在坦桑尼亚境内977km)。这条铁路的建成不仅沟通了坦桑尼亚与赞比亚的交通,也促进了坦桑尼亚国民经济的发展。在内陆及边远地区则以公路为主。该港的工业产值约占全国的一大半,主要工业有炼油、轻纺、机械、化肥、食品、水泥、机车修理、农具修配及火力发电等。

达累斯萨拉姆港水域开阔,约有95万m^2,港内避风浪条件良好,即使外口有强风大浪,对港内也无大的影响。港区主要码头泊位有11个,岸线长2 016m,最大水深为10m。该港主要出口货物为剑麻、茶叶、棉花、豆饼、木材、咖啡、铜及油籽等,进口货物主要有钢铁、棉制品、食品、机械、石油及车辆等。

4)开普敦(Cape Town)港

开普敦港位于南非西南沿海桌湾的南岸入口处,南距好望角52km,濒临大西洋的东南侧,是南非的主要港口之一。好望角北连开普半岛,是一条细长的岩石岬角,长约4.8km。这里地势险峻,向西进入大西洋时,常常风暴骤起,波浪滔天,有“风暴角”之称;而向东驶入印度洋时则风平浪静,故而称“好望角”。该港地理位置重要,是欧洲沿非洲西海岸通往印度洋及太平洋的必经之路,也是多条国际航线交汇点,交通和战略位置极为重要。

开普敦背山面海,曲折连绵,西部濒大西洋,南部插入印度洋,居两洋之会。开普敦港为天然良港,港区面积1.5km^2,港口优良。有防波堤屏障,防波堤长1 567m。港内有3个坞式港池,40多个深水泊位,码头总长11km,可同时停泊深水海船40多艘。

该港主要出口货物为羊毛、皮张、酒、干鲜果、饲料、蛋品、玉米、鱼油及矿砂等,进口货物主要有木材、机械、小麦、汽车、纺织品、原油及杂货等。在节假日中元旦及圣诞节不工作。

5)杜阿拉(Douala)港

杜阿拉港位于喀麦隆西海岸中部的杜阿拉河口,濒临几内亚湾的西北侧,是喀麦隆的最大港口,也是西非海运中心之一。它是喀麦隆的最大城市,经济繁荣,商业发达,同时也是该国最大工商业中心及交通枢纽。

杜阿拉港主要码头泊位有20个,岸线长3 580m,最大水深13m。该港主要出口货物为可可、咖啡、香蕉、棉花、木材及石油等,进口货物主要有机械设备、车辆及消费品等。在节假日中如果需要,经过申请也可安排作业。

6)蒙巴萨(Mombasa)港

蒙巴萨港位于非洲东岸中部,肯尼亚东南沿海的蒙巴萨岛上,有铁路桥与海堤和大陆相连,濒临印度洋的西侧,是肯尼亚的最大港口,蒙巴萨港而由此向北直到红海几乎再没有大港,向南直到南非只有德班港才能与其媲美,因此是非洲东岸最大的港口。该港是东非的工商业中心,主要工业有炼油、纺织、修船、水泥及农产品加工等。肯尼亚、乌干达的大部分外贸物资及卢旺达、坦桑尼亚以至刚果(金)东部、苏丹南部的一部分货物均由此中转。

蒙巴萨港的条件在东非诸多港口中首屈一指,该港有各类万吨级以上泊位21个,港口吃水 9.45m 以上，最大水深 13.4m。码头最大可靠泊 6.5 万载重吨的船舶。主要出口货物为象牙、皮张、纤维、棉花、茶叶、椰干、咖啡、木材、糖浆、肉类及奶制品等，进口货物主要有机械、车辆、纺织品、粮食、建材、食品、糖及工业品等。

6. 大洋洲及南太平洋主要港口概况

1）悉尼（Sydney）港

悉尼港位于澳大利亚东南部新南威尔士州东南沿海的杰克逊湾内，濒临塔斯曼海的西北侧，东临太平洋，西面 20km 为巴拉玛特河，南北两面是悉尼最繁华的中心地带。因此，有人称悉尼港是城中港。悉尼港是世界上主要的羊毛出口港，同时悉尼港是澳大利亚进口物资的主要集散地。

悉尼港的港湾总面积为 55km^2，口小湾大，是世界上著名的天然良港。悉尼港的港区主要分布于杰克逊南岸，离出海口 8km，水深港阔，位置隐蔽，为港湾设置了天然屏障，挡住了太平洋的狂风巨浪，船舶可从悬岸间进出，低潮时主航道水深 12.8m，港内有 120 多个泊位，有长达 18km 的装卸区。

该港主要出口货物为羊毛、小麦、面粉、肉类、纺织品、钢铁等，进口货物为石油、木材、汽车、纸产品等。

2）墨尔本港（Port of Melbourne）

墨尔本港位于澳大利亚东南部维多利亚州南部沿海的亚拉河口的墨尔本市，在菲利普港湾北侧的霍布森斯湾内，是澳大利亚最大的现代化港口，也是澳大利亚东南地区羊毛、肉类、水果及谷物的输出港，是重要的国际贸易港口。

墨尔本港现有 50 多个码头泊位，其中散、杂货泊位 23 个，岸线长 4 416m。拥有集装箱泊位 18 个，岸线长 3 597m；油码头泊位 9 个，岸线长 1 849m。码头前沿最大水深 13.1m。大船锚地在离岸约 0.6n mile 处，最大水深达 15m。

在墨尔本的总贸易量中有大约 62% 实现了集装箱化。该港有四大国际集装箱码头：

（1）斯旺松（Swanson）码头：建于 20 世纪 60 年代，占地 146 万 m^2，分东、西 2 个码头，最大水深 13.1m，并拥有 45t 的集装箱吊。

（2）维布（Webb）码头：建于 20 世纪 50 年代，占地 26 万 m^2，有 5 个集装箱泊位，最大水深 11.2m。主要装卸外贸集装箱。

（3）维多利亚（Victoria）码头：建于 20 世纪 80 年代，日前已新建滚装泊位，最大水深 9.4m。

（4）阿普尔通（Appleton）码头：为两家公司的专用码头，最大水深 10.7m，用于集装箱和滚装货。

该港主要出口货物有羊毛、水果、肉类、皮革、谷物、奶制品、废钢、汽车及其零件、石油制品及杂货等，进口货物主要有原油、钢铁、木材、石油制品及杂货等。

3）奥克兰（Auckland）港

奥克兰港位于新西兰北岛东北海岸的豪拉基湾西南侧，地处新西兰北岛怀特马塔港湾和马努考港之间狭窄的奥克兰地峡上，是新西兰第一大城市的最大海港，同时是新西兰工业、贸易、航运中心，也是国际交通枢纽。

奥克兰港共有码头泊位 19 个，码头岸线长 4 620m，其中集装箱泊位 7 个。该港 80% 的

货物吞吐量为集装箱货物，其集装箱装卸量相当于新西兰集装箱装卸量的60%。该港主要出口货物为肉类、乳制品、皮革、羊毛、木材、钢材等，进口货物为纺织品、石油、粮食、化学制品等。

4)新普利茅斯(New Plymouth)港

新普利茅斯港位于新西兰北部西部沿海的北塔拉纳基湾南岸入口处，濒临塔斯曼(Tasman)海的东北侧，是新西兰北岛的畜产品输出港。主要工业有肉类加工、乳制品、铸铁和电力等。

新普利茅斯港主要码头泊位分布如下：杂货码头泊位3个，岸线长397m，最大水深10m；散货码头泊位2个，岸线长426m，最大水深11m；油码头泊位2个，岸线长657m，最大水深11.5m。大船锚地在主防波堤正北方的西侧，水深18m。

5)苏瓦(Suva)港

苏瓦港位于斐济主岛维提岛东南部，在苏瓦湾东岸的入口处，东邻汤加，西邻瓦努阿图，是斐济两大优良的深水避风港之一，是南太平洋海空交通枢纽和中继站，有南太平洋的"十字路口"之称，同时也是南太平洋地区除澳、新之外岛国中最大的城市。

苏瓦港外有珊瑚礁作天然屏障，港内水深，风平浪静，是一个天然良港。港区主要码头泊位有3个，码头岸线长678m，水深12.1m，最大可靠泊5万吨级的船舶，大船锚地水深达36m。该港主要出口货物为糖、椰油、木材等，进口货物主要有粮食、机械设备、燃料油及化工产品等。

第五章　公路运输地理

学习提要

公路运输可实现“门到门”的运输方式，是交通运输体系中铁路、水路、航空等运输方式的衔接，其地理分布广泛而密集。通过本章的学习，学生能够了解公路运输的特点、分类、在交通运输体系中的地位和作用及我国公路运输的现状；掌握我国公路运输网的布局，特别是国家主干线的分布；掌握高速公路的特点，我国高速公路的布局；掌握我国公路的区划，主要经济区域公路运输网的布局与规划；掌握我国公路的国际运输网布局。

基本概念

公路运输、国道、省道、高速公路、国际公路运输。

第一节　公路运输

一、公路运输的含义及特点

公路运输(Road Transportation)是在公路上进行货物或旅客运输的一种方式，使用的主要载运工具是汽车，故有时也称汽车运输。公路运输系统中最重要的组成部分是公路和汽车，公路为连接城市、乡村和工矿基地之间，主要供汽车行驶并具备一定技术标准和设施的道路，汽车为运输过程旅客与货物的承载工具和动力来源。

公路运输是19世纪末随着现代汽车的诞生而产生的。第一次世界大战结束后，随着汽车工业的发展和公路里程的增加，公路运输逐渐发展起来。目前，公路运输不仅是短途运输和集散运输的主力，也是进行长途运输的重要运输方式。在新的世纪里，随着公路网特别是高速公路网的发展和完善以及汽车数量和质量的提升，公路运输在运输系统和国民经济中的地位显得越来越重要。根据交通运输部2009年、2010年和2011年公布的《公路水路交通行业发展统计公报》的统计结果，现有的5种运输方式中，2009年、2010年和2011年这三年，公路所完成的客运量和货运量都是最大的，其中，每年完成的公路客运量在综合运输体系中所占比重占到90%以上，旅客周转量在综合运输体系中所占比重超过53%；每年的公路货运量在综合运输体系中所占比重超过75%，货物周转量在综合运输体系中所占比重超过33%。

2011年，我国的公路总里程达410.64万km，其中高速公路8.49万km，而全国铁路营业里程9.1万km，全国内河航道通航里程12.46万km。相比其他运输方式，410.64万km公路

在全国铺就了一个密度高、分布广的公路运输网络,因此公路运输车辆可以“无处不到、无时不有”,具有很高的灵活性和很强的适应性,可以实现“门到门”运输,这是其他运输方式不可比拟的优势。

另外,公路运输在时间方面和装载量方面的机动性也都比较大。在时间方面,公路的载运车辆可随时调度、装运,运输过程中各环节之间的衔接方便,耗时少,甚至可实现“门到门”运输,不需要中转,从而大大节约运营时间和搬运装卸成本。在装载量方面,汽车的载重吨位有小有大,小的汽车仅可载0.25~1t,而载质量大的汽车也可载200~300t,可适应多种载运量的要求。汽车既可以单个车辆独立运输,也可以由若干车辆组成车队同时运输,通过这样的方式也能灵活的适应不同载运量的需求。

公路运输的灵活机动优势也体现在运输速度方面。在中、短途运输中,公路运输具有明显优势,运送效率为几种运输方式中最高的。相比其他的运输方式,公路运输方式不需中转换乘,可实现直达,表现给旅客和货主的就是总的运送时间较其他方式都短。随着高速公路的发展,公路运输的经济运距在逐渐提高,达到800km左右,在某些路段上,公路运输所从事的跨区域长距离运输丝毫不逊色平行的铁路或水运。随着公路建设的现代化、汽车生产的大型化,汽车也能够适应集装箱货运方式发展的需要,载运集装箱在港口集装箱集疏运中扮演着重要角色。

二、公路运输的地位与作用

我国地形复杂多样,山区面积广大,山区面积约占全国总面积的69%,平原面积仅占12%。山区多、平原少,也给大规模商品化生产、生产管理带来了困难,给交通运输的发展也带来困难。特殊的地形条件,使得公路运输在我国有着特殊的地位和重要的作用。在我国东部铁路和水运比较发达的地区,公路运输是铁路和港口货物集散的重要手段;在铁路和水运不足的西南和西北地区,公路同时发挥着干线运输的作用,在铁路和水运都无法到达的偏远地区,公路是当地人民与外地进行客货交流的唯一凭借。

公路运输在综合运输体系中是陆上两种运输方式之一,其在综合运输体系中的重要作用主要表现在以下几个方面:

1. 促进城乡协调发展

公路建设对地理条件的要求比较低,因此即使在条件恶劣,其他运输方式不能到达的偏远区域也可以通过修建公路使当地居民能享受到便捷的交通,加强城市和农村的经济联系,促进城乡协调发展。公路运输是5种运输方式中唯一能实现“门到门”运输的,不管是在东部的平原、还是在西部的山区,不管是在发达的城市、还是在偏远的农村,公路运输都可以大大方便当地居民。

2. 体现交通运输的公平

随着铁路运输的提速,列车并不能在沿途的每个车站都停靠,并且列车在每个车站的停靠时间都不一样,一般在大站停靠时间长,小站停靠时间短,因此对即使同一条线路的不同地方而言,铁路运输能给他们带来的好处是不均等的。对于公路而言,一般公路可以在沿途任意上下,即使在高速公路上,每个出入口的机会都是均等的。从这方面讲,相比之下,公路的普及能带给广大人民更为均等的交通便利机会。

3. 促进沿途经济发展

铁路运输中,列车只能在固定的站点停靠,铁路线路沿途不能随意上下车,因此,对于铁路沿途的居民来讲,铁路的经过并没有带给他们更多的利益,反而有时还会阻隔工农业生产。而公路所带来的经济聚集效益是非常明显的,公路的修建可使沿途的城镇居民都受益,不仅促进当地的客货联系和经济发展,并由此可发展形成以公路为核心的公路经济带。

4. 集散车站港口的货物

由于其他运输方式不能进行"门到门"运输,公路运输可以配合船舶、火车、飞机等运输工具完成运输的全过程,是港口、车站、机场集散货物的重要手段。它也可以将两种或多种运输方式串联起来,实现多种运输方式的联合运输(多式联运),做到进出口货物运输的"门到门"服务。

5. 紧密经济区域的联系

公路运输发展到21世纪,很多发达国家的公路网已经非常完善,我国的公路网经过新中国成立后的大力发展,也已具有较高水平。高速公路的发展、汽车运行速度的提升、公路运输组织的优化、公路拖挂和集装箱运输的开展,使得公路运输已不囿于"集散运输"的作用,在很多经济区域间、次经济区域间以及主要城市间,发挥着"运输通道"的功能,紧密着经济区域间的客货联系。

6. 满足国防赈灾的要求

在国家国防或赈灾需要时,公路运输发挥着不可或缺的重要作用。在战争时,通过高密度的公路网可以迅速地将人员和物资运送到国家的每个区域,通过部分高速公路还可以起降战斗机。根据我国有关法律的规定,在国家战争或赈灾需要时,国家可以征用民用车辆,这保证了国防和赈灾行动能快速反应。

三、我国公路的分类

1. 按行政等级划分

我国公路按行政等级可分为:国家公路、省级公路、县级公路和乡级公路(简称为国、省、县、乡道)以及专用公路5个等级。一般把国道和省道称为干线,县道和乡道称为支线。

1)国道

国道是指具有全国性政治、经济意义的主要干线公路,包括重要的国际公路;国防公路;连接首都与各省、自治区、直辖市首府的公路;连接各大经济中心、港站枢纽、商品生产基地和战略要地的公路。国道中跨省的高速公路由交通运输部批准的专门机构负责修建、养护和管理。

2)省道

省道是指具有全省(区、市)政治、经济意义,并由省(区、市)公路主管部门负责修建、养护和管理的干线公路。

3)县道

县道是指具有全县(县级市)政治、经济意义,连接县城和县内主要乡(镇)、主要商品生产和集散地的公路以及不属于国道、省道的县际间公路。县道由县、市公路主管部门负责修建、养护和管理。

4)乡道

乡道是指主要为乡(镇)村经济、文化、行政服务的公路以及不属于县道以上公路的乡与

乡之间及乡与外部联络的公路。乡道由乡人民政府负责修建、养护和管理。

专用公路是指专供或主要供厂矿、林区、农场、油田、旅游区、军事要地等与外部联系的公路。专用公路由专用单位负责修建、养护和管理。也可委托当地公路部门修建、养护和管理。

2. 按使用任务、功能和适应的交通量划分

根据我国现行的《公路工程技术标准》(JTG B01—2003),公路按使用任务、功能和适应的交通量(交通量为单位时间内通过公路某一断面的汽车数量,它是衡量公路交通运输繁忙程度的尺度)分为高速公路、一级公路、二级公路、三级公路、四级公路 5 个等级。

1)高速公路

高速公路为专供汽车分向分车道行驶并应全部控制出入的多车道公路,4 车道高速公路应能适应将各种汽车折合成小客车的年平均日交通量 25 000 ~ 55 000 辆,6 车道高速公路应能适应将各种汽车折合成小客车的年平均日交通量 45 000 ~ 80 000 辆,8 车道高速公路应能适应将各种汽车折合成小客车的年平均日交通量 60 000 ~ 100 000 辆。

2)一级公路

一级公路为供汽车分向分车道行驶并可根据需要控制出入的多车道公路。4 车道一级公路应能适应将各种汽车折合成小客车的年平均日交通量 15 000 ~ 30 000 辆,6 车道一级公路应能适应将各种汽车折合成小客车的年平均日交通量 25 000 ~ 55 000 辆。

3)二级公路

二级公路为供汽车行驶的双车道公路。双车道二级公路应能适应将各种汽车折合成小客车的年平均日交通量 5 000 ~ 15 000 辆。

4)三级公路

三级公路为主要供汽车行驶的双车道公路。双车道三级公路应能适应将各种车辆折合成小客车的年平均日交通量 2 000 ~ 6 000 辆。

5)四级公路

四级公路为主要供汽车行驶的双车道或单车道公路。双车道四级公路应能适应将各种车辆折合成小客车的年平均日交通量 2 000 辆以下,单车道四级公路应能适应将各种车辆折合成小客车的年平均日交通量 400 辆以下。

交通量是折合成小客车的交通量,各类汽车的折合系数如表 5-1 所示。

各汽车代表车型与车辆折算系数 表 5-1

汽车代表车型	车辆折算系数	说　明
小客车	1.0	≤19 座的客车和载质量≤2t 的货车
中型车	1.5	>19 座的客车和 2t < 载质量≤7t 的货车
大型车	2.0	7t < 载质量≤14t 的货车
拖挂车	3.0	载质量 >14t 的货车

资料来源:《公路工程技术标准》(JTG B01—2003)。

由于不同等级的公路服务的主要对象是有区别的，因此不同等级的公路其设计速度也有区别。各等级公路的设计速度要求如表5-2所示。

各等级公路设计速度

表5-2

公路等级	高速公路			一级公路			二级公路		三级公路		四级公路
设计速度(km/h)	120	100	80	100	80	60	80	60	40	30	20

数据来源：《公路工程技术标准》(JTG B01—2003)。

四、我国公路运输发展现状

根据交通运输部《2011年公路水路交通行业发展统计公报》，截至2011年底，全国410.64万km的公路中，其中，国道16.94万km，省道30.40万km，县道53.36万km，乡道106.60万km，专用公路6.90万km，村道196.44万km，分别占公路总里程的4.1%、7.4%、13.0%、26.0%、1.7%和47.8%。

2011年，全国8.49万km的高速公路比上年末增加1.08万km。高速公路中，国家高速公路6.36万km，比上年末增加0.59万km。全国高速公路车道里程为37.59万km，比上年末增加4.72万km。高速公路里程超过3 000km的省份增加至14个。这14个省份分别是：河南(5 196)、广东(5 049)、河北(4 756)、山东(4 350)、江苏(4 122)、湖北(4 006)、山西(4 005)、陕西(3 803)、黑龙江(3 708)、江西(3 603)、浙江(3 500)、辽宁(3 300)、安徽(3 009)、四川(3009)。

从公路等级和路面情况来看，2011年全国等级公路里程345.36万km，占公路总里程的84.1%，比上年末提高1.7个百分点。其中二级及二级以上高等级公路里程47.36万km，占公路总里程的11.5%。按公路技术等级分组，各等级公路里程分别为：高速公路8.49万km，一级公路6.81万km，二级公路32.05万km，三级公路39.36万km，四级公路258.64万km，等外公路65.28万km，如图5-1所示。

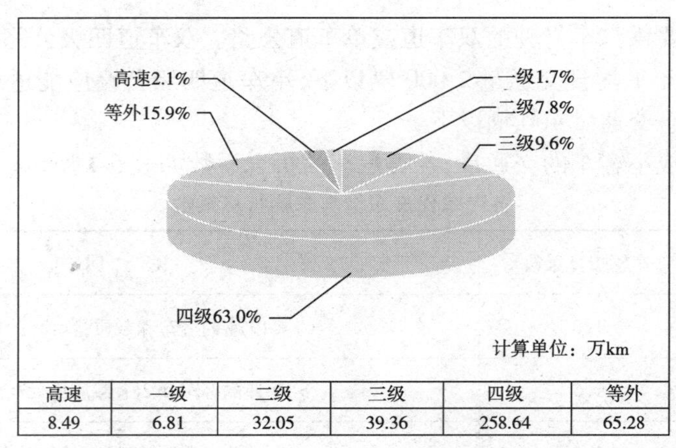

高速	一级	二级	三级	四级	等外
8.49	6.81	32.05	39.36	258.64	65.28

图5-1　2011年全国各技术等级公路里程构成

从公路密度方面来看，全国公路密度为42.77km/百km^2(图5-2)，全国通公路的乡(镇)占全国乡(镇)总数的99.97%，通公路的建制村占全国建制村总数的99.38%。

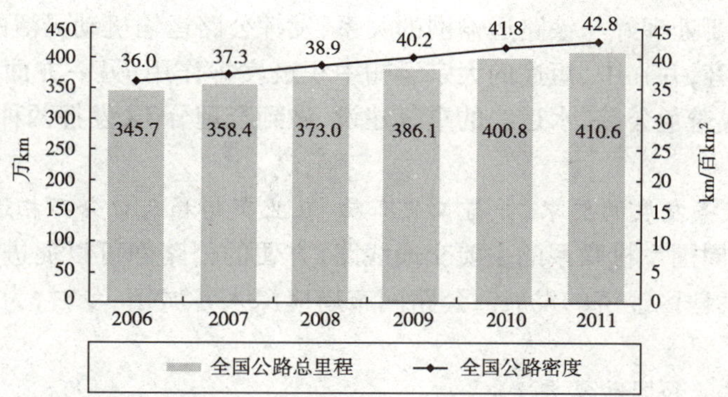

图 5-2　2006～2011 年全国公路总里程及公路密度

从农村公路的发展来看，全国农村公路(含县道、乡道、村道)里程达 356.40 万 km，比上年末增加 5.74 万 km。全国通公路的乡(镇)占全国乡(镇)总数的 99.97%，通公路的建制村占全国建制村总数的 99.38%；其中，通硬化路面的乡(镇)占全国乡(镇)总数的 97.18%，通硬化路面的建制村占全国建制村总数的 84.04%，比上年末分别提高 0.54 个和 2.34 个百分点。

从地区分布来看，到 2008 年底，东部地区公路里程 105.01 万 km，中部地区 125.89 万 km，西部地区 142.11 万 km。东部地区高速公路 25 562km，二级及二级以上公路 17.88 万 km；中部地区高速公路 18 285km，二级及二级以上公路 12.15 万 km；西部地区高速公路 16 456km，二级及二级以上公路 9.95 万 km。

公路客货运输方面，2011 年全国营业性客车完成公路客运量 328.62 亿人、旅客周转量 16 760.25 亿人·km；营业性货运车辆完成公路货运量 282.01 亿 t、货物周转量 51 374.74 亿 t·km。公路客运量、旅客周转量在综合运输体系中所占比重分别为 93% 和 54%；公路货运量、货物周转量在综合运输体系中所占比重分别为 76% 和 31%。2011 年全国公路客运平均运距为 54.5km，货运平均运距为 182.17km。

公路运输车辆方面，2011 年底，全国公路营运汽车达 1 263.75 万辆，其中载客汽车 84.34 万辆、2 086.66 万客位，载货汽车 1 179.41 万辆、7 261.20 万 t。

第二节　我国公路网的布局

一、公路网布局的含义和原则

公路网布局即为公路线路和车站在地域上的合理分布，包括公路线路工程技术与经济选线、线路走向和等级、车站位置与规模的确定以及建立合理的路网结构等。决定公路网布局的主要因素有：自然条件(例如：岩性、坡度、地面切割程度、崩坍、泥石流等自然灾害及气象、水文状况)、客货流的流量和流向、区域经济联系和发展要求、城镇居民点分布、政治和国防要求等。公路网的布局应遵循以下原则：

1. 充分满足综合运输网的布局要求

公路网布局必须考虑综合利用各种运输方式，使点(站、港、场)、线(线路、航道、管路)相协调，逐步建立综合运输网，形成系统的综合运输能力。公路网布局必须与交通干线网络的布局相协调。一方面要处理好与铁路运输网的关系,发挥公路运输机动灵活的优势,为铁路主要车站集散货物和旅客,并在中、短途的大宗运输中积极发挥作用;另一方面协调好与内河航道布局的关系,减少或避免公路、水运线的重复建设,做到合理分工,发挥两种运输方式各自的技术经济特性。

2. 适应国民经济发展的要求,并与工业布局、农业布局和人口分布相适应

公路是城市与周围乡村联系的主要交通线路,方便的公路网可以促进城乡进行广泛的货物和人员交流,推动地区经济的发展。公路网布局应深入各城镇、乡村,为广泛的区域经济联系提供保障。

3. 充分考虑政治和国防需要

公路适应性强,国防意义尤其重大,特别是在无铁路线的边远地区,建立合理的公路网尤为必要。

4. 建立合理的路网结构

公路网布局要干、支线结合,既要做到经济合理,又要便捷实用。如前所述,新中国成立后我国公路运输的生产布局发生了深刻的变化。全国所有的县(除西藏墨脱县)和99.2%的乡(镇)、90.8%的行政村都已有公路相通。初步形成了以北京及各省区首府为中心,由国家、省际、县乡三级公路组成的公路网。其中国道线是组成国家干线公路网的框架,也是国家综合交通网中重要的线路。

5. 因地制宜,公路网规划布局应与城市规划相结合,尽量少占土地

我国幅员辽阔,各地区经济条件和自然环境都相差甚远,因此在进行公路布局时应尽量结合当地的实际情况,因地制宜。另外,公路的修建需占用大量的土地,我国本来就人多地少,在选线时也应考虑尽量少占用耕地,节约国家的土地资源。

二、国家干线公路网的布局

国家干线公路是在国家公路网中,具有全国性的政治、经济、国防意义,并经确定为国家级干线的公路,又称国道。我国公路网中共有70条国道(这里不包括国道主干线,70条中有3条在后来的规划中取消,见表5-3),其中从首都北京出发的有12条,编号为G101~G112;南北走向但不通过北京的有28条,编号为G201~G228;东西走向但不通过北京的有30条,编号为G301~G330。除去重复里程和城市管理里程,总计11万多公里。

根据2010年发布并实施的中华人民共和国国家标准《公路线路标识规则和国道编号》(GB/T 917—2009)中对于国道名称和编号的规定,我国国道的具体线路和穿越省份如表5-3所示。

国家标准(GB/T 917—2009)规定的国道具体线路和穿越省份表 表5-3

编号	国道名称		穿越省(自治区、直辖市)的代码	里程(km)
	普通国道全称	简称		
G101	北京—沈阳公路	京沈线	11、13、21	909
G102	北京—哈尔滨公路	京哈线	11、13、12、21、22、23	1337
G103	北京—塘沽公路	京塘线	11、13、12	162
G104	北京—福州公路	京福线	11、13、12、37、32、34、33、35	2420
G105	北京—珠海公路	京珠线	11、13、12、37、41、34、42、36、44	2717

续上表

编 号	国道名称		穿越省(自治区、直辖市)的代码	里程(km)
	普通国道全称	简称		
G106	北京—广州公路	京广线	11、13、34、37、41、42、43、44	2466
G107	北京—深圳公路	京深线	11、13、41、42、43、44	2698
G108	北京—昆明公路	京昆线	11、13、14、61、51、53	3331
G109	北京—拉萨公路	京拉线	11、13、14、15、64、62、63、54	3901
G110	北京—银川公路	京银线	11、13、15、64	1357
G111	北京—加格达奇公路	京加线	11、13、15、23	2123
G112	北京环线公路	京环线	11、12、13	1228
G201	鹤岗—大连公路	鹤大线	23、22、21	1964
G202	爱辉—大连公路	爱大线	23、22、21	1818
G203	明水—沈阳公路	明沈线	23、22、15、21	720
G204	烟台—上海公路	烟沪线	37、32、31	1031
G205	山海关—深圳公路	山深线	13、12、37、32、34、33、35、44	3160
G206	烟台—汕头公路	烟汕线	37、32、34、36、44	2375
G207	锡林浩特—海安公路	锡海线	15、13、14、41、42、43、45、44	3738
G208	二连浩特—长治公路	二长线	15、14	990
G209	呼和浩特—北海公路	呼北线	15、14、41、42、43、45	3435
G210	包头—南宁公路	包南线	15、61、50、51、52、45	3097
G211	银川—西安公路	银陕线	64、62、61	691
G212	兰州—重庆公路	兰渝线	62、50	1302
G213	兰州—磨憨公路	兰磨线	62、51、53	2796
G214	西宁—景洪公路	西景线	63、54、53	3542
G215	红柳园—格尔木公路	红格线	62、63	641
G216	阿勒泰—巴仑台公路	阿巴线	65	857
G217	阿勒泰—库车公路	阿库线	65	1117
G218	伊宁—若羌公路	伊若线	65	1067
G219	叶城—拉孜公路	叶孜线	65、54	2342
G220	东镇—郑州公路	东郑线	37、41	585
G221	哈尔滨—同江公路	哈同线	23	668
G222	伊春—哈尔滨公路	伊哈线	23	363
G223	海口—榆林东公路	海榆东线	46	323
G224	海口—榆林中公路	海榆中线	46	309
G225	海口—榆林西公路	海榆西线	46	429
G226	楚雄—墨江公路	楚墨线	53	288
G227	西宁—张掖公路	西张线	63、62	347
G228	台湾环线公路	台湾环线	71	—
G301	绥芬河—满洲里公路	绥满线	23、15	1680

续上表

编　号	国道名称		穿越省(自治区、直辖市)的代码	里程(km)
	普通国道全称	简称		
G302	珲春—乌兰浩特公路	珲乌线	22、15	1028
G303	集安—锡林浩特公路	集锡线	22、21、15	1263
G304	丹东—霍林河公路公路	丹霍线	21、15	889
G305	庄河—林西公路	庄林线	21、15	815
G306	绥中—克什克腾旗公路	中克线	21、15	497
G307	岐口—银川公路	岐银线	13、14、37、61、64	1351
G308	青岛—石家庄公路	青石线	37、13	637
G309	荣城—兰州公路	荣兰线	37、13、14、61、62、64	2208
G310	连云港—天水公路	连天线	32、37、34、41、61、62	1613
G311	徐州—西峡公路	徐峡线	32、34、41	748
G312	上海—霍尔果斯公路	沪霍线	31、32、34、41、42、61、62、64、65	4967
G313	安西—若羌公路	安若线	62、65	—
G314	乌鲁木齐—红其拉甫公路	乌红线	65	1948
G315	西宁—莎车公路	西莎线	63、65	3063
G316	福州—兰州公路	福兰线	35、36、42、61、62	2915
G317	成都—那曲公路	成那线	51、54	2043
G318	上海—聂拉木公路	沪聂线	31、32、33、34、51、54	5476
G319	厦门—成都公路	厦成线	35、36、43、50、51	2984
G320	上海—瑞丽公路	沪瑞线	31、33、36、43、52、53	3695
G321	广州—成都公路	广成线	44、45、52、51	2220
G322	衡阳—友谊关公路	衡友线	43、45	1039
G323	瑞金—临沧公路	瑞临线	36、44、45、53	2915
G324	福州—昆明公路	福昆线	35、44、45、52、53	2712
G325	广州—南宁公路	广南线	44、45	868
G326	秀山—河口公路	秀河线	50、52、53	1562
G327	连云港—菏泽公路	连菏线	37、32	424
G328	南京—海安公路	宁海线	32	300
G329	杭州—沈家门公路	杭沈线	33	292
G330	温州—寿昌公路	温寿线	33	327

注:1. 本表中“穿越省(自治区、直辖市)的代码”一栏中,采用的行政区划代码依据的是《中华人民共和国行政区划代码》(GB/T 2260—1999),见表5-4。

2. 最后一栏中的里程来源于人民交通出版社出版的《中国高速公路及城乡公路网地图集》(2011年)。

中华人民共和国行政区划代码——省级行政区划代码表　表 5-4

名　称	代　码	名　称	代　码	名　称	代　码	名　称	代　码
北京	11	江苏	32	广东	44	甘肃	62
天津	12	浙江	33	广西	45	青海	63
河北	13	安徽	34	海南	46	宁夏	64
山西	14	福建	35	重庆	50	新疆	65
内蒙古	15	江西	36	四川	51	台湾	71
辽宁	21	山东	37	贵州	52	香港	81
吉林	22	河南	41	云南	53	澳门	82
黑龙江	23	湖北	42	西藏	54		
上海	31	湖南	43	陕西	61		

数据来源:国家统计局网站,全国县及县以上行政区划代码表(国家标准 GB/T 2260—1999)。网址为:http://www.stats.gov.cn/tjbz/xzqhdm/t20021125_46781.ht,2001-10-10。

三、国道主干线的布局

“八五”初期,交通部根据我国社会经济和公路交通运输发展的需要,研究制定了《国道主干线系统规划》。国道主干线系统是国道网中的一部分,由汽车专用公路为主的高等级公路组成,是全国公路网的主骨架,也是全国综合运输大通道的组成部分。

根据规划,国道主干线系统由“五纵七横”12 条国道主干线组成,总里程约 3.5 万 km。国道主干线将主要连接首都、直辖市、各省省会(自治区首府)城市、经济特区以及重要的交通枢纽和对外开放口岸,并连接所有目前 100 万以上人口的特大城市和绝大多数目前在 50 万以上人口的中等城市,逐步形成一个与国民经济发展格局相适应、与其他运输方式相协调、主要由高等级公路(高速、一级、二级公路)组成的快速、高效、安全的国道主干线系统。在技术标准上大体以京广线为界,京广线以东地区经济发达、交通量大,以高速公路为主;以西地区交通量较小,以一、二级公路为主。该国道主干线系统建成后,将以占全国 2% 的公路里程承担占全国 20% 以上的公路交通量,在大城市间、省际、区域间形成 400 ~ 500km 当日往返、800 ~ 1 000km当日直达的现代化高等级公路网络,并将带来相当可观的经济效益。目前,12 条国道主干线已经提前全部建成,西部开发 8 条省际通道贯通,一个覆盖城乡、便捷高效的公路交通网络初步形成。这 12 条主干线全部是二级以上的高等级公路,其中高速公路约占总里程的 76%,一级公路约占总里程的 4.5%,二级公路占总里程的 19.5%。从 1990 年到 2007 年,国道主干线总投资 9 000 多亿元人民币,这些资金主要来源于车辆购置税、国债以及地方的各项规费和银行贷款。

“五纵七横”包含了 12 条主干线,其中 5 条“纵线”分别是:同江—三亚(含珲春—长春支线)、北京—福州(含天津—塘沽、泰安—淮阴支线)、北京—珠海、二连浩特—河口、重庆—湛江;7条"横线"分别是:绥芬河—满洲里、丹东—拉萨(含唐山—天津支线)、青岛—银川、连云港—霍尔果斯、上海—成都(含南充—成都支线)、上海—瑞丽(含宁波—杭州—南京支线)、衡阳—昆明(含南宁—友谊关)。

国道主干线系统的12条公路,简称"五纵、七横",具体线路如下:

1."五纵"

(1)同三线(同江—哈尔滨—沈阳—大连—烟台—青岛—连云港—上海—宁波—福州—广州—海口—三亚)。

(2)京福线(北京—天津—济南—南京—杭州—宁波—福州)。

(3)京珠线(北京—石家庄—郑州—武汉—长沙—广州—珠海)。

(4)二河线(二连浩特—大同—太原—西安—成都—昆明—河口)。

(5)渝湛线(重庆—贵阳—南宁—湛江)。

2."七横"

(1)绥满线(绥芬河—哈尔滨—满洲里)。

(2)丹拉线(丹东—沈阳—北京—呼和浩特—银川—兰州—西宁—拉萨)。

(3)青银线(青岛—济南—石家庄—太原—银川)。

(4)连霍线(连云港—郑州—西安—兰州—乌鲁木齐—霍尔果斯)。

(5)沪蓉线(上海—南京—合肥—武汉—重庆—成都)。

(6)沪瑞线(上海—杭州—南昌—长沙—贵阳—昆明—瑞丽)。

(7)衡昆线(衡阳—桂林—南宁—昆明)。

四、我国公路运输枢纽的布局

2004年12月,国务院审议通过了《国家高速公路网规划》。为适应新时期公路交通发展的要求,加快与国家高速公路网相协调,与铁路、港口等其他运输方式紧密衔接,布局合理、运转高效的国家公路运输枢纽的建设,2007年,为适应新时期公路交通发展的要求,加快国家公路运输枢纽的建设,在1992年《全国公路主枢纽布局规划》的基础上,交通部公布了《国家公路运输枢纽布局规划》。规划将原45个公路主枢纽全部纳入布局规划方案,共确定179个国家公路运输枢纽,其中东部地区61个、中部地区56个、西部地区62个;覆盖60%地级以上城市,遍及84%国家开放口岸,涉及所有沿海主要港口。

根据规划,国家公路运输枢纽总数为179个,其中12个为组合枢纽,共计196个城市。原45个公路主枢纽已全部纳入布局规划方案,是国家公路运输枢纽的重要组成部分,并居主导地位。这些国家公路运输枢纽中,61个位于东部省区,56个位于中部省区,62个位于西部省区,所覆盖城市的地区生产总值约占全国国内生产总值的87%,覆盖了84%的国家开放口岸、56%的陆路边境口岸和98%的国家级经济技术开发区,加大了长江三角洲、珠江三角洲、环渤海等经济发达地区的枢纽覆盖密度。同时,该规划还覆盖了100%的沿海主要港口和93%的内河主要港口、全部的大中型枢纽机场、所有特等火车站和铁路集装箱中心站以及68%的一等火车站,有助于充分发挥公路运输的集疏作用,进一步提高我国综合交通运输的整体效率。国家公路运输枢纽的布局方案如表5-5所示。

国家公路运输枢纽布局方案表　　表 5-5

地　区	省　份	城　　市	数　量
东部	北京	北京	1
	上海	上海	1
	天津	天津	1
	河北	石家庄、唐山、邯郸、秦皇岛、保定、张家口、承德	7
	辽宁	*沈(阳)、抚(顺)、铁(岭)、大连、锦州、鞍山、营口、丹东	6
	江苏	南京、*苏(州)、锡(无锡)、常(州)、徐州、连云港、南通、镇江、淮安	7
	浙江	杭州、*宁(波)、舟(山)、温州、湖州、嘉兴、金华、台州、绍兴、衢州	9
	福建	福州、*厦(门)、漳(州)、泉(州)、龙岩、三明、南平	5
	山东	*济(南)、泰(安)、青岛、淄博、*烟(台)、威(海)、济宁、潍坊、临沂菏泽、德州、聊城、滨州、日照	12
	广东	*广(州)、佛(山)、*深(圳)、莞(东莞)、汕头、湛江、珠海、江门、茂名、梅州、韶关、肇庆	10
	海南	海口、三亚	2
小计			**61**
中部	山西	太原、大同、临汾、长治、吕梁	5
	吉林	长春、吉林、延吉、四平、通化、松原	6
	黑龙江	哈尔滨、齐齐哈尔、佳木斯、牡丹江、绥芬河、大庆、黑河、绥化	8
	安徽	合肥、芜湖、蚌埠、安庆、阜阳、六安、黄山	7
	江西	南昌、鹰潭、赣州、宜春、九江、吉安	6
	河南	郑州、洛阳、新乡、南阳、商丘、信阳、开封、漯河、周口	9
	湖北	武汉、襄阳、宜昌、荆州、黄石、十堰、恩施	7
	湖南	*长(沙)、株(洲)、潭(湘潭)、衡阳、岳阳、常德、邵阳、郴州、吉首、怀化	8
小计			**56**
西部	内蒙古	呼和浩特、包头、赤峰、通辽、呼伦贝尔、满洲里、巴彦淖尔、二连浩特、鄂尔多斯	9
	广西	南宁、柳州、桂林、梧州、*北(海)、钦(州)、防(城港)、百色、凭祥(友谊关)	7
	重庆	重庆、万州	2
	四川	成都、宜宾、内江、南充、绵阳、泸州、达州、广元、攀枝花、雅安	10
	贵州	贵阳、遵义、六盘水、都匀、毕节	5
	云南	昆明、曲靖、大理、景洪、河口、瑞丽	6
	西藏	拉萨、昌都	2
	陕西	*西(安)、咸(阳)、宝鸡、榆林、汉中、延安	5
	甘肃	兰州、*酒(泉)、嘉(峪关)、天水、张掖	4
	青海	西宁、格尔木	2
	宁夏	银川、固原、石嘴山	3
	新疆(兵团)	乌鲁木齐、哈密、库尔勒、喀什、石河子、奎屯、伊宁(霍尔果斯)	7
小计			**62**
合计			**179**

注:表中*为组合枢纽,数据来源于中华人民共和国交通部的国家公路运输枢纽布局规划,网址为 http://www.moc.gov.cn/06tongjisj/200708/t20070801_368250.html,2007-08-01。

公路运输枢纽是在公路运输网络的节点上形成的货物流、旅客流及客货信息流的转换中心。"十二五"期间,交通运输部组织编制了《"十二五"综合交通运输体系规划》,确定了42个全国性综合交通枢纽的布局方案。这42个全国性综合交通枢纽是:北京、天津、哈尔滨、长春、沈阳、大连、石家庄、秦皇岛、唐山、青岛、济南、上海、南京、连云港、徐州、合肥、杭州、宁波、福州、厦门、广州、深圳、湛江、海口、太原、大同、郑州、武汉、长沙、南昌、重庆、成都、昆明、贵阳、南宁、西安、兰州、乌鲁木齐、呼和浩特、银川、西宁、拉萨。

第三节　我国高速公路的特点及布局

一、高速公路的含义及其特点

高速公路为专供汽车分方向、分车道行驶并完全控制出入的多车道公路。高速公路严格限制出入,往返车辆在分隔的车道上快速行驶,全部交叉口采用立体交叉以及采用较高的技术指标和完善的交通设施,从而为汽车的大量、快速、安全、舒适、连续地运行提供了条件和保证。相比于普通公路,高速公路具有以下一些特点。

1. 运行速度快

速度是衡量运输服务质量的主要标志,高速公路能够给使用者提供快捷的服务。2004年3月1日起实施的《公路工程技术标准》(JTG B01—2003)中规定,高速公路的最低设计速度为80km/h,多为100 km/h和120 km/h。据相关调查统计显示,高速公路的行车速度一般在100km/h以上,最高时能达到150~200km/h,而一般公路的平均车速在20~50km/h,高速公路的车速是普通公路的几倍。

2. 通行能力大

通行能力是指单位时间内道路容许通过的车辆数,它是反映道路处理交通能力大小的指标。根据《公路工程技术标准》(JTG B01—2003)的规定,4车道的公路能适应年平均日交通量25 000~55 000辆(各种汽车折合成小客车后的交通量),6车道的公路能适应年平均日交通量45 000~80 000辆,8车道的公路能适应年平均日交通量60 000~100 000辆。一条双车道公路的最大通行能力约为5 000~6 000辆/昼夜,也就是说,4车道的高速公路通行能力是普通2车道公路的4~10倍,6车道公路为7~16倍,8车道公路为10~20倍,如表5-6所示。

高速公路能适应的年平均日交通量　　表5-6

设计车速(km/h)	4车道(pcu/d)	6车道(pcu/d)	8车道(pcu/d)
120	40 000~55 000	55 000~80 000	80 000~100 000
110	35 000~50 000	50 000~70 000	70 000~90 000
80	25 000~45 000	45 000~60 000	60 000~80 000

数据来源:《公路工程技术标准》(JTG B01—2003)。

3. 运输效率高

一方面,高速公路建设使得行车速度和通行能力都有大幅度提高,节约了旅客和货物的在途时间,提高了运输效率;另一方面,高速公路的建设还有力地促进了汽车运输车辆的大型化(重型载货汽车)、拖挂化(汽车列车)、集装箱化、柴油化和专用化(如冷藏车等专用特种车辆)等,通过改变车辆的技术特性提高了运输效率。

4. 交通事故少

由于在高速公路上进行了严格的控制出入、交通限制、分隔行驶并采用自动化控制管理系统等,这些措施有效地保证了交通安全,使高速公路的交通事故大大减少。据统计,高速公路的事故率和死亡率只有一般公路的1/3~1/2;高速公路每亿车千米的事故费用只有一般公路的1/4左右。

5. 舒适度等级高

高速公路的路面质量好、纵向和横向坡度小、转弯半径大、行车速度高、运行时间短,且公路两侧的绿化效果较好,在高速公路上行车可以比普通公路获得更多的舒适感受。

二、我国高速公路的发展及其在综合运输体系中的地位

1. 我国高速公路的发展历程

高速公路的出现,是公路交通走向现代化的重要标志,它对社会经济和交通运输行业的发展产生了直接而又深远的影响。从20世纪20年代起,高速公路的发展在世界范围内掀起了公路建设的新热潮。

世界第一条高速公路于1924年在意大利建成,此后众多发达国家开始稳步进行高速公路的建设。建设高速公路的目的也从纯军事角度,转向更多的考虑经济发展及社会生活的需求。

我国20世纪80年代开始建立了第一条高速公路——1988年10月,全长18.5km的沪嘉高速建成通车,使我国高速公路实现零的突破。随后,全长375km的沈大高速公路和143km的京津塘高速公路建成通车,标志着我国公路建设进入一个飞速发展的阶段。进入20世纪90年代后,在国道主干线总体规划指导下,高速公路建设步伐不断加快,每年新建成高速公路由不足100km上升到每年几千公里。

至2011年底,我国高速公路已完成建设8.49万km,公路总里程仅次于美国位居世界第二位。如图5-3所示为自2006年来我国高速公路里程的发展变化状况。

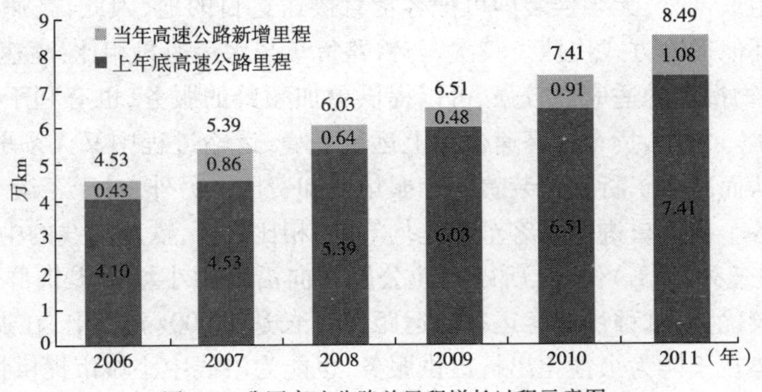

图5-3　我国高速公路总里程增长过程示意图

2. 高速公路在综合运输体系中的地位

直到20世纪80年代,高速公路在我国出现之前,业内对铁路、公路、水路、航空和管道5种运输方式的服务对象和范围普遍具有如下的认识:

铁路适合大批量、中长距离的客货运输;水路适合大宗、散货、低时效性货物运输;公路适合

集疏运输和短途运输;航空适合高时效性、小批量运输,费用高;管道用于液体、气体货物的运输。

21 世纪初,我国高速公路网络逐渐形成,对综合运输格局的影响开始显现。这期间,铁路承担的高价值货物运输数量逐年下降。2000 年与 1995 年相比,铁路货运量总量增长 3.9%,但纺织皮革运量下降 55%,零担下降 58.7%,电子电器下降 45.2%,工业机械下降 40.4%,鲜活货物下降 39.1%。虽然其中有部分转移到铁路行包和集装箱,但相当大部分转移到高速公路。在若干 300 ~ 500km 距离的区段上,高速公路的快速客运迅速兴起并与铁路形成竞争态势。传统的公路作为综合运输体系的基础为铁路和水运承担集疏运的格局受到挑战,分析高速公路的客货运输密度和特点后可知,高速公路联网后的综合运输格局发生了变化,高速公路已经介入了通道运输的范畴,高速公路在综合运输体系中的地位和作用发生了改变,如图 5-4 所示。

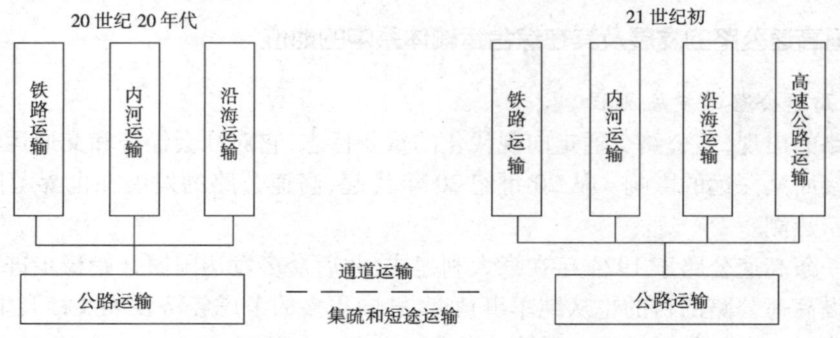

图 5-4　高速公路联网后的综合运输格局图

在我国东部经济发达地区,地区性的高速公路作为公路网络的一部分,也大大提升了东部地区公路集疏运输的速度和服务水平,促进了东部地区其他运输方式,尤其是远洋运输的高效运行。

高速公路在综合运输网中地位的凸显与高速公路运输本身的优越性分不开。首先,铁路、内河和沿海货物运输必须依托公路网络的集疏才能完成整个运输过程;而高速公路本身就是公路网络的有机组成部分,无须换装即可把客货直接送达目的地,因此,高速公路货物运输在 800km 范围内比其他运输方式快捷。其次,与铁路货车与水运船只相比,高速公路运输车辆的载货量较小,对货物批量的适应性较强,可以提供更加频繁的服务,也有利于降低供需双方的库存量和库存成本。再次,货车在高速公路上运行平稳,运输过程中又无须驳载,货物损耗较低,简化了包装,从而减少了货物包装费用和搬运装卸费用。另外,对于客运来讲,高速公路提供的高速服务对各个出入口进出的客车都是均等的,相比之下,铁路沿线的中小站点不便安排特快列车(T)和快速列车(K)停靠,所以高速公路在向沿线中小城市提供群体性快速客运服务方面也具有比较优势,这种快速客运有的运距可以长达 1 000km 以上;在通道客运方面,高速公路的比较优势在于能为个性化出行提供服务,也能为沿线中小城市提供快速客运条件。

三、我国高速公路网的布局

至 2011 年底,全国高速公路达 8.49 万 km,比上年末增加 1.08 万 km。高速公路里程超过 3 000km 的省份增加至 14 个。其中,东部和中部地区以及陕西、广西等 20 个省(自治区、直辖市)共计 51 300km 高速公路已经联网。2011 年底各省的高速公路里程如表 5-7 所示。

2011 年底我国各省高速公路里程(单位:km)　　表 5-7

华北地区	北京	天津	河北	山西	内蒙古		
12 763	770	1 100	4 700	4 010	2 183		
东北地区	辽宁	吉林	黑龙江				
8 906	3 300	1 795	3 811				
华东地区	上海	江苏	浙江	安徽	福建	江西	山东
21 664	637	4 059	3 382	3 000	2 700	3 642	4 244
中南地区	河南	湖北	湖南	广东	广西	海南	
19 995	5 196	4 009	2 666	5 049	2 416	659	
西南地区	重庆	四川	贵州	云南			
9 658	1 835	3 300	2 023	2 500			
西北地区	陕西	甘肃	青海	宁夏	新疆		
9 285	3 800	2 000	1 400	1 300	785		

数据来源:中国高速公路网(http://www.china－highway.com/)。

四、国家高速公路网规划

进入 21 世纪,我国经济社会高速发展,运输需求也持续快速增长。我国高速公路建设尽管取得了巨大成绩,但总体上仍然处在一个大建设和大发展的时期,依然不能完全适应社会经济发展和人民生活水平提高的需要,主要表现在高速公路总量不足和规模效益难以发挥两个方面。高速公路具有突出的网络化特征,当网络布局合理,连续运输距离达到 200 ~ 800km,高速公路将形成显著的运输效益优势。而目前,我国一些人口和经济总量已达到相当规模的地级城市与省会城市之间以及地级城市之间还不通高速公路,在相邻省份之间尚未形成高速公路的有效衔接,即使在我国经济最发达、人口最稠密的东部沿海地区,高速公路依然没有实现真正的网络化服务。从国家发展战略看,国家高速公路网是全面建设小康社会和实现现代化的迫切需要,也是经济全球化背景下提高国家竞争力的重要条件;从新时期经济社会发展需求看,规划建设国家高速公路网是影响全局的基础性先决条件;从高速公路建设发展的现实需要看,迫切需要统一、全面的总体规划指导高速公路布局和投资决策。因此,交通部着手进行了全国高速公路规划,并于 2004 年 12 月通过了国务院审议。

1. 国家高速公路网的功能定位和布局目标

1)功能定位

国家高速公路网是我国公路网中层次最高的公路主通道,是综合运输体系的重要组成部分,作为具有全国性政治、经济、国防意义的重要干线公路,主要连接大中城市,包括国家和区域性经济中心、交通枢纽、重要对外口岸;承担区域间、省际以及大中城市间的快速客货运输,为全社会生产和生活提供安全、舒适、高效、可持续的运输服务,并为应对自然灾害等突发性事件提供快速交通保障。国家高速公路网具有支撑经济发展、推动社会进步、保障国家安全、服务可持续发展等重要作用,是国家意志在交通运输领域的具体体现,其核心功能包括:

(1)支撑经济发展。表现为提高运输能力和质量、促进工业化、推进城市化、加快信息化、服务现代化。

(2)推动社会进步。表现为优化运输布局和服务、强化国土均衡开发、促进区域协调发展、改善人民生活质量。

(3)保障国家安全。表现为增强运输可靠性和安全性、确保国家稳定、提高国防能力、维护经济安全、保障抢险救灾。

(4)服务可持续发展。表现为改善运输效率和效益、完善综合运输体系、集约利用土地、降低能源消耗、加强环境保护。

2)布局目标

国家高速公路网的布局目标是,连接所有目前城镇人口超过20万的中等及以上城市,形成高效运输网络;连接省会城市,形成国家安全保障网络;连接各大经济区,形成省际高速公路网络;连接大中城市,形成城际高速公路网络;连接周边国家,形成国际高速公路通道;连接交通枢纽,形成高速集疏运公路网络。根据该目标,国家高速公路网将在全国范围内形成"首都连接省会、省会彼此相通、连接主要地市、服务全国城乡"的高速公路网络。具体表现在:

(1)连接全国所有的省会级城市、目前城镇人口超过50万的大城市以及城镇人口超过20万的中等城市,覆盖全国10亿多人口。

(2)实现东部地区平均30min上高速公路,中部地区平均1h上高速公路,西部地区平均2h上高速公路,从而大大提高全社会的机动性。

(3)连接国内主要的AAAA级著名旅游城市,为人们旅游、休闲提供快速通道。

(4)加强长三角、珠三角、环渤海等经济发达地区之间的联系,使大区域间有3条以上高速通道相连,在三大都市圈内部将形成较完善的城际高速公路网,为进一步加快区域经济一体化和大都市圈的形成、加快东部地区率先实现现代化奠定了基础。

(5)将显著改善和优化西部地区及东北等老工业基地的公路路网结构,提高区域内部及对外运输效率和能力,进一步强化西部地区西陇海兰新线经济带、长江上游经济带、南贵昆经济区之间的快速联系,改善东北地区内部及进出关的交通条件,为"以线串点、以点带面",加快西部大开发和实现东北等老工业基地的振兴奠定坚实基础。

(6)覆盖地区的GDP占到全国总量的85%以上,规划的实施将对促进经济增长、带动相关产业发展、扩大就业等作出重要贡献。

(7)保证国家高速公路网的完整性,便利与港澳台地区的衔接。

(8)连接主要的国家一类公路口岸,改善对外联系通道的运输条件,更好地服务于外向型经济的发展。

(9)规划路线将连接全国所有重要的交通枢纽城市,包括铁路枢纽50个、航空枢纽67个、水路枢纽50个和公路枢纽140多个,有利于各种运输方式优势互补,形成综合运输大通道和较为完善的集疏运系统。

(10)全面服务于"可持续发展"。规划的实施将进一步促进国土资源的集约利用、环境保护和能源节约,有效支撑社会经济的可持续发展。据测算,在提供相同路网通行能力条件下,修建高速公路的土地占用量仅为一般公路的40%左右,高速公路比普通公路可减少1/3的汽车尾气排放,交通事故率降低1/3,车辆运行燃油消耗也将有大幅度降低。

2. 国家高速公路网规划中的线路布局方案

国家高速公路网采用放射线与纵横网格相结合的布局方案,由7条首都放射线、9条南北纵线和18条东西横线组成,简称为"7918"网,总规模约8.5万km,其中主线6.8万km,地区环线、联络线等其他路线约1.7万km,如图5-5所示。具体路线是:

图5-5　国家高速公路网布局方案图

(1)首都放射线7条。北京—上海、北京—台北、北京—港澳、北京—昆明、北京—拉萨、北京—乌鲁木齐、北京—哈尔滨。

(2)南北纵线9条。鹤岗—大连、沈阳—海口、长春—深圳、济南—广州、大庆—广州、二连浩特—广州、包头—茂名、兰州—海口、重庆—昆明。

(3)东西横线18条。绥芬河—满洲里、珲春—乌兰浩特、丹东—锡林浩特、荣成—乌海、青岛—银川、青岛—兰州、连云港—霍尔果斯、南京—洛阳、上海—西安、上海—成都、上海—重庆、杭州—瑞丽、上海—昆明、福州—银川、泉州—南宁、厦门—成都、汕头—昆明、广州—昆明。

(4)其他。国家高速公路网还包括辽中环线、成渝环线、海南环线、珠三角环线、杭州湾环线共5条地区环线。

3. 高速公路编码规则

根据《公路线路标识规则和国道编号》《GB/T 917—2009》,从2010年7月开始,国家高速公路网全部实行新命名编号。

1)编号结构

中国国家高速公路网编号由字母标识符和阿拉伯数字编号组成。

2)字母标识符

中国国家高速公路是国道网的重要组成部分,路线字母标识符采用汉语拼音“G”表示;中国国家高速公路网主线的编号,由中国国家高速公路标识符“G”加一位或两位数字顺序号组成,编号结构为“G#”或“G##”。

3)数字及数字与字母编号

(1)首都放射线的编号为一位数,以北京市为起点,放射线的止点为终点,以1号高速公路为起始,按路线的顺时针方向排列编号,编号区间为G1 ~ G9。

(2)纵向路线以北端为起点,南端为终点,按路线的纵向由东向西顺序编排,路线编号取奇数,编号区间为G11 ~ G89。

(3)横向路线以东端为起点,西端为终点,按路线的横向由北向南顺序编排,路线编号取偶数,编号区间为G10 ~ G90。

(4)并行路线的编号采用主线编号后加英文字母“E”、“W”、“S”、“N”组合表示,分别指示该并行路线在主线的东、西、南、北方位。

(5)纳入中国国家高速公路网的地区环线(如珠江三角洲环线),按照由北往南的顺序依次采用G91 ~ G99编号;其中台湾环线编号为G99,取意九九归一。

(6)中国国家高速公路网一般联络线的编号,由国家高速公路标识符“G” +“主线编号” + 数字“1” +“一般联络线顺序号”组成,编号为四位数。

(7)城市绕城环线的编号为四位数,由“G” +“主线编号” + 数字“0” + 城市绕城环线顺序号组成。主线编号为该环线所连接的纵线和横线编号最小者,如该主线所带城市绕城环线编号空间已经全部使用,则选用主线编号次小者,依此类推。如该环线仅有放射连接,则在一位数主线编号前以数字“0”补位。

4)出口编号

(1)国家高速公路出口编号一般为阿拉伯数字,其数值等于该出口所在互通立交中心里程桩号的整数值;桩号值超过千位时,仅保留后三位的数值。如果出口处桩号为K15 +700,则

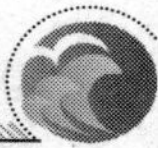

该出口编号为 15;某出口处桩号为 K2036 + 700,则该出口编号为 36。

(2)同一枢纽式互通立交在同一主线方向有多个出口时,该枢纽式互通立交所有主线出口统一编号,采用出口编号后加英文字母组合表示。出口编号按照桩号递增方向逆时针排列,英文字母按照"A"、"B"、"C"、"D"……序列排序。如某枢纽式互通桩号为 K15 + 700,在主线 K15 + 200、K16 + 200 和反方向 K16 + 200、K15 + 200 处有 4 个出口,则该出口编号为 15A、15B 和 15C、15D。

国家高速公路网规划的高速公路的名称和编号如表 5-8 所示。

国家高速公路的名称和编号　　表 5-8

编　号	国家高速公路全称	简　称	途经省级行政区划代码
G1	北京—哈尔滨高速公路	京哈高速	11、13、21、22、23
G2	北京—上海高速公路	京沪高速	11、13、12、13、37、32、31
G3	北京—台北高速公路	京港澳线	11、13、12、13、37、32、34、33、35
G4	北京—港澳高速公路	京港澳高速	11、13、41、42、43、44
G4W	广州—澳门高速公路	广澳高速(并行线)	44
G5	北京—昆明高速公路	京昆高速	11、13、14、61、51、53
G6	北京—拉萨高速公路	京藏高速	11、13、15、64、62、63、54
G7	北京—乌鲁木齐高速公路	京新高速	11、13、15、62、65
G11	鹤岗—大连高速公路	鹤大高速	23、22、21
G1111	鹤岗—哈尔滨高速公路	鹤哈高速	23
G1112	集安—双辽高速公路	集双高速	22
G1113	丹东—阜新高速公路	丹阜高速	21
G15	沈阳—海口高速公路	沈海高速	21、37、32、31、33、35、44、46
G15W	常熟—台州高速公路	常台高速(并行线)	32、33
G1511	日照—兰考高速公路	日兰高速(联络线)	37、41
G1512	宁波—金华高速公路	甬金高速(联络线)	33
G1513	温州—丽水高速公路	温丽高速(联络线)	33
G1514	宁德—上饶高速公路	宁上高速(联络线)	35、36
G25	长春—深圳高速公路	长深高速	22、21、13、12、13、37、32、34、32、33、35、44
G2511	新民—鲁北高速公路	新鲁高速(联络线)	21、15
G2512	阜新—锦州高速公路	阜锦高速(联络线)	21
G2513	淮安—徐州高速公路	淮徐高速(联络线)	32

续上表

编　号	国家高速公路全称	简　　称	途经省级行政区划代码
G35	济南—广州高速公路	济广高速	37、41、34、36、44
G45	大庆—广州高速公路	大广高速	23、22、15、13、11、13、41、42、36、44
G4511	龙南—河源高速公路	龙河高速	36、44
G55	二连浩特—广州高速公路	二广高速	15、14、41、42、43、44
G5511	集宁—阿荣旗高速公路	集阿高速(联络线)	15
G5512	晋城—新乡高速公路	晋新高速(联络线)	14、41
G5513	长沙—张家界高速公路	长张高速(联络线)	43
G65	包头—茂名高速公路	包茂高速	15、61、51、50、43、45、44
G75	兰州—海口高速公路	兰海高速	62、51、50、52、45、44、46
G7511	钦州—东兴高速公路	钦东高速(联络线)	45
G85	重庆—昆明高速公路	渝昆高速	50、51、53
G8511	昆明—磨憨高速公路	昆磨高速	53
G10	绥芬河—满洲里高速公路	绥满高速	23、15
G1011	哈尔滨—同江高速公路	哈同高速	23
G12	珲春—乌兰浩特高速公路	珲乌高速	22、15
G1211	吉林—黑河高速公路	吉黑高速	22、23
G1212	沈阳—吉林高速公路	沈吉高速	21、22
G16	丹东—锡林浩特高速公路	丹锡高速	21、15
G18	荣成—乌海高速公路	荣乌高速	37、13、12、13、14、15
G1811	黄骅—石家庄高速公路	黄石高速	13
G20	青岛—银川高速公路	青银高速	37、13、14、61、64
G2011	青岛—新河高速公路	青新高速	37
G2012	定边—武威高速公路	定武高速	61、64、62
G22	青岛—兰州高速公路	青兰高速	37、13、14、61、62、64、62
G30	连云港—霍尔果斯高速公路	连霍高速	32、34、41、61、52、65
G3011	柳园—格尔木高速公路	柳格高速(联络线)	52、36
G3012	吐鲁番—和田高速公路	吐和高速(联络线)	65
G3013	吐鲁番—伊尔克什坦高速公路	吐伊高速(联络线)	65

续上表

编　号	国家高速公路全称	简　　称	途经省级行政区划代码
G3014	奎屯—阿勒泰高速公路	奎阿高速(联络线)	65
G3015	奎屯—塔城高速公路	奎塔高速(联络线)	65
G3016	清水河—伊宁高速公路	清伊高速(联络线)	65
G36	南京—洛阳高速公路	宁洛高速	32、34、41
G40	上海—西安高速公路	沪陕高速	31、32、34、41、61
G4011	扬州—溧阳高速公路	扬溧高速(联络线)	32
G42	上海—成都高速公路	沪蓉高速	31、32、34、42、50、51
G4211	南京—芜湖高速公路	宁芜高速(联络线)	32、34
G4212	合肥—安庆高速公路	合安高速(联络线)	34
G50	上海—重庆高速公路	沪渝高速	31、32、33、34、42、50
G5011	芜湖—合肥高速公路	芜合高速(联络线)	34
G56	杭州—瑞丽高速公路	杭瑞高速	33、34、36、42、43、52、53
G5611	大理—丽江高速公路	大丽高速(联络线)	53
G60	上海—昆明高速公路	沪昆高速	31、33、36、43、52、53
G70	福州—银川高速公路	福银高速	35、36、42、61、62、64
G7011	十堰—天水高速公路	十天高速(联络线)	42、61
G72	泉州—南宁高速公路	泉南高速	35、36、43、45
G7211	南宁—友谊关高速公路	南友高速(联络线)	45
G76	厦门—成都高速公路	厦蓉高速	35、36、43、45、52、51
G78	汕头—昆明高速公路	汕昆高速	44、45、52、53
G80	广州—昆明高速公路	广昆高速	44、45、53
G8011	开远—河口高速公路	开河高速(联络线)	53
G91	辽中地区环线高速公路	辽中环线高速	23
G92	杭州湾地区环线高速公路	杭州湾环线高速	31、33
G9211	宁波—舟山高速公路	甬舟高速(联络线)	33
G93	成渝地区环线高速公路	成渝环线高速	51、50
G94	珠江三角洲地区环线高速公路	珠三角环线高速	44
G9411	东莞—佛山高速公路	东佛高速(联络线)	44
G98	南海地区环线高速公路	海南环线高速	46

国家高速公路网规划的高速公路主要线路走向及控制点布局方案如表5-9所示。

国家高速公路网主要线路走向及控制点布局方案表 表 5-9

国家高速公路网路线方案(放射线)			
序号	路线类别	路线起讫点	主要控制点
1	主线	北京—上海	北京、天津、沧州、德州、济南、泰安、临沂、淮安、江都、江阴、无锡、苏州、上海
2	主线	北京—台北	北京、天津、沧州、德州、济南、泰安、曲阜、徐州、蚌埠、合肥、铜陵、黄山、衢州、南平、福州、台北
3	主线	北京—港澳	北京、保定、石家庄、邯郸、新乡、郑州、漯河、信阳、武汉、咸宁、岳阳、长沙、株洲、衡阳、郴州、韶关、广州、深圳、香港(口岸)
	并行线	广州—澳门	广州、中山、珠海、澳门(口岸)
4	主线	北京—昆明	北京、保定、石家庄、太原、临汾、西安、汉中、广元、绵阳、成都、雅安、西昌、攀枝花、昆明
5	主线	北京—拉萨	北京、张家口、乌兰察布、呼和浩特、包头、临河、乌海、银川、中宁、白银、兰州、西宁、格尔木、拉萨
6	主线	北京—乌鲁木齐	北京、张家口、乌兰察布、呼和浩特、包头、临河、额济纳旗、哈密、吐鲁番、乌鲁木齐
7	主线	北京—哈尔滨	北京、唐山、秦皇岛、锦州、沈阳、四平、长春、哈尔滨
国家高速公路网路线方案(纵向线)			
序号	路 线 类 别	路线起讫点	主要控制点
1	主线	鹤岗—大连	鹤岗、佳木斯、鸡西、牡丹江、敦化、通化、丹东、大连
	联络线一	鹤岗—哈尔滨	鹤岗、伊春、绥化、哈尔滨
	联络线二	集安—双辽	集安(口岸)、通化、梅河口、辽源、四平、双辽
	联络线三	丹东—阜新	丹东(口岸)、本溪、沈阳、新民、阜新
2	主线	沈阳—海口	沈阳、辽阳、鞍山、海城、大连、烟台、青岛、日照、连云港、盐城、南通、常熟、太仓、上海、宁波、台州、温州、宁德、福州、泉州、厦门、汕头、汕尾、深圳、广州、佛山、开平、阳江、茂名、湛江、海口
	并行线	常熟—台州	常熟、苏州、嘉兴、绍兴、台州
	联络线一	日照—兰考	日照、曲阜、济宁、菏泽、兰考
	联络线二	宁波—金华	宁波、嵊州、金华
	联络线三	温州—丽水	温州、丽水
	联络线四	宁德—上饶	宁德、上饶
3	主线	长春—深圳	长春、双辽、阜新、朝阳、承德、唐山、天津、黄骅、滨州、青州、临沂、连云港、淮安、南京、溧阳、宜兴、湖州、杭州、金华、丽水、南平、三明、龙岩、梅州、河源、惠州、深圳
	联络线一	新民—鲁北	新民、彰武、通辽、鲁北
	联络线二	阜新—锦州	阜新—锦州
	联络线三	淮安—徐州	淮安、宿迁、徐州
4	主线	济南—广州	济南、菏泽、商丘、阜阳、六安、安庆、景德镇、鹰潭、南城、瑞金、河源、广州

续上表

国家高速公路网路线方案(纵向线)			
序号	路线类别	路线起讫点	主要控制点
5	主线	大庆—广州	大庆、松原、双辽、通辽、赤峰、承德、北京、霸州、衡水、濮阳、开封、周口、麻城、黄石、吉安、赣州、龙南、连平、广州
	联络线一	龙南—河源	龙南、河源
6	主线	二连浩特—广州	二连浩特、集宁、大同、太原、长治、晋城、洛阳、平顶山、南阳、襄阳、荆州、常德、娄底、邵阳、永州、连州、广州
	联络线一	集宁—阿荣旗	集宁、鲁北、乌兰浩特、阿荣旗
	联络线二	晋城—新乡	晋城、焦作、新乡
	联络线三	长沙—张家界	长沙、常德、张家界
7	主线	包头—茂名	包头、鄂尔多斯、榆林、延安、铜川、西安、安康、达州、重庆、黔江、吉首、怀化、桂林、梧州、茂名
8	主线	兰州—海口	兰州、广元、南充、重庆、遵义、贵阳、麻江、都匀、河池、南宁、钦州、北海、湛江、海口
	联络线一	钦州—东兴	钦州、防城、东兴(口岸)
9	主线	重庆—昆明	重庆、内江、宜宾、昭通、昆明
	联络线一	昆明—磨憨	昆明、元江、思茅、磨憨(口岸)
国家高速公路网路线方案(横向线)			
序号	路 线 类 别	路线起讫点	主要控制点
1	主线	绥芬河—满洲里	绥芬河(口岸)、牡丹江、哈尔滨、大庆、齐齐哈尔、阿荣旗、满洲里(口岸)
	联络线一	哈尔滨—同江	哈尔滨、佳木斯、双鸭山、同江
2	主线	珲春—乌兰浩特	珲春(口岸)、敦化、吉林、长春、松原、白城、乌兰浩特
	联络线一	吉林—黑河	吉林、舒兰、五常、哈尔滨、明水、黑河(口岸)
	联络线二	沈阳—吉林	沈阳、抚顺、梅河口、吉林
3	主线	丹东—锡林浩特	丹东、海城、盘锦、锦州、朝阳、赤峰、锡林浩特
4	主线	荣成—乌海	荣成、文登、威海、烟台、东营、黄骅、天津、霸州、涞源、朔州、鄂尔多斯、乌海
	联络线一	黄骅—石家庄	黄骅、沧州、石家庄
5	主线	青岛—银川	青岛、潍坊、淄博、济南、石家庄、太原、离石、靖边、定边、银川
	联络线一	青岛—新河	青岛、新河
	联络线二	定边—武威	定边、中宁、武威
6	主线	青岛—兰州	青岛、莱芜、泰安、聊城、邯郸、长治、临汾、富县、庆阳、平凉、定西、兰州
7	主线	连云港—霍尔果斯	连云港、徐州、商丘、开封、郑州、洛阳、西安、宝鸡、天水、兰州、武威、嘉峪关、哈密、吐鲁番、乌鲁木齐、奎屯、霍尔果斯(口岸)
	联络线一	柳园—格尔木	柳园、敦煌、格尔木
	联络线二	吐鲁番—和田及伊尔克什坦	吐鲁番、库尔勒、库车、阿克苏、喀什、和田及伊尔克什坦(口岸)
	联络线三	奎屯—阿勒泰	奎屯、克拉玛依、阿勒泰
	联络线四	奎屯—塔城	奎屯、克拉玛依、塔城、巴克图(口岸)
	联络线五	清水河—伊宁	清水河、伊宁

续上表

国家高速公路网路线方案(横向线)			
序号	路线类别	路线起讫点	主要控制点
8	主线	南京—洛阳	南京、蚌埠、阜阳、周口、漯河、平顶山、洛阳
9	主线	上海—西安	上海、崇明、南通、扬州、南京、合肥、六安、信阳、南阳、商州、西安
	联络线一	扬州—溧阳	扬州、镇江、溧阳
10	主线	上海—成都	上海、苏州、无锡、常州、南京、合肥、六安、麻城、武汉、孝感、荆门、宜昌、万州、垫江、广安、南充、遂宁、成都
	联络线一	南京—芜湖	南京、马鞍山、芜湖
	联络线二	合肥—安庆	合肥、安庆
11	主线	上海—重庆	上海、湖州、宣城、芜湖、铜陵、安庆、黄梅、黄石、武汉、荆州、宜昌、恩施、忠县、垫江、重庆
	联络线一	芜湖—合肥	芜湖、巢湖、合肥
12	主线	杭州—瑞丽	杭州、黄山、景德镇、九江、咸宁、岳阳、常德、吉首、遵义、毕节、六盘水、曲靖、昆明、楚雄、大理、瑞丽(口岸)
	联络线一	大理—丽江	大理、丽江
13	主线	上海—昆明	上海、杭州、金华、衢州、上饶、鹰潭、南昌、宜春、长沙、邵阳、怀化、麻江、贵阳、安顺、曲靖、昆明
14	主线	福州—银川	福州、南平、南城、南昌、九江、黄梅、黄石、武汉、孝感、襄阳、十堰、商洛、西安、平凉、中宁、银川
	联络线一	十堰—天水	十堰、安康、汉中、天水
15	主线	泉州—南宁	泉州、永安、吉安、衡阳、永州、桂林、柳州、南宁
	联络线一	南宁—友谊关	南宁、友谊关(口岸)
16	主线	厦门—成都	厦门、漳州、龙岩、瑞金、赣州、郴州、桂林、麻江、贵阳、毕节、泸州、隆昌、内江、成都
17	主线	汕头—昆明	汕头、梅州、韶关、贺州、柳州、河池、兴义、石林、昆明
18	主线	广州—昆明	广州、肇庆、梧州、玉林、南宁、百色、富宁、开远、石林、昆明
	联络线一	开远—河口	开远、河口(口岸)
国家高速公路网路线方案(地区环线)			
序号	路线类别	路线起讫点	主要控制点
1	主线	辽中地区环线	铁岭、抚顺、本溪、辽阳、辽中、新民、铁岭
2	主线	成渝地区环线	成都、绵阳、遂宁、重庆、合江、泸州、宜宾、乐山、雅安、成都
3	主线	海南地区环线	海口、琼海、三亚、东方、海口
4	主线	珠江三角洲地区环线	深圳、香港(口岸)、澳门(口岸)、珠海、中山、江门、佛山、花都、增城、东莞、深圳
	联络线一	东莞—佛山	东莞、虎门、佛山
5	主线	杭州湾地区环线	上海、杭州、宁波
	宁波、舟山	联络线一	宁波—舟山

数据来源:交通部规划研究院. 国家高速公路网规划,2004。

第四节　我国公路的区划

一、我国公路的自然区划

根据自然地理环境及其组成成分在空间分布的差异性和相似性，将一定范围的区域划分为一定等级系统的系统研究方法称为自然区划或自然地理区划。中国幅员辽阔，各地区的气候、土质、地理、地貌有很大的差异，公路的设计、施工和养护必须根据各地区的特点进行，因此，我国公路的自然区划即为公路建筑中对中国地区按自然特性的划分。具体讲，公路的自然区划为根据全国各地气候、水文、地质、地形等条件对公路工程的影响而划分的地理区域，其目的是为路基、路面设计和路线勘测提供有益参考。

第二次世界大战后，许多国家先后开展了公路自然区划工作。受各国所处的地理带和技术经济基础不同的影响，这种区划的侧重方面有所不同。如前苏联重视气候条件、美国重视土质条件、东欧一些国家则从综合自然条件出发。新中国成立初期学习前苏联经验，交通部门1959年和1964年2次制订了我国公路气候分区。20世纪70年代间制定了我国公路自然区划的相关规范，其后关于我国自然区划的相关规定进行了多次修改，20世纪80年代，交通部出台了《公路自然区划标准》(JTJ 003—1986)，作为我国公路规划建设的依据，并一直沿用至今。

1. 区划的目的和原则

公路自然区划的目的是为区分不同地理区域自然条件对公路工程影响的差异性，并在路基、路面的设计、施工和养护中采取适当的技术措施和采用合适的设计参数，以保证路基、路面的强度和稳定性。公路是一个经历不同地理区域、地况、地貌的，在地理上有大跨度的工程，公路建成后，将直接暴露于大自然中，成为一种新的人工地貌，在其发挥其功能的过程中会不断遭受各种环境的影响。因此，公路自然区划的作用是为了区分不同区域的筑路差异性，以便为各分区选择路面的合理结构类型、规定路基路面的不同设计参数和有关材料规格要求。

公路的自然区划以自然气候因素的综合性和主导性相结合为原则，采用地理相关分析为基础的主导标志法，从分析自然综合情况与公路工程的实际关系出发，选出具有分区意义的主导标志。在确定区界时，还需进行地理相关分析对区界进行修正，以求其同一区内有相似的公路工程自然环境。但综合性或主导因素原则，均应遵循地带性和分地带性理论。

为使公路的自然区划便于在实践中应用，结合我国地理、气候特点，根据以上原则，将全国的公路自然区划分为3个等级。一级区划首先将全国划分为多年冻土、季节冻土和全年不冻三大地带，再根据水热平衡和地理位置，划分为冻土、湿润、干湿过渡、湿热、潮暖、干旱和高寒7个大区。二级区划是在一级区划的基础上以潮湿系数为主进一步划分。三级区划是在二级区划内划分更低一级的区域或类型单元。

2. 一级区划

一级区划以全国性的纬向地带性和构造区域性为依据，根据对公路工程具有控制作用的地理、气候因素来拟定。对纬向性的，特别是东部地区的界线，采用了气候指标；对非纬向性的，特别是在西部地区的界限，则较多地强调构造和地貌因素；中部个别地区则采用土质为指标。

我国国土从赤道带直至寒温带,存在着多年冻土、季节冻土和全年不冻3个地带。因而,从公路冻胀、翻浆的防治这个重要工程问题考虑,应把土基的冻与不冻、永冻与季冻区别开来。由于缺乏系统的地温资料,冻深资料既不完整、又有显著的地方性,故我国公路的一级自然区划的一个重要指标为均温等值线。

中国地势的三大阶梯对于划分一级公路自然区也有重大价值,故将区分三级阶梯的2条等高线,即1 000m等高线和3 000m等高线(具体采用系其山前线)作为一级区划的标志。3个阶梯不仅在海拔高度和地形单元组合上有巨大差异,而且也反映了新构造运动的变化。

据此,我国公路的自然区划以均温等值线和三阶梯的2条等高线为标志,具体如下:

(1)全年均温-2℃等值线。在一般情况下,地面大气温度达到-2℃时,地面土开始冻结。因此,它大体上是区分多年冻土和季节冻土的界线。

(2)1月份均温0℃等值线。它是区分季节冻土和全年不冻的界线。

(3)我国地势的三级阶梯的2条等高线:

①1 000m等高线。走向北偏东,自大兴安岭,南下太行山、伏牛山、武当山、雪峰山、九万山、大明山至友谊关而达国境。

②3 000m等高线。走向自西向东,后折向南。西起帕米尔、沿昆仑山、阿尔金山、祁连山,南下西倾山、岷山、邛崃山、夹金山、锦屏山、雪山、云岭而达国境 。

根据不同地理、气候、构造、地貌界线的交错和叠合,结合上述标准,我国划分为7个一级自然区,即:I. 北部多年冻土区、II. 东部温润季冻区、III. 黄土高原干湿过渡区、IV. 东南湿热区、V. 西南潮暖区、VI. 西北干旱区、VII. 青藏高寒区。一级区划的特征与指标如表5-10所示。

一级区划的特征与指标 表5-10

代号	一级区名	平均温度(℃)	平均最大冻深(cm)	潮湿系数(K)	地势阶梯	新构造特征	土质带
I	北部多年冻土区	全年<0	>200	0.50~1.00	东部1 000m等高线两侧	大面积中等或微弱上升,差异运动不大	棕黏性土
II	东部温润季冻区	1月<0	10~200	0.50~1.00	东部1 000m等高线以东	大面积下降,差异运动强弱不一	棕黏性土、黑黏性土、冲积土、软土
III	黄土高原干湿过渡区	1月<0	20~140	0.25~1.00	东部1 000m等高线以西,西南3 000m等高线以东	大面积上升,幅度不大,夹有长条形中等沉降	黄土
IV	东南湿热区	1月>0 全年14~22	<10	1.00~2.25	东部1 000m等高线以东	大部分地区上升,局部地区下降差异运动微弱	下蜀土、黄棕黏性土、红黏性土、砖红黏土、软土

续上表

代号	一级区名	平均温度（℃）	平均最大冻深（cm）	潮湿系数（K）	地势阶梯	新构造特征	土质带
V	西南潮暖区	1月>0 全年14~22	<20	1.00~2.00	东部1 000m等高线以西，西南3 000m等高线以东	大面积中等上升，差异运动强弱不一	紫黏土、红色石灰土、砖红黏性土
VI	西北干旱区	全年<10 山区垂直分布	东部100~250，西部40~100	东部0.25~0.5，西部<0.25	东部1 000m等高线以西，西南3 000m等高线以北	大面积或长条形上升，与盆地下降相同	粟黏性土、砂砾土、碎石土
VII	青藏高寒区	全年<10 1月<0	除南端外40~250	0.25~1.50	西南3 000m等高线以西以南	大面积强烈上升，差异运动显著	砂砾土、软土

数据来源：中华人民共和国交通部．公路自然区划标准（JTJ 003—1986）．北京：人民交通出版社，1987.

3．二级区划

我国公路的二级区划仍以气候和地形为主导因素，但具体标志与一级区划有显著差别。一级自然区有其共同标志，即：气候因素是潮湿系数K值，地形因素是独立的地形单元。二级区的划分则需因区而异，将上述标志具体化或加以补充，其标志是以潮湿系数K为主的一个标志体系。

潮湿系数K值按全年的大小分为6个等级：

（1）过湿区。$K>2.00$。

（2）中湿区。$2.00\leqslant K<1.50$。

（3）湿润区。$1.50\leqslant K<1.00$。

（4）润干区。$1.00\leqslant K<0.50$。

（5）中干区。$0.50\leqslant K<0.25$。

（6）过干区。$K<0.25$。

根据二级区划的主导因素与标志，在全国7个一级自然区划内又分为33个二级区和19个副区（亚区），共有52个二级自然区。详细内容可参考中华人民共和国交通部颁布的《公路自然区划标准》（JTJ 03—1986）。

三级区划是二级区划的进一步划分。三级区划的方法有两种，一种是按照地貌、水温和土质类型将二级区进一步划分为若干类型单位的类型区别；另一种是以水热、地理和地貌等为标志将二级区进一步划分为若干更低级区域的区域划分。各地可根据当地的具体情况选用。

二、公路运输与区域经济

1．公路运输对区域经济的影响

公路运输是区域经济及社会生产、生活的内部条件，同时又是区域经济系统中一个创造产值的物质生产部门，公路运输是区域资源开发与经济建设的先行者，是区域产业生产力合理布局的先决条件。公路运输体系的可持续发展，是区域经济可持续发展的基本要求和重要内容，发达的公路运输可以促进区域内外的经济交流，实现生产要素的优化配置，带动地区分工与合

作,引导区域经济整体协调发展。公路运输对区域经济的影响主要表现在以下几个方面:

1)公路运输对改变区位优势的作用

通过公路网络的建设,特别是干线公路网的建设,可提高区域内各个城市(包括沿线)间以及区内城市(包括沿线)与外界的可达性,使其交通地理位置发生变化,从而改变区域的区位优势,促进区域发展。

2)公路运输对优化产业结构的作用

产业是具有某类共同特性的企业的集合,所谓产业结构,是指各产业的构成及各产业之间的联系和比例关系。对照公路运输发达国家的历史可以发现,在其公路运输的发展(特别是高速公路的发展)过程中,资金和劳动力逐渐由第一产业向第二产业随后向第三产业转移,劳动密集型产业逐步向资金、技术密集型产业转移,这说明公路运输的发展对产业结构有优化的作用。

3)公路运输对改变产业空间布局的作用

产业空间布局简单地讲就是区域内产业及行业在空间上的分布状况或格局。影响产业空间布局的因素主要有地区自然地理分布与组合特点、自然资源的数量质量特征、社会政治状况、交通运输格局等。公路运输作为综合运输中最为方便灵活、网络最为密集的一种运输方式,强烈地影响着产业的布局。有时,公路运输的发展和公路网络的布局还能成为产业布局的方式和指向。

4)公路运输对加快城市化进程的作用

城市是社会劳动分工和商品经济发展的产物,作为物资和人员高度集中的地方,城市一定要具有便利的交通条件,古代城市的形成都在一些河流的交汇点等交通便利的点上就是很好的证明。公路运输线路的开通,可促进城市经济快速发展、提高城市经济地位、增加城市人口聚集、扩大城市规模、便于矿产资源的开采,促进农村资源和人口向城市转移,由此加快城市化进程。

5)公路运输对区域土地升值的作用

土地是极为稀缺的资源。从经济学角度而言,级差地租理论表明距离城市越近的土地地租越高,其使用价值越大,因此,通常情况下其价格也越贵。公路的修建使一块土地由远离交通线、枢纽线、空间可达性差而变得交通便利,空间可达性大大增强,从而能提升土地的使用价值和价值。另外,新城市、新城区和工厂在公路附近的建立,使附近土地产生空间位移,从而也会使土地的使用价值大幅度提高。

综上所述,区域经济的发展与公路运输的发展有着密不可分的关系。在经济区域中,公路运输担负着产品的空间流动与信息交流的责任,对经济区域的合理布局和正常运转起着纽带和枢纽的作用。大量的事例表明,当两城市间修建起公路特别是干线公路相连时,公路所连接的2个端点城市,会迅速出现以城市为中心的“圈”状经济发展区域,同时在高速公路两侧,会产生“带”状的经济发展区域,在此过程中产业结构和布局逐渐优化,经济发展速度加快。相反,如果缺乏公路及其基础设施,区域经济就无法进行正常的运转,区域内的经济客体就不能正常实现其功能,区域间也不能进行必要的有益的联系,区域经济就不能很好地发展。

2. 我国主要经济区的公路运输状况

《现代地理学词典》中对经济区下了这样的定义:经济区是在劳动地域分工基础上形成

的、不同层次和各具特色的经济地理单元。经济区的实质是一种区域经济的空间组织形式，它具有组织的同质性、空间的排他性、对外的开放性和组合的层次性。改革开放以来，我国一些地区以大城市为中心，联合发展水平相近的地区，逐渐形成了各具特色的经济区，其中影响最广泛、发展最快的3个区域分别是：以广州、深圳和珠海等城市为中心的珠江三角洲地区、以上海、南京和杭州等地区为中心的长江三角洲地区，还有以北京、天津等城市为中心的环渤海经济区。

我国的"三大经济区"是大家所公认的，但是三大经济区所涉及的具体范围并没有一致的说法。本书从我国各区域公路交通的发展状况出发，结合各区域经济发展状况和综合运输发展规划状况，对经济区的具体范围给出了自己的看法，下面就我国三大经济区的公路运输状况进行分析。

1）环渤海地区公路网布局

环渤海地区包括北京、天津、河北、辽宁、山东5个省（直辖市），土地面积占全国的13%，人口占18%，2009年完成地区生产总值和外贸进出口额分别占全国的28%和17%，地区处于日渐活跃的东北亚经济圈的中心地带，是我国东北、华北、西北地区的主要出海口和对外交往的门户，集中了全国最大的钢铁和石油工业，钢产量、原油加工量、汽车产量分别占全国总量的40%、31%和35%。区域内的主要城市有保定、廊坊、唐山、张家口、秦皇岛、承德等8个城市①。

环渤海地区处于我国综合交通运输网的中枢位置，已初步形成了由公路、水路、铁路、民航、管道组成的综合运输网络。2004年，环渤海地区综合运输线路总里程为25万km，运网密度达48km/百km^2，为全国平均水平的2.1倍。到2005年底，环渤海地区公路里程达到23.3万km，公路密度为全国的2.2倍，高速公路通车里程8 211km，高速公路密度为全国的3.7倍，二级以上公路里程达到70 324km，已初步形成了以北京为中心，辐射天津、秦皇岛、唐山、廊坊、沧州、石家庄、保定、张家口8个城市，连接周边山西、河南、济南、辽宁、内蒙古5个省、区的高速公路网骨架。环渤海地区拥有等级客运站842个，客运班线2.6万条，年发送旅客9.2亿人次。

目前，环渤海地区公路交通在布局、规模、运输服务及管理等方面还存在一些问题。环渤海地区公路网密度仅为长江三角洲和珠江三角洲的75%和68%；高速公路通道数量还不足，与相邻省份多数只有1条高速公路相通；区域内中心城市之间现有高速公路交通压力巨大；干线公路服务水平不高，环渤海地区干线公路中二级以下公路比重占20%；区域内还有665个建制村不通公路，1.6万个建制村未通油路。根据预测，到2020年，环渤海地区公路客、货运输量将分别达到120亿人、53亿t，是2005年的5.4倍和1.7倍，公路客、货周转量分别为7 000亿人·km、2 900亿t·km，是2005年的5.4倍和1.5倍，汽车保有量将达到2 300万辆，是目前的3倍。因此，在未来的几十年中，区域的发展还应致力于地区的公路网络建设和运输服务能力的提升。

2006年，交通部发布了《环渤海地区现代化公路水路交通基础设施规划纲要》，根据该规划纲要，到2020年，环渤海地区将形成以区域高速公路为骨架、高等级干线公路为基础、农村公路沟通城乡、与其他运输方式有效衔接、安全、便捷、舒适、高效的现代化公路交通体系。公

① 资料来源：中华人民共和国交通部综合规划司．环渤海地区现代化公路水路交通基础设施规划纲要[EB/OL]．http://www.moc.gov.cn/06tongjisj/，2007-08-01。

路总里程达到约37万km,区域高速公路总里程达到1.53万km,其中国家高速公路约1.1万km(具体可参考本章第三节中国家高速公路网规划相关内容),地方高速公路约4 300km(具体地方高速公路路线方案如表5-11所示)。区域高速公路网基本建成,与周边省区高速公路网全面对接,连接所有地市,基本覆盖重要的县级以上节点,连接所有主要港口及地区性重要港口国省干线公路基本达到二级以上标准,市到县、县际之间通二级以上公路;农村公路实现所有道路晴雨通车,形成连接干线、沟通城乡、通达社区的较为完善的路网体系和机场、重要铁路枢纽。

环渤海地区高速公路网地方高速公路路线方案表 表5-11

序号	线路走向及主要控制点	序号	线路走向及主要控制点
1	(通化)—抚顺(南杂木)	12	天津—蓟县—平谷—北京
2	沈阳—法库—康平	13	霸州—徐水—阜平(冀晋界)
3	庄河—盖州	14	涿州—廊坊—平谷—密云
4	绥中—凌源	15	蒙冀界(宝昌)—张北—涞源—石家庄
5	秦皇岛—承德—张家口	16	滨州—德州—衡水
6	秦皇岛—唐山港—天津港	17	滨州—淄博—莱芜—蒙阴
7	唐山—唐山港	18	德州—聊城—菏泽—(新乡)
8	天津市国道112高速公路	19	济南—聊城
9	京津塘高速二线	20	荣成—乳山—海阳—青岛
10	京津塘高速三线	21	潍坊—日照
11	天津港南疆港区疏港高速公路(津晋高速)	22	(和顺)—邢台—临清

根据该规划纲要,环渤海地区区域公路运输枢纽由36个城市组成,包括:北京、天津、沈阳、大连、鞍山、抚顺、本溪、锦州、阜新、丹东、辽阳、营口、石家庄、唐山、保定、秦皇岛、张家口、邯郸、廊坊、沧州、承德、济南、青岛、烟台、淄博、潍坊、临沂、泰安、东营、济宁、威海、日照、德州、菏泽、聊城、滨州。其中:北京、天津、石家庄、沈阳、大连、济南、青岛7个城市是对区域交通发展具有重要支撑、带动作用的综合运输枢纽。

2)长江三角洲地区公路网布局

长江三角洲地区包括上海市、江苏省和浙江省,该地区位于我国沿海经济带和沿长江经济带的交汇处,具有明显的区位优势和雄厚的经济基础,是我国经济发展水平最高、外向型经济最活跃、城市化水平最高的地区之一。长江三角洲地区国土面积占全国的2.2%,人口占全国的11%,但创造了全国近1/4的国内生产总值、1/3以上的外贸进出口总额。长江三角洲是我国能源、原材料工业密集区,冶金、电力、石油化工产业沿海、沿江、沿交通干线布局,资源需求量大,目前90%以上的能源、原材料由区外调进。外向型的高新技术产业和加工制造业在该地区高度集聚,对外贸易发达,外贸依存度高达67%①。

但是相对于发达国家而言,该地区单位面积拥有公路仅为发达国家的1/6~1/3,万人拥有公路仅为发达国家的1/11~1/7,而且农村公路仍很落后,与现代化的要求及世界发达国家

① 数据来源:中华人民共和国交通部综合规划司.长江三角洲地区现代化公路水路交通规划纲要.http://www.moc.gov.cn/06tongjisj/,2007-08-01。

的水平还有较大差距。由于该地区社会经济发展快速，交通需求迅猛增长，部分线路成为经济发展的瓶颈。

针对该区域公路交通的发展状况，2005 年，交通部颁布了《长江三角洲地区现代化公路水路交通规划纲要》，以对该地区的公路水路交通进行统一规划，打破行政区划的限制，促进区域经济的发展。根据规划纲要，至 2020 年，长江三角洲将拥有一个安全、便捷、舒适、高效、与其运输方式充分衔接的现代化公路交通体系。对外形成辐射华北、西北、长江沿线、西南、华南五大通道；内部形成连云港—徐州、上海—南京、宁波—杭州、温州—金华 4 条横向通道和连云港—上海—宁波—温州、新沂—淮安—苏州—绍兴—温州、徐州—南京—杭州—金华 3 条纵向通道及上海—徐州、上海—杭州 2 条放射通道。

区域公路网由高速公路网、一般干线公路、农村公路组成，路网规模将达到 30 万 km 左右，高速公路约 1.2 万 km，公路密度大体上接近欧洲发达国家的水平。高速公路网由国家高速公路和地方高速公路组成，规划总里程 1.18 万 km，其中上海 850km、江苏5 700km、浙江 5 250km。高速公路建成后，将基本连接 10 万人口以上城市、主要港口及机场，上海与长江三角洲以外周边地区可以实现“5 小时沟通”，形成以上海为中心、覆盖长江三角洲的“半日交通圈”。

区域内高速公路包括国家高速公路和地方高速公路组成。国家高速公路包括 11 条主线（含 1 条并行线、5 条联络线）、1 个地区环线（含 1 条联络线）、4 个城市环线，约 6 100km。具体路线是：北京—上海、北京—台北、沈阳—海口、长春—深圳、连云港—霍尔果斯、南京—洛阳、上海—西安、上海—成都、上海—重庆、杭州—瑞丽、上海—昆明、杭州湾环线和上海、南京、杭州、宁波城市环线。

地方高速公路由国家高速公路的辅助线和其他高速公路组成，规划总里程约 5 700km。其中，国家高速公路辅助线，具有承担省际及大中城市间中长距离运输的功能，是国家高速公路交通分流的主要线路，对提高区域内重要城市节点间高速公路通道的可靠性和区域间顺直沟通起到重要的作用，其长约 2 400km。其他高速公路包括连接中小城市的线路、都市圈中心城市对周边城镇的放射线、路网联络线和疏港路，对提高网络的覆盖率和通达性起着重要作用，其长约 3 300km。

除了高速公路外，一般干线公路作为区域路网中衔接高速公路和农村公路的纽带，力争全部达到二级以上公路标准；农村公路实现所有道路晴雨通车，形成连接干线、沟通城乡、通达社区的路网。

3）泛珠江三角洲地区公路网布局

泛珠江三角洲地区由广东、福建、江西、湖南、广西、海南、四川、贵州、云南 9 省（区）组成，9 省（区）总面积约 200 万 km^2，占全国的 1/5；生产总值约占全国的 1/3。从社会经济发展的区位与水平看，区域经济呈现核心与周边并存的二元空间特点，已形成珠江三角洲（含港澳）核心区、珠江三角洲以东沿海和珠江三角洲以西沿海、沿边两大对外辐射带，核心区周边多个城市密集区为次核心区。9 省（区）资源禀赋各异，经济差异明显，各具比较优势①。

① 数据来源：中华人民共和国交通部综合规划司．泛珠江三角洲区域合作公路水路交通基础设施规划纲要．http://www.moc.gov.cn/06tongjisj/，2007-08-01。

为加快区域公路水路交通基础设施建设,有力支撑区域合作,在科学发展观的指导下,交通部于2005年出台了《泛珠江三角洲区域合作公路水路交通基础设施规划纲要》,根据该规划纲要,到2020年,该区域将基本建成区域高速公路网络以及区域公路运输枢纽系统,区域高速公路网络里程达到3.73万km。建成以高速公路为载体、以公路运输枢纽为依托、以区域内大中城市为节点的区域快速公路客货运输网络,区域内400~500km大中城市间可通过公路当日往返,800~1 000km可通过公路当日到达。

泛珠江三角洲区域高速公路网由国家高速公路和部分地方高速公路组成,其中国家高速公路约2.85万km,地方高速公路约8 800km。区域内高速公路网主要包括泛珠江三角洲核心区与次核心区域之间、相邻次核心区域之间、内地与港澳之间、中国与东盟等国家之间、主要港口与腹地之间的重要公路通道以及珠江三角洲城际高速公路网;覆盖泛珠江三角洲区域重要的中心城市及旅游城市、主要港口、机场、公路和铁路运输枢纽及重要的公路口岸。布局形态归纳为“十射、六纵、五横、六条国际通道及三个环线”。

依托区域高速公路网和重要节点城市,区域内还规划了65个公路运输枢纽,这些枢纽由国家公路运输枢纽和重要的区域性公路运输枢纽构成。具体布局方案如表5-12所示。

泛珠江三角洲区域公路运输枢纽城市布局方案 表5-12

省　份	城　市
广东	广州、佛山、东莞、深圳、汕头、湛江、珠海、茂名、梅州、江门、韶关、肇庆、惠州、中山
福建	福州、厦门、泉州、漳州、南平、龙岩、三明
海南	海口、三亚
广西	南宁、柳州、防城港、桂林、百色、河池、梧州、北海、崇左、贵港
贵州	贵阳、遵义、六盘水
湖南	长沙、株洲、衡阳、岳阳、常德、邵阳、怀化、湘潭、张家界
江西	南昌、鹰潭、赣州、宜春、九江、上饶、吉安
云南	昆明、曲靖、大理、景洪、瑞丽、开远
四川	成都、宜宾、内江、南充、绵阳、乐山、泸州

数据来源:中华人民共和国交通部综合规划司.泛珠江三角洲区域合作公路水路交通基础设施规划纲要.http://www.moc.gov.cn/06tongjisj/,2007-08-01。

第五节　我国国际公路运输网的布局

国际公路运输是指国际客货运输对象借助一定的运载工具,沿着公路跨及2个或2个以上国家或地区的移动过程。

公路运输在我国对外贸易中占有重要地位。我国同许多周边国家有公路相通,我国同这些国家的进出口货物,可以经由公路进行运输。此外,内地对香港和澳门的部分货物进出口也是通过公路运输完成的。改革开放20多年来,中国国际公路运输取得了长足发展。2002年,中国成为国际公路运输联盟正式成员,到2004年底,我国有60多个口岸开通了国际公路运输,与周边国家开通了140余条客货线路。2004年出入境运输车辆达到140万辆次,完成出入境客运量799万人次、货运量1 053万t。2005年4月13日,交通部根据国务院颁布的《中

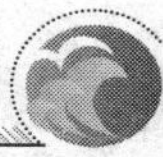

华人民共和国道路运输条例》的有关规定,以第3号部长令发布了《国际道路运输管理规定》,为促进国际道路运输的发展提供了法制保障。

国际公路运输的畅通主要依赖于两个重要方面,一个是国际公路线路的连通,一个是公路运输的口岸环境,本节将从这两个方面来揭示我国的公路国际运输格局。由于2004年签署的《亚洲公路网政府间协定》对亚洲公路网的规划中,涉及我国的公路线路基本包括了我国主要的出境公路,因此第一部分内容的阐述由亚洲公路网布局说起。

一、亚洲公路网的布局

1．亚洲公路网政府间协定

2004年4月26日,在亚太经社会(联合国亚洲及太平洋经济和社会理事会,ESCAP)第60届会议上,正式举行了《亚洲公路网政府间协定》的签字仪式,23个国家的全权代表出席签字仪式进行该协定的签署,协议的签订意味着“亚洲公路网”将以法律形式被确定下来。蒙古、哈萨克斯坦等诸多内陆国家,今后可通过亚洲公路网找到最近的出海口,发自日本东京或中国上海的货物,可一路西行直达圣彼得堡或伊斯坦布尔。

1959年开始规划的“亚洲公路网”,其宗旨是协调并推动亚洲地区国际公路运输的发展,促进亚洲各国贸易往来,繁荣旅游业,便利区域经济贸易和文化交流。根据规划,该路网将成为连接亚洲地区各国首都、工业中心、重要港口、旅游及商业重镇的公路交通网。

我国交通部从1998年起对亚洲公路网问题进行了专题研究,在与相关部委充分协商的基础上,2002年年底确定了线路布局方案,方案确定了中国加入亚洲公路网的线路,总长26 000km,占整个亚洲公路网的19%。这一路线连接我国130个大中城市,通达65个著名旅游城市,覆盖人口近3亿,在东北、西北、西南三个方向与周边国家连接,例如:西北地区的乌鲁木齐—奎屯—霍尔果斯公路,西南地区的昆明—瑞丽公路,华北地区的塘沽—北京—二连浩特公路等。这些路线和路段加入亚洲公路网,有利于促进我国中西部地区与周边国家和地区开展经贸和旅游方面的合作,并将为建立中国—东盟自由贸易区和加强上海合作组织各成员国间的合作发挥积极作用。

目前亚洲地区已有32个国家加入,入网里程超过14万km。此协定的签署从国际法的角度正式将亚洲公路网定型,必将进一步推动亚洲公路运输的发展,促进各国的经贸文化往来,刺激地区经济发展,加快区域一体化进程。中国加入亚洲公路网,有利于中国与东南亚和中亚等周边国家开展过境运输合作,促进中国—东盟(10+1)和上海合作组织这2个区域的经济合作。加入公路网也有利于促进中国中西部地区的经济发展,发挥中国沿海枢纽港的区位优势;中国的旅游业也将因此获得便利的运输环境。

但是,目前加入亚洲公路网只是公路路线的加入,是基础设施规划建设上的概念,并不意味着一国在运输权益上对外国的开放,外国车辆在未得到允许的情况下不可以自由进入该国。是否允许外国车辆入境、通行车辆数、通达距离等运输权益中的具体问题仍需有关国家通过双边或多边谈判签署汽车运输协定来确定。为使亚洲公路网充分发挥连通亚洲各国、促进运输发展的目的,入网的各成员国将在亚太经社会框架下开展有关集装箱、道路交通、国际货运等方面的便利运输合作,并积极签署相关的双边汽车运输协定来确定运输开放的范围。

2. 亚洲公路网布局及穿越我国的线路

1）亚洲公路网布局

“亚洲公路网”由亚洲境内具有国际重要性的公路线路构成，具体包括3个类型：

（1）大幅度穿越东亚和东北亚、南亚和西南亚、东南亚以及北亚和中亚等1个以上次区域的公路线路。

（2）在次区域范围内、包括那些连接周边次区域的公路线路。

（3）在成员国境内的公路线路。

这些公路线路通向各首府、主要工农业中心、主要机场、海港与河港、主要集装箱站点以及主要旅游景点。

“亚洲公路网”的标志以字母“AH”开头，表示“亚洲公路”，后面接分配给该线路的阿拉伯数字号码，可能为1个1位数、2位数或3位数。从1～9的1位数线路编号分配给“大幅度穿越1个以上次区域的亚洲公路各线路”；2位数和3位数的线路编号用于标明次区域范围内的线路，包括那些连接周边次区域以及成员国境内的公路线路。

（1）10～29和100～299号线路编号分配给东南亚次区域，包括文莱、柬埔寨、印度尼西亚、老挝、马来西亚、缅甸、菲律宾、新加坡、泰国和越南。

（2）30～39和300～399号线路编号分配给东亚和东北亚次区域，包括中国、朝鲜、日本、蒙古、韩国和俄罗斯（远东）。

（3）40～59和400～599号线路编号分配给南亚次区域，包括孟加拉国、不丹、印度、尼泊尔、巴基斯坦和斯里兰卡。

（4）60～89和600～899号线路编号分配给北亚、中亚及西南亚，包括阿富汗、亚美尼亚、阿塞拜疆、格鲁吉亚、伊朗、哈萨克斯坦、吉尔吉斯斯坦、俄罗斯联邦、塔吉克斯坦、土耳其、土库曼斯坦和乌兹别克斯坦。

同时，《亚洲公路网政府间协定》规定了统一的亚洲公路分级和设计标准，为亚洲公路的建设、改善和养护提供最低标准和指南。根据车道数量和路面类型，亚洲公路被分为4个等级：干线、一级、二级和三级。“干线”指控制进入的汽车专用路；“三级”即两车道、双层沥青表面处理，被视为最低要求标准，应在修路资金缺乏或是供道路使用的土地有限的情况下才可使用，路面铺设将来应尽快升级到沥青或水泥混凝土。在此分类基础上，协定根据地形分类、车速等因素为不同等级的亚洲公路设计了不同建设标准。

被命名为亚洲公路1号（AH1）的线路是整个公路网中最长的一条线路，它始于日本东京，从福冈经轮渡到韩国的釜山，再经由中国的沈阳、北京、广州等城市，进入越南河内，随后经柬埔寨、泰国、老挝、缅甸、印度、巴基斯坦、阿富汗、伊朗、土耳其等10多个国家到达保加利亚边境。本节将对亚洲公路网中穿越我国的公路线路进行介绍，关于亚洲公路网中的其他线路以及公路的设计标准细节，请参照《亚洲公路网政府间协定》。

2）亚洲公路网中穿越我国的公路线路

（1）大幅穿越1个以上次区域的亚洲公路线路中，穿越中国的线路有（注：括号内的路段表示从括号前的地点出来的支路）：

AH1：东京—福冈—轮渡—釜山—庆州—大邱—大田—首尔—茂山—开城—平壤—新义州—丹东—沈阳—北京—石家庄—郑州—信阳—武汉—长沙—湘潭—广州（—深圳）—南

宁—友谊关—Huu Nghi—同登—河内—永安—东河—顺化—岘港—会安—芽庄—边和(—头顿)—胡志明市—Moc Bai—巴维—金边—波贝—亚兰—甲民武里—Hin Kong—邦巴因(—曼谷)—北榄坡—达府—湄索—渺瓦底—勃亚基(—仰光)—密铁拉—曼德勒—德穆—Moreh—Imphal—科希马—迪马布尔—Nagaon—焦拉巴特(—Guwahati)—西隆—道基—Tamabil—锡尔赫特—Katchpur—达卡—杰索尔—贝纳博尔—本冈—Kolkata—伯尔希—坎普尔—阿格拉—新德里—Attari—Wahgah—拉合尔—拉瓦尔品第(—伊斯兰堡)—哈桑阿卜杜勒—白沙瓦—多尔汗—喀布尔—坎大哈—迪拉腊姆—赫拉特—伊斯兰卡拉—多加伦—马什哈德—萨卜泽瓦尔—达姆甘—塞姆南—德黑兰—加兹温—大不里士—Iveoqlu—巴扎尔甘—Gurbulak—多乌巴亚泽特—阿什卡莱—雷法希耶—锡瓦斯—安卡拉—Eyvoghi—盖雷代—伊斯坦布尔—Kapikule—保加利亚边境。

AH3:乌兰乌德—Kyahta—Altanbulag—Darkhan—乌兰巴托—纳来哈—Choir—赛音山达—扎门乌德—二连浩特—北京—塘沽。

上海—杭州—南昌—湘潭—贵阳—昆明—景洪(—打洛—勐腊—Kyaing Tong)—磨憨—波乔—Nateuy—会晒—清孔—清莱。

AH4:新西伯里亚—巴尔瑙尔—Tashanta—Ulaanbaishint—科布多—Yarantai。

乌鲁木齐—喀什—红其拉甫—Khunjerab—哈桑阿卜杜勒—拉瓦尔品第(—伊斯兰堡)—拉合尔—木尔坦—罗赫里—海得拉巴—卡拉奇。

AH5:上海—南京—信阳—西安—兰州—吐鲁番—乌鲁木齐—奎屯—精河—霍尔果斯—阿拉木图—卡斯克连—科尔达—格奥尔吉耶夫卡—比什凯克—卡拉巴尔塔—恰尔多瓦—梅尔克—Shymkent—Zhibek Zholy—切尔尼亚夫卡—塔什干—锡尔达里亚—撒马尔罕—Navoi—布哈拉—阿拉特—Farap—Turkemenbashi—马雷—Tejen—阿什哈巴德—Serder—土库曼巴希(轮渡)巴库—阿拉特—Gazi Mammed—甘贾—哈萨克—红桥—第比利斯—姆茨赫塔—哈舒里—Senaki—波季(通往保加利亚、罗马尼亚、乌克兰方向轮渡)—巴统(—保加利亚、罗马尼亚、乌克兰方向轮渡)—Sarpi-Sarp—特拉布宗—Samsun—梅尔济丰—盖雷代—伊斯坦布尔—Kapikule—保加利亚边境。

AH6:釜山—庆州—江陵—杆城—高城—元山(—平壤)—清津—Sonbong—Khasan—哈桑—拉兹多利诺耶(—符拉迪沃斯托克(海参崴)—纳霍达卡)—乌苏里斯克(双城子)—波格拉尼奇内—绥芬河—哈尔滨—齐齐哈尔—满洲里—Zabajkalsk—赤塔—乌兰乌德—伊尔库茨克—克拉斯诺亚尔斯克—新西伯里亚—鄂木斯克—伊西利库尔—卡拉库加—彼得罗巴甫洛夫斯克—Chistoe—佩图霍沃—车里雅宾斯克—乌法—萨马拉(古比雪夫)—莫斯科—克拉斯诺—白俄罗斯边境。

(2)各次区域内亚洲公路线路(包括那些与相邻次区域相连接的线路,和在成员国国内的亚洲公路线路)中,穿越中国的线路有(注:括号内的路段表示从括号前的地点出来的支路):

AH14:海防—河内—越池—老街—河口—昆明—瑞丽—Muse—腊戍—曼德勒。

AH31:别洛戈尔斯克—布拉戈维申斯克(海兰泡)—黑河—哈尔滨—长春—沈阳—大连。

AH32:Songbong—元汀—圈河—珲春—长春—阿尔山—苏木贝尔—乔巴山—温都尔汗—纳来哈—乌兰巴托—乌里雅苏台—科布多。

AH33:哈尔滨—同江。

AH34:连云港—郑州—西安。

AH42:兰州—西宁—格尔木—拉萨—樟木—科达里—加德满都—纳拉扬格—Pathlaiya—Birgunj—拉克绍尔—Piprakothi—穆扎法尔布尔—伯劳尼—伯尔希。

AH67:奎屯—巴克图—巴赫特—Taskesken—塞米巴拉金斯克—Pavlodar—Shiderty—卡拉干达—热兹卡兹甘。

二、我国公路国际运输口岸的分布

公路的出入境运输都要通过公路口岸,因此,要了解我国公路的国际运输,除了对我国的国际公路线路进行了解外,也必须熟悉我国的公路运输口岸。我国的公路对外运输口岸多分布于新疆、西藏、云南、广东、广西、东北及内蒙古等地区。现从新疆地区开始,按逆时针方向的顺序,介绍我国主要公路运输口岸的分布。

1. 新疆地区的公路口岸

(1)老爷庙公路口岸。该口岸位于新疆维吾尔自治区哈密地区巴里坤哈萨克自治县境内,与蒙古国戈壁阿尔泰省相邻,对面为布尔嘎斯台口岸。从老爷庙入境至巴里坤县城172km,至哈密市308km,至乌鲁木齐773km。

(2)乌拉斯台口岸。该口岸位于中蒙边境昌吉回族自治州,口岸对面为蒙古国北塔格口岸。乌拉斯台口岸为国家一类双边季节性开放口岸,1991年批准开放。

(3)塔克什肯公路口岸。该口岸位于新疆维吾尔自治区东北部,布尔根河北岸伊犁哈萨克自治州阿勒泰地区青河县境内,对面为蒙古国科布多省。从塔克什肯入境距青河县城90km,距阿勒泰市380km,距自治区首府乌鲁木齐510km,距对方布尔干口岸25km。

(4)红山咀公路口岸。该口岸位于新疆维吾尔自治区东北部,伊犁哈萨克自治州阿勒泰地区福海县境内。距福海县城240km,距阿勒泰市192km,距乌鲁木齐市896km,至中蒙边界线2km,东与蒙古国巴彦乌列盖省萨格赛县接壤。

(5)阿黑土别克公路口岸。该口岸位于新疆维吾尔自治区阿勒泰地区哈巴河县西部,对面为哈萨克斯坦共和国东哈萨克斯坦州。阿黑土别克口岸距哈巴河县城117km,距阿勒泰市284km,距乌鲁木齐市829km,与东哈萨克斯坦州玛尔哈库里县及阿连谢夫卡口岸隔河相望。

(6)吉木乃公路口岸。该口岸位于新疆维吾尔自治区阿勒泰地区吉木乃县境内,对面为哈萨克斯坦共和国东哈萨克斯坦州。吉木乃口岸地处阿尔泰山南麓,从吉木乃口岸入境至吉木乃县城24km,至阿勒泰台市198km,至乌鲁木齐市650km。从吉木乃口岸出境至哈方对应口岸迈哈布奇盖0.5km,至东哈萨克斯坦州首府约500km。1997年11月正式通过国家验收批准为国家一类口岸,年货运能力10万t,客运量5万人次。

(7)巴克图公路口岸。该口岸位于新疆伊犁哈萨克自治州塔城地区境内,口岸对面为哈萨克斯坦共和国东哈州。从巴克图口岸入镜至塔城市17km,至乌鲁木齐市621km;出境至哈方巴克特口岸800m,至东哈州首府800km。

(8)阿拉山口陆云(铁路、公路)口岸。该口岸位于新疆维吾尔自治区西部,波尔塔拉蒙古自治州博乐市境内的东北角,对面为哈萨克斯坦共和国阿木拉图州,对方口岸名称为德鲁日巴。1990年6月27日经国务院批准对外开放,为铁路、公路双重口岸。

(9)霍尔果斯公路口岸。该口岸位于伊犁哈萨克自治州,霍城县境内,同哈萨克斯坦共和

国阿木拉图州毗邻。距伊犁哈萨克自治州首府伊宁市90km，距乌鲁木齐670km，距哈萨克斯坦雅尔肯特市（原名潘菲洛夫市）35km，距哈萨克斯坦共和国首府阿拉木图市178km。霍尔果斯口岸是目前中国西部最大的公路交通口岸，口岸历史悠久，早在隋唐时期，就是古“丝绸之路”北道上的重要驿站。

（10）都拉塔公路口岸。该口岸位于伊犁哈萨克自治州察布查尔县境内，距察布查尔县约50km，距伊宁市约63km。距哈萨克斯坦阿拉木图市约250km，距哈方科尔扎特口岸仅3.8km。

（11）木札尔特公路口岸。该口岸位于新疆维吾尔自治区伊犁哈萨克自治州昭苏县西南109km处，距伊宁市296km，对面为哈萨克斯坦共和国阿木图州纳林果勒区，对方口岸名称为纳林果勒口岸，两口岸相距4km，距阿拉木图市320km。

（12）吐尔尕特公路口岸。该口岸位于新疆克孜勒苏柯尔克孜自治州乌恰县境内，是中国与吉尔吉斯斯坦通商的口岸，也是通往中亚、南亚、西亚、欧洲各国的重要门户。吐尔尕特口岸地处图噜噶特山口，海拔高度3 795m，地势西北高，东南低，山脉连绵不断。口岸距阿图什170km，距喀什165km，距乌鲁木齐1 630km，与吐尔尕特口岸对应的为吉尔吉斯斯坦的图噜噶尔特口岸。该口岸位于吉方的纳伦周境内，距吉尔吉斯斯坦首都比什凯克400多公里，距中国吐尔尕特口岸12km。

（13）伊尔克什坦公路口岸。该口岸位于新疆克孜勒苏自治州境内，距乌恰县150km，距克孜勒苏自治州首府阿图什市250km。伊尔克什坦国境公路经X54省道与314国道相连，从该口岸至吉国奥什州仅210km，比从吐尔尕特口岸处境到奥什近800km，交通十分便利。

（14）红其拉甫公路口岸。该口岸位于新疆喀什地区西南部，帕米尔高原塔什库尔干塔吉克自治县境内，同巴基斯坦北部地区毗邻。从红其拉甫入境，至塔什库尔干县城130km，至喀什市420km，至乌鲁木齐1 890km；从红其拉甫出境，与红其拉甫口岸对应的是巴基斯坦北部地区的苏斯特口岸，至巴基斯坦苏斯特125km，至巴基斯坦首都伊斯兰堡870km。

2. *西藏地区公路口岸*

（1）普兰公路口岸。该口岸是边境陆路一类口岸，位于西藏自治区西南边陲、阿里地区南面的普兰县。

（2）吉隆公路口岸。该口岸是边境陆路一类口岸，位于西藏自治区西部日喀则地区西南面的吉隆县吉隆镇，是西藏历史上对尼泊尔最大的陆路通商口岸之一。

（3）樟木（聂拉木）口岸。该口岸是边境陆路一类口岸，目前是西藏最大的对外通商及对第三国人员开放的口岸，也是西藏口岸使用率最高、最正常、联检机构最健全，检验检疫设备最完善的口岸。

3. *云南地区公路口岸*

（1）孟定清水河公路口岸。该口岸位于耿马傣族佤族自治县孟定镇人民政府所在地，与缅甸掸邦第一特区接壤，距耿马县城83km，从清水河到缅甸重镇户板、滚弄分别为15km和24km，到缅北重要商品集散地腊戍161km，到缅甸最大城市仰光1 136.9km。

（2）腾冲猴桥公路口岸。该口岸位于腾冲县猴桥镇的槟榔桥江畔，距腾冲县县城65km，距中缅边界南4号界桩19km，与缅甸甘败地口岸对接。口岸距缅甸北部重镇密支那133km，从该口岸经密支那到西印度雷多（里多）仅687km。该口岸是历史上“南方丝绸之路”的重要通商口岸。抗日战争时期是“史迪威公路”（中印公路）的枢纽，是云南省通向南亚规划建设的九大通道之一。

(3)畹町公路口岸。该口岸位于云南省西部德宏傣族景颇族自治州南部,南与缅甸相邻,西北与瑞丽隔江相望,与缅甸的九谷口岸对接,从畹町口岸出境,可直达缅甸中部,水、陆、空设施齐全的曼德勒市。由昆明经畹町、曼德勒至仰光和印度的加尔各答运距要比从昆明经广州绕马六甲海峡到仰光和加尔各答分别缩短 4 651km 和 4 331km,是中国大西南通往东南亚、南亚和西亚的捷径。

(4)瑞丽公路口岸。该口岸位于云南省西部,德宏傣族景颇族自治州。瑞丽口岸是古丝绸南路的重要通道,320 国道的终点,中国对缅贸易的主要口岸。与缅甸的对华主要口岸木姐对接,相邻缅甸的南坎、腊戍、八莫等重要城镇。2010 年瑞丽口岸出入境人员累计达 1 926.8 万人次,货运量累计达 900.7 万 t,车辆出入境累计达 187 万辆次。

(5)磨憨公路口岸。该口岸位于勐腊县南端,与老挝磨丁口岸对接,是中、老两国唯一的一类口岸。磨憨口岸距老挝南塔省城 62km,距泰国清孔县 247km(昆曼公路走向),距万象市 700km。昆曼高速公路由该口岸出境,经老挝南塔、波乔两省至泰国清莱府与泰国公路相连,直达曼谷。

(6)金水河公路口岸。该口岸位于金平县金水河镇、地处金水河、藤条河交汇处,与越南马鹿塘口岸对接。口岸距金平县城 38km,距越南莱州省会莱州市 50km,至奠边府省 195km,河内 450km。金水河口岸是通向越南莱州、河内等重要城市及进入老挝边境的重要口岸。

(7)天保公路口岸。该口岸位于云南省文山壮族苗族自治州麻栗坡县南端。距麻栗坡县城 40km,与越南河江省清水河口岸对接,口岸距越南河江省省会河江市 23km,首都河内 341km,海防港 441km。

4. 广西地区公路口岸

(1)龙邦口岸。该口岸位于广西靖西县龙邦镇,距县城 42km,南出国境通越南高平省茶岭县。这个口岸距广西首府南宁市 221km,距越南高平省省会高平市 38km,距越南首都河内市 270km,是我国通向东南亚的一个极为重要的陆路通道。

(2)水口公路口岸。该口岸位于广西龙州县西部与越南交界的边境线上,与越南驮隆口岸仅一河之隔。

(3)友谊关公路口岸。该口岸坐落在广西凭祥市最南端,与越南高禄县同登镇相距 5km。距越南谅山和首都河内市分别为 18km 和 170km。

(4)东兴公路口岸。该口岸在中越边境的最东端,与越南芒街于仅一河之隔。东兴口岸是客、货运口岸,人员通过能力为 2 万人次/日,是越南煤炭及其他边贸货物进入中国的主要码头。2011 年东兴口岸中国出入境货运车辆达 13 150 辆,同比增长 11.34%,其中,出境货运车辆数为 6 874 辆,同比增长 59.38%。2011 年东兴口岸累计完成货物运输量和周转量分别为 21.77 万 t 和 174.16 万 t · km,同比增长均为 11.76%。

5. 广东地区公路口岸

(1)拱北公路口岸。该口岸是内地通往澳门特别行政区的重要口岸,南与澳门街道相连,北距广州 130 余千米,东隔珠江口与香港遥望。

(2)皇岗公路口岸。该口岸坐落在深圳市福田区南端,与香港新界落马洲隔河相望。口岸南面的皇岗—落马洲大桥横跨深圳河,全长 950m,使深圳与香港的公路网相连。该口岸是

深圳湾口岸建成以前我国规模最大、出入境车流量最大的公路口岸。

(3)横琴公路口岸。该口岸是跨境公路桥口岸,位于珠海市横琴经济开发区,是客、货运综合性的一类口岸,于2000年正式开通。

(4)文锦渡公路口岸。该口岸位于深圳市罗湖区南面,东距沙头角口岸12km,西距罗湖口岸3km。与香港新界一河相隔,口岸有东、西2座跨境公路桥与深港相连,是内地供港鲜货商品出口的主要口岸。

(5)沙头角公路口岸。该口岸位于深圳市盐田区沙头角镇西面,东接沙头角保税区和盐田港,北邻梧桐山公路隧道。

(6)深圳湾公路口岸。该口岸通过深圳湾公路大桥连接蛇口(南山区)与新界西北的鳌磡石。深圳湾口岸设计通行能力为5.86万辆次/日,旅客流量6万人次/日,将成为连接深港两地最大的车检口岸。

(7)河源陆路(铁路、公路)口岸。该口岸地处广东省东北部,南接惠州、汕头,东接梅州,西连韶关,北临江西省赣州,市区距广州、深圳、香港均约180km。

6. 吉林地区公路口岸

(1)临江公路口岸。该口岸位于白山市所属临江市。与朝鲜慈江道中江口岸隔鸭绿江相望,双方间有国境公路桥相连。

(2)南坪公路口岸。该口岸位于延边朝鲜族自治州和龙市南坪镇,对面是朝鲜咸镜北道茂山口岸,双方间隔图们江有临时公路桥相通,口岸距朝鲜茂山郡12km,距朝鲜清津市150km。

(3)三合公路口岸。该口岸位于延边朝鲜族自治州龙井市三合镇,对面是朝鲜咸镜北道会宁口岸,双方间隔图们江有公路桥相连。

(4)开山屯公路口岸。该口岸位于延边朝鲜族自治州龙井市东部36km的开山屯镇,对面是朝鲜咸镜北道三峰口岸,双方间隔图们江,有1座公路桥与1座铁路桥。

(5)珲春公路口岸。该口岸位于延边朝鲜族自治州珲春市区东南部,距市区14.1km。对面是俄罗斯克拉斯基诺口岸,是吉林省唯一对俄开放的公路口岸。

(6)圈河公路口岸。该口岸位于延边朝鲜族自治州珲春市区东南部,坐落在圈河与图们江汇合处,距图们江入海口36km,距市区40km,距朝鲜罗津先锋市(简称罗先市)51km,对面是朝鲜元汀国际口岸,双方间有公路桥相连,是我国直接进出朝鲜罗先自由经济贸易区的唯一通道。

7. 黑龙江地区公路口岸

(1)东宁公路口岸。该口岸位于黑龙江省东南边陲东宁县三岔口朝鲜族镇,与对面的俄罗斯滨海边疆区波尔塔夫卡公路口岸隔瑚布图界河相望,瑚布图河架有永久性桥梁,连接双方口岸过境公路。这里距俄远东最大的海港城市符拉迪沃斯托克(海参崴)154km,距绥芬河站45km,是中、俄水陆联运的最佳路线。

(2)绥芬河公路口岸。该口岸坐落于黑龙江省东南边陲重镇绥芬河市东部,是301国道(绥满公路)的起止点,距牡丹江153km,距哈尔滨460km,距俄对应口岸城市波格拉尼奇内区16km,距陆路交通枢纽乌苏里斯克120km,距滨海边疆区首府符拉迪沃斯托克(海参崴)210km。绥芬河1992年被国务院批准为首批沿边开放城市,现已成为黑龙江省最大的对俄口岸,也是我国开展对俄贸易最重要的口岸之一,对俄贸易额连续多年占全省的2/3、全国的

1/10。正在使用的公路口岸设计运能为年过货100万t,过客50万人次,已经远远不能满足现在过货和过客需要。2012年,政府对绥芬河公路口岸进行了改造,改造后的公路口岸,设计运能提升为年过货550万t,过客600万人次,口岸通过环境将大大改善。

(3)密山公路口岸。该口岸位于黑龙江省东南边陲密山市档壁镇,中、俄界湖兴凯湖的西北岸,距密山市38km。距俄对应口岸图里洛格2km,距俄滨海边疆区首府符拉迪沃斯托克320km。

(4)虎林公路口岸。该口岸位于黑龙江省虎林市区东南58km处的吉祥。与俄方对应城市列索扎沃茨克市相距8km,由此向北可深入俄罗斯腹地,向南可达滨海边疆区首府符拉迪沃斯克和纳霍德卡港,并可通向韩国、日本及东南亚。

8. 内蒙古地区公路口岸

(1)满洲里公路口岸。该口岸距市区9km,向南与301国道相接。长远规划设计14条通道,年过货能力可达350万t,进出境人员可达300万人次。

(2)阿日哈特公路口岸。该口岸位于呼伦贝尔市新巴尔虎右旗阿敦楚鲁苏木,与蒙古国东方省乔巴山市哈比日嘎口岸相对应。阿日哈特距旗所在地阿拉坦额莫勒镇82km,距满洲里市200km。

(3)珠恩嘎达布其公路口岸。该口岸地处锡林郭勒盟东乌珠穆沁旗格布钦高毕苏林境内,距乌里雅斯太62km,距格布钦高毕苏木政府驻地32km,与蒙古国苏赫巴托尔省毕其格图口岸相对应。该口岸与蒙古国资源丰富的苏赫巴托尔省相对应,辐射蒙古国东方省和肯特省。

(4)二连浩特陆路(铁路、公路)口岸。该口岸位于内蒙古自治区锡林郭勒盟西北部,北与蒙古国扎门乌德隔界相望,是中国通往蒙古国的唯一铁路口岸,是我国对蒙开放的最大公路、铁路口岸,是实施向北开放战略的重要支点。二连浩特口岸目前有两个国家一类口岸,即铁路口岸和公路口岸。铁路口岸位于集二线终端,是随着1956年1月1日北京—乌兰巴托—莫斯科国际联运列车的开通运行正式开通,也是目前我国与蒙古国接壤的唯一铁路口岸。目前,铁路口岸货物吞吐能力达到1 000万t以上。二连浩特公路口岸1992年开通,是在中蒙两国铁路员工通勤通道的基础上改建的,只有一条客货混用通道,基础设施、查验条件非常简陋。2000年6月,总投资6 166万元、总占地面积为34.3万m^2的公路口岸新通道开始扩建,2002年9月28日正式运营,设计最大通过能力为货运100万t、客运200万人次。2011年6月16日,二连浩特公路口岸货运新通道正式运营,总投资1.3亿元,项目运行后,设计最大过货能力达到500万t以上。以北京为起点经二连浩特到莫斯科,比经满洲里口岸的滨州线近1 140km;特别是通过京包、京山线与天津港相连,是日本、东南亚及其他邻国开展对蒙古、俄罗斯及东欧各国转口贸易的理想通道,更是蒙古国走向出海口的唯一通道。

(5)甘其毛道公路口岸。该口岸位于乌拉特中旗巴音杭盖苏木境内。口岸与蒙古国南戈壁省博格达县的嘎顺苏海图口岸相对应,两口岸相距约12.8km。

9. 甘肃地区公路口岸

马鬃山公路口岸位于甘肃省酒泉地区的肃北蒙古族自治县马鬃山镇。西邻新疆,南接玉门市、安西县,东靠内蒙古自治区的额济纳旗,北与蒙古国的戈壁阿尔泰省相连,有65km的边境线。全区总面积4.2万km^2,有人口1 178人,其中与蒙古国有亲缘关系的184人。1992年10月19日经国务院批准,马鬃山口岸作为边境贸易口岸正式对外开放。

第六章　航空运输地理

学习提要

航空运输是实现客货运输最快速的现代化运输方式，是综合运输体系中的重要组成部分，在长途和国际运输中优势明显。我国航空运输快速发展，基本构建了符合需要的国内外航空线及机场布局体系。通过本章的学习，学生能够了解航空运输在交通运输体系中的地位和作用，掌握航空运输体系构成、航空运输网规划与布局等基础知识，重点掌握我国航空线与民用机场分布及其特征、国内主要机场概况，认识我国航空运输业的发展及未来规划建设。

基本概念

航空运输、航空运输体系、航空线、航空港。

第一节　航空运输

航空运输是一种现代化的、由飞机、机场、导航设备诸要素协调配合，共同实现客货位移的最快速的一种运输方式，是综合运输体系的重要组成部分。它与海洋运输、铁路运输、公路运输等相比较，具有交货迅速、准确方便、节省包装、减少保险和储存费用、保证运输质量且不受地面条件限制等优点。其优点在长距离和国际客运方面越来越明显。同时它也成为促进地区经济开发、发展外贸、外向型经济、旅游业、国际交往与合作的重要条件。在国际贸易中，航空运输特别适合于易腐商品、鲜活商品和季节性强的商品运输。

一、航空运输的地位和作用

航空运输是随着社会、经济的发展和技术的进步发展起来的。它在现代社会的政治、经济生活中占据着重要地位，发挥着不可低估的作用，主要表现在以下几方面：

1. 航空运输是交通运输体系的一个重要组成部分

航空是长距离旅行，特别是国际、洲际间旅行的主要工具。它和其他交通运输方式分工协作、相辅相成，共同满足社会对运输的各种要求。随着社会经济的发展、人民生活的提高、工作节奏的加快，航空运输将越来越普及。

2. 航空运输促进了全球经济、文化的交流和发展

航空运输本身是国家经济领域的一个重要行业，除了其自身的经济效益外，还带动了一批

相关产业的发展,例如:旅游业等。它使国际间的经济、文化、科技的交流往来十分方便,有利于国家或地区间的相互协作、共同发展,有利于经济发达国家或地区到经济不发达国家或地区投资开发。在我国,航空运输发展已成为某地区经济是否发达、对外开放是否有利的重要标志。

3. 航空运输带动了飞机制造及相关行业和技术的发展

国际航空运输业的不断发展,使几个主要飞机制造商,例如:波音公司、空客公司,保持了长盛不衰的势头,也给相关设备的生产厂家提供了广阔商机。航空技术属于高新技术领域,航空运输的发展,促使新的、更安全舒适的民航客机机型的不断出现,也使通信、导航、监视等设备与技术不断更新完善。

二、航空运输体系

航空运输体系包括飞机、机场、空中交通管理系统和飞行航线 4 个基本部分。这 4 个部分有机地结合,在空中交通管理系统的协调控制和管理下,分工协作,共同完成航空运输的各项业务活动。

1. 飞机

飞机是航空运输的主要运载工具。它是 20 世纪初技术发展最迅速的一种运载工具。按运输类型的不同,民用飞机可分为由航空公司定期或不定期航班使用的各种运输机和为工农业生产作业飞行、抢险救灾、教学训练等服务的通用航空飞机两大类。按其最大起飞重量,民用飞机可分为大型、中型、小型飞机。按航程远近,可分为远程、中程、短程飞机。

2. 机场

机场是供飞机起飞、着陆、停驻、维护、补充给养及组织飞行保障活动的场所,也是旅客和货物运输的起点、终点或中转点。机场系统由供飞机使用的部分(包括飞机用于起飞降落的飞行区和用于地面服务的航站区)和供旅客、接运货物使用的部分(包括办理手续和上下飞机的航站楼、地面交通设施及各种附属设施)组成。

3. 空中交通管理系统

空中交通管理系统是为了保证航空器飞行安全及提高空域和机场飞行区的利用效率而设置的各种助航设备和空中交通管制机构及规则。助航设备分仪表助航设备和目视助航设备。仪表助航设备是指用于航路、进近、机场的管制飞行,包括通信、导航、监视(雷达)等装置。目视助航设备是指用于引导飞机起降、滑行的装置,包括灯光、信号、标志等。空中交通管制机构通常按区域、进近、塔台设置。空中交通管制规则包括飞行高度层配备,垂直间隔、水平间隔(侧向、纵向)的控制等。管制方式分程序管制和雷达管制。

4. 飞行航线

飞行航线是航空运输的线路,是由空管部门设定飞机从一个机场飞抵另一个机场的通道。飞行航线分航路、固定航线、非固定航线。航路是用于国与国之间、跨省市航空运输的飞行航线,规定其宽度为 20km。固定航线是用于省市之间和省内定期航班飞行,尚未建立航路的飞行航线。非固定航线是用于临时性的航空运输或通用航空飞行,在航路和固定航线以外的飞行航线。

航空运输体系除了上述 4 个基本组成部分外,还包括商务运行、机务维护、航材供应、油料供应、地面辅助及保障系统等。

三、航空运输规划

航空运输与其他方式的交通运输一样,属于国防和国民经济战略性基础设施建设,以形成全国性的交通运输网络体系。因此,科学地、合理地规划航空运输网络,具有十分重要的战略意义和经济意义。

航空运输网络的规划分为两部分内容,即机场布局与航线布局。机场布局是根据国防建设与社会经济建设的需要以及国家根据地区的国防意义和经济发展要求,确定机场的地理分布。航空公司按照国家的交通总体发展规划和有关政策,根据企业发展的市场战略,选择营运航线。

1. 航空港(机场)布局

1)航空港的类型和组成

航空港是航空线的枢纽,它具有执行客货运业务和保养维修飞机、起飞、降落或临时使用。但一般习惯上把航空港统称为机场。

航空港按照其设施的性质,分为陆上航空港和水上航空港。前者比较普遍,后者仅供水上飞机使用。

按照设备情况可分为基本航空港和中途航空港。前者配备有为货运及其所属机群服务的各种设备,后者专供飞机作短时间逗留,上下旅客及装卸货物。

(1)按照飞行距离可分为:国际航空港、国内航空港及短距离机场。航线上各航空港间的距离取决于沿线城镇的大小及其重要性、航空线的用途(短途或长途运输)、飞机类型、飞机的飞行速度和高度、航线的地形和气象特点等。

(2)按使用性质可分为:军用机场、民用机场、体育用机场、农业用机场。

飞机场包括飞行区、客货运输服务区和机务维护区。飞行区布置有跑道、滑行道、跑道起迄点的小场地和停机坪等;客货运输服务区设有保证航行业务与旅客、货物运输服务的建筑与设备,例如:客机坪、跑道、候机楼、停车场、进出口系统等;机务维护区包括机坪、修理机坪等。

2)航空港布局的自然和技术条件

(1)机场用地。航空港的机场用地面积很大,一些最大的世界性航空港占地往往达1 000~4 000hm²,一般国际航空港为700~900hm²,国内航空港为200~500hm²。具体要求比较严格。航空港用地应很平坦,不允许有较大的起伏和小丘或凹地等,并要求一定的坡度保证排水。场地中央至四周最适宜的坡度为0.5%~2%,最大容许坡度为2%~3%。应注意风向、风速及雾日能见度的影响,以保证飞机的自由降落。因此场地与周围地区相比,应高一些或高程相同,位于盆地或低地是不宜的。

水文地质和工程地质条件要好,避免位于矿藏、滑坡和水淹地区上,地基应保证稳定。机场四周不应存在高层建筑物和其他障碍物,一般在机场旁应辟出3~4km的临降地区。

考虑到航空港扩大的可能性,要留有足够的用地。但应尽量不占或少占良田。

(2)跑道布置。一般机场用地的规模,主要由飞行跑道的长度来决定。而跑道的长短,又决定于机场等级、飞机类型和一定的自然条件(例如:高程、温度、雾等)的影响。一般跑道长度直接取决于起飞长度(飞机开始滑动至凌空离地一定高度时的距离)和降落长度(飞机降落至离地一定高度时至完全静止时的距离)。

跑道布局的形式决定于机场的吞吐量和风向。因为飞机要求逆风起飞和着陆,这样,起飞和着陆的跑道要沿盛行风向修建。当风向多变,就往往需要几条不同方向的跑道。侧向风大时,如风速大于6.6m/s,就需要筑第二条跑道。

跑道平面布局和风向及吞吐量的关系为:当盛行风向单一,同时机场的吞吐量不太大时,采用单向跑道。这是一般机场常用的形式。与风向和地形相配合,有些机场可以是平行、相交等形式,采用双向跑道。三方向跑道在风向不稳定或吞吐量较大时采用。多方向跑道除以上因素外,在国际巨型机场中亦往往采用。多方向跑道又可分为切线式的和交叉式的。

(3)净空限制。这是保证飞机安全升降的重要措施。机场净空地区一般是一个长方形,顺飞行方向延伸,此长方形的纵向中线和飞行带的中线相符合。在净空地区,地面障碍物的高度有一定的限制。两端净空一、二级机场每端总长为20km,三级机场为14km,四级机场为4km,宽度为2km。净空带内障碍物高度有一定限制。两侧净空,每侧从飞行地带边缘算起,1.5km内坡度不得超过1/180,高度不得超过8m;5km内坡度不得超过1/35,高度不得超过200m。

3)航空港布局与城市的关系

航空港与城市的关系包括两个方面:一为航空港与城市的相互位置,一为航空港与城市间的距离。

如果没有其他特殊的条件限制,航空港应位于城市盛行风的两侧,这样,在飞机起飞和降落时可以不穿过城市上空。从技术经济条件而言,航空港式机场有距离城市越来越远的趋势。这是因为:

(1)喷气式飞机机场用地一般大于6km^2,普通机场用地亦必在1km^{2}以上。机场用地大,且要求有很大的净空地带,这在城市邻近地区难以解决。

(2)飞机的骚扰性很大,特别是喷气式飞机更为严重。一般认为噪声在60~70dB的程度人们尚可忍受,达100dB,人就有头痛的感觉,而飞机的噪声可达120dB以上,因此机场布局应注意此点。但亦不能离开城市太远,而应与城市保持一定的距离。

(3)从防空观点而言,机场应与城市保持一定距离,以达到人防的要求。

从以上分析可以看出,机场应离城市较远为宜。但是如果二者间距太远,且无高速度的交通联系,便会降低空运的作用,也给旅客带来很大的不便。机场与城市联系的时间最好在30min左右,不宜超过1h,而且应由高速公路或地铁连接。国外也有采用直升机联系城市和大机场的。

因此,机场与城市的距离取决于城市用地、交通联系、环境、人防要求以及机场跑道朝向等综合因素。从国内外当前情况看,距城市10~20km的较多。但随着高速大型客机的增加,在距城市更远的地方新建航空港的趋势日益明显,机场往往远离大城市数十千米。

2. 航线规划

1)航线的概念

飞机从事运输飞行,必须按照规定的线路进行,这种路线叫做航空交通线,简称航线。航线不仅确定了航行的具体方向、经停地点,还根据空中管理的需要规定了航路的宽度和飞行的高度层,以维护空中交通秩序,保证飞行安全。运输航线结构的主要形式有两种:一是辐射式

(又称辐辏式或轮辐式);二是城市对式。

航线按照起讫地点的归属不同分为国际航线和国内航线。飞机飞行的线路起讫点、经停点均在国内的称为国内航线,飞机飞行的线路跨越本国国境,通达其他国家的航线称为国际航线。

我国国内航线按其起讫地点的地域关系分为干线航线和支线航线。干线是指连接首都北京和各省会、直辖市或自治区首府的航线以及连接两个或两个以上的省会、直辖市、自治区首府之间的航线。支线航线是指一省或自治区之内或之间除省会或首府以外的城市之间的航线。

飞机自始发站起飞按照规定的航线经过经停站至终点站做运输飞行称为航班。

2)航线规划的基本原则

航线规划基于两个方面的因素:一是国家发展航空运输的总体规划,有利于国家和地区经济的发展;二是航空公司本身的市场发展规划和经济利益。此外还必须考虑以下原则:

(1)航线布局的自然基础。开辟新航线,必须考虑航路的地理条件和气象条件,有利于飞机运输飞行安全。

(2)航线站点地区的经济水平。航线站点地区的经济发达程度和开放程度,决定客货运量和航空运输市场的发展潜力。

(3)运输能力协调。新航线的建立,必须充分考虑与其他航线的衔接、地面交通的综合运输能力,以便航空运输的客货集散。

3)航线的可行性研究

根据上述基本原则,可行性研究的步骤如下:规划新航线时要进行可行性研究,对拟开辟航线的必要性和可能性进行综合分析,为决策提供依据。

首先进行市场需求分析,对社会需求进行调查,预测、分析客货流量及其流向。然后分析、研究航线沿途经停机场的跑道等级、通信导航设备的先进性、机队运输能力以及地面交通能力等因素。最后根据研究、分析的结果,提出航线布局方案。

4)布局的方案论证

航线布局不仅要满足社会发展的需要,还要充分考虑它的经济效益;不仅要考虑它的投资规模,更要考虑它的投资回报率,即收益与利润以及资金回收周期。对布局方案的论证和评估通常采用以下方法:

(1)技术经济论证法。技术经济论证法通常是把多种交通运输和方式的布局方案可能产生的经济效益进行比较,分析航线布局的经济性和可能性:

①分析可能的运输布局方式。根据地面运输布局情况,列出在计划开辟航线的城市间的可能运输方式,分析航空运输的优势所在。

②方案效益分析。根据可能的运输方式,定量计算和分析每一种运输方案的投资、运输成本、利润、运输量、周转量等指标。

③方案评估。根据对几种方案的分析结果,评价拟开辟的新航线的经济性。

(2)线性规划法。线性规划法是基于运输需求,进行运输方式和航线布局定量分析和分布优化的一种方法。通过对运输需求量和运输方式、航线布局的定量分析,对新航线的科学性、经济性和可行性进行论证。

第二节 我国航空线与机场布局

一、我国航空线的分布

1. 国内航线分布及其特征

国内航空运输主要在国内航线上进行,是指旅客、行李、货物和邮件的出发、中途和到达站均在一个国家国境内的航空运输。但如果国际航线中包含有国内航段,则在该国内航段上也可以从事国内航空运输。

国内航空运输按运输对象的不同,分为旅客、行李、货物和邮件运输。

(1)旅客国内航空运输:是指国内航线和国际航线中国内航段上的旅客运输。根据旅客人数和身份的不同可分为团体旅客、重要旅客和一般旅客运输。团体旅客是指旅行的目的地相同、在同一时间内搭乘同一航班的15人以上的团体。重要旅客是指具有一定身份并在保安和服务上需要给予特殊关照的旅客。团体和重要旅客以外的所有旅客在国内航线上的运输称一般旅客国内航空运输。

(2)行李国内航空运输:是指旅客在旅行中为了穿着和使用的方便而携带的物品。按运输的责任和管理的不同,分为交运行李、自理行李和手提行李。承运人已经填开了行李票并拴挂或粘贴了行李牌,由承运人负责照管和运输的行李,称为交运行李。持有不同类别和等级的成人或儿童客票的旅客,每人可以按规定免费交运一定数额的行李,超出规定数额的交运行李,应接规定运价交付超重行李费后,方可予以承运;交运行李中经承运人同意,在运输过程中由旅客自行负责照管的行李,称为自理行李;经承运人同意,由旅客随身携带乘机的零星小件物品,称为手提行李。

为保障民用飞机和旅客生命财产的安全,各种枪支和警械、弹药和爆炸物品、易燃易爆物品、毒害品、氧化剂、腐蚀物品、放射性物品、具有异味、易污损飞机或行李、货物、邮件的物品及强磁性物品,均不能作为行李交运或携带;管制刀具以外的利器或钝器不能作为手提行李随身携带。

(3)货物国内航空运输:按照其运输要求的不同,可分为押运货物、急件货物、特定条件货物和普通货物国内航空运输。押运货物指由于货物性质特殊,在航空运输过程中需要派专人照料和监护的货物。急件货物是指承运人同意托运人的要求,对其托运的货物以收到货物后最早的航班或最快的速度运出,或在最短的时限内运达目的地的货物。特定条件货物是指在航空运输过程中需要采取特殊措施、给予特殊照料和具备特殊条件时才能承运的货物,包括危险品、菌种毒种及生物制品、鲜活易腐物品、贵重物品和动物国内航空运输。上述各类货物以外的货物在国内航线上的运输称为普通货物国内航空运输。

(4)邮件国内航空运输:是指邮局交给航空公司运输的邮政物件,包括信函、印刷品、包裹、报纸和杂志等。机要文件在国内航线上的运输也属邮件国内航空运输的一部分。交运机要文件的单位,每次都应派人押运。

国内航空运输按航班飞行任务性质的不同分为正班、加班和包机运输飞行。正班运输飞行又称班期飞行,指按照规定的航线,定机型、日期和时刻的运输飞行。它是航空公司运输经

营的主要形式。加班飞行是指根据临时性的需要，在正班运输飞行以外增加的运输飞行。包机飞行是指由包机单位提出申请，经承运人同意并签订包机合同，包用航空公司的飞机，在固定或非固定航线上，按约定的起飞时间、航程，载运旅客、货物或者客货兼载的飞行。包机飞行一般是由于旅客身份重要、人数较多；或货物的性质特殊、数量较大；或任务紧迫，利用航班不能满足要求；或客货运输的起讫地点不在现有的航线上而采用的一种临时性的专用航空运输飞行。

包机飞行按其执行任务性质的不同分为：普通包机飞行，即载运一般旅客、货物、行李和邮件的包机飞行；专机飞行，即符合国家要求范围内的旅客包机飞行；急救包机飞行，即为抢救人员的生命或国家财产而承担的紧急包机飞行；支农包机飞行，即运送与农副业直接有关的物资的包机飞行；旅游包机飞行，即旅游部门因航班满足不了旅游团的座位或日程安排而采用的包机飞行。

我国航线在地域分布上形成了以下特点：

(1)民航运输网的覆盖范围广。其表现为：

①全国七大区的除台湾外33个省(自治区、直辖市)以及香港、澳门特别行政区都已通航，这些已通航的城市主要为不同地域和行政范畴的经济中心或交通枢纽。

②14个沿海城市都已通航，为实现我国经济对外开放创造了重要的交通运输条件。

③著名旅游胜地，例如：杭州、西安、桂林、黄山、敦煌等都有了民用航空线，有力地促进了我国旅游事业的发展。

④一些边远地区和少数民族地区如西藏拉萨、云南保山、新疆喀什及和田等交通不便的地区，也已发展了航空促进了民族的团结和地区经济的发展。

(2)航空运输网具有明显的地域层次结构，我国已有的航空网络在地域分布和覆盖范围上呈现出相互交织的3个层次。

①通过国际航线的东、南、西部3个方向的航空通道与国际航空网联为一体，在国际空运市场中占有重要的一席之地。

②以北京、广州、上海、西安、成都和沈阳为中心，以跨省航线为骨干形成辐射状相互连接的多中心的全国干线航空网。

③部分省区已形成以省会或主要城市为中心、以地方航线为主体，并通过干线与全国航空网相连的呈放射状的地区航空网。例如：新疆维吾尔自治区以乌鲁木齐为中心，地区航线以放射状通达富蕴、阿勒泰、克拉玛依、阿克苏、喀什、和田、库尔勒、库车和且末等地，并有通达北京、上海、兰州等干线航线与全国航空网相连。

我国国内航线具体分布特征为：

(1)国内航线集中分布于哈尔滨—北京—西安—成都—昆明一线以东的地区。其中又以北京、上海、广州的三角地带最为密集。整体上看，航线密度由东向西逐渐减小。

(2)航线多以城市对为主，以大、中城市为辐射中心为辅。

(3)国内主要航线多呈南北向分布。在此基础上，又有部分航线从沿海向内陆延伸，呈东西向分布，如图6-1所示。

2. 国际航线分布及其特征

国际航空运输是利用民用飞机自本国载运旅客、货物、邮件至境外一点或多点的运输。国

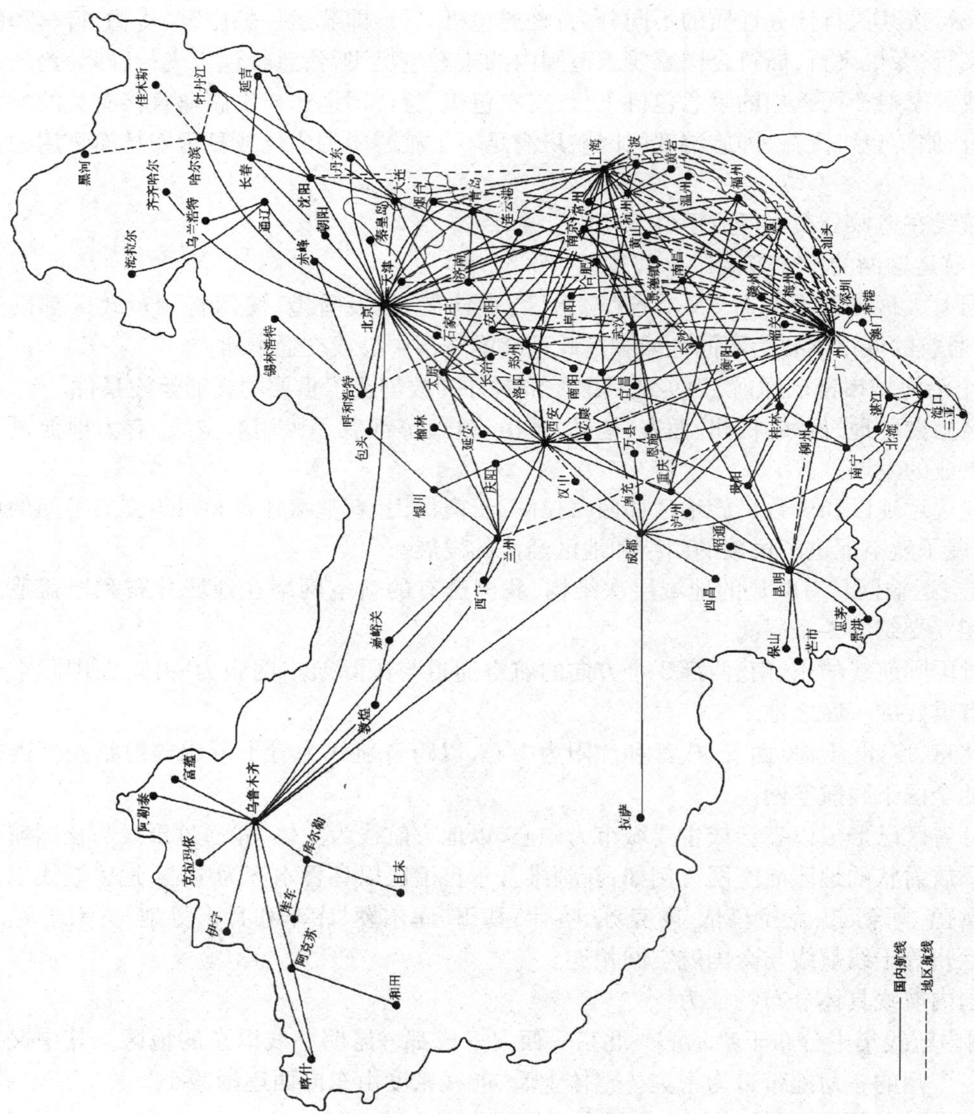

图6-1　我国民航国内及地区航线示意图

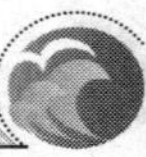

际航空运输依据国家政府间通航协定进行。为了使国际航空运输建立在双方权益均等的基础上,通航国家民航当局之间及被指定的空运企业之间,在经营所指定的航线前还要签订有关业务协议。

国际航空运输必须进行国际合作和协调。为了保证国际航行的安全,在技术规范、航行程序、操作规则上必须统一。为此,《芝加哥公约》对此制定了标准,统一了程序和规则。国际航空运输所涉及的一些法律问题,例如:责任赔偿、对第三者责任等,《华沙公约》和《罗马公约》等已作了统一规定。运输上的业务问题,例如:运输凭证、载运条件、运价、航空公司间的联运及结算等,除通过双边协定解决外,还通过国际民航组织和地区性民航组织来进行磋商和协调。

国际航线的发展是我国在对外交往中,为外交、外贸、旅游等服务的重要环节,也是我国航空运输跻身于国际空运市场的重要标志。在已有的国际航线中,按运输距离可分为通往友邻国家的航线和跨越大洲或大洋的洲际飞行航线。按我国与所通航国家的相对地理位置,又可将已有国际航线分为东部、南部和西部三大通道航线。

1)东部沿海国际航线

东部国际航线主要通往5个国家的11个城市。其中通往邻近国家的航线有北京—朝鲜平壤,哈尔滨—俄罗斯哈巴罗夫斯克,北京直达日本的东京、大阪、福冈,上海直达日本的东京、大阪、福冈、长崎和北京经上海至东京、大阪,北京经大连至东京等11条航线。而跨过太平洋通往美国和加拿大的洲际航线分别通到洛杉矶、旧金山、纽约、温哥华和多伦多等城市。

2)南部国际航线

南部通道分别通往泰国、缅甸、新加坡、菲律宾、马来西亚和澳大利亚6个国家。主要航线有北京—广州—墨尔本—悉尼,北京、汕头和广州分别至曼谷,广州—吉隆坡,北京、广州分别至新加坡和马尼拉。北京、厦门分别至新加坡和马尼拉。

3)西部国际航线

西部通道主要通达亚、欧、非三大洲15个国家的城市。主要航线北部有北京—莫斯科、北京—莫斯科—柏林、北京—乌鲁木齐—伊斯坦布尔、北京—斯德哥尔摩、北京—法兰克福和乌鲁木齐—哈萨克斯坦的阿拉木图。南部航线主要有北京至迪拜,北京经卡拉奇分别至科威特、巴格达、布加勒斯特和贝尔格莱德以及北京经沙迦至巴黎、苏黎世、罗马和伦敦等。

除上述国内国际航线外,还有北京、上海、广州、昆明、厦门、杭州、大连、桂林、海口、汕头、南京、福州、成都、沈阳和青岛等城市开辟了至香港的定期或不定期航班的航线。这些航线的开辟对方便港、澳、台胞探亲旅游及减轻京广和广九等铁路的压力具有重要作用。

我国国际航线的具体分布有以下特征:

(1)我国的国际航线以北京为中心,通过上海、广州、乌鲁木齐、大连、昆明、厦门等航空口岸向东、西、南三面辐射。

(2)国际航线的主流呈东西向。向东连接日本、北美,向西连接了中东、欧洲。它是北半球航空圈带的重要组成部分。

(3)我国的国际航线是亚太地区航空运输网的重要组成部分。它与南亚、东南亚、澳大利亚等地有密切的联系,如图6-2所示。

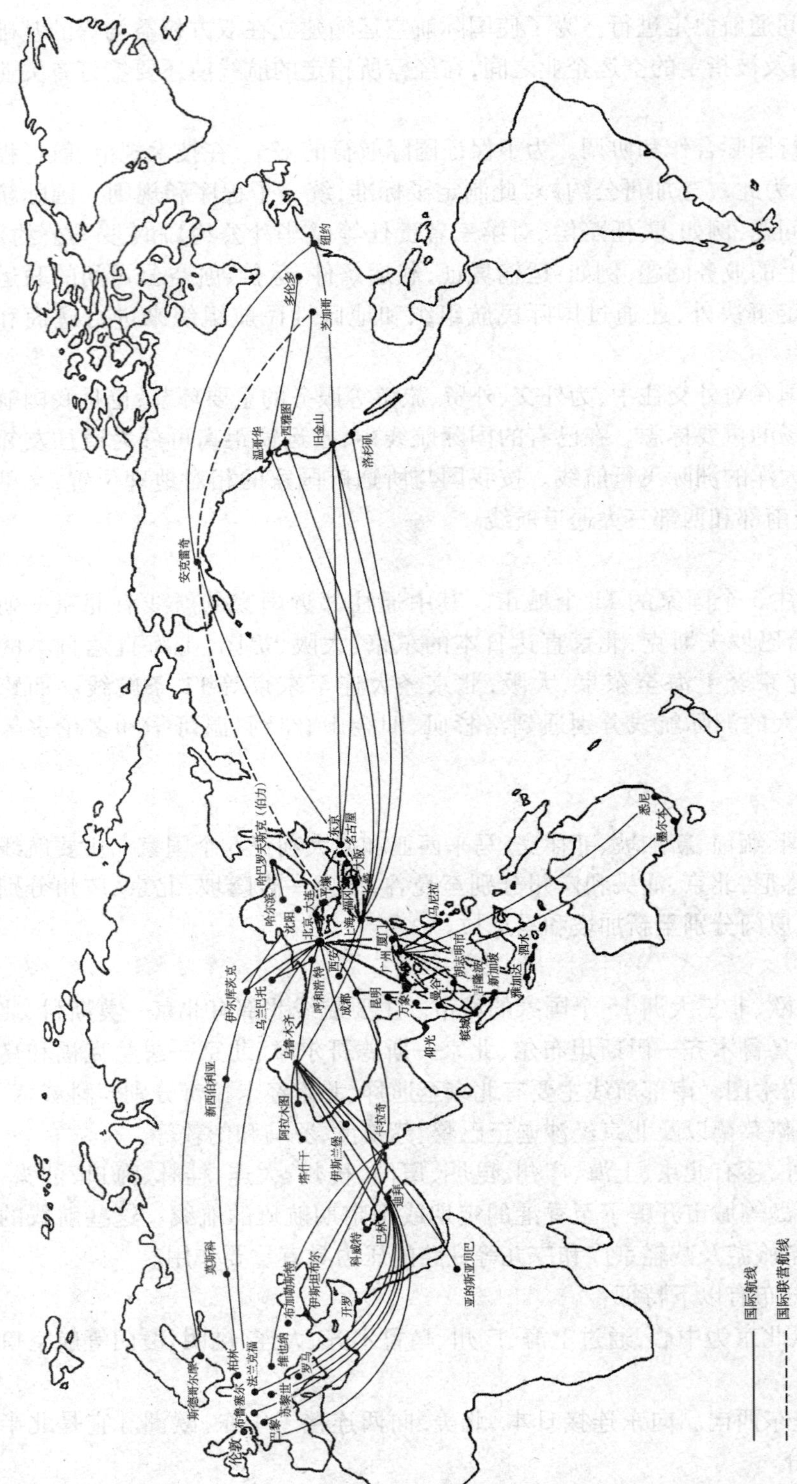

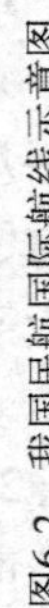

图6-2 我国民航国际航线示意图

二、我国航空港分布与主要机场

1. 我国航空港(机场)分布

航空港是航空运输的重要设施,包括飞机场和为客、货物流服务的必要设施等。到2011年我国民航航班的专用机场已发展到180个(不含台、港、澳地区),其中能起降波音747飞机的国际4E级机场37个,年内定期航班通航机场178个(2011年陕西省安康机场、甘肃省庆阳机场全年停航),通航城市175个。全国除个别省会城市外,都有了单独的民用机场,形成了干线与支线,国际航班与国内航班相结合的航空运输网络。

我国机场的布局与各地经济的发展形成了良性互动的态势,例如中国经济最发达的珠江三角洲就形成了广州、深圳、珠海与香港、澳门机场相呼应的机场网,长江三角洲形成上海、南京、杭州、宁波、南通、无锡等密集的机场网。一些旅游胜地如四川九寨沟、云南迪庆等地均建有机场。近十年间,我国首都国际机场候机楼完成了扩建、兴建了上海浦东机场和广州白云机场实施了迁建工程,中国民航实施了更高水平、更大规模建设时期。

目前,已初步形成了较为完整的民航机场体系,支撑了航空运输业的快速发展,促进了综合交通运输体系的不断完善。主要机场有;北京首都机场、广州白云机场、上海虹桥机场和浦东机场、成都双流机场、重庆机场、西安机场、厦门机场、桂林机场、深圳机场等,如图6-3所示。据中国民用航空局《2011年民航行业发展统计公报》资料,2011年我国旅客吞吐量100万人次以上的运输机构53个,其中,北京、上海和广州三大城市机场旅客吞吐量占全部旅客吞吐量的31.9% 年货邮吞吐量1万t以上的运输机场47个,其中北京、上海和广州城市机场货邮吞吐量占全部机场货邮吞吐量的54.9%。

我国机场的等级分布呈现东南密集、西北稀疏的特点。总体而言具有以下特点:

(1)机场地域布局格局基本适应经济社会发展需要,但数量规模和地域服务范围还不能满足未来发展的要求。

如果以地面交通2h车程为机场服务半径指标,目前我国的机场体系可为81.5%的中等以上城市(城市人口20万以上)提供航空运输服务,覆盖全国总人口的65%、GDP总量的85%左右,整体布局比较合理,基本适应经济社会发展的需求,但还不能完全满足全面建设小康社会的要求。

随着我国经济实力的增长、城市化水平的不断提高和人民生活水平的不断改善,如果按1.5h车程(100km)的服务距离指标衡量,现有机场体系只能覆盖全国县级行政单元的52%、国土面积的37%、人口的61%和GDP的82%。因此在未来一定时期内需要有序增加机场数量,扩大机场体系的地域服务范围。

(2)基本适应对外开放和国内外交流的需要,但主要机场的综合功能有待进一步完善,能力有待进一步提高。

虽然经过多年的建设和发展,我国已经形成以北京、上海、广州等为标志,一定数量的、布局相对合理的枢纽与干线机场,保障了对外开放和国内外交流的需要,提高了我国主要城市的竞争能力、影响力和区域合作的潜力。但从全球航空市场、国内区域经济发展的格局、机场布局的功能结构理论看,我国目前的机场体系在发展中存在的一定的问题,主要有:

黑河
齐齐哈尔
哈尔滨
佳木斯
牡丹江
延吉
吉林
长春
海拉尔
乌兰浩特
沈阳
丹东
大连
通辽
锦州
朝阳
赤峰
秦皇岛
北京
天津
威海
烟台
青岛
潍坊
济南
连云港
锡林浩特
呼和浩特
大同
石家庄
太原
长治
包头
榆林
延安
郑州
洛阳
南阳
西安
徐州
南京
合肥
常州
南通
上海
舟山
宁波
杭州
黄山
义乌
温州
衢州
黄岩
台北
福州
泉州
高雄
武夷山
晋江
厦门
梅州
汕头
景德镇
南昌
九江
安庆
阜阳
孝感
武汉
襄阳
荆州
宜昌
常德
张家界
长沙
衡阳
赣州
惠州
深圳
广州
香港
澳门
珠海
湛江
海口
三亚
桂林
柳州
福州
南宁
北海
贵阳
安顺
重庆
万州
达州
汉中
庆阳
银川
兰州
西宁
南充
成都
泸州
宜宾
昭通
西昌
昆明
思茅
西双版纳
丽江
大理
保山
芒市
嘉峪关
敦煌
格尔木
昌都
拉萨
阿勒泰
塔城
乌鲁木齐
克拉玛依
库尔勒
且末
伊宁
库车
阿克苏
和田
喀什
南海诸岛
东沙群岛
西沙群岛
中沙群岛
南沙群岛
曾母暗沙
马尼拉
斯里巴加湾市
河内
南海

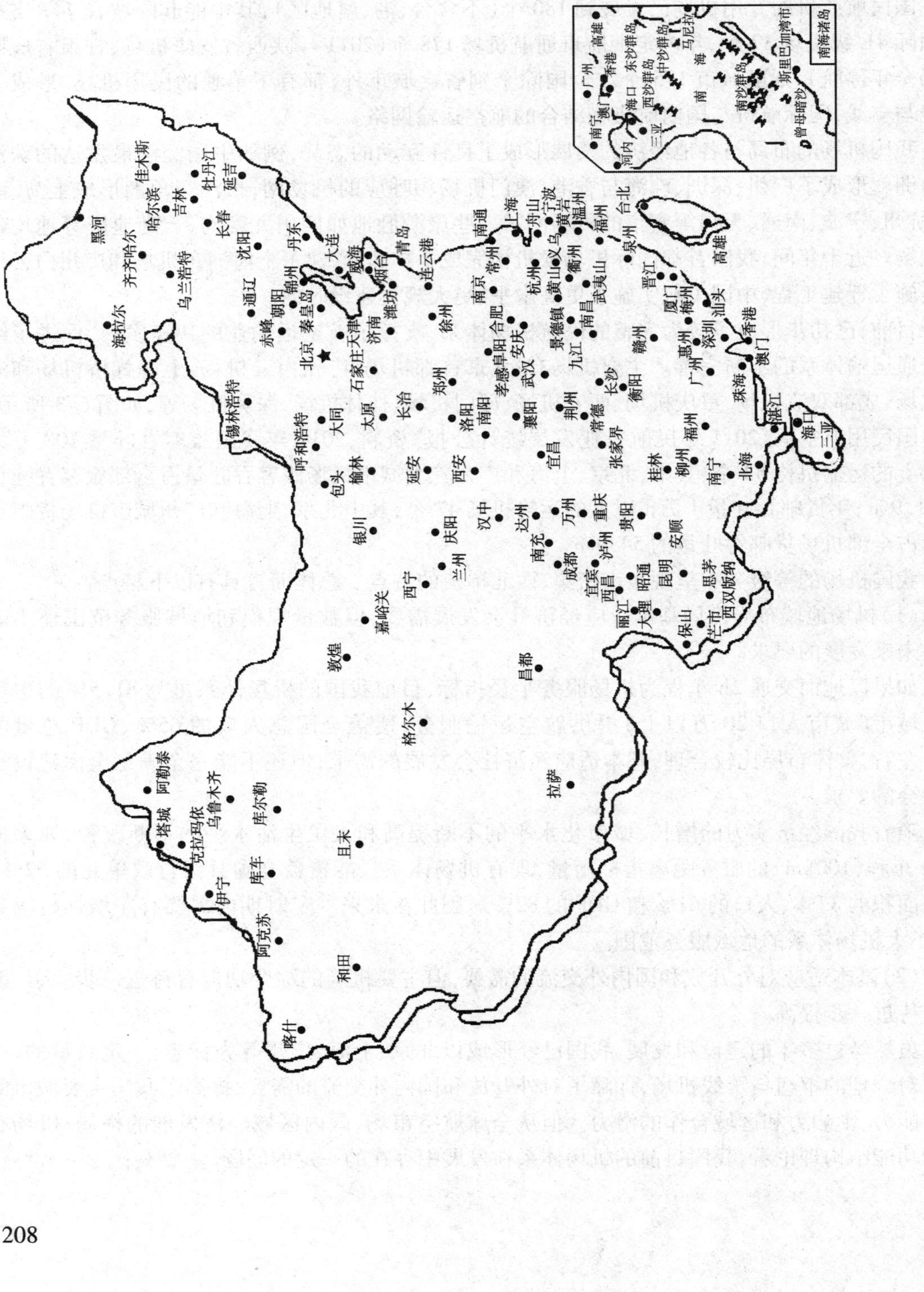

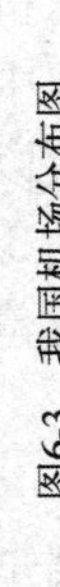

图6-3　我国机场分布图

①部分大中型机场已经或接近饱和,保障能力不足,不能满足客货运输量快速增长的需要。

②国际航空枢纽建设处于起步阶段,竞争能力较弱。

③适应我国与东盟、中亚、东北亚等区域合作需求的枢纽机场的布局尚未形成。

④机场空域资源日趋紧张,制约航空运输发展。

(3)机场分布密度存在较大差异,部分地区的机场布局存在较大需求。

2005 年,我国定期航班机场的密度分布为:沿海地区每 10 万 km^2 有 4 个,中部地区为 2 个,西部地区为 1 个。在功能、规模及业务量方面,也存在明显差别,与我国的区域经济社会发展格局大致相同。旅客吞吐量排名前 20 位的机场中,东部占 13 个、中部和西部地区分别为 2 个和 5 个。

未来机场布局与建设中存在较大需求的地区主要有:

①长江三角洲、珠江三角洲、京津唐等城市化地区(城市连绵区),主要是机场体系建设、功能分工和能力配置的需求。

②新兴城市和大城市的新增机场需求。目前我国有近 20% 的大中城市缺少必要的机场。

③提高中西部地区的航空运输服务水平,促进地区性中心城市的发展,提高国防能力,扶持欠发达地区和少数民族地区发展,存在新增机场的需求。

2. 我国主要机场

1)北京首都机场

该机场位于北京市东北部,距市中心 23.5km,机场有高速公路与市区相连。两条跑道:东跑道长 3 800m,宽 60m,西跑道长 3 200m,宽 50m,均为水泥路面,飞行区等级 4E,配有Ⅱ类仪表着陆设备和助航灯光系统,可起降 B747 等大型客机。

首都机场在 20 世纪 90 年代初,客货流量已趋于饱和,1995 年进行了扩建,耗资 90 多亿人民币。规划 2005 年机场旅客吞吐量达到 3 500 万人次,年飞机起降达到 19 万架次,年货邮吞吐量达到 78 万 t。扩建工程以 33.6 万 m^2 的新航站楼为主体,加上配套工程 16 项,其中包括 46.4 万 m^2 的候机楼停机坪以及停车楼、货运站、机场道路、机场特种车库、集中供热站、制冷站等,其建筑规模之大、配套项目之多、投资额之巨,均为中国民航建设史之最。此次扩建是机场发展史上的重要转折点。北京首都国际机场将借此大大扩大其客货运输量和效益,进而跻身于世界级的机场行列。2011 年,北京首都机场完成旅客吞吐量 0.79 亿人次,位列亚洲第一,世界第二。

2)上海虹桥机场和浦东机场

虹桥机场位于上海市西郊,直线距市中心人民广场 13km,是我国三大门户机场之一。虹桥机场原是一个军用机场,1963 年改扩建为国际机场。1971 年成为民航专用机场。1988 年 6 月虹桥机场改制为实行企业化经营的民航运输企业,1998 年 2 月虹桥机场经过股份制改造,在原虹桥机场优质资产的基础上,由上海机场有限公司独家发起、采用募集方式成立了股份制上市公司,名为上海虹桥国际机场股份有限公司。现有跑道一条 3 200m × 57m。飞行区等级 4E 级。目前,虹桥国际机场共有站坪、停机坪面积 43 万 m^2,可容大、中型班机 56 个机位。现有候机楼面积 5.13 万 m^2。

上海的经济持续高速发展,为上海的航空运输市场的高速发展提供了坚实的基础,而要确立上海成为国际航运中心的地位，则国际航空枢纽的建设是航运中心建设的核心工程，所以建设浦东机场成为时代的需要。浦东机场占地面积 32km²，设计年旅客吞吐量 7 000 ~ 8 000 万人次，货邮量 500 万 t，规划建设 4 座单元式航站楼、4 条能起降的 4E 级跑道。

现在上海两个机场，货邮量已连续 6 年居全国之首，旅客吞吐量和起降架次 4 年位居全国第二。目前，上海已经与全球 28 个国家和地区的 116 个城市通航，有 22 个国家和地区的 45 家航空公司开通了上海的航线。

3）广州白云国际机场

白云国际机场位于广州市风景秀丽的白云山南麓，占地面积约 306 万 m²，距广州市中心仅 6km。白云机场始建于 20 世纪 30 年代，1950 年 8 月 1 日，新中国民航第一条国内航线“天津—北京—汉口—广州”的开通，掀开了白云国际机场的新篇章。现在，白云机场已发展成为国内设施最先进、功能最齐全、业务最繁忙的国际机场之一。机场现有 1 条跑道（3 380m × 60m），飞行区等级 4E 级。白云机场每天起降飞机 200 多架次，进出港旅客近 3 万人次。白云机场有通往全国除西藏、台湾以外内地 74 个城市 90 条国内航线和通往曼谷、吉隆坡、马尼拉、新加坡等城市的 24 条国际航线。白云机场国际、国内候机楼总面积 8.31 万 m²，拥有目前中国内地最大的值机大厅、安检大厅，停机坪面积为 44 万 m²，有 48 个可停放各型飞机的停机位。2001 年白云机场起降架次达到 14 万架次，列全国第 3 位；旅客吞吐量 1 383 万人次，列全国第 2 位；货邮吞吐量 46 万 t，列全国第 2 位。

2004 年 8 月 5 日，总投资 198 亿元的广州新白云国际机场正式投入运营。广州新白云国际机场位于广州市北部，白云区人和镇和花都区新华镇交界处，距现白云机场直线距离约 17km，新机场交通便利，西面分列京广铁路、107 国道和 106 国道，东侧紧临 105 国道。新机场高速公路作为广州市北部的交通大动脉，可连通京珠、广深等高速公路，将珠三角地区的客货流快捷地输送到新白云国际机场。这是我国首个按照中枢机场理念设计和建设的航空港。机场占地面积为 15km²，第一期工程飞行区 2 条平行跑道按 4E 级标准，航站区按满足 2010 年旅客吞吐量 2 500 万人次要求设计。其中，新机场一期航站楼面积为 32 万 m²，是国内各机场航站楼之最，楼内所有设施设备均达到当今国际先进水平。目前，白云机场已开通航线 110 多条，通达国内外 100 多个城市，保障机型近 30 种。

新机场布局合理、条块清晰、功能分明，共分为航站区、飞行区和工作区三大区域。航站区位于场内中央部位，飞行区分列东、西两侧，工作区位于南北两端，集中了机场当局、基地航空公司及各大驻场单位办公区及航空食品区、油库区、环保设施区、货运区、飞机维修区等。航站楼面积约 30 万 m²，可满足年旅客吞吐量 2 500 万人次，货物 100 万 t，典型高峰小时飞机起降 90 ~ 100 架次、旅客吞吐量 9 300 人的要求。

新机场一期工程同时建设 2 条跑道，其中东跑道长 3 800m、宽 60m，西跑道长 3 600m、宽 45m，远期规划 3 条跑道，终端年旅客吞吐量可达 8 000 万人次，年货物吞量 250 万 t。飞行区等级指标为 4E，设有先进的雷达监视系统、仪表着陆系统和助航灯光系统，能满足世界上各类大型飞机全重起降要求。飞行区停机坪规划客机坪、货机坪、商务机坪、基地航空公司停机坪 4 个区域。一期工程客机坪设机位 66 个，其中近机位 46 个、远机位 18 个、专机位 2 个；货机坪设机位 5 个；基地航空公司远期规划停机坪设机位 43 个，其中货机位 3 个。

按照中枢机场的要求，新白云机场在使用功能的设计上率先与国际标准接轨，充分贯彻

“以人为本”的现代理念，成为拥有一流设施、掌握一流技术、实施一流管理、提供一流服务的现代化大型国际机场，为旅客、航空公司、货主提供方便、舒适、高效的服务。

新白云机场在广州城市建设中具有举足轻重的地位。新机场区域作为广州市规划在北部地区的航空运输中心将与广州市南部南沙港、广州市东部开发区成为广州实现“北优、南拓、西联、东进”城市发展战略的重要依托。作为我国三大枢纽机场之一，新机场密集的航线网络和强大的辐射能力将极大地促进广州及华南地区人流、物流的快速集散，提高广州的城市竞争力，不断推动华南地区的经济发展。建成后新白云国际机场将以先进的经营理念、完备的功能设施在中国三大枢纽机场中率先与国际接轨，成为国际民用机场的新星。

4）成都双流国际机场

成都双流国际机场位于成都平原中部，距成都市中心西南约16km，是我国西南地区重要的航空枢纽港和客货集散地。1987年10月组建成立，1993年被国家批准为国际口岸机场。截至2006年，成都双流国际机场通航城市共计92个，其中国内城市69个，国际城市21个以及香港和澳门特别行政区。

成都双流国际机场飞行区等级为4E。主跑道长3 600m、宽60m，可以起降包括波音747客机在内的大型飞机。机坪面积67万m^2，各类机位71个；主跑道南端为II类精密进近仪表着陆系统。2座候机楼面积达13.8万m^2，可满足全年1 200万人次的旅客吞吐量。2001年10月启用的候机楼采用平行三指廊布局，实行进出港分流、国内外旅客分流，并设置了离港系统、楼宇自控系统等。2004年，启用39 000m^2的候机楼国际厅。

成都双流国际机场近年来各项生产指标在国内各大机场中位居前六位，2004年旅客吞吐量已突破1 000万人次，国内外20多家航空公司开通了国内航线70多条、国际及地区航线20余条，每日进出港航班达400架次以上。

5）大连周水子国际机场

大连周水子机场是环渤海地区重要的门户枢纽机场，是首都机场的主备降机场。现已开通航线99条，其中国内航线69条，国际和特别行政区航线30条，与14个国家、73个国内外城市通航，使大连机场初步形成了覆盖国内各大城市的航空运输网络，架起了四通八达的对外交流和经济交往的空中桥梁。

大连周水子国际机场始建于1972年10月，现已成为国家一级民用国际机场，是国内主要干线机场和国际定期航班机场之一。占地面积284.46hm^2，飞行跑道长3 300m，跑道为4E级I类国际机场标准，可供B747-400、B777、B767、B737，空客A320、321、319等世界上各种大型飞机安全起降。停机坪面积20万m^2，2005年新航站楼启用后，候机楼面积可达6.5万m^2，装备有先进的航管、通信及导航设施，各种地面服务设施齐全。机场近年来发展迅速，各项运输生产指标一直居东北各机场的首位。

6）深圳宝安国际机场

深圳宝安国际机场位于珠江口东岸的一片滨海平原上，占地面积11km^2，深圳机场于1991年10月12日正式通航，是中国境内第一个实现海、陆、空联运的现代化航空港。陆路有广深高速公路、机荷高速公路和107国道连接香港、澳门、广州、东莞、惠州、中山和珠海，机场拥有千吨级泊位的客货运码头，海路通过水翼船和香港、澳门、珠海连接，已开通空中航线107条，通达国内外城市80个。

1993年5月16日，深圳机场正式成为国际机场，1996年，跃升为中国第四大航空港。2003年深圳机场旅客吞吐量突破千万人次大关。2004年，国际机场管理协会（ACI）数据显示，深圳机场客运量排名全球第81位，货运量排名第37位，步入世界百强机场之列。

深圳宝安国际机场飞行区等级为4E，机场实行24h运行服务，拥有跑道（3 400m×45m）、滑行道各1条，可供世界上最大型客货机起降。现有客货机坪总面积58.8万m^2，候机楼总面积14.6万m^2，可满足年旅客吞吐量1 500万人次、年货物处理70万t的要求。

第三节　我国航空运输发展与规划

一、我国航空运输的发展

航空运输始于1871年，当时普法战争中的法国人用气球把政府官员和物资、邮件等运出被普军围困的巴黎。1918年5月5日，航班运输首次出现，航线为纽约—华盛顿—芝加哥。同年6月8日，伦敦与巴黎之间开始定期邮政航班飞行。到20世纪30年代有了民用运输机，各种技术性能不断改进，航空工业的发展促进航空运输的发展。第二次世界大战结束后，在世界范围内逐渐建立了航线网，以各国主要城市为起讫点的世界航线网遍及各大洲。

我国航空运输始于1929年，专业航空运输始于1930年。中华人民共和国成立前，航空线路既短又少，航空运输设施差，运输能力低。中华人民共和国成立后，特别是1978年以来中国航空运输在改革中迅速发展，中国民航完成运输总周转量和运输旅客量，每年保持高速度增长。

我国的民用航空运输，从1920年开辟第一条北京至上海航线中的北京至天津航段开始到2011年，形成了以北京、上海、广州机场为中心，以省会、旅游城市机场为枢纽，其他城市机场为支干，联结国内城市175个（不含香港、澳门、台湾），联结国际定期航班通航国家54个，通航城市110个的航空运输网络。其中，定期航班通航香港的内地城市45个，通航澳门的内地城市14个，通航台湾的大陆城市37个；我国与其他国家或地区签订双边航空运输协定114个，其中，亚洲43个国家，非洲23个国家，欧洲35个国家，美洲8个国家，大洋洲4个国家，地区组织1个。现在中国民航有180个民用机场，全行业运输飞机期末在册架数1764架。

2011年，完成运输总周转量577.44亿t·km、旅客运输量2.93亿人、货邮运输量557.5万t，5年年均分别增长15.6%、14.1%和12.9%。民航运输能力、综合实力和国际地位显著提高，较好地适应了国民经济和社会发展的需要，在国际民航组织188个缔约国中名列第3位。

二、航空运输“十二五”建设规划

1. 我国民航“十二五”期间发展的主要目标

根据中国民航局2011~2015年发展规划，主要目标：

（1）到2015年，航空运输持续安全，基础保障能力全面增强，服务能力基本满足需求，转变发展方式取得成效，竞争能力和国际影响力显著提高，在国家综合交通运输体系中的作用更加突出，对国家经济社会的贡献明显增大。

(2)初步建成具有中国特色的行业安全管理体系和运行机制,运输航空每百万小时重大事故率低于0.20。

(3)运输机场数量达到230个以上,初步建成布局合理、功能完善、层次分明、安全高效的机场体系。空域不足的瓶颈有所缓解,空管保障能力稳步提高,保障起降架次达到1 040万架次。

(4)运输总周转量达到990亿t·km,旅客运输量4.5亿人,货邮运输量900万t,年均分别增长13%、11%和10%。航班正常率高于80%,公众对民航服务基本满意。

(5)基础设施大幅增加,作业领域不断扩展,运营环境持续改善,标准体系初步建立,作业量和飞机数量翻番。

(6)能源节约和污染排放控制取得明显成效,吨千米能耗和二氧化碳排放量5年平均比"十一五"下降3%以上,新建机场垃圾无害化及污水处理率均达到85%。

2. 优化运输机场布局

全面落实《全国民用机场布局规划》。实施枢纽战略,满足综合交通一体化需求。加强珠三角、长三角、京津冀等区域机场的功能互补,促进多机场体系的形成。到2015年,全国运输机场总数达到230个以上,覆盖全国94%的经济总量、83%的人口和81%的县级行政单元。

(1)北方机场群:将北京首都机场建设成为具有较强竞争力的国际枢纽机场,新建北京新机场。加快发展区域枢纽机场,发挥哈尔滨、沈阳、大连、天津机场分别在东北振兴和天津滨海新区发展中的重要作用。培育哈尔滨机场面向远东地区、东北亚地区的门户功能。发挥石家庄、太原、呼和浩特、长春等机场的骨干作用。发展漠河、大庆、二连浩特等支线机场,新增抚远等支线机场。

(2)华东机场群:培育上海浦东机场成为具有较强竞争力的国际枢纽机场。加快发展上海虹桥、杭州、南京、厦门、青岛等区域枢纽机场,满足长三角、上海浦东新区、海西和山东半岛蓝色经济区等国家区域发展战略需要。培育青岛机场面向日韩地区的门户功能。发挥济南、福州、南昌、合肥等机场的骨干作用。发展淮安等支线机场,新增九华山等支线机场。

(3)中南机场群:培育广州机场成为具有较强竞争力的国际枢纽机场。完善深圳、武汉、郑州、长沙、南宁、海口等机场区域枢纽功能,满足珠三角地区、中部崛起、北部湾地区、海南国际旅游岛等国家发展战略和国际区域合作战略需要。增强三亚、桂林等旅游机场功能。发展百色等支线机场,新增衡阳等支线机场。

(4)西南机场群:强化成都、重庆、昆明机场的区域枢纽功能,加快培育昆明机场面向东南亚、南亚地区的门户功能,服务于云南桥头堡发展需要。提升拉萨、贵阳等机场的骨干功能,满足国家加快发展藏区和偏远地区发展需要。发展腾冲等支线机场,新增稻城等支线机场。

(5)西北机场群:强化西安、乌鲁木齐机场区域枢纽功能,满足关中—天水经济区和新疆地区快速发展需要。培育乌鲁木齐机场面向西亚、中亚地区的门户功能。提升兰州、银川、西宁等机场的骨干功能。加快将库尔勒、喀什机场发展成为南疆主要机场,发展玉树等支线机场,新增石河子等支线机场。

3. 加快运输机场建设

加快提升既有机场容量。积极推进机场改扩建工程,提高机场保障能力。继续强化北京、上海、广州枢纽机场的建设,完善国际枢纽功能。加强哈尔滨、沈阳、杭州、郑州、武汉、长沙、深圳、重庆、成都、昆明、西安等大型机场建设,满足区域枢纽发展需要。

大力推进容量受限机场建设。迁建秦皇岛、锦州、泸州、延安等机场,研究建设成都、青岛、厦门、大连新机场。

(1)合理新建支线机场。积极推进非运输机场改建或迁建为运输机场,鼓励利用现有军用机场。实施复航机场建设和通用机场升级工程。加快建设通化、五台山、三明、黄平、夏河等支线机场,扩大民航服务覆盖面。

(2)加强中小机场空管设施建设。加快推进中小机场空管设施设备更新改造,逐步实现标准化配置,全面改善和提升机场空管保障能力。

(3)规划实施集疏运体系建设。建设以枢纽机场为核心,多种交通方式汇集的"零换乘"、"一体化"的综合交通枢纽。吞吐量较大的枢纽机场建设机场轨道交通,省会及部分经济发达城市的机场建设机场快速通道。

4. 完善空中交通网络

按照中国民用航空局发展规划,"十二五"期间将着力规划调整航路网。规划航路航线网络布局,形成国家枢纽航路网、区域航路航线网和支线航线网有机结合的航路航线网络构架。

(1)建设国内大能力空中通道。在北京至广州、北京至上海、北京至大连、北京至昆明、上海至大连、上海至成都、上海至西安、上海至广州、广州至成都等繁忙地区,增加干线航路数量或划设平行航路,构建大能力国家骨干航路和区域航路航线。

(2)扩大空中交通网覆盖范围。完成新建机场进离场航线的开辟和加入航路航线网运行工作。在西部非雷达管制区,新辟区域导航航路。在海洋地区增设航路数量,增辟飞越国际航路。增加区域支线航路和航线数量。

(3)优化繁忙地区航路航线结构。调整北京、上海、广州地区航路航线,优化沈阳、成都、西安、乌鲁木齐、青岛等地区航路航线结构。增加繁忙机场进离场航线,日流量超过 200 架次的机场实施进离场航线分流。完善繁忙国际航路结构,增设极地航路进出境点,增强国际航班飞行中选择航路航线和飞行高度层的灵活性。

5. 提升航空运输服务能力

提高运输服务能力是民航发展的核心任务,是建设民航强国的根本要求。要建立通达、通畅的国内、国际航线网络,扩大航空规模,提高服务质量,重点是提高航班正常率和国际竞争力。

1)大力发展旅客运输

(1)完善国内干线网络。发展快线化旅客运输,构建骨干航空运输通道,在旅客吞吐量超过 1000 万人次机场间的干线上,全面开展航空快线运输服务。提高枢纽机场与省会城市、沿海开放城市、重点旅游城市的航班密度。引导航空公司提供多层次、差异化的航空服务。通过航线航班时刻等资源的支持,鼓励低成本航空公司逐步进入主要的干线运输市场。充分发挥航空运输的比较优势,积极推进空铁联运,发展多式联运。不断扩大两岸通航规模,加强内地与港澳地区的航空运输合作。

(2)促进支线航空发展。鼓励支线航班开展代码共享、联营联运等合作,构建"干支衔接、协调发展"的航线网络结构,提升支线航空的通达、通畅能力。重点支持西藏、新疆等区域支线发展。完善支线航线的准入制度。选择西北、西南等"老少边穷"和地面交通极为不便地区

作为试点，实施基本航空服务计划。

(3)扩大国际航空运输。大力发展以枢纽化运作为支撑的国际旅客运输。健全公开、公正、公平的国际航权管理机制，优化国家航权资源的配置和利用。优化国际航线网络，增加欧美航线航班密度，开辟连接南美、非洲的国际航线，积极推进周边区域航空一体化进程。培育中国国际航空公司等成为具有国际竞争力的大型网络型航空公司。加强国际航空通道建设，增加枢纽的网络辐射范围和强度。增强门户枢纽集散功能，提高国际中转旅客比重。

2)积极发展货邮运输

(1)提高国际货运能力。鼓励货运公司间的并购、重组和业务合作，打造具有较强国际竞争力的全货运航空公司。积极稳妥、有序渐进地开放货运市场，引导我国航空货运企业开辟国际航线，加入国际航空货运联盟，扩展国际货运网络。加强与海关等联检部门的协作，实行便利通关、异地清关，提高货物通关效率。

(2)推动航空货运物流化。鼓励货运航空公司与铁路、公路、水运和物流企业开展各种形式的合作，完善地面物流网络，开展多式联运，促进航空货运企业由单一货运向现代物流转型。鼓励口岸机场建设航空保税物流园区。引导建立航空物流公共信息平台，支持航空公司建立货运信息系统和电子商务平台，促进航空企业与其他物流企业实现信息对接。支持邮政航空、顺丰航空等企业拓展航空快递业务，推进重点城市航空快件绿色通道建设。

(3)加强货运枢纽建设。支持和鼓励航空货运企业建设航空货运枢纽、货运集散地和快件处理中心，在航线经营权、航班时刻等方面给予支持。引导形成3个国际航空货运枢纽群：环渤海地区以北京、天津为主，大连、青岛、济南、石家庄为辅；长三角地区以上海为主，杭州、南京为辅；珠三角地区以广州为主，深圳为辅。加强沈阳、厦门、郑州、武汉、成都、重庆、昆明、西安和乌鲁木齐等机场航空货运枢纽的建设。

3)合理配置运输装备

以航空运输需求为基础，优化机队结构。支持增加宽体机、支线机和货机，鼓励使用国产飞机。引导退出老旧飞机。发挥规模采购优势，降低行业机队采购成本。到2015年，机队规模达到约2 750架，运力年均增长11%。

第七章　管道运输地理

学习提要

管道运输是现代运输体系中的一种运输方式，具有独特的优点，在石油、天然气等大宗流体货物运输中发挥着重要作用。通过本章学习，学生能够认识管道运输的特点、在交通运输体系中地位和作用，掌握管道运输布局的基本原则、我国输油和输气管道运输布局。

基本概念

管道运输、管道运输布局。

第一节　管道运输

一、管道运输的特点

管道运输是指用管道作为运输工具，使物体产生位移的一种运输方式。管道运输通常由大型钢管、站库和附属工程三部分组成，是综合运输的重要组成部分。管道输送的货物大都是流体，主要为石油、天然气、煤浆等能源产品以及矿浆和化工产品等。因此，管道有油品管道、气体管道和固体料浆管道三大类，油品管道又分为原油管道和成品油管道。

管道作为一种运输手段而得到较快的发展，成为交通运输系统中的一个重要组成部分，是因为它具有独特的优点：

(1)管道能够进行不间断的输送。运输连续性强，运输量大，不产生空驶。例如：管径529mm的管道，年输送能力1 000万t；管径630mm的管道，年输送能力1 500万t；管径720mm的管道，年输送能力2 000万t；比一条单线铁路的运输能力还大。而用车、船运送油品，一般回程放空不能利用，浪费运力。

(2)管道可以实现密封输送。同时，管道运输可以消除途中装卸、倒装和转运作业，把输送物资从产地直接送到消费地，因此，可使油类在运送途中的损耗，减少到最低限度。

(3)管道是埋在地下的，占用土地少，输送石油及其制品安全可靠。同时管道运输适应性强，基本不受自然条件的限制；如不受气候影响，可全天全年运行；管道建设可以穿越高山峡谷，河流沼泽，几乎不受地形影响。

(4)管道基建投资少，燃料消耗少，经营管理简便，劳动生产率高，运输成本低，从而大大

节省运输费用,运输效益大。

(5)在同一条管道中可以输送多种油品,比较易于实现运输自动化管理,占用劳动力少。

尽管管道运输具有上述许多优点,但应指出管道是一种专用运输方式,不像铁路、水路、公路那样,既可运送多种货物,又可输送旅客。而且管道运输弹性小,起运量与最高运输量间的幅度小,因此油田开发初期,难以采用管道输送,往往还要以铁路、公路或水路作为过渡。同时,只要管道在某一地方出了事故,就会影响全管路输油。当然,随着经营管理工作的加强和改善,技术的进一步发展,这个缺点将会得到克服。

二、管道运输在运输系统中地位和作用

管道的优点很多,特别是石油及其制品更适宜采用管道输送,因此随着石油生产的发展,管道运输会有新的发展。而且,随着管道运送技术的发展,管道不仅被用作石油及其制品的运输,而且已开始用于矿石、煤炭、硫磺、化工产品、建材、粮食谷物等物资的运输。在交通运输系统中,管道运输是干线运输的特殊组成部分。

由于现代运输方式之一的管道运输,是从人类大规模开发利用石油、天然气以后才迅速地发展了起来的。因此,管道网发展的规模、密度和分布,一般都与油气产地、加工地和消费地的分布密切相关。

我国油气资源比较丰富,分布地域广,北自黑龙江,南到南海,西达新疆。目前正进行开采的油田有大庆、胜利、辽河、大港、冀中、中原和克拉玛依等油田,具有开发前景的有塔里木盆地和近海海上等一些油田。天然气生产广布于四川、新疆和各大油田。而我国油气资源加工地和消费地,又主要集中分布在东部和中部一带。因此,我国油气资源的产地与消费地在空间分布上的互不一致,在客观上就为我国管道运输的发展创造了条件,从而使输送液体和气体的最有效的运输方式——管道运输得到了发展,管道运输作为一种独立的运输方式成为我国综合运输网的组成部分。管道不仅用于油、气田内部的集输运,而且成为连接油、气生产和消费的一种重要手段,它和铁路、公路、水路等运输方式一样,也是生产过程在流通过程中的继续。虽然管道这种运输方式没有活动的运输工具,但它所产生的效用,是使石油和天然气发生位移,以实现其使用价值。目前,管道运输技术的发展,已不仅用于液体和气体货物的运输,还用于固体货物的运输,例如:煤炭、铁精矿、铜精矿、硫精矿、石灰石等货物的运输。

管道运输的发展,不仅减轻了铁路运输的压力,而且促进了石油工业的发展,保证了油田生产的增长和炼油厂的合理布局,在我国能源基地建设中发挥了重要作用,也成为炼油厂配置在消费地的重要手段。例如:在1970年以前,大庆原油靠滨州、平齐、哈大、京山等铁路外运,1971年以后,大庆到大连、大庆到秦皇岛2条管道建设投产以后,保证了原油的外运。由于原油实现了管道运输,就可腾出铁路运力运送煤炭和其他货物。

第二节　我国管道运输布局

一、管道布局的基本原则

根据管道的特点及其在运输系统中的地位,对于管道布局,除应遵循交通运输布局一般原

则外,还应作以下的具体考虑:

(1)管道的发展和布局,要适应石油、石油化工工业、天然气生产的发展和布局、炼油厂布局、换装港站布局以及石油消费地区分布,做到管道的铺设及其能力规模与输送物资要求相协调。

(2)要根据石油的基本流向图,遵守合理运输的原则,根据原油长途运输当中炼油厂分散布局、产品就近供应的原则安排管道运输的布局,促使管道线网的合理化。

(3)要处理好管道与铁路、水路、公路的关系,各种运输方式进行合理分工,协调发展,在管道运输经济合理的范围内发挥其优势。

(4)管道设备能力和技术标准的选定,要通过可行性研究和技术经济比较,提高管道运输的经济效益。

二、我国输油、输气管道的布局

1. 我国管道地理分布的特征

(1)已初步成网。我国的原油管道集中在东部地区,原油管道的分布围绕着油田和炼油厂展开,而天然气管道则集中在四川和新疆,并均已初步成网。原油管道中在东部地区,北起大庆油田的林源、东临黄岛、南抵长江沿岸的仪征、西至河南洛阳,已基本成网,其输油能力占原油总输油能力的80%以上。这些管道网的管径比较大、运输能力强,而且管道网的密度也较大。

四川是全国天然气管道最多的区域,已形成完善的网络。形成了川东—重庆—合江—纳溪—自贡—成都—德阳—绵阳—江油的南半环输气干线和川东—渠县—南充—遂宁—成都的北半环输气干线,为四川天然气的南北输送和东西调运提供了便利条件,保证了西南数百家大小工业企业生产和数十万住户的生活用气。

(2)成品油管道少,运距短、运输网络未形成。成品油管道建设起步于20世纪70年代,1976年建成了青海格尔木至西藏拉萨管线,为国内第一条成品油长输管线,其后在北京郊区也建成了长70km的城市供油成品管道,均采用了油品顺序输送工艺,到1990年已建成民用成品油管道152条,输油气里程917km。但这些管道主要分属于大型石化公司和炼油厂,并且大都是距离很短,主要配置在炼油厂、化工厂、发电厂和钢厂之间,用来输送汽油、煤油、柴油、液化气、化工轻油原料、化肥原油及燃料油等。由于各地区成品油的生产与消费很不平衡,造成大量成品油长途调运,尤其是东北地区大量的成品油要进关南运。成品油长输管道发展缓慢,使得目前成品油运输仍以铁路为主。

(3)原油管网枢纽站已初步形成。我国原油管网尚不完善,大部分泵站只是起讫站或中间站,输送方向和功能都比较单一。但少数泵站是多条长输管线的起讫点,起到了相互调剂和多方向联系的枢纽作用。例如:山东的临邑站,它连接着4条长输干线管道,可通达多个油田、炼油厂和水运码头。再如辽宁的铁岭站,也起到了对铁大线和铁秦线的原油分配与调剂的功能作用。像这样的原油输送泵站,虽其为数不多,但已构成为我国目前原油管网中的重要枢纽站。

2. 输油管布局

根据我国石油资源分布在东北、华北、西北,而炼油厂则分布在沿海、长江沿线而形成的北油南运,西油东运的特点,我国重要输油管道布局则是以各油田采油工业为中心,形成了以下线路:

1)华北、中部地区原油管道

华北地区有大港油田、华北油田，都敷设有外输原油管道。华北地区的炼化企业，有地处北京燕山的燕山石化炼油厂和大港炼油厂、天津炼油厂、沧州炼油厂、石家庄炼油厂、保定炼油厂、内蒙古呼和浩特炼油厂，原油管道总长度 1 847.4km。

华北地区最早修建的原油主干线是秦皇岛至北京的秦京线，管道全长 324.6km，年输油能力 600 万 t。此外还有：

(1)大港至周李庄输油管线。总长 210.5km，年输油能力 500 万 t。

(2)任丘至沧州原油管道。全长 109km，年输油能力 770 万 t。

以华北油田为源头的原油管道，还有任沧复线、任沧新线、任京线（任丘至北京）、沧临线（沧州至临邑）、河石线（河间至石家庄）、任保线（任丘至保定）、阿赛线（阿尔善至赛汗塔拉）。

2)中部地区油田管道

江汉油田、河南油田和中原油田管道分布在湖北和河南两省境内，主要炼油企业有湖北荆门炼油厂和河南洛阳炼油厂。原油管道总长度 1 347.5km。

(1)江汉原油管道有潜荆线（潜江至荆门），全长 90km，年输能力 170 万 t。

(2)河南原油管道有魏荆线（魏岗至荆门）和魏荆复线。

(3)中原原油管道有濮临线（濮阳至临邑）、中洛线（濮阳至洛阳）及中洛复线。

另外，港口至炼厂原油管道总长度 859.3km。

3)东北地区原油管道

东北地区是原油生产的主要基地，有大庆油田、辽河油田和吉林油田，原油产量大约占全国总产量的 53.5%，原油管道长达 3 399.6km。

大庆至抚顺的庆抚线全长 596.8km，其中直径 720mm 的管线 558.6km，年输油能力 2 000 万 t。

这一地区的管道有铁岭至秦皇岛管道、铁岭至大连管道、抚顺至鞍山炼厂、石油二厂至辽宁电厂、丹东至朝鲜新义州、盘锦至葫芦岛石油五厂等短距离管道，共 2 471km，其中主要干线 2 181km，形成了以铁岭站为枢纽，连接大庆至抚顺、大庆至秦皇岛和大庆至大连的 3 条输油大动脉，逐步形成东北管网。

4)华东地区原油管网

华东地区的主要油田为山东胜利油田，它是继大庆油田之后建成的第二大油田。胜利油田投入开发后，陆续建成了东营至辛店、临邑至济南、东营至黄岛管道；山东至仪征、东营至临邑管道，形成了华东管道网，原油又可从长江仪征油港水路转运。同时，通过河北沧州至临邑、河南濮阳至临邑的管道、华东油田和中原油田的部分原油，也进入了华东原油管网。鲁宁线建成后，其全长 652.58km，年输油能力 2 000 万 t，长江北岸的仪征输油站（油库）成为华东地区最大的原油转运基地，除供应南京炼油厂用油外，通过仪征油港可转运到长江沿岸各炼油厂。华东地区原油管道总长度 2 718.2km。

其他的管线有：

(1)东营至辛店（东辛线）。全长 79.36km，设计年输油能力 540 万 t，支线 7.5km。

(2)临邑至济南（临济线）。全长 67.3km，年输油能力 110 万 t。

(3)临邑复线。全长 69.5km，年输油能力 150 万 t。

(4)东营至黄岛（东黄线）。管线全长 245.32km，年输油能力 2 000 万 t。这是中国建设的

第一条自动化输油管道。

5)西北地区原油管道

1958 年 12 月建成的克拉玛依至独山子原油管道,是中国长输管道建设史的起点。西北地区原油管道总长 4 102.7km。由以下各线组成:

(1)花格线:起于青海省海西州境内的花土沟油砂山(油田集中处理),终于青海省格尔木市南郊,向格尔木炼油厂供油。全长 435.6km,设计压力 6.27MPa,输油能力达到 200 万 t。

(2)轮库线(轮南至库尔勒):是塔里木油田的第一条原油外输管道,原油送至库尔勒后装火车处运,全长 191.79km,年输能力 100 万~300 万 t。

(3)塔轮线(塔中至轮南):是我国的第一条流动性沙漠管线,75% 处于塔克拉玛干大沙漠中。塔轮线全线 302.15km,年输油能力 100 万~600 万 t。

(4)库尔勒至鄯善(库鄯线):全长 475km,设计压力 8MPa,设计年输能力 1 000 万 t,全线采用先进的管道自动化(PAS)系统。

(5)马惠宁线(马岭至惠安堡至中宁):全长 164km,年输油能力 350 万 t。

6)陆上成品油管道

中国最早的长距离的成品油管道是 1973 年开工修建的格拉成品油管道,起自青海省格尔木市,终于西藏自治区拉萨市。管道全长 1 080km,年输送能力 25 万 t。

距离较长的成品油管道还有抚顺石化至营口鲅鱼圈管道,全长 246km;天津滨海国际机场和北京首都国际机场的管道,全长 185km;兰州—成都—重庆的管道,全长 1 200 多 km。

3. 输气管布局

我国输气管道主要集中分布在天然气产区四川省和新疆维吾尔自治区,于 1963 年建成第一条巴渝输气管道。以后随着气田的陆续开发,天然气管道也不断发展。输气管道具体分布如下:

1)西北地区输气管道

(1)靖边至北京的陕京线:是国内第一条长距离、大口径和高度自动化的输气管道。年输气能力达到 33 亿 m^3。

陕京干线起自陕西省靖边县长庆气田天然气净化厂首站,终于北京石景山区衙门口北京末站,途经陕西、山西、河北、北京三省一市 22 个县,2000 年 1 月 6 日建成大张坨地下储气库和 118.5km 配套管线工程,调峰能力为 500 万 m^3/d,年有效调峰量 6 亿 m^3。

(2)鄯乌线(鄯善至乌鲁木齐):全长 301.6km。

新疆塔里木油田,有油藏也有气藏。气藏储藏丰富,开发远景大。已建输气管道有塔轮线、轮库线,西气东输至上海的干线也从这里为起点。

(3)塔中至轮南(塔轮线):全长 302.15km,塔轮线也是中国第一条沙漠气线。

2)其他地区输气管道

主要为河南濮阳至沧州(中沧线)。输气管道全长 361.89km,年输气能力 6 亿 m^3,是国内输气管道第一次采用压气设备的输气管道。

我国于 2000 年开工建设的“西气东输”工程,将成为我国最长的管道运输线。“西气东输”工程的线路以新疆塔里木轮南油田为起点,经库尔勒、库米什、南湖戈壁,甘肃柳园、张掖、武威,宁夏甘塘、中卫、陕西靖边、山西临汾、河南郑州、安徽定远、江苏南京,最后抵达上海,管线全长约 4 000km。

第八章　综合运输地理

学习提要

综合运输是由铁路、公路、水路、航空和管道5种主要运输方式组成的,通过综合运输网络完成客货运输,可以实现现代物流的优化。通过本章的学习,学生能够了解我国综合运输体系的构成及其布局,掌握综合运输方式——集装箱多式联运的基本知识,掌握大陆桥运输的概念及主要组织形式。

基本概念

综合运输体系、多式联运、集装箱运输、大陆桥运输。

第一节　综合运输体系

一、综合运输体系的构成

现代运输业是由铁路、公路、水路、航空和管道5种主要运输方式组成的。每一种运输方式有其特定的运输路线和运输工具,形成了各自的技术运营特点、经济性能和合理使用范围。铁路运输能力大、费用低、连续性强,可以全天候运行,是我国运输的主力。公路运输机动灵活、通用性强、时效性好,能实现"门到门"运输。水路运输能力大、投资省、费用低、占地少,特别是沿海和长江,既是国内运输干线,又是国际运输重要通道,在对外贸易,吸引外资和技术引进方面具有明显优势。航空运输速度快、舒适性好,是大城市间和边远地区长途客运的重要力量。在对外开放的情况下,航空运输作用更为显著。管道运输能力大、占地少、成本低,是石油和天然气运输的最佳方式。

综合运输体系实质是由各种运输方式组建起来的、相互协作的、有机结合的、联系贯通的交通运输体系。综合运输体系的核心思想是各种运输方式按照其自身技术经济特征,共同形成既分工又协作的有机整体,因此,综合运输更适合于现代物流的运作和发展。

综合运输体系的基础是综合运输网络。综合运输网络是在一定空间范围内,由铁路、公路、水路、航空和管道线路及各种运输方式的枢纽结点等所组成的综合体。综合运输网络的空间分布、通过能力和技术水平,体现物流运输子系统的状况和水平。

在我国,如山西煤炭运往华东,由公路、大秦铁路到秦皇岛港口,经海运至华东地区形成的一条运输线,称为串联综合运输网;而四川的物品由长江、宝成铁路和渝黔铁路的分流运输网,称为并联综合运输网。由此可见，综合运输网不是独立于铁路线、公路线、水路线、航空线、管道线之外的运输线路，而是各种运输线路的总和，并形成干线和干线、干线和支线、长途和短途、装运卸各环节都能连续贯通、布局协调、四通八达的综合运输网。

二、综合运输体系的合理布局

铁路、公路、水路、航空和管道等运输方式，都有各自的运输路线、运输设备及技术管理特征，并各成体系，因此建设综合交通运输体系的合理布局，是实现各种运输方式相互合作的手段和方法，是各种运输方式相互协调的前提和基础。

交通运输为国民经济、人民生活生产以及国际交往等方面的服务，主要体现在旅客和货物的运输数量、运输距离和运输方向上，即通常所说的运量、周转量和流向。运输物资的种类、数量、流向和距离，影响交通线路及车站港口的数量和运输方式的选择；客货运量的分布和流向制约着交通线路和车站港口的位置、走向、等级及其在各种运输方式间的分配情况。因此，客货运量、分布及其发展变化是进行运输体系合理布局的重要科学依据。

综合交通运输体系合理布局，首先是交通运输发展要满足国民经济发展，保证达到国民经济总需求与总供给的平衡。在综合交通运输体系布局规划中，必须根据各地区的自然条件，有效利用土地、山川、河流、海域、领空等自然资源的原则；根据地区经济发展水平、经济结构特点和物产、客货流量、流向、选择合理的运输方式，使之协调发展，形成结构合理的交通运输体系。此外，城市交通随着市场经济的发展、城市化的进程日益显得重要和突出，所涉及的服务对象和运行特征也属于交通运输业的范畴，在研究规划综合交通运输体系问题时，也必须划入其中。交通运输不仅是社会生产力的构成要素，也是国防建设的组成部分。

第二节　多式联运与集装箱运输

一、多式联运

多式联运一般是指国际多式联运。国际多式联运是由多式联运经营人，按照多式联运合同，以至少两种不同的运输方式，将物品从一国境内承运物品的地点，运送至另一国境内指定交付物品的地点。多式联运中所指的至少两种以上的运输方式，是指海陆、陆空、海空等。这与海海、陆陆、空空的联运是有区别的，后者是联运，是同一种运输工具间的联运，不属多式联运的范畴。

多式联运可以说起源于联运，是现代物流理念在运输中的体现。国际多式联运是基于集装箱化的国际物流运输。

国际多式联运是近年来在国标集装箱运输的基础上发展起来的一种新型的运输组织方式，也是近年来在国际运输上发展较快的一种综合连贯运输方式。多式联运一般以集装箱（多数为标准箱）为货运单元，把铁路、水路、公路和航空等传统的单一运输方式有机地结合起来，组成一个连贯的运输系统，以便更好地实现“门到门”运输，为货主提供经济、合理、迅速、安全、简捷的运输服务。它不仅是实现门到门运输的有效方式，也是符合客观经济规律、取得较好经济效益的一种运输组织方式。多式联运将传统的分割的各种运输方式进行有机的组

合,并且借助于现代信息技术的成果,使传统的运输成为体现现代物流理念的物流运输。

国际多式联运具有的优越性主要有:

1. 手续简便

它能够把海上运输、铁路运输、航空运输、公路运输、江河运输等多式、多段复杂的运输手续大大简化。不论运输路程多远、运输环节多少、沿途手续多么复杂,货主只需办理一次委托,支付一笔运费,取得一张联运提单即可把货物从起点运到终点,一旦发生商务事故,只需找一个承运人即多式联运经营人交涉即可解决问题。

2. 节省费用

采用国际多式联运,不但可以比分段运输节省运费,还可以根据约定,提早收汇。另外,由于使用集装箱装载物品,外包装可以大大简化,可以节省包装费用。

3. 安全性和正确性高

由于使用了集装箱,虽然经过多段运输和多次装卸,均无需搬动箱中物品,所以可较好地保证货物安全。拼箱货虽有多个不同货主,但在拆箱交接中也更为准确,因此可以减少货损货差,也不易被盗。

4. 迅速快捷,有利按期交货

在运送过程中,由于集装箱处理机械化程度高、运送装卸快速,又由于多式联运经营人和分承运人之间一般采用包干费的形式,所以各分承运人总会以最快速度处理其负责的运输,以降低成本增加利润,这比货主分段委托承运人办理运输的时间大大缩短。

5. 合理运输

多式联运经营人经办多式联运,为提高服务质量,增加收入,有必要也有条件积累经验,建立合理的经济的联运路线。货主则可以在多式联运中,通过多式联运经营人经过选择和多次试验建立起来的联运路线,组织合理运输,获得缩短运输里程和运送时间,降低运输成本,增强物品在国际市场上的竞争能力等效益。

二、集装箱运输

集装箱(Container)是一种运输设备,是一种具有一定规格和强度的专门为周转使用的大型金属"货箱"、"货柜"。国际标准化组织制定了集装箱规格,同时标准化组织不仅对集装箱尺寸、术语、试验方法等,而且就集装箱的构造、性能等技术特征作了某些规定。

集装箱一般应满足下列要求:

(1)具有足够的强度,可长期反复使用。

(2)适于一种或多种运输方式运送,途中转运时,箱内货物不需要换装。

(3)具有快速装卸和搬运装置,特别便于从一种运输方式转移到另一种运输方式。

(4)便于货物装满和卸空。

(5)具有 $1m^3$ 及以上的容积。

集装箱的标准化促进了集装箱在国际间的流通,对国际货物流转的合理化起了重大的作用。

集装箱运输开始于 1956 年美国海上运输,20 世纪六七十年代迅速发展。海上集装箱运输的发展,带动了大陆桥运输的发展,从而迫使船公司从根本上改变了对传统运输方式的看

法。集装箱运输也由海上向两端陆上延伸发展到国际多式联运，最终实现了“门到门”的运输。

第三节 大陆桥运输

一、大陆桥运输的概念

大陆桥运输是指利用横贯大陆的铁路作为中间桥梁把大陆两端的海洋运输连接起来，组成一个海—陆—海式的连贯运输，通常是以集装箱为运输单元，采用水运、铁运、汽运相结合的联合运输组织方式。

采取大陆桥运输后，中途可以减少多次装卸，可大大简化理货、搬运、储存、保管和装卸等操作环节。同时集装箱经过加封，中途不用开箱检验，可以迅速直接转换运输工具，所以大陆桥运输组织方式具有安全、准确、迅速、方便的显著经济效果，不仅运输时间短、运输费用省、货损货差率小、运输质量高，而且手续简便，在多式联运下，货方只需办理一次托运、一次付费、凭一张运输单据即可完成全部手续。

二、世界主要大陆桥

1. 西伯利亚大陆桥

西伯利亚大陆桥东起纳霍德卡和东方港，西止于莫斯科。该大陆桥的东端可与平壤、北京、乌兰巴托相连接，西端可与赫尔辛基、斯德哥尔摩、奥斯陆、华沙、柏林、科隆、布鲁塞尔、巴黎、德黑兰相连接。通过该铁路可将货物运往北欧、西欧、中欧、南欧及西亚各国，或经铁路将远东货物运到俄罗斯境内某一转运点，再用卡车运往中欧或西欧各地区；或经铁路将远东货物运到俄罗斯的某一港口，再用俄罗斯船舶运往西欧或北欧的港口以及巴尔干地区的港口。西伯利亚大陆桥是当今世界上最长的一条大陆桥运输线，由俄罗斯方面担任总经营人，签发货物过境许可证、签发统一全程联运提单，承担全程联运责任，采用互为托、承运的接力方式实行联运。

西伯利亚大陆桥有 3 条运输路线：第一条是以西伯利亚铁路运输为主，转至伊朗、欧洲的铁—铁运输；第二条是经西伯利亚铁路到俄罗斯的西部港口到达西北欧的铁—海运输线；第三条是由西伯利亚铁路转至欧洲的公路到达瑞士、德国、法国、意大利的铁—汽运输线。

2. 新欧亚大陆桥

新欧亚大陆桥是第二条在欧亚大陆上的欧亚大陆桥。东起我国连云港，经陇海、兰新铁路到新疆，出阿拉山口至荷兰鹿特丹。可辐射至西亚各国、波兰、俄罗斯、德国、荷兰等 30 多个国家和地区，全线10 800km，比西伯利亚大陆桥缩短 2 000km、节省运费约 30%，与海运比较，可节省运输时间 60% 左右，如图 8-1 所示。该陆桥运输线的开通有助于缓解西伯利亚大陆桥动力紧张的状况。

新欧亚大陆桥在中国境内经过陇海、兰新两大铁路干线，全长 4 131km。它在徐州、郑州、洛阳、宝鸡、兰州分别与我国京沪、京广、焦柳、宝成、包兰等重要铁路干线相连，具有广阔的腹地。新欧亚大陆桥于 1993 年正式运营。至此，亚太地区运往欧洲、中近东地区的货物可经海

运运至中国连云港上桥，出中国西部边境站阿拉山口后，进入哈萨克斯坦国境站德鲁日巴换装，经独联体铁路运至其边境站、港，再通过铁路、公路、海运继运至西欧、东欧、北欧和中近东各国。而欧洲、中近东各国运往亚太地区的货物，则可经独联体铁路进入中国西部边境站阿拉山口换装，经中国铁路运至连云港后，再转船至日本、韩国、香港、台湾和菲律宾、新加坡、泰国、马来西亚等国家和地区。

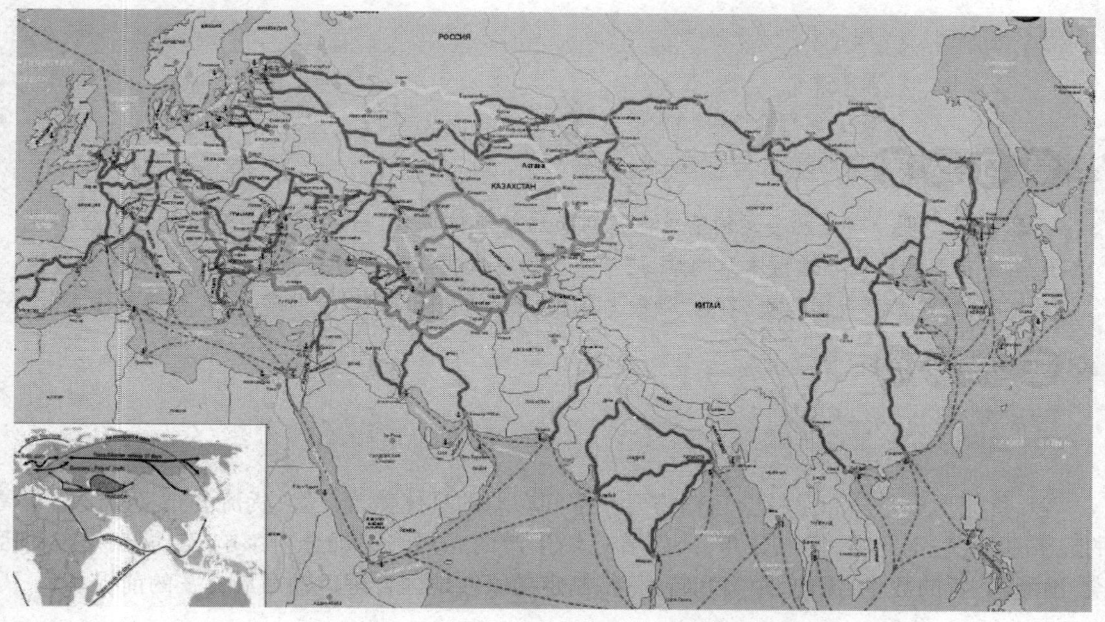

图 8-1　西伯利亚大陆和新欧亚大陆桥

3. 北美大陆桥

该大陆桥是远东至欧洲运输途径北美的大陆桥，由北美大陆桥和加拿大大陆桥构成。北美大陆桥分为从西部太平洋岸至东部大西洋岸的铁路及公路输运线和从西部太平洋岸至东南部墨西哥湾的铁路、公路运输线，如图 8-2 所示。

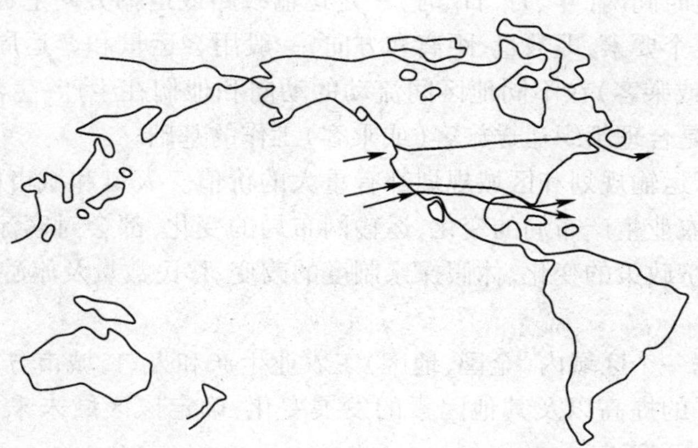

图 8-2　北美大陆桥

第九章　客货流地理

学习提要

客货流地理分布是社会运输需求在空间布局的具体体现，研究客货流布局及运输线路是组织运输生产的前提。通过本章的学习，学生能够掌握我国客货流分布及其特征、我国客货流主要线路，重点掌握我国煤炭、石油、铁矿与钢铁、粮食、木材主要大宗货流分布、流量和流向。

基本概念

客流、货流、大宗货流。

客、货流形成与分布是社会运输需要在空间布局的具体体现。客、货流分布又是运输布局的经济基础，一定的客、货流分布，决定着运输生产的布局。正确分析影响客、货流分布的因素，预测客、货的数量、流向、距离和特征，是制定国家或地区合理运输布局方案的前提。

第一节　客 流 地 理

一、客流及其分布

客流是指在一定时间内（年、月、日、时）一定运输线路或运输方向上通过的同一方向的旅客人数。客流包括三个要素，即数量、距离和方向，一般用客运量和客运周转量两个统计指标说明。它反映旅客（或乘客）在不同地区间流动的动向和他们在生产、生活上对旅行的需要。掌握客流的规律性，是合理组织运送旅客（或乘客）工作的基础。

客流的分布对于运输规划和区域规划都有重大的价值。人口和城市的分布、经济发展和人民的消费水平、工农业生产布局的变化、运输网布局的变化，都会对客流的分布产生重大的影响。此外，国家经济政策的变化、休假探亲制度的改变、移民数量及旅游事业的发展，都会对客流有很大影响。

人们一般可根据一个区域内（全国、地区）工农业生产和人口、城市分布的变化、区内经济发展和人民消费水平的提高以及其他因素的发展变化，确定该区域未来一定时期内（2 年、5 年、10 年）的旅客流量和流向。

客运量是反映客流的重要数量指标，是指一定时期内（年、月、日）送发的旅客人数。它主要和两项因素有关：一是规划区域内的人口数，二是平均每人在一定时间内的旅行次数。

旅客周转量是反映客流在运输方向和运输距离上的客运量，是指一定时期内完成的旅客公里数。它既可以按客流线路、方向逐段计算，再求其总和，也可以按客运量和旅客平均行程计算。

由于人们的旅行受很多因素影响，客流在时间上、线路上往往是不平衡的。从时间上说有季节的不平衡、日间不平衡和时间不平衡。客流在时间上的不平衡，是用不平衡系数表示的。季节不平衡系数是指最繁忙季节的日平均客流量与全年平均日客流量之比。日间不平衡系数是指最大日客流量与平均日客流量之比。时间不平衡系数是指一昼夜内高峰时期1h平均客流量与全日平均1h客流量之比。

从运输线路上来说，线路上的各个区段客流量也是不平衡的。这主要是旅客在旅行中往返乘坐不同的运输工具、走不同的线路，或者旅行往返间由于旅行目的不同，有一个时间差引起的。

客流在方向上一般是平衡的。这是因为旅客一般多是“有往必有返”的，只是在返回时间上有所不同，因此从长期来看，客流在方向上是平衡的。

二、我国客流基本特征

在我国交通运输业中，旅客运输的发展对于加强城乡之间、部门之间、地区之间的经济联系，对外开放以及促进旅游事业的发展都具有重要作用。随着我国国民经济的发展、人民物质文化水平的提高、交通运输网布局的不断扩展，各种运输方式的旅客运输有了很大的增长。

我国客流基本特征主要表现以下几点：

(1)在20世纪七八十年代我国客运量以公路为主，旅客周转量以铁路为主。1985年，公路客运量占全国客运总量的76.83%，铁路旅客周转量占总周转量的54.44%。可见，铁路是省际、区际长途客运的主力。但进入20世纪90年代，我国的交通运输行业发生了很大变化，公路与铁路展开了激烈的竞争，水运与民航也不示弱，昔日的“铁老大”面临着强烈的冲击。据统计，1985年~1995年的10年间，铁路旅客周转量由54.44%下降到39.4%，而公路、民航的旅客周转量却分别由38.9%、2.6%上升到了51.1%和7.6%。到2000年，铁路旅客周转量的比例为36.97%，公路旅客周转量的比例为54.3%。

(2)客流分布主要集中在东部地区。沿海各省市客运量约占全国客运总量的55%~60%，其中华东地区占1/3以上。

(3)客流构成，一般长途客流以公务旅行和国外来客旅游为主，中小车站与内河港口以农村旅客数量最大，公路短途运输以农民居多。近几所来，随着人民生活水平的提高，商品经济的发展，个人旅行比重有明显增加，因此客流构成正在发生变化。

(4)客流虽然在时间上有不平衡性，但在方向上基本平衡。这是因为旅客一般多是“有往必有返”的，只是在返回的时间上有所不同。

三、客流主要干线

(1)铁路客运以北京为总枢纽，通过京沈、哈大、京沪、浙赣、鹰夏、京广、京九、京包等主要干线，与天津、沈阳、哈尔滨、上海、郑州、武汉、广州等各大客运枢纽相联系。这些线路都是全国客流密度较大的线路,而且越是靠近大城市枢纽的区段,客运越加繁忙。我国西部地区客流密度小,但东西流向的客流较大,陇海、兰新、成渝等铁路干线,客运也比较繁忙。

(2)我国公路客运虽然主要担负中、短途运输,但在西北、西南不通铁路或铁路不发达地区的川藏、青藏、新藏、成(都)阿(坝)等公路,也担负着长途干线的运输任务。但随着高速公路的发展和建设,公路旅客运输也有向长途运输发展的趋势。

(3)我国航空旅客量飞速增长,主要是中长距离旅客运输。航空干线主要是国内大城市之间、著名旅游区方向和国际主要城市之间的航线。

(4)水路客运主要集中在我国沿海地区和长江干线上。但随着沿江、沿海高速公路的发展和铁路的提速,水运客运量日益大幅下降。

第二节 货流地理

一、货流及其分布

1. 货流的概念

货流是指货物在地域上的定向移动,即指在一定时间内(年、月、日)一定运输线路或运输方向上通过同一方向的货物吨数。构成货流的基本三要素是:数量、距离和方向,一般用货运量和货运周转量两个统计指标说明。

由于货物运输是实现人类再生产过程中必不可少的组成部分,它的工作量在运输业中所占用的运输能力都超过客运,因而,认真研究货流分布、搞好货流规划,是进行合理运输的基础。影响货流分布的因素主要有工农业生产布局的变化、经济结构的变化、国际贸易的发展和运输网布局的状况。

2. 货流的分类

货流分类繁多,最常见的有如下几种:上行的货流和下行的货流,品名货流,区内货流、区间货流和过境货流,历史货流、现状货流和规划货流。

(1)货流按调运方向,分"往"、"返"两个方面,但铁路、内河和公路运输中运行术语有不同,具体为:

①我国铁路运输中,凡由各地到北京的货流称上行货流;由北京到各地的货流叫下行货流。

②内河航行则把顺水方向的货流称为下行货流,把逆水方向的货流称为上行货流。

③公路中则以实际方向来表示货流方向。

(2)品名货流:是按货物的种类进行货流分类的。在我国,铁路和水运干线把货流通常分为12个品名:煤炭、原油及其制品、金属矿石和非金属矿石、钢铁及其制品、矿物性建筑材料(含水泥)、木材、棉花及其制品、粮食、盐、植物油、化工产品(含化肥和农药)及其他。

(3)区内货流、区间货流和过境货流:是按货物经由地区划分的货流。发点、收点均在同一区域内的,称区内货流;只有发点或收点在该区的叫区间货流,收点、发点均不在本区,只是通过本区交通线的,则称为过境货流。

(4)历史货流、现状货流和规划货流:是按时间因素划分的货流。前两者是调查的结果,

后者则是根据国民经济发展和交通运输布局状况测算的,它是交通建设和运输工作的经济依据。

3. 货流分布的一般规律

货流在空间和时间上的分布是不平衡的。货流空间上的不平衡是由于生产地区分布不平衡而引起的。而时间上的不平衡则成因比较复杂:一是因为运输方式的季节性所致,例如:高纬地区内河航道和海上航道往往由于冬季冰冻而被迫停航;二是由于区域生产和消费不均衡,一些货物生产具有季节性,而消费在全年却是均衡的,例如:粮食、棉花等;一些货物生产比较均衡,而消费却有季节性;一些货物则生产和消费均有季节性。此外,各地各类产品的产销状况、供应范围、新企业的投产、运输条件的变化,也会引起货流变化。

货流合理化,是合理运输的出发点和归宿。各种产品的生产和消费,一般都分散在全国各地,同类产品的生产和消费又往往不在一起。货物运输的任务,就是把这些生产企业和消费单位联系起来,尽量就近供应,并把这种关系固定下来。这种实现货流合理化的科学手段叫货流规划。

货流规划的目标就是实现运输的合理化,避免不合理运输现象。

二、我国货流基本特征

近年来,我国货流量和货物周转量持续快速的增长。货流基本特征主要表现在以下几点:

1. 货运量和货物周转量快速上升

近10年来,我国货运量和货物周转量持续保持速度增长。如:2011年各种运输方式完成货运总量为370亿t,与2000年136亿t相比,年均增长15.6%。其中,铁路2011年39亿t,年均增长10.6%;公路282亿t,年均增长15.5%;水运43亿t,年均增长23%;民航558万t,年均增长16.6%。全年各种运输方式完成货物运输周转量159 324亿t·km,与2000年44 321亿t·km相比,年均增长23.6%。其中,铁路29 466亿t·km,年均增长10.4%;公路51 375亿t·km,年均增长67.1%;水运75 424亿t·km,年均增长19.8%;民航174亿t·km,年均增长22.5%。由于运输需求全面增长,我国总体运能偏紧。

2. 货流构成以工业品比重最大

随着基本建设规模的不断扩大,工业生产水平的迅速提高,地区间经济联系的大力加强,不仅货运量猛增,整个货物运输的构成也发生了显著变化。主要表现在工业品运输比重大增,特别是能源和钢铁工业物资的运输比重始终处于主导地位。与此相对应的是,农产品(粮食、棉花等)运量虽然有所发展,但在货运量中所占的比重则大大下降。货运量构成的变化,反映了我国工农业总产值构成的变化。

3. 长途货物运输以铁路为主,短途货物运输多由公路承担

铁路是我国货物运输最主要的运输方式,而且主要是长途运输。它所承担的货运量大,货物周转量也很大。20世纪80年代后,公路货运量迅速增长,主要承担中短途运输,并大大超过铁路货运量,在各种运输方式中居首位,但货物周转量相对较小。水运受航道限制较大,货运量较小,但货物周转量很大,处于第一位。

4. 货流在流向上不平衡

我国货流分布集中于华北、华东和中南三大地区。主要流向由北往南,由西往东,并在流

上反映出不平衡。这是与我国资源分布偏于西部、北部,加工工业中心主要集中在东部、南部以及沿海与内地经济发展不平衡布局特征密切相关的。而在这两个基本流向中南运大于北运,东西之间的差别则比较小。

三、我国主要货运干线

我国运输网中承担货运的最主要干线共有6条,即南北干线3条和东西干线3条。

1. 南北货运干线

1)京广铁路

京广铁路穿越我国中部,以武汉为界,北段多煤、铁资源和我国重要的煤炭、铁矿和钢铁基地;南段有色金属、木材、粮食以及外贸进出口货物。全线主要货流是煤、石油、钢铁、木材、粮食、水泥。其中,南运的以煤、石油、钢铁、木材、粮食、水泥等为主,北运的以木材、粮食、铁矿石等居多。南运大于北运,它是我国由北往南货流的主力。

2)京沪铁路

京沪铁路以南京为界,北段资源较丰富,有石油、煤炭,南段工农业生产发达。该线承担着华北煤炭和东北木材、钢铁南运的过境任务,故货运量大,也是南下大于北上。全线承担了我国由北往南货流量的2/5。

3)沿海货运干线

沿海货运干线是沟通南北的干线。我国沿海有13个省、市,是全国人口集中(占全国2/5)和经济发达(工农产值占1/2),资源消耗量大的地区。其货流,主要是石油、煤炭、木材为主,承担了北货南运量的1/3,其中尤以北方沿海段运量更大。

2. 东西货运干线

1)陇海铁路

陇海铁路从沿海到内地横贯我国中部,沿线地方运量和通过量均多,大致以郑州为界,东段沿线运量小,主要承担北煤南运和西煤东运的通过任务。中段(郑州至宝鸡)沿线洛阳、西安等城市工业较发达,并有渭南煤田,故东运货物,煤炭约占1/3以及从宝成线、兰新线转运的石油、钢铁、畜产等货物;西运货物主要是沿海地区运往内地的钢铁、石油、粮食、木材等。从总量上,西运略大于东运。

2)沪杭—浙赣线

沪杭—浙赣线沿线工农业生产发达,也有一定的煤炭资源(江西萍乡),并因与鹰厦线相交,有进出福建的货物;与湘黔相接,有支援西南的物资输入。就整个货流来说,以东运量较大,主要是木材、煤炭、钢铁、粮食等;西运主要是煤炭、石油、钢铁、机械、日用工业品等。

3)长江运输干线

长江沿线钢铁、石油工业遍布,城镇众多,农业发达。因此,这条航线在运量结构上,以煤炭、石油货种为主,其次为金属矿石和钢铁;在流向上,北煤、西煤在港口(武汉、裕溪口、南京)转水运并向东远(东运是主流,西运量较少);原油由上海、南京西运;矿石和钢铁东西运均有,此外还有云、贵的磷矿石东运,上海、武汉等日用品西运等,总的流量是东运大于西运。

第三节　我国大宗货物运输地理

在我国的货物运输构成中，大宗货物的运输主要是指煤炭、石油、矿石、粮食和木材而言。它们突出特点是运量大、运距长、运销范围广。这几种货物的货运量，在主要运输干线的货流构成中所占的比重很大。所以，合理组织、安排这些大宗货物的流量、流向，对于充分发挥各种运输方式的增产潜力、协调各种运输方式的综合发展都有重大和深远的意义。

一、煤炭运输地理

煤炭是维持我国生产和生活的主要燃料，占全国能源生产量和消费量的3/4，同时也是我国货物运输的首位货种，因此，煤炭运输的变化，对我国社会经济发展具有举足轻重的影响。

1. 我国煤炭资源分布

我国煤炭资源分布虽广，但很不平衡。工业基础好、煤炭消费量大的华东、中南及东北15个省（自治区、直辖市）探明储量只占全国的20%左右，而华北一个地区的储量却占60%，其中山西省占全国储量的1/3。

根据煤炭资源的分布及其产量的差异，我国初步形成了三个煤炭生产基地。一是以山西为中心，包括豫西、陕北、宁夏、内蒙古的北方煤炭基地；二是以贵州六盘水为中心的西南煤炭基地；三是两淮、鲁南、徐州等华东煤炭外运基地。其他少量煤炭产区主要是区内产销平衡，不能提供向外供应。

2. 煤炭运输流向及运输方式

由于受上述煤炭生产与消费分布的影响，“西煤东运”、“北煤南运”是我国宏观区域煤炭运输的突出特征。省际煤炭运输中，南北向煤炭流占75%，东西向煤炭流占25%。其中南下煤炭流占53.5%，北上煤炭流占21.5%，东向煤炭流占21.0%，西向煤炭流仅占4.0%。山西是最大的煤炭输出省，其输出量占全国省际煤炭量的45%，以其为中心，两省区间煤炭运输量在100万t以上的有：晋—冀、晋—京、晋—津、晋—辽、晋—沪、豫—鄂、黑—吉。

省际煤炭运输方式主要有下列3种方式：

(1)煤炭产区$\xrightarrow{\text{铁路}}$沿海港口$\xrightarrow{\text{海运}}$沿海消费区。

(2)煤炭产区$\xrightarrow{\text{铁路}}$长江港口$\xrightarrow{\text{水运}}$沿江消费区。

(3)煤炭产区$\xrightarrow{\text{铁路}}$煤炭消费区。

1)煤炭产区外运的主要线路

(1)丰(台)沙(城)大(同)、大秦线西段(大同—大石庄)、京原(北京—原平)、京秦(北京—秦皇岛)铁路。该铁路主要输出山西大同地区、内蒙古东胜—准尔地区、宁夏北部、陕西北部的煤炭，除部分供应京津地区和出关供应辽宁外，大部分经秦皇岛下水经海运转到华东、华南沿海。

(2)太原—石家庄—德州铁路。该铁路主要输出山西晋中、阳泉、汾西及河北省井陉地区的煤炭。这些煤炭经京广、津浦铁路北上供应京津唐地区，其余经铁路或沿海港口输送到南方主要缺能区。

(3)南同蒲、太原—焦作铁路。该铁路主要输出晋南和晋东南的煤炭,主要供应华东、华中、华南等地。

2)煤炭沿海水路主要线路有

秦皇岛、天津、青岛、日照等中转港至上海、宁波、广州港。

3)主要煤炭铁路干线

(1)京广铁路。该铁路主要接纳晋煤炭及河南的煤,输送到湖南、湖北、广东等省,一部分经长江港口输到下游沿岸地区。

(2)津浦铁路。该铁路主要接纳晋中、河北煤炭、中路的煤和山东的煤,输向华东地区。

(3)焦柳铁路。该铁路主要输送豫西和晋东南的煤,到两广和两湖地区,一部分经枝城下水转到沿江地区。

(4)成昆、贵昆铁路。该铁路主要是贵州煤供应四川的攀枝花等地。

二、石油运输地理

我国原油产地主要分布在北方,产量占全国原油总产量的93.8%。在原油加工方面,全国已形成的石油加工基地有:辽宁中南部炼油基地、黑吉炼油基地、京津炼油基地等。在原油产地和加工地分布格局影响下,我国原油流向有以下特点:

1. 原油运输总的方向是由北向南

大庆原油除一部分供当地炼油基地消耗外,80%经管道运往辽中南炼油基地、京津炼油基地及大连港和秦皇岛港,由两港再海运至苏浙沪炼油基地、广东炼油基地或出口。胜利油田的原油也有80%经管道外运,其中约一半是经青岛港海运至南方苏浙沪基地、广东炼油基地及出口。除上述两大油田外,由任丘、中原及胜利油田流出的原油汇合于临邑,并由此南下至江苏仪征,也形成了一条强大的南北流。

2. 原油运输的主要方式是管道和水运

在原油陆上运输上,除由乌鲁木齐到兰州的原油运输依靠铁路外,其余基本为管道运输。管道外运量占大庆原油外运量的80%、胜利油田的80%、中原油田的90%和克拉玛依油田的80%。在由北方至南方的更长距离运输中,海运则占主要地位,苏浙沪炼油基地和广东炼油基地所需原油都是经海运到达的。海运还承担着每年近3 000万t的外贸出口任务。

3. 成品油流向比较复杂,绝大部分是通过铁路运输的

从大区分析,东北区的炼油能力较大,是成品油输出的主要地区,大部分通过铁路进关和大连港输出供应关内的华北及沿海地区。华北与西南是炼油小于成品消费的主要地区。西南的成品油主要靠茂名和西北供应。

三、铁矿及钢铁运输地理

铁矿是钢铁工业的重要原料,铁矿需求同钢铁产量密切相关,铁矿石在国际干散货运输中占据第一的位置。我国铁矿资源集中分布在辽宁的鞍山、本溪,川西的攀西地区和河北的冀东地区,97.5%的铁矿石为贫杂矿,平均品位只有32.7%,比世界主要国家低11个百分点以上。

我国是世界上最大的铁矿石消费国和进口国。我国建立有13个钢铁工业基地,是钢铁生产的主力,全国钢铁产量超2亿t,处于世界首位。

中国的铁矿石消费由于钢铁生产的拉动作用，正在快速增长。铁矿石的主要来源有：澳大利亚、巴西、印度3个国家，合计约为87%，其次为南非和两个南美国家——秘鲁和智利，三国约占10%。

我国钢铁输出量较大的省（自治区、直辖市）有辽宁、上海、湖北、内蒙古，与其钢铁生产在全国的地位基本吻合；钢铁输入量较大的省市区有上海、四川、江苏、天津、北京，基本上是原材料消耗较大的工业中心或基地，同时也反映了某些工业中心具有输入与输出量均较大的特征。

四、粮食运输地理

粮食是居民生活的必需品，也是货物运输的大宗货种。我国地域辽阔，粮食生产品种地域分布差异显著，人均拥有水平丰歉不一。主要产粮省份有黑龙江、吉林、江苏、安徽、江西、湖北、湖南、新疆，这些基本上是我国的余粮区；其次有山西、福建、广东、广西、海南、贵州、云南、西藏、甘肃、青海及京津沪三市，这些是全国的缺粮区。粮食流向以余粮区向缺粮区流动为主，同时在余粮区也有一定量的品种调剂流。“南粮北调”是宏观区域粮食流的基本趋势，同时进口粮食对我国省际粮食流动也具有较强的影响，尤其是沿海港口与消费中心之间的流动。粮食调出量较大的省有吉林、江苏、安徽、山东、河南、湖北；调入量较大的省有山西、福建、广东、四川、贵州、云南以及京、津、沪三市。

五、木材运输地理

影响木材运输流向的因素主要有两个，一个是国内木材生产地与消费地的分布状况，另一个是木材进口。

我国森林资源分布很不平衡，造成木材生产主要集中在少数地区。木材产量较大并较富余的省区有黑、吉、内蒙古东部、闽、桂、滇、湘等，其余大部分省区缺乏木材。从大区看，东北是木材生产基地，华北、西北是木材严重缺乏地区。黄河以北地区，包括辽宁、华北、西北以及河南和山东，是东北木材生产基地的主要供应范围。华东大部分省区靠福建供应。其余三区基本平衡或有余。

我国是木材缺乏国家，每年需进口木材数百万立方米。主要供应木材缺乏的山东、华北各省、江苏、上海等地。

主要木材运输线路主要有京广、京沪、陇海等线以及青岛、上海、广州等港口。

附录　世界港口一览表

港口名称	中译名	代码	所属国家或地区	所属航线
Aalborg	奥尔堡	DKABG	丹麦	西北欧
Aalesund	奥勒松	NOAAL	挪威	北欧
Abadan	阿巴丹	IRABA	伊朗	波斯湾
Aberdeen	阿伯丁	GBABN	英国	欧洲
Abidjan	阿比让	CIABJ	科特迪瓦	西非
Abu Dhabi	阿布扎比	AEAUH	阿联酋	波斯湾
Acajutla	阿卡胡特拉	SVAQJ	萨尔瓦多	中南美
Acapulco	阿卡普尔科	HMXACA	墨西哥	中南美
Accra	阿克拉	GHACC	加纳	西非
Adelaide	阿德莱德	AUADL	澳大维亚	澳新
Aden	亚丁	YEADE	也门	红海
Agadir	阿加迪尔	MAAGA	摩洛哥	地中海
Agana	阿加尼亚	GUAGA	关岛(美)	西太平洋
Alexandria	亚历山大	EGALY	埃及	地中海
Algeciras	阿尔赫西拉斯	ESALG	西班牙	地中海
Algiers	阿尔及尔	DZALG	阿尔及利亚	地中海
Amsterdam	阿姆斯特丹	NLAMS	荷兰	西北欧
Ancona	安科纳	ITAOI	意大利	地中海
Annaba	安纳巴	DZANN	阿尔及利亚	地中海
Antofagasta	安托法加斯塔	CLANF	智利	中南美
Antwerp	安特卫普	BEANR	比利时	西北欧
Apapa	阿帕帕	NGAPP	尼日利亚	西非
Apia	阿皮亚	WSAPW	萨摩亚群岛	澳新
Aqaba	亚喀巴	JOAQJ	约旦	红海
Arhus	奥胡斯	DKAAR	丹麦	西北欧
Arica	阿里卡	CLARI	智利	中南美
Arkhangelsk	阿尔汉格尔斯克	RUARK	俄罗斯	远东
Ashdod	阿什杜德	ILASH	以色列	地中海
Assab	阿萨布	ETASA	厄立特里亚	红海
Athens	雅典	GRATH	希腊	地中海
Atlanta	亚特兰大	USATL	美国	北美
Auckland	奥克兰	NZAKL	新西兰	澳新
Avonmouth	阿芬默斯	GBAVO	英国	西北欧
Bahia Blanca	布兰卡港	ARBBL	阿根廷	中南美
Bahrain	巴林	BHBAH	巴林	波斯湾
Balboa	巴尔博亚	PABLB	巴拿马	中南美
Baltimore	巴尔的摩	USBAL	美国	美东
Banana	巴纳纳	ZRBAN	刚果(金)	西非

港口名称	中译名	代码	所属国家或地区	所属航线
Bandar Abbas	阿巴斯港	IRBND	伊朗	波斯湾
Bandar Khomeini	霍梅尼港	IRBKH	伊朗	波斯湾
Bandar Seri Begawan	斯里巴加湾市	BNBSB	文莱	东南亚
Bangkok	曼谷	THBKK	泰国	东南亚
Banjul(bathurst)	班珠尔	GMBJL	冈比亚	西非
Bar	巴尔	YUBAR	黑山	地中海
Barcelona	巴塞罗那	ESBCN	西班牙	地中海
Barranquilla	巴兰基亚	COBAQ	哥伦比亚	中南美
Basra	巴士拉	IQBAS	伊拉克	波斯湾
Bassein	勃生	BUBSN	缅甸	孟加拉湾
Bata	巴塔	GQBAT	赤道几内亚	西非
Beira	贝拉	MZBEW	莫桑比克	东非
Beirut	贝鲁特	LBBEY	黎巴嫩	地中海
Belawan	勿拉湾	IDBLW	印尼	东南亚
Belem	贝伦	BRBLM	巴西	南美
Belfast	贝尔法斯特	GBBEL	英国	西北欧
Belize	伯利兹	BZBZE	伯利兹	中南美
Benghazi	班加西	LYBEN	利比亚	地中海
Berbera	柏培拉	SOBER	索马里	东非
Bergen	卑尔根	NOBGN	挪威	西北欧
Berne	伯尔尼	SWBEA	瑞士	欧洲
Bilbao	毕尔巴鄂	ESBIL	西班牙	西北欧
Birkenhead	伯肯黑德	GBBIR	英国	西北欧
Bissau	比绍	GWBIS	几内亚比绍	西非
Bizerta	比塞大	TNBIZ	突尼斯	地中海
Boma	博马	ZRBMA	刚果(金)	西非
Bombay	孟买	INBOM	印度	波斯湾
Bordeaux	波尔多	FRBOR	法国	西北欧
Boston	波士顿	USBOS	美国	北美
Boston	波士顿	GBBSN	英国	西北欧
Bourgas	布尔加斯	BGBGS	保加利亚	地中海
Bremen	不来梅	DEBRE	德国	西北欧
Bremerhaven	不来梅哈芬	DEBRV	德国	西北欧
Brest	布雷斯特	FRBST	法国	西北欧
Bridgetown	布里奇敦	BBBTN	巴巴多斯	中南美
Brindisi	布林迪西	ITBRI	意大利	地中海
Bristol	布里斯托尔	GBBTL	英国	西北欧
Buenaventura	布埃纳文图拉	COBUN	哥伦比亚	南美
Buenos Aires	布宜诺斯艾利斯	ARBUE	阿根廷	南美
Burnie	伯尼	AUBUR	澳大利亚	澳新
Busan	釜山	KRBUS	韩国	亚洲
Bushire	布什尔	IRBUS	伊朗	中东

港口名称	中译名	代码	所属国家或地区	所属航线
Butterworth	巴特沃斯	MYBUT	马来西亚	东南亚
Cabinda	卡宾达	AOCAB	安哥拉	西非
Cadiz	加的斯	ESCAD	西班牙	西北欧
Cagliari	卡利亚里	ITCAG	意大利	地中海
Calcutta	加尔各答	INCCU	印度	印度次大陆
Callao	卡亚俄	PECLL	秘鲁	南美
Cambridge	坎布里奇	USCGE	美国	美东
Cam Pha	锦普	VNCAM	越南	东南亚
Cape Town	开普敦	ZACPT	南非	西非
Caracas	加拉加斯	VECCS	委内瑞拉	中南美
Cardiff	加的夫	GBCDF	英国	西北欧
Cartagena	卡塔赫纳	COCTG	哥伦比亚	中南美
Cartagena	卡塔赫纳	ESCAP	西班牙	地中海
Casablanca	卡萨布兰卡	MACAS	摩洛哥	西非
Cayenne	卡宴	GFCAY	法属圭亚那	中南美
Cebu	宿务	PHCEB	菲律宾	东南亚
Charleston	查尔斯顿	USCHS	美国	北美
Charlotte	夏洛特	USCLT	美国	北美
Chennai	金奈	INCHE	印度	印度次大陆
Chiba	千叶	JPCHB	日本	亚洲
Chicago	芝加哥	USCHI	美国	北美
Chimbote	钦博特	PECHI	秘鲁	南美
Chittagong	吉大港	BDCGP	孟加拉国	印度次大陆
Chongjin(Seishin)	清津	KPCJN	朝鲜	亚洲
Christchurch	克赖斯特彻奇	NZCHR	新西兰	澳新
Christiansted	克里斯琴斯特德	VICHR	维尔京群岛(美属)	北美
Churchill	彻奇尔	CACHU	加拿大	北美
Cienfuegos	西恩富戈斯	CUCIE	古巴	中南美
Cleveland	克利夫兰	USCLE	美国	北美
Coatzacoalcos	夸察夸尔科斯	MXCOA	墨西哥	北美
Cochin	科钦	INCOK	印度	印度次大陆
Colombo	科伦坡	LKCMB	斯里兰卡	印度次大陆
Colon	科隆	PAONX	巴拿马	中南美
Columbus	哥伦布	USCMM	美国	北美
Conakry	科纳克里	GNCKY	几内亚	非洲
Constanza	康斯坦察	ROCSZ	罗马尼亚	地中海
Copenhagen	哥本哈根	DKCPH	丹麦	西北欧
Corinto	科林托	NICIO	尼加拉瓜	中南美
Cork	科克	COR3	爱尔兰	西北欧
Cotonou	科托努	BJCOO	贝宁	西非
Crotone	克罗托内	ITCRE	意大利	地中海
Cristobal	克里斯托瓦尔	PACTB	巴拿马	中南美

港口名称	中译名	代码	所属国家或地区	所属航线
Cruz Grande	克鲁斯格兰德	CLCGR	智利	中南美
Cumana	库马纳	VECUM	委内瑞拉	南美
Dakar	达喀尔	SNDKR	塞内加尔	西非
Dalian	大连	CNDLC	中国	亚洲
Dallas	达拉斯	USDAL	美国	北美
Damietta	达米埃塔	EGDAM	埃及	地中海
Dammam	达曼	SADMN	沙特阿拉伯	中东
Danang	岘港	VNDAD	越南	东南亚
Dar Es Salaam	达累斯萨拉姆	TZDAR	坦桑尼亚	非洲
Darel Beida	达尔贝达	MACAS	摩洛哥	西非
Darwin	达尔文	AUDRW	澳大利亚	澳新
Detroit	底特律	USDET	美国	北美
Djakarta(Jakarta)	雅加达	IDJAK	印尼	东南亚
Djibouti	吉布提	DJJIB	吉布提	红海
Doha	多哈	QADOH	卡塔尔	地中海
Douala	杜阿拉	CMDLA	喀麦隆	非洲
Dover	多佛尔	GBDOV	英国	西北欧
Dubai	迪拜	AEDXB	阿拉伯酋长联合国	地中海
Dublin	都柏林	IEDUB	爱尔兰	西北欧
Dunedin	达尼丁	NZDUD	新西兰	澳新
Dunkirk	敦刻尔克	FRDKK	法国	西北欧
Durban	德班	ZADUR	南非	非洲
Durres	都拉斯	ALDRS	阿尔巴尼亚	欧洲
Dusseldorf	杜塞尔多夫	DEDUS	德国	西北欧
East London	东伦敦	ZAELS	南非	非洲
Ensenada	恩塞纳达	MXESE	墨西哥	中南美
Felixstowe	费利克斯托	GBFEL	英国	欧洲
Fort de France	法兰西堡	MQFDF	马提尼克岛(法)	中南美
Fos	福斯	FRFOS	法国	欧洲
Frankfurt	法兰克福	DEFRA	德国	西北欧
Fredericia	腓特烈西亚	DKFRE	丹麦	北欧
Fredrikstad	腓特烈斯塔	NOFRE	挪威	北欧
Freeport	弗里波特	BSFPO	巴哈马	中南美
Freetown	弗里敦	SL	塞拉利昂	西非
Fremantle	弗里曼特尔	AUFRE	澳大利亚	澳新
Fukuoka	福冈	JPFKA	日本	亚洲
Fukuyama	福山	JPFUK	日本	亚洲
Funafuti	富纳富提	TVFUI	图瓦卢	澳新
Funchal	丰沙尔	ACFUN	马德拉群岛(葡)	西非
Fuzhou	福州	CNFOC	中国	亚洲
Gdansk	格但斯克	PLGDA	波兰	西北欧
Gdynia	格丁尼亚	PLGDY	波兰	西北欧

港口名称	中译名	代码	所属国家或地区	所属航线
Geelong	吉朗	AUGEE	澳大利亚	澳新
Gela	杰拉	ITGEL	意大利	地中海
Gemlik	盖姆利克	TRGEM	土耳其	中东
Genoa(Genova)	热那亚	ITGOA	意大利	地中海
Georgetown	乔治敦	VCGEO	圣文森特和格林纳丁斯	北美
Georgetown	乔治敦	USGEO	美国	北美
Georgetown	乔治敦	CAGXT	加拿大	北美
Georgetown	乔治敦	GYGEO	圭亚那	中南美
Georgetown	乔治敦	MYGEO	马来西亚	东南亚
Ghent	根特	BEGHE	比利时	西北欧
Gibraltar	直布罗陀	GIGIB	直布罗陀(英占)	西北欧
Gijon	希洪	ESGIJ	西班牙	西北欧
Gioia Tauro	焦亚陶罗	ITGTO	意大利	地中海
Glasgow	格拉斯哥	GBGLW	英国	西北欧
Gothenburg	哥德堡	SEGOT	瑞典	西北欧
Grangemouth	格兰杰默斯	GBGRG	英国	西北欧
Guadalajara	瓜达拉哈拉	GU9	墨西哥	中南美
Guam	关岛	GUGUM	马里亚纳群岛	澳新
Guangzhou	广州	CNCAN	中国	亚洲
Guayaquil	瓜亚基尔	ECGYE	厄瓜多尔	南美
Guaymas	瓜伊马斯	MXGYM	墨西哥	北美
Ha Long	下龙	VNHGY	越南	东南亚
Hai Kou	海口	CNHAK	中国	亚洲
Haifa	海法	ILHFA	以色列	中东
Haiphong	海防	VNHPH	越南	东南亚
Hakodate	函馆	JPHAK	日本	亚洲
Hakata	伯方	JPHKT	日本	亚洲
Halifax	哈利法克斯	USHFK	美国	北美
Halmstad	哈尔姆斯塔德	SEHSD	瑞典	北欧
Hamburg	汉堡	DEHAM	德国	西北欧
Hamilton	哈密尔顿	BMHAM	百慕大群岛(英)	中南美
Hamilton	哈密尔顿	CAHAM	加拿大	北美
Haugesund	豪格松	NOHAU	挪威	西北欧
Havana	哈瓦那	CUHAV	古巴	中南美
Helsinborg	赫尔辛堡	SEHEL	瑞典	西北欧
Helsingo	赫尔辛格	PLHEL	丹麦	西北欧
Helsinki	赫尔辛基	FIHEL	芬兰	西北欧
Hiroshima	广岛	JPHIJ	日本	亚洲
Hobart	霍巴特	AUHBT	澳大利亚	澳新
Ho Chi Ming City	胡志明市	VNSGN	越南	东南亚
Hodeidah	荷台达	YEHOD	也门	中东
Honalulu	火奴鲁鲁	USHNL	美国	北美

港口名称	中译名	代码	所属国家或地区	所属航线
Hong Kong	香港	HKHKG	中国	亚洲
Hongay	鸿基	VNHGY	越南	东南亚
Honiara	霍尼亚拉	SBHIR	所罗门群岛	澳新
Horta	澳尔塔	ACHOR	亚速尔群岛	西非
Houston	休斯敦	USHOU	美国	北美
Hull	赫尔	GBHUL	英国	西北欧
Hungnam	兴南	KPHUN	朝鲜	东亚
Ilo	伊洛	PEILO	秘鲁	南美
Immingham	伊明赫姆	GBIMM	英国	西北欧
Inchon	仁川	KRINC	韩国	亚洲
Iquique	伊基克	CLIQQ	智利	南美
Iskenderun	伊斯肯德伦	TRISK	土耳其	地中海
Istanbul	伊斯坦布尔	TRIST	土耳其	中东
Izmir	伊兹密尔	TRIZM	土耳其	中东
Jacksonvile	杰克逊维尔	USJAX	美国	北美
Jakarta	雅加达	IDJKT	印尼	东南亚
Jebel Ali	杰贝阿里	AEJEA	阿联酋	中东
Jeddah	吉达	SAJED	沙特阿拉伯	中东
Johannesbary	约翰内斯堡	ZAJOH	南非	南非
Johore Bahru	柔佛巴鲁	MYJHB	马来西亚	东南亚
Kagoshima	鹿儿岛	JPKOJ	日本	亚洲
Kakinada	卡基纳达	INKAK	印度	印度次大陆
Kaliningrad	加里宁格勒	SUKAL	俄罗斯	西北欧
Kanazawa	金泽	JPKNA	日本	亚洲
Kandla	坎德拉	INKAN	印度	印度次大陆
Kansas City	堪萨斯城	USKCK	美国	北美
Kaoshiung	高雄	TWKHH	中国台湾	亚洲
Karachi	卡拉奇	PKKHI	巴基斯坦	印度次大陆
Kavieng	卡维恩	PGKAV	巴布亚新几内亚	澳新
Kawasaki	川崎	JPKAW	日本	亚洲
Keelung	基隆	TWKEL	中国台湾	亚洲
Kholmsk	霍尔姆斯克	SUKHO	俄罗斯	西北欧
Khor Fakkan	豪尔费坎	AEKFA	阿联酋	地中海
Khorramshahr	霍拉姆沙赫尔	IRKHO	伊朗	波斯湾
Kiel	基尔	DEKIL	德国	北欧
Kiev	基辅	UAIEV	乌克兰	欧洲
Kingston	金斯敦	JMKIN	牙买加	中南美
Kismayu	基斯马尤	SOKIS	索马里	东非
Kobe	神户	JPUKB	日本	亚洲
Kompong Som	磅逊	KHKOS	柬埔寨	亚洲
Koper	科佩尔	SIKOP	斯洛文尼亚	地中海
Kota Kinabalu	亚庇(哥打基纳巴卢)	MYBKI	马来西亚	东南亚

港口名称	中译名	代码	所属国家或地区	所属航线
Kotka	科特卡	FIKTK	芬兰	西北欧
Kuala Lumpur	吉隆坡	MYKLL	马来西亚	东南亚
Kuantan	关丹	MYKUA	马来西亚	东南亚
Kuching	古晋	MYKCH	马来西亚	东南亚
Kudat	库达特	MYKUD	马来西亚	东南亚
Kure	吴港	JPKUR	日本	亚洲
Kuwait	科威特	KWKWI	科威特	波斯湾
Kwangyang	光阳	KRKWY	韩国	亚洲
Labuan	拉布安(纳闽)	MYLAB	马来西亚	东南亚
Lae	莱城	PGLAE	巴布亚新几内亚	澳新
Laem Chabang	林查班	THLCB	泰国	东南亚
Lagos	拉各斯	NGLAG	尼日利亚	非洲
La Guaira	拉瓜伊拉	VELAG	委内瑞拉	中南美
Lancaster	兰开斯特	GBLAN	英国	欧洲
La Paz	拉巴斯	MXLPZ	墨西哥	中南美
La Plata	拉普拉塔	ARLPL	阿根廷	中南美
Las Palmas	拉斯帕尔马斯	ACLPA	加那利群岛	西非
La Spezia	拉斯佩齐亚	ITSPE	意大利	欧洲
Lattajua	拉塔基亚	SYLTK	叙利亚	地中海
Launceston	朗塞斯顿	AULAU	澳大利亚	澳新
Lautoka	劳托卡	FJLTK	斐济群岛	澳新
Lazaro Cardenas	拉萨罗—卡德纳斯	MXLZC	墨西哥	中美
Leghorn(Livormo)	来航	ITLEG	意大利	欧洲
Le Havre	勒阿弗尔	FRLEH	法国	欧洲
Leningrad	圣彼得堡	SULEN	俄罗斯	欧洲
Lianyungang	连云港	CNLYG	中国	亚洲
Libreville	利伯维尔	GALBL	加蓬	非洲
Limassol	利马索尔	CYLMS	塞浦路斯	地中海
Limon	利蒙	CRPLI	哥斯达黎加	中南美
Lindi	林迪	TZLDI	坦桑尼亚	东非
Lisbon	里斯本	PTLIS	葡萄牙	西北欧
Liverpool	利物浦	GBLIV	英国	西北欧
Lome	洛美	TGLFW	多哥	非洲
London	伦敦	GBLON	英国	西北欧
Londonderry	伦敦德里	GBLDY	英国	西北欧
Long Beach	长滩	USLGB	美国	北美
Los Angeles	洛杉矶	USLAX	美国	北美
Lourenco—Marques	洛伦索—马贵斯		莫桑比克	东非
Luanda	罗安达	AOLAD	安哥拉	非洲
Lübeck	吕贝克	DELUB	德国	西北欧
Lyttelton	利特尔顿	NZLYT	新西兰	澳新
Macao	澳门	MOMAC	中国	亚洲

港口名称	中译名	代码	所属国家或地区	所属航线
Madang	马当	PGMAG	巴布亚新几内亚	澳新
Madras	马德拉斯	INMAA	印度	印度次大陆
Madrid	马德里	ESMAD	西班牙	地中海
Mahe	马希	INMAH	印度	印度次大陆
Mahajanga	马哈赞加	MGMAH	马达加斯加	东非
Malabo(Santa Isabel)	马拉博	GQMAL	赤道几内亚	西非
Malacca	马六甲	MYMKZ	马来西亚	东南亚
Malaga	马拉加	ESMAL	西班牙	地中海
Malindi	马林迪	KEMAL	肯尼亚	东非
Malmo	马尔默	SEMMA	瑞典	西北欧
Malta	马耳他	MTMAL	马耳他	地中海
Manama, Al	麦纳麦	BHAMN	巴林	中东
Manaus	马瑙斯	BRMAO	巴西	南美
Manchester	曼彻斯特	GBMNC	英国	西北欧
Manila	马尼拉	PHMNL	菲律宾	东南亚
Manta	曼塔	ECMTA	厄瓜多尔	南美
Manzanillo(P)	曼萨尼约角	PAMAZ	巴拿马	中美
Manzanillo	曼萨尼约	MXMAN	墨西哥	中美
Maputo	马普托	MZMAP	莫桑比克	东非
Maracaibo	马拉开波	VEMAR	委内瑞拉	中南美
Mar del Plata	马德普拉塔	ARMDP	阿根廷	中南美
Marseilles	马赛	FRMRS	法国	欧洲
Massawa	马萨瓦	ETMSW	厄立特里亚	红海
Matadi	马塔迪	ZRMAT	刚果(金)	非洲
Matanzas	马但萨斯	CUMAT	古巴	中南美
Mazatlan	马萨特兰	MXMAZ	墨西哥	中南美
Melbourne	墨尔本	AUMEL	澳大利亚	澳新
Menado	万鸦老	IDMEN	印尼	东南亚
Memphis	孟菲斯	USMEM	美国	北美
Mersin	梅尔辛	TRMER	土耳其	地中海
Messina	墨西拿	ITMES	意大利	地中海
Mexico City	墨西哥城	MXMEX	墨西哥	中美
Miami	迈阿密	USMIA	美国	北美
Middlesbrough	米德尔斯伯勒	GBMID	英国	欧洲
Midland	米德兰	CAMID	加拿大	北美
Milford	米尔福德港	GBMIH	英国	西北欧
Mindelo	明德卢	CVPGR	佛得角	西非
Miri	米里	MYMYY	马来西亚	东南亚
Mobile	莫比尔	USMOB	美国	北美
Mogadiscio	摩加迪沙	SOMGQ	索马里	东非
Moji	门司	JPMOJ	日本	亚洲
Mokha	穆哈	YEMOK	也门	红海

港口名称	中译名	代码	所属国家或地区	所属航线
Mokpo	木浦	KRMOK	韩国	亚洲
Momasa	蒙巴萨	KEMBA	肯尼亚	非洲
Molalla, Al	穆卡拉	YEMOL	也门	中东
Monrovia	蒙罗维亚	LRMLW	利比里亚	非洲
Monterrey	蒙特雷	MXMON	墨西哥	中美
Montevideo	蒙得维的亚	UYMVD	乌拉圭	南美
Montreal	蒙特利尔	CAMTR	加拿大	北美
Moscow	莫斯科	RUMOW	俄罗斯	欧洲
Mostaganem	穆斯塔加奈姆	ALMOS	阿尔及利亚	地中海
Moulmein	毛淡棉	BUMOU	缅甸	东南亚
Mozambique	莫桑比克	MZMOZ	莫桑比克	东非
Mukalla	木卡拉	YDMUK	也门	红海
Mumbai	孟买	INMUM	印度	印度次大陆
Murmansk	摩尔曼斯克	SUMUR	俄罗斯	西北欧
Muscat	马斯喀特	OMMCT	阿曼	地中海
Mutsamudu	穆察穆杜	KMMUT	科摩罗	东非
Nagasaki	长崎	JPNKI	日本	东亚
Nagoya	名古屋	JPNGO	日本	东亚
Naha	那霸	JPNAH	日本	东亚
Nakhodka	纳霍德卡	SUNAK	俄罗斯	欧洲
Nampo	南浦	KPCHI	朝鲜	亚洲
Nanjing	南京	CNNKG	中国	东亚
Nantes	南特	FRNTS	法国	欧洲
Nantong	南通	CNNTG	中国	东亚
Naoetsu	直江津	JPNAO	日本	东亚
Napier	内皮尔	NZNPE	新西兰	澳新
Naples	那不勒斯	ITNAP	意大利	欧洲
Nassau	拿骚	BSNAS	巴哈马联邦	中南美
Nauru	瑙鲁	NRNRI	瑙鲁	澳新
Nelson	纳尔逊	NZNSN	新西兰	澳新
New Amsterdam	新阿姆斯特丹	GYNAM	圭亚那	中南美
Newcastle	纽卡斯尔	GBNCE	英国	西北欧
New Orleans	新奥尔良	USNEW	美国	北美
New Plymouth	新普利茅斯	NZNPL	新西兰	澳新
Newport	纽波特	GBNPT	英国	西北欧
New York	纽约	USNYC	美国	北美
Newark	纽瓦克	USEWR	美国	北美
Nicosia	尼科西亚	CYNIC	塞浦路斯	地中海
Ningbo	宁波	CNNBO	中国	东亚
Norfolk	诺福克	USORF	美国	北美
Noro	诺劳	SBNOR	所罗门群岛	澳新
Nouakchott	努瓦克肖特	MRNOU	毛里塔尼亚	非洲

港口名称	中译名	代码	所属国家或地区	所属航线
Noumea	努美阿	NCNOU	新喀里多尼亚(法)	澳新
Novorossiysk	诺沃西比尔斯克	RUNVS	俄罗斯	西伯利亚大陆桥
Nukualofa	努库阿洛法	TOTBU	汤加	澳新
Oakland	奥克兰	USOAK	美国	北美
Odessa	敖德萨	UAODS	乌克兰	黑海
Oran	奥兰	DZORN	阿尔及利亚	非洲
Oranjestad	奥拉涅斯塔德	ANORA	荷属安的列斯	中南美
Osaka	大阪	JPOSA	日本	东亚
Oslo	奥斯陆	NOOSL	挪威	西北欧
Otaru	小樽	JPOTA	日本	东亚
Oulu	奥卢	FIOUL	芬兰	西北欧
Owendo	奥文多	GAOWE	加蓬	西非
Padang	巴东	IDPAD	印尼	东南亚
Pago Pago	帕果帕果	ASPPG	萨摩亚群岛	澳新
Paita	派塔	PEPTA	秘鲁	中南美
Palembang	巨港	IDPAL	印尼	东南亚
Panama Canal	巴拿马运河	PAPAN	巴拿马	中南美
Panama City	巴拿马城	PAPTY	巴拿马	中南美
Papette	帕皮提	PFPPT	塔希提岛(法)	澳新
Paramaribo	帕拉马里博	SRPBM	苏里南	中南美
Paranagua	巴拉那瓜	BRPNG	巴西	中南美
Penang	槟城	MYPEN	马来西亚	东南亚
Perth	珀斯	AUPTH	澳大利亚	澳新
Perth	珀斯	GBPER	英国	北欧线
Philadeiphia	费城	USPHL	美国	北美
Phnom Penh	金边	KHPNH	柬埔寨	东南亚
Phoenix	菲尼克斯	USPHX	美国	北美
Piraeus	比雷埃夫斯	GRPIR	希腊	地中海
Ploce	普洛切	HRPLC	克罗地亚	亚得里亚海
Plymouth	普利茅斯	MSPLY	蒙特塞拉特岛(英)	中南美
Pointe des Galets	加莱角	REPDG	留尼汪岛(法)	东非
Pointe Noire	黑角	CGPNR	刚果	非洲
Ponce	蓬塞	PRPON	波多黎各(美)	中南美
Pondicherry	本地治里	INPON	印度	印度次大陆
Pontianak	坤甸	IDPNK	印尼	东南亚
Port Adelaide	阿德雷德港	AUPAE	澳大利亚	澳新线
Port-Au-Prince	太子港	HTPAP	海地	中南美
Port Castries	卡斯特里港	LCPCS	圣卢西亚	中南美
Port Chalmers	查墨斯港	NZPCH	新西兰	澳新
Port Elizabeth	伊丽莎白港	USPOE	南非	非洲
Port Harcourt	哈科特港	NGPHC	尼日利亚	非洲
Port Kelang	巴生港	MYPKG	马来西亚	东南亚

港口名称	中译名	代码	所属国家或地区	所属航线
Port Kembla	肯布拉	AUPKE	澳大利亚	澳新
Portland	波特兰	USPTD	美国	北美
Port Limon	利蒙港	CRLIO	哥斯达黎加	中南美
Port Louis	路易港	MUPLU	毛里求斯	非洲
Port Moresby	莫尔兹比港	PGPMO	巴布亚新几内亚	澳新
Port of Spain	西班牙港	TTPOS	特立尼达和多巴哥	中南美
Porto Novo	波多诺伏	BJPNO	贝宁	西非
Port Rashid	拉希德港	AEPRD	阿拉伯酋长联合国	地中海
Port Said	塞得港	EGPSD	埃及	地中海
Portsmouth	朴次茅斯	GBPTH	英国	西北欧
Port Sudan	苏丹港	SDPZU	苏丹	中东
Port Suez	苏伊士港	EGSUZ	埃及	中东
Port Sultan Qaboos	米纳卡布斯	OMPSQ	安曼	地中海
Port Victoria	维多利亚港	SCPVI	塞舌尔	东非
Port Vila	维拉港	VUPVI	瓦努阿图	澳新
Priolo	辟利洛	ITPRI	意大利	地中海
Puerto Cabello	卡贝略港	VEPBL	委内瑞拉	中南美
Puerto Caldera	卡尔德拉港	CRPCA	哥斯达黎加	中南美
Puerto Quetzal	圣胡塞	GTPQL	危地马拉	中南美
Punta Arenas	蓬塔阿雷纳斯	CLPAR	智利	中南美
Puntarenas	蓬塔雷纳斯	CRPAS	哥斯达黎加	中南美
Qingdao	青岛	CNTAO	中国	东亚
Quebec	魁北克	CAQBC	加拿大	北美
Rabat	拉巴特	MARBT	摩洛哥	西非
Rabaul	拉包尔港	PGRAB	巴布亚新几内亚	澳新
Rangoon	仰光	BURAN	缅甸	东南亚
Ravenna	拉韦纳	ITRAV	意大利	欧洲
Recife	累西腓	BRREC	巴西	南美
Reunion	雷乌尼翁	REREU	留尼汪岛(法)	非洲
Reykjavik	雷克雅未克	ISREY	冰岛	西北欧
Riga	里加	SURIG	拉脱维亚	西北欧
Rijeka	里耶卡	YU	克罗地亚	地中海
Rio De Janeiro	里约热内卢	BRRIO	巴西	南美
Rio Grande	里奥格兰德	BRRIG	巴西	南美
Rostock	罗斯托克	DDROS	德国	西北欧
Rotterdam	鹿特丹	NLRTM	荷兰	欧洲
Sabang	沙璜	IDSAB	印尼	东南亚
Saigon	胡志明市	VNSGN	越南	东南亚
Sakaiminato	境港	JPSAK	日本	东亚
Sakata	酒田	JPSTA	日本	东亚
Salalah	塞拉莱	OMSLL	阿曼	地中海
Salvador	萨尔瓦多	BRSAL	巴西	南美

港口名称	中译名	代码	所属国家或地区	所属航线
San Antonio	圣安东尼奥	CLSAN	智利	南美
Sandakan	山打根	MYSAN	马来西亚	东南亚
San Diego	圣迭戈	USSDI	美国	北美
Sandwich	桑德威奇	GBSWH	英国	欧洲
San Fernando	圣费尔南多	TTSFE	特立尼达和多巴哥	中南美
San Francisco	三藩市	USSFO	美国	北美
San Jose	圣何塞	GTSNJ	危地马拉	中美
San Juan	圣胡安	PRSJU	波多黎各(美)	中美
San Juan del Sur	南圣胡安	NISJS	尼加拉瓜	中南美
San Lorenzo	圣洛伦索	HNSLZ	洪都拉斯	中美
Santa Cruz	圣克鲁斯	CUSCS	加那利群岛(西)	西非
Santa Cruz del Sur	南圣克鲁斯	CUSCS	古巴	中南美
Santiago	圣地亚哥	CLSCX	佛得角	西非
Santiago	圣地亚哥	CUSGO	古巴	中南美
Santo	圣吐	VUS01	瓦努阿图	澳新
Santo Domingo	圣多明各	DOSDQ	多米尼加共和国	中美
Santos	桑托斯	BRSSZ	巴西	南美
Savannah	萨凡纳	USSAV	美国	北美
Seattle	西雅图	USSEA	美国	北美
Semarang	三宝垄	IDSRG	印尼	东南亚
Shanghai	上海	CNSHA	中国	东亚
Sharjah	沙迦	AESHJ	阿拉伯联合酋长国	地中海
Shekou	蛇口	CNSKU	中国	东亚
Shimizu	清水	JPSMZ	日本	东亚
Shuidong	水东	CNSDG	中国	东亚
Sibu	泗务	MYSBW	马来西亚	东南亚
Sihanoukville	西哈努克城	KHSSK	柬埔寨	东南亚
Singapore	新加坡	SGSIN	新加坡	东南亚
Skikda	斯克基达	DZSKI	阿尔及利亚	非洲
Songkhla	宋卡	THSON	泰国	东南亚
Southampton	南安普敦	GBSOU	英国	欧洲
Split	斯普利特	YUSPL	克罗地亚	地中海
Stavanger	斯塔万格	NOSTA	挪威	西北欧
St. Denis	圣但尼	RESDE	留尼汪岛(法)	东非
St. Georges	圣乔治	BMSGE	百慕大群岛(英)	中南美
St. George's	圣乔治	CASGE	格林纳达	中南美
St. John	圣约翰	CASJF	加拿大	北美
St. John's	圣约翰斯	AGSJS	安提瓜和巴布达	中南美
St. Lawrence	圣劳伦斯	CASLA	加拿大	北美
St. Louis	圣路易斯	USSTL	美国	北美
Stockholm	斯德哥尔摩	SESTO	瑞典	西北欧
St. Petersburg	圣彼得堡	RUSPB	俄罗斯	西伯利亚大陆桥

港口名称	中译名	代码	所属国家或地区	所属航线
St. Thomas	圣托马斯	VISTT	维尔京群岛(美)	中南美
Suez	苏伊士	EGSUB	埃及	红海
Surabaya	泗水	IDSUB	印尼	东南亚
Suva	苏瓦	FJSUV	斐济群岛	澳新
Swansea	斯旺西	GBSWA	英国	西北欧
Sydney	悉尼	AUSYD	澳大利亚	澳新
Szczecin	什切青	PLSZC	波兰	西北欧
Tabaco	塔巴科	PHTAB	菲律宾	东南亚
Tacoma	塔科马	USTIW	美国	北美
Taibei	台北	TWTPE	中国台湾	东亚
Taichung	台中	TWTXG	中国台湾	东亚
Takoradi	塔科拉迪	GHTKD	加纳	非洲
Tallin	塔林	SUTAL	爱沙尼亚	西北欧
Toamasina	图阿马西纳	MGTMM	马达加斯加	非洲
Tampa	坦帕	USTAM	美国	北美
Tampico	坦皮科	MXTAM	墨西哥	中美
Tanga	坦噶	CG	坦桑尼亚	非洲
Tangier	丹吉尔	MATAN	摩洛哥	地中海
Taranto	塔兰托	ITTAR	意大利	地中海
Tarawa	塔拉瓦	KITRW	基里巴斯	澳新
Tauranga	陶朗阿	NZTAU	新西兰	澳新
Tawau	斗湖	MYTAW	马来西亚	东南亚
Tel Aviv	特拉维夫	ILTAV	以色列	地中海
Tema	特马	GHTEM	加纳	非洲
Thamesport	泰晤士港	GBTHP	英国	欧洲
Thessalonikli	塞萨洛尼基	GRSKG	希腊	地中海
Tianjin	天津	CNTJN	中国	东亚
Tijuana	蒂华纳	MXTIJ	墨西哥	中美
Timaru	蒂马鲁	NZTIU	新西兰	澳新
Toamasina	图阿以西纳	MGTOA	马达加斯加	东非
Tokuyama	德山	PTKY	日本	东亚
Tokyo	东京	JPTYO	日本	东亚
Toleary	图莱亚尔	MGTOL	马达加斯加	东非
Tomakomai	苫小牧	JPTMK	日本	东亚
Toronto	多伦多	CATOR	加拿大	北美
Toyama	富山	JPTYA	日本	东亚
Trieste	的里雅斯特	ITTRS	意大利	欧洲
Trincomalee	亭可马里	LKTRI	斯里兰卡	东南亚
Tripoli	的黎波里	LBTRI	利比亚	地中海
Trujillo	特鲁希略	HNTRU	洪都拉斯	中美
Tsuruga	敦贺	JPTGA	日本	东亚
Tumaco	图马科	COTUM	哥伦比亚	中南美

港口名称	中译名	代码	所属国家或地区	所属航线
Tunis	突尼斯	TNTUN	突尼斯	地中海
Turku	图尔库	FITUR	芬兰	西北欧
Tuticorin	杜蒂戈林	INTUT	印度	印度次大陆
Ulsan	蔚山	KRULS	韩国	亚洲
Umm Said	乌姆赛义德	QAUMS	卡塔尔	波斯湾
Ushuaia	乌斯怀亚	ARUSH	阿根廷	南美
Vaasa	瓦萨	FIVSA	芬兰	西北欧
Valencia	巴伦西亚	ESVLC	西班牙	地中海
Valletta	瓦莱塔	MTMLA	马耳他	地中海
Valona	法罗拉	ALVLO	阿尔巴尼亚	地中海
Valparaiso	瓦尔帕莱索	CLVAP	智利	南美
Vancouver	温哥华	CAVAN	加拿大	北美
Varna	瓦尔纳	BGVAR	保加利亚	地中海
Vasa	瓦沙	FIVSA	芬兰	西北欧
Venice	威尼斯	ITVCE	意大利	欧洲
Veracruz	韦拉克鲁斯	MXVER	墨西哥	中美
Victoria	维多利亚	CAVIC	加拿大	北美
Visby	维斯比	SEVIS	瑞典	西北欧
Vila	维拉港	VUPVI	瓦努阿图	澳新
Vladivostok	符拉迪沃斯托克	SUVLA	俄罗斯	亚洲
Vostochny	东方港	SUVOS	俄罗斯	亚洲
Walvis Bay	鲸湾港	NAWVB	纳米比亚	西非
Wellington	惠灵顿	NZWLG	新西兰	澳新
Wenzhou	温州	CNWEN	中国	东亚
Wewak	威瓦克	PGWWK	巴布亚新几内亚	澳新
Willemstad	威廉斯塔德	ANWIL	安的列斯(荷)	中南美
Wismar	维斯马	DDWIS	德国	西北欧
Wonsan	元山	KPWON	朝鲜	东亚
Xiamen	厦门	CNXMN	中国	东亚
Yalta	雅尔塔	SUYAL	俄罗斯	地中海
Yantai	烟台	CNYAN	中国	东亚
Yokohama	横滨	JPYOK	日本	东亚
Zanzibar	桑给巴尔	TZZNZ	坦桑尼亚	东非
Zhanjiang	湛江	CNZHA	中国	亚洲
Zhuhai	珠海	CNZUH	中国	亚洲

参考文献

[1] 杨吾扬、张国伍等. 交通运输地理学[M]. 北京:商务印书馆,1986.
[2] 沈志云. 交通运输工程学[M]. 北京:人民交通出版社,1999.
[3] 黄世玲. 交通运输学[M]. 北京:人民交通出版社,1988.
[4] 佟立本. 交通运输概论[M]. 北京:中国铁道出版社,2001.
[5] 张致良. 中国运输经济地理[M]. 大连:大连海事大学出版社,1996.
[6] 王成金、金凤君. 中国交通运输地理学的研究进展与展望[D],地理科学进展. 2005 年 06 期.
[7] 王学锋、陆琪. 国际物流地理[M]. 上海:上海交通大学出版社,2005.
[8] 中国国际货运代理协会. 国际航空货运代理理论与实务[M]. 北京:中国对外经济贸易出版社,2003.
[9] 徐大振、陈道军. 交通运输管理概论[M]. 北京:人民交通出版社,2003.
[10] 张天怀. 中国外贸港口与航线[M]. 北京:对外经贸大学出版社,2005.
[11] 刘念. 物流地理[M]. 北京:机械工业出版社,2005.
[12] 王晶、唐丽敏. 海运经济地理[M]. 大连:大连海事大学出版社,2001.
[13] 孟庆超,吕向生. 国际贸易地理[M]. 合肥:合肥工业大学出版社,2006.
[14] 交通部公路司. 公路工程技术标准[S]. 北京:人民交通出版社,2004.
[15] 张文尝. 交通经济带[M]. 北京:科学出版社,2002.
[16] 陈贻龙、邵振一. 运输经济学[M]. 北京:人民交通出版社,2001.
[17] 陈航,张文尝,金凤君等. 中国交通运输地理[M]. 北京:科学出版社,1993.
[18] 交通部规划研究院. 国家高速公路网规划[R]. 2004.
[19] 陈荫三. 高速公路运输量研究[J]. 中国公路学报,2005.
[20] 中国高速公路及城乡公路网地图集[S]. 北京:人民交通出版社,2007.
[21] 中华人民共和国交通部行业标准. 公路线路标识规则国道名称和编号[S]. 北京:人民交通出版社,2001.
[22] 陈荫三,杨铭. 高速公路联网后的综合运输格局[J]. 综合运输,2005.
[23] 中华人民共和国交通部行业标准. 公路自然区划标准[S]. 北京:人民交通出版社,1987.
[24] 王庆云. 交通运输发展理论与实践(上、下册)[M]. 北京:中国科学技术出版社,2006.
[25] 中华人民共和国交通运输部. 2011 中国交通运输统计年鉴. 北京:人民交通出版社,2012.